이 책이 나오기까지

문헌정보학의 현단계 연구

이 책은 내가 문헌정보학에 처음 발을 들여 놓은 1960년대 후반 이래 짧지 않은 기간에 걸쳐 이 땅의 도서관 문제를 생각하고 글을 써 오면서 겪은 체험과 성찰에 기초를 두고 있다. 나는 그 동안 도서관 현장의 사서로서, 또 강단의 연구자로서 활동해 오면서 거의 무의식적으로, 아주 자연스럽게 행위의 지표로서 서양을 그리워하며 따르고자 했다. 아마도 그것이 내가 받아온 교육의 영향이었는지 모른다. 이런 경향은 그 동안 도서관 영역뿐만 아니라 이 사회의 다른 여러 영역에서도 일반적으로 떠 있던 시대 분위기였는지도 모른다. 아무튼 내가 마음속에 곱게 간직했던 꿈이라면 그것은 서양의 도서관을 이 땅에 이식한다는 것이었다. 그것도 가능하다면 고스란히. 그래서 나는 언제나 아무런 의심이나 거리낌도 없이 서양을 준거의 틀로 삼았다. 말을 할 때도 그랬고 글을 쓸 때도 그랬다. 나는 기회가 있을 때마다 사실 내 자신이 그 깊은 사정을 잘 알지도 못하는 미국의 공공도서관 제도, 학교도서관 제도, 대학도서관 제도, 미국 국회도서관의 장서 1800만권, 하버드대학 도서관의 장서 1300만권 따위를 들먹였다. 간혹 그보다도 더 잘 모르는 영국, 독일,

4

프랑스의 도서관 얘기를 양념처럼 끼워 넣기도 했다. 서양을 무조건 따르면 된다고 생각했으며 거기에 무슨 가타 부타가 있을 수 없다고 생각했다. 그러다 보니 우리 문제에 대한 천착과 분석은 자연 등한시될 수밖에 없었다. 솔직히 말하면 우리 도서관의 현실을 자세히 관찰하고 분석하여 그것을 글로 쓴다는 일 자체가 별로 탐탁하게 여겨지지도 않았다. 그것은 어쩐지 '고급의' 연구자가 손댈 일이 못 되는, 말하자면 격이 좀 낮은 일처럼 간주되곤 했다.

나는 1970년대 초 서양의 도서관을 공부하기 위해 이른바 '미국유학'을 갔다. 나중에 캐나다를 알게 되어 거기로 넘어가 학업을 마친 후에는 그곳 생활에 익숙해진 나머지 한동안 직장생활을 하며 눌러 살기도 했다. 결과적으로 학업기간과 직장생활 기간을 합해 12년 반 동안이나 서양사회에서 삶을 살았다. 나는 그 기간 동안 수없이 많은 서양의 도서관을 직접 가 보았으며, 언젠가 한국에 돌아가 서양에서 얻은 견문을 활용하게 되리라 다짐했다. 그러던 내가 귀국한 것은 1980년대 중반이었다. 한편, 나 또래의 다른 많은 사람들은 같은 시기에 국내에 남아 활동하면서 주로 문헌을 통하여 서양을 이해하려고 했으며 거기서 얻은 지식을 근거로 하여 서양도서관의 '전도사' 노릇을 했다. 지금 생각해 보면 내가 연구자로서 또는 실무사서로서 우리 도서관 현장을 바라보는 자세는 말하자면 식민자(the colonizer)의 그것이었다. 우리 현장을 식민의 대상(the colonized)으로 보았다. 직접 경험을 통하여 익힌 서양, 또는 문헌을 통하여 간접적으로 익힌 서양을 전달하고 소개하는 것을 나의 임무로 삼았다. 이 임무를 수행할 때에, 한편으로 나는 과연 이래서 되겠는가 하는 느낌 때문에 불안감이 없지도 않았지만, 다른 한편 무언가 마음 든든하고 흐뭇한 자긍심을 느끼기도 했다. 왜냐하면 나의 등 뒤에는 언제나 유구한 역사와 전통을 자랑하는 믿음직한 서양의 문헌정보학과 도서관 현장이 미소를 가득 머금고 나를 지켜보며 버티고 서 있어 주었으니까. 나는 어느덧 나 자신도 모르는 사이에 서양을 모델로 삼는 '근대화론자'가 되어 있었다.

나의 생각에 금이 가기 시작한 것은 1980년대 중반쯤부터였다. 그것은 변혁을 추구하던 당시의 사회적인 분위기와도 관련이 있지 않았을까 싶다. 그때 나는 연구자로서 참으로 이상한 회의에 휩싸이게 되었다. 왜 이 땅의 도서관 현장이 꿈쩍도 하지 않느냐는 것이었다. 왜 낙후할 대로 낙후한 도서관 현장이 그 태고의 침묵 속에서 요지부동인가 하는 것이었다. 왜 기지개를 켤 조짐이 없느냐는 것이었다. 그것도 나 같은 근대화론자들이 펼치는 초일류 첨단의 화려한 서양식 담론의 처방 속에서도 말이다. 나는 의심을 품지 않을 수 없었다. 12년 반 동안의 서양살이를 끝내고 막 귀국해 한국에서 연구자 생활을 다시 시작하게 된 나의 눈에 들어온 그림은 매우 선명했다. 그것은 도서관 현장은 낙후와 저발전의 나락을 헤매며 신음하고 있는데, 담론은 그것과는 매우 대조적으로 고급스러우며 경쾌하고 즐겁기까지 하다는 것이었다. 그렇다면 이것은 우리 도서관 현장에 적합한 담론이 아니지 않는가. 이것은 마치 초상집에다 결혼행진곡을 울려대는 것이나 마찬가지 노릇이 아닌가 하는 의구심이 생기지 않을 수 없었다. 이것은 발전된 도서관 현장을 가진 서양에나 맞는 언어가 아닌가. 자세히 보면 이것은 겉만 한국어일 뿐 내용은 에누리 없는 서양의 언어 그대로가 아닌가. 그런데 우리에게 이 언어와 표현에 맞아떨어지는 도서관 현장이 어디 있는가. 이 의문은 연구자의 양심에 화살로 와 박혔다.[1]

그래서 연구자로서 내가 시도하게 된 것이 서양 도서관 덜 쳐다보기, 대신 우리 도서관 더 쳐다보기, 서양문헌에 덜 매달리기, 대신 우리 문헌에 더 매달리기였다. 그러나 우리 도서관 현장이라고 해 보아야 별로 쳐다볼 무엇도 없는 것이 현실이었다. 지난 시기 우리 사회의 군사 문화 분위기와 산업화 과정에서 정책 입안자나 일반 시민의 의식에서 뒷전으로 밀려난 소외의 땅일 뿐이었다. 보살피는 사람 없이 부랑하는 천

---

1) 이 부분과 관련된 좀더 자세한 기술은 다음을 참조하면 된다. 김정근, 《한국의 대학도서관 무엇이 문제인가》(한울, 1995), 5~24쪽.

형의 섬에 지나지 않았다. 우리 사회의 조직 가운데 가장 미발달된 상태 그대로였다고나 할까. 그야말로 제대로 돌아가는 구석이 하나도 없었으며, 쇠락과 퇴영의 신음소리가 나지 않는 곳이 없었다. 따라서 거들떠볼 그 무엇도 사실 없었다. 그래도 연구자로서 나는 형벌의 땅과도 같은 우리 도서관 현장이 연구의 중심에 들어와야 하고 그것이 출발지점이 되어야 한다는 생각을 처음에는 어렴풋이, 나중에는 확실하게 하게 되었다. 일단 방향을 그렇게 선회해야 언젠가는 끝이 보일 것 같았다. 서양이 중심에 있고 출발점이 되는 한 그와 같은 연구에는 끝이 보일 날이 없을 것만 같았다. 그래서 나는 서양을 보더라도 필요한 만큼만 보아야겠다는 생각을 하게 되었다.

한편 우리 문헌이라고 해 보아야 그것 또한 볼품없기는 마찬가지였다. 양도 워낙 적어 탈이었지만, 무엇보다 연구자에게 문제가 되는 것은 창의성(originality)이 들어간 글토막을 찾기가 좀체 쉽지 않다는 것이었다. 참고문헌으로 활용하려고 검토를 해 보면 제목은 근사하게 붙어 있으나 내용이 서양 문헌을 요령껏 비슷하게 짜깁기해 놓은 경우가 태반이었다. 그야말로 논문을 위한 논문이요, 서양의 대가들을 받들기 위한 논문이었다.[2]

낙후한 현장, 거기다 참고문헌마저 빈약한 상황에서 어떻게 연구다운 연구가 가능할 것인가. 그래서 연구자의 시각을 우리의 현실, 우리의 문헌세계로 이동시켜 맞춘다고 했을 때 바로 문제점으로 떠오르는 것이 연구를 수행하는 방법론이었다. 어떻게 참고문헌을 구하며 어떤 연구기법을 활용하여 연구를 추진하여 그나마 현실개척에 의미 있는 결과를 생산해 내느냐의 문제였다. 여기서 나와 주변의 젊은 연구자들이 공동으로 개발해 낸 것이 '현단계 연구'(studies of the present developmental stage)라고 하는 것이었다.[3] 그것은 쉽게 말해 눈앞에 있는 현실을

---

2) 김정근 엮음, 《학술연구에서 글쓰기의 혁신은 가능한가》(한울, 1996), 3~6쪽. 김영민, 《탈식민성과 우리 인문학의 글쓰기》(민음사, 1996)도 보라.
3) 지난 10여 년간 부산대학교 문헌정보학과 대학원 석박사과정의 젊은 연구자들

그대로 기술해 내자는 것이었다. 현실 속의 드라마를 그대로 노출시키고 폭로해 내자는 것이었다. 그렇게 함으로써 현실의 문제 자체 속에 함유되어 있는 해답을 저절로 떠오르게 하자는 것이었다.[4] 그것은 가설을 설정하고 통계적으로 입증하는 형식을 띠는 이른바 '과학적' 방법과는 거리가 있었다.

현단계 연구는 구조적으로 몇 가지 특징을 가지는 것이었다. 우선 태생적으로 그것은 우리 현장에서 논제를 건져 올리도록 했다. 처치과정으로는 주로 질적 방법을 취했다. 왜냐하면 다양한 드라마를 품고 있는 현장을 사실적으로 그려내기에는 연구자의 통찰력을 십분 활용할 수 있으며, 특수성에 대한 해석의 여지가 있는 질적 기법이 안성맞춤이기 때문이었다. 더구나 이미 생산되어 있는 연구문헌들에 창의성이 결여되어 있는 상황에서 현장에 대한 관찰이라든가 인터뷰 기법은 연구자가 자료 확보를 위해 의존할 수 있는 마지막 보루일 수밖에 없기도 했다.

마지막으로 남은 것은 연구의 결과를 제시하는 문체 문제였다. 우리 현장의 현단계를 있는 그대로 그려내어 그 속에 배태되어 있는 드라마를 노출시키기에는 이른바 간결한 논문 문체는 부적절했다. 복잡한 내용을 담아내는 데는 복잡한 그릇이 필요했다. 그래서 다양한 문체의 실험이 요구되었다. 이 대목에서 '잡스러운'[5] 글쓰기라는 기법이 채택되기도 했다.

나와 주변의 젊은 연구자들은 현단계 연구를 경우에 따라 여러 가지 이름으로 불렀다. '우리식', '주체적', ' 자아준거적', '실천적' 따위의 수식어를 붙여 부르기도 했다. 우리는 도서관 현장을 대상으로 현단계 연구

로 구성된 '공동작업실'을 중심으로 진행된 일련의 논문작업에 주목하기 바란다. 김정근, 위의 책(1996)에 실린 논문들도 참조하라.

4) 나중에 안 일이지만, 이 부분을 신용하는 '사회적 사실기술'이라고 했다. 그의 〈독창적 한국사회학'의 발전을 위한 제언〉, 《한국사회학》 28집(1994 봄), 1~15쪽 참조.

5) 이 표현은 김영민에게서 유래한다. 그의 〈글쓰기, 복잡성의 철학 : 일리(一理)의 해석학을 위하여〉, 《오늘의 문예비평》 통권 12호(1994 봄), 77~104쪽을 참조하라. 김영민 글쓰기 철학의 전모를 보려면, 김영민, 앞의 책(1996)을 보라.

를 직접 생산해 내기도 하고, 그것을 주제로 삼아 글을 쓰기도 했다. 우리 자신이 현단계 연구를 주제로 삼아 발전시킨 글의 사례를 일부 소개해 보면 다음과 같다.

김정근·김영기, 〈문헌정보학 연구에 있어서 글쓰기의 혁신은 가능한가〉, 《도서관학논집》 22집(1995. 6), 27~59쪽.

김정근·이용재, 〈한국문헌정보학연구와 문화기술적 방법〉, 《도서관학논집》 24집(1996 여름), 107~161쪽.

김정근·김종성, 〈현단계 학교도서관 문제에 관한 연구전략〉, 《한국문헌정보학회지》 31권 3호(1997. 9), 23~51쪽.

김정근·이수상, 〈현단계 한국문헌정보학의 발전전략〉, 《한국문헌정보학회지》 31권 1호(1997. 3), 125~151쪽.

김정근, 〈한국의 문헌정보학은 대화의 학문인가, 독백의 학문인가?〉, 《도서관계》(1997. 1·2), 3~7쪽.

김정근, 〈도서관 담론에 나타나는 '가벼움'의 기원에 대하여〉, 《도서관문화》(1997. 7·8), 22~29쪽.

김정근, 〈문헌정보학 연구에서 '실천적' 글쓰기란 무엇인가?〉, 《열린지성》(교수신문사) 3호(1997 겨울), 83~99쪽.

나와 젊은 연구자들이 다른 사회과학의 여타 분과학문에서 일고 있는 '탈식민성 담론'에 주목하게 된 것도 바로 이 문헌정보학에서의 '현단계 연구' 과정을 통해서였다. 우리는 어느덧 다른 분야에서의 흐름과 우리 자신을 동일시하게 되었으며 드디어 학문적 연대의 가능성을 타진하게 되었다.

사회과학에서의 탈식민성 담론

지금까지의 논의에서 분명하게 드러나듯이 우리들이 가진 처음의, 그리고 제일차적 관심은 문헌정보학의 내부 문제에 있었다. 지금 와서 범주화했을 때 '현단계 연구'라고 부를 만한 것의 초기단계에 매달려 있을 때만 해도 관심의 표적은 전적으로 도서관 연구에 있었다. 그런데 '현단계 연구'를 방법론적으로 확립해 나아가는 데는 장애요인이 있었다. 무엇보다 다른 문헌정보학 연구자들에게 이 방법의 타당성과 유용성을 설득하는 데 문제가 있었다. 주위에서 좀체 믿어주고 밀어주려는 기색이 없었던 것이다. 그래서 이들을 설득하기 위한 장치가 필요했다.

우선 우리의 연구행태를 지지하는 장치를 구해 본 것은 역설적이게도 서양의 문헌정보학 문헌이었다. 이 시도는 곧바로 실패했다. 그럴 수밖에 없는 것이 그들은 새삼스레 '현단계 연구' 따위를 주제로 삼아 말할 필요가 없는 위치에 있었다. 우리 입장에서 보았을 때, 그들에게는 사회적 사실과 언어 사이에 아무런 괴리와 소외 현상도 없었다. 그들은 이미 우리와는 다른 몇 차원 높은 수준에서 현장과 언어를 일치시켜 놓고 있었다. 어떤 의미에서 그들은 오래전에 이미 그들 나름의 현단계 연구를 일상화시켜 놓고 있었다.

이와 같은 관련 속에서 다음으로 우리가 눈을 돌리게 된 것이 국내의 다른 사회과학 분야였다. 그 어떤 유사한 시도나 노력이 없을까 하고 이곳 저곳을 탐색해 보았다. 그런데 놀랍게도 거기에는 바로 꼭 같다고는 할 수 없지만 비슷한 움직임이 여기 저기 감지되었다. 교육학에도 있고 행정학에도 있었다. 사회학에도 있고 경제학에도 있었다. 정치학에도 있었다. 이런 식이었다. 이종각, 박동서, 김진균, 변형윤, 문승익, 윤근식 등의 이름이 다른 이름들과 함께 눈에 띄었다. 그 뒤 우리는 법학, 사회복지학, 언론학, 여성학, 인류학 분야도 탐색해 보았다. 거기서 우리는 배종대, 임종대, 강준만, 조혜정 등을 발견했다. 이들은 '학문의 토착화'라는 이름으로, 또는 '한국화'라는 이름으로 움직임을 만들어 가고 있었다. 파고 들어가 볼수록 그 움직임은 우리가 처음 예상했던 것보다는 훨씬 뿌리가 깊은 것이었다.[6]

그래서 우리는 일단 문헌정보학 내부의 불을 끄는 데 어느 정도 성공을 거두었다. 신생의 도서관 연구를 하는 데 전통이 오랜 다른 분야의 성과를 원용하고 나서니, 우선 내부에서 쓸데없이 입을 대는 일이 없어졌다. 적어도 양성적 방해꾼들은 사라졌다. 차츰 현장의 실무 사서진과 젊은 연구자들 사이에서 호응이 생겨나기도 했다. 우리는 자신을 얻었다. 1990년대를 거의 다 넘기고 있는 지금도 대체로 이와 같은 분위기는 지속되고 있다.[7]

이처럼 처음에는 우리 자신의 전공영역 안에서 '현단계 연구'를 공고히 해가는 과정에서 다른 학문 분야를 기웃거리게 된 것이다. 일정한 성찰과정을 거치면서 거기서 우리는 매우 중요한 또 다른 국면을 보게 되었던 것이다. 그것은 우리 자신의 문헌정보학을 포함하여 거의 대부분의 사회과학 분야를 관류하는 우리 시대의 한 큰 흐름이었다고 여겨진다. 한국 사회과학의 '탈식민성 담론'이라고 범주화해 볼 수 있는 바로 그것이었다.[8]

이쯤에서 우리는 우리 자신이 그 동안 고립된 상태에서 내부의 현실적 필요에 의해 추진해 왔던 '현단계 연구'가 결국 다른 분야에서의 학문적 주체성 확립을 위한 노력들과 서로 그다지 먼 거리에 있는 것이 아니라는 사실을 확인할 수 있었다. 우리는 어떤 소속감을 느끼게 되었으며 연대감도 갖게 되었다. 그리고 사회과학의 여타 하위 분야에서의 개별적 움직임이 서로를 발견하여 자각된 연대 속에서 맺어질 때 그것

---

6) 우리가 생산한 초록을 참조하면 더욱 실감이 갈 것이다.
7) 김정근, 앞의 책(1996), 6쪽.
8) '탈식민지 시대론'을 가장 선구적으로, 그리고 포괄적으로 제시한 것은 조혜정이었다. 그의 전모를 보려면, 《탈식민지 시대 지식인의 글읽기와 삶읽기》(또하나의 문화) 제1권, 바로 여기 교실에서(1992) ; 제2권, 각자 선 자리에서(1994) ; 제3권, 하노이에서 신촌까지(1994)를 참조하라.

은 이 땅에서 사회과학의 유용성을 한층 끌어올리는 계기로 발전할 수 있을 것이라고 생각했다. 우리는 그 연대의 가능성을 떠올리며 그 속에서 이미 엄청난 힘을 보았다.

우리는 이런 생각도 가졌다. 우리가 연대의 힘을 보는 데는 문헌정보학의 핵심기능이라고 할 수 있는 목록, 색인, 초록의 요소가 작용하고 있지 않았을까. 아마도 그럴 것이다. 목록자(cataloger), 색인자(indexer), 초록자(abstracter)로서의 태생적 감각과 기민성이 우리로 하여금 평소에 도서관이라고 하는 조직을 통하여 늘 그렇게 했듯이 이 경우에도 사회과학의 여타 분과학문을 묶어 줄 생각을 하도록 만들었을 것이다.

우리가 문헌정보학에서의 '현단계 연구'를 위해 초기에 발굴하여 원용했던 다른 분야의 문헌을 문맥을 위하여 일부 소개하면 다음과 같다. 이 문헌들이야말로 이후에 우리로 하여금 사회과학 여타 분과학문들에서의 '탈식민성 담론'을 범주로 설정하고 초록기법을 사용하여 조직해 낼 구상을 가지도록 한 기틀의 제공자였다.(여기에 소개하는 문헌들은 매우 광범한 영역에 걸쳐 있다. 인문학까지도 포함하고 있다)

정치학

진덕규, 〈한국의 정치학을 위하여〉, 《한국사회연구》 1집(1983), 65~88쪽

윤근식, 〈'사회'없는 정치학과 한국정치학〉, 성균관대학교 사회과학연구소 편, 《한국사회과학론 : '사회'없는 사회과학들이 어떤가?》(대왕사, 1983), 85~112쪽

정해구, 〈한국 사회현실과 한국정치학〉, 학단협 편, 《80년대 인문사회과학의 현단계와 전망》(역사비평사, 1988), 100~112쪽

경제학

변형윤, 《분배의 경제학 — 경제이론과 경제현실》(한길사, 1983)

박우희, 《한국의 경제사상·이론·현실 : 한국경제학서설》(유풍출판

사. 1984)

경영학

이기을, 《민족문화와 한국적 경영학》(법문사, 1988)

김인수, 〈한국적 경영학 이론개발을 위한 비판적 고찰〉, 한국경영학
회 편, 《한국경영학 30년 — 회고와 전망》(서울대학교출판부,
1988), 549~570쪽

이면우, 《W이론을 만들자》(지식산업사, 1992)

법 학

배종대, 〈우리 법학의 나아갈 길 — 형법학을 중심으로〉, 《법과 사
회》 창간호(1989), 220~250쪽

차용석, 〈우리법학의 보편성과 특수성〉, 《법과 사회》 창간호(1989),
251~260쪽

강경선, 〈한국에서의 진보법학의 연구현황과 과제〉, 《현대 한국인문
사회과학연구사 : 80·90년대 비판학문의 평가와 전망》(한울,
1994), 60~78쪽

행정학

안병영, 〈한국의 행정현상과 행정학연구의 주체성〉, 《한국정치학회
보》 13집(1979), 49~66쪽

안병영, 〈한국행정학의 탈정치적 접근과 문화적 편향성〉, 성균관대학
교 사회과학연구소 편, 《한국사회과학론 : '사회'없는 사회과학
들이 어떤가?》(대왕사, 1983), 141~166쪽

백완기, 〈한국적 행정이론의 성립가능성 모색〉, 《한국정치학회보》 21
집 2호(1987), 153~173쪽

박동서, 〈한국행정학의 과제와 행정학의 재정향〉, 《한국행정학보》 26
권 4호(1992), 1429~1435쪽

사회학

임현진, 〈사회학 이론 교육의 과제〉,《한국사회학》 17집(1983), 12~
16쪽

강신표, 〈인류학적으로 본 한국 사회학의 오늘 ― 김경동과 한완상의
사회학〉,《현상과 인식》 7권 1호(1983 봄), 255~262쪽

박영신, 〈사회학연구의 사회학적 역사〉,《현상과 인식》 9권 1호(1985
봄), 9~28쪽

김진균, 〈한국 사회과학의 현재적 과제 : 새로운 학문공동체를 위하
여〉,《사회과학과 민족현실》(한길사, 1988), 13~27쪽

한완상,《한국현실 한국사회학》(범우사, 1992)

신용하, 〈독창적 한국사회학의 발전을 위한 제언〉,《한국사회학》 28
집(1994), 1~15쪽

사회복지학

임종대, 〈한국 사회복지학의 반성〉,《이론》 4호(1993 봄), 196~218쪽

이혜경, 〈사회복지학의 정체성〉,《한국 사회복지학을 진단한다》(1995
년 한국사회복지학회 춘계학술대회자료집), 한국사회복지학회,
1995, 63~74쪽

오정수, 〈사회복지학 접근방법의 이중구조와 정합적 접근 전망〉,《상
황과 복지》 2호(1997), 131~158쪽

언론학

김학수, 〈언론학 연구의 역사적 구조와 상황〉,《현상과 인식》 9권 1
호(1985), 29~42쪽

이효성, 〈언론학의 한국화를 위한 시론〉,《한국적 커뮤니케이션 모델
연구 I : 커뮤니케이션 이론 토착화》(한국언론학회, 1993), 198~
214쪽

교육학

황정규, 〈한국교육과 미국교육과의 관계 ― 교육내용·방법 측면에서의
    소고〉, 《전북대학교 국제문화연구소 논문집》 1집(1982), 83~89쪽
이종각, 〈외국이론의 도입과 교육이론의 토착화〉, 《교육학연구》 21
    권 1호(1983), 67~82쪽
문선재, 〈한국 교육사회 비판〉, 《현상과 인식》 9권 1호(1985), 43~64쪽
이종각, 〈교육사회학의 연구과제와 방법〉, 《교육학연구》 25권 2호
    (1987), 53~65쪽
이종각, 《한국교육학의 논리와 운동》(문음사, 1990)

여성학

지은희·강이수, 〈한국여성연구의 자성적 평가〉, 학단협 편, 《80년대
    한국인문사회과학의 현단계와 전망》(역사비평사, 1988), 136~
    169쪽
조혜정, 《한국의 여성과 남성》(문학과지성사, 1988)

인류학

김광억, 〈한국 인류학의 평가와 전망〉, 《현상과 인식》 11권 1호(1987
    봄), 53~89쪽
조혜정, 《탈식민지 시대 지식인의 글읽기와 삶읽기》(또하나의 문화)
    1권. 바로 여기 교실에서(1992) ; 2권. 각자 선 자리에서(1994) ;
    3권. 하노이에서 신촌까지(1994)
김성례, 〈탈식민담론과 대중문화〉, 《아세아문화》(한림대학교 아세아
    문화연구소) 10호(1994), 393~399쪽

문헌정보학

김정근, 〈대학도서관 운동에 있어서 주체의 문제 : 부산대학교 도서관
    을 중심으로〉, 《문헌정보학보》(전남대학교 문헌정보학과) 4집

(1990), 1~30쪽

최성진, 〈한국문헌정보학에 대하여〉, 《창사 이춘희교수 정년기념논문
집》 1993, 81~112쪽

이수상, 〈한국문헌정보학에 있어서 토착화 논의〉, 《도서관》 49권 3호
(1994 가을), 63~84쪽

최성진, 〈광복50년과 도서관의 세계화〉, 《전국도서관대회 주제발표
논문집》(한국도서관협회, 1995), 7~14쪽

김정근, 《한국의 대학도서관 무엇이 문제인가》(한울, 1995)

사회과학 일반

한국사회과학연구협의회, 《한국사회과학의 토착화 : 연구방법을 중심
으로》(1979), 유네스코 한국위원회 미간본 세미나 자료집

한국사회과학연구협의회, 《한국사회의 자생적 발전》(1984), 유네스코
한국위원회 창립30주년기념심포지엄 자료집

김진균·조희연, 〈해방이후 인문사회과학사의 비판적 재검토 : 학문적
종속과 민족적·민중적 학문의 전개〉, 《한국사회론 : 현대 한국
사회의 구조와 역사적 변동》(한울, 1990), 276~300쪽

이병천, 〈한국사회과학의 진단과 반성〉, 《사회철학》(영률사회철학연
구소) 창간호(1993), 60~66쪽

인문학 일반

조동일, 《우리 학문의 길》(지식산업사, 1993)

조동일, 《독서·학문·문화》(서울대학교출판부, 1994)

김영민, 〈논문중심주의와 우리 인문학의 글쓰기〉, 《문학과 사회》 7권
3호(1994 가을), 1261~1281쪽

김영민, 〈원전중심주의와 우리 인문학의 글쓰기〉, 《제7차 문정포럼
발표원고》(1995. 5. 17), 부산대학교 문헌정보학과

김영민·김승철(사회 남송우), 〈특집좌담 : 지금, 글쓰기란 무엇인가〉,

《오늘의 문예비평》 16호(1995 봄), 15~45쪽

사회과학에서 탈식민성 담론에 관한 초록 생산

이제 우리는 문헌정보학의 테두리를 벗어나 한국 사회과학 전반을 보기 시작하여 그 속에서 꿈틀거리는 '반란'의 몸짓들을 주목하기에 이르렀다. 우리는 그것들을 모두 발굴하여 하나의 틀 속에서 조직해 내기로 했다. 이때 우리는 문헌정보학의 주무기 가운데 하나인 초록(abstract)의 기법을 활용하기로 했다. 작업의 화두는 '한국사회과학의 탈식민성 담론에 관한 서지연구'였다. 우리는 이 초록작업을 통하여 해방 후 한국 사회과학이 식민지 학문의 틀을 벗어나 학문으로서 주체성을 확보해 가는 전과정을 가능하다면 망라하여 드러내기로 했다. 그렇게 함으로써 한국 사회과학이 한국적 사회현실을 이해하고 규명해 내는 데 도움이 되는 명실상부한 '한국적' 사회과학으로서의 역할과 지위를 성취해 가는 데 기여할 뿐만 아니라, 상대적으로 그러한 담론구성이 미약한 분야에 자극과 격려를 제공해 줄 수 있기를 바랐다.

이제 우리 눈에는 일의 다음 순서가 선명하게 드러나기 시작했다. 우리는 움직여야 했다. 나와 젊은 연구자들은[9] 여러 번의 회의를 거치면서 작업의 내용과 방법을 구체화시켜 나갔다. 우리는 한국 사회과학의 하위 분야 가운데 정치학, 경제학, 법학, 행정학, 사회학, 사회복지학, 언론학, 교육학, 여성학, 인류학, 문헌정보학 분야를 작업대상으로 삼았다. 작업의 과정은 다음과 같이 진행되었다.

● 탈식민성 담론의 내용과 그 범위를 정한다.
① 글쓰기(논문쓰기)의 고민이 있어야 한다.

---

9) 이 연구계획에는 부산대학교 문헌정보학과의 이수상, 류준정, 이용재, 김영기, 김종성님이 연구보조원의 자격으로 참여했다.

‑ 주제에서 식민지성을 벗어나려고 하는 고민이 있을 것

‑ 방법과 자료에 대한 고민이 있을 것

‑ 가능하다면 문체에 대한 고민이 있을 것

② 주류에서 벗어나고 그것에 대항하려는 노력이 있어야 한다.

‑ 비판적, 제3세계적 관점을 지닐 것

‑ 현장 중심의 해결노력, 학술운동의 성격을 띨 것

● 주요 키워드를 설정하여 한국 사회과학의 하위 분야별로 관련된 핵심문헌들을 조사한다.

① 탈식민성(탈식민지화), 토착화(토착이론, 토착학문), 한국적(화), 자아준거적, 특수성과 보편성, 주체성(주체적 학문), 질적 연구(현상학적 연구, 해석학적 연구) 등을 주요 키워드로 한다.

② 탈식민성 담론을 '주제화'시킨 문헌을 중심으로 선정한다.

● 핵심문헌들을 분석하여 각 하위 분야별 탈식민성 담론의 기초적 유형과 특성을 파악한다.

① 분야별 관련 연구단체들의 동향과 전문 연구지를 조사 분석한다.

② 분야별 주요 연구인물을 밝혀낸다.

● 각 하위 분야별 인용분석을 시도하여 문헌들을 망라적으로 추적, 조사한다.

● 위의 과정을 통해 선정된 담론을 읽어 선정 범위에 합당한지를 최종 확인하고, 합당한 경우에는 초록을 작성한다. 초록은 네 영역으로 구성한다.

① 제1영역(기술부) : 서지사항

② 제2영역(도입부) : 해당 연구의 전체적 내용을 요약. 특히 탈식민성 담론으로 선정된 이유가 분명히 나타나도록 기술

③ 제3영역(설명부) : 해당 연구의 본문과 결론을 중심으로 주요 내

용을 설명
④ 제4영역(비평부) : 해당 연구에 대한 비평적 내용(긍정적 또는 부
정적 내용)을 기술

이 작업을 위해 우리는 이미 확보하고 있던 문헌을 재검토하는 한편,
부산대 도서관, 국립중앙도서관, 국회도서관 등 국내의 여러 도서관들
을 돌며 새로운 자료 발굴을 위하여 뛰었다. 그리고 이러한 탐색과정에
서 파악된 분야별 전문 연구자들을 선정한 후, 그들을 방문하여 작업의
타당도를 가능한 한 검토받으려고 노력했다. 초록작업이 완성되는 데는
1995년부터 1999년까지 만 5년이 걸렸다.

마 무 리

나는 위에서 나 자신과 주변의 젊은 연구자들이 그 동안 전개해 온
작업의 자초지종을 소개했다. 요컨대 나와 젊은 연구자들은 우리나라의
동남부 지역에 위치하면서 그곳으로부터의 관찰과 토론에 기초한 의문
을 통하여 문헌정보학 내부적으로 '현단계 연구'를 발전시키는 한편, 그
것의 연장선에서 사회과학 여타 하위 분야에서의 탈식민성 담론들을 초
록의 형식으로 가공해 내는 성과를 얻을 수 있었던 것이다. 나는 무엇
보다 이 성과가 앞으로 우리 사회과학의 여타 분과학문 내에서 맹활약
하고 있는 탈식민성 담론 형성자들 간의 연대를 가능하게 하는 계기로
작용할 수 있기를 기대한다.

이제 감사의 말을 남겨야 하겠다. 이 연구가 이만큼의 성과를 가져온
데는 부산대학교 한국민족문화연구소와 그 전신인 민족문제연구소의
든든한 후원이 있었음을 밝혀둔다. 이 두 연구소의 역대 소장인 하일민
교수, 김승동 교수, 류탁일 교수, 채상식 교수께 감사드린다. 이 연구가
시작되던 1995년 당시 민족문제연구소의 간사직에 있었던 진기행 박사
의 노고도 빼 놓을 수 없을 것이다. 아울러 출판을 맡아준 지식산업사

의 김경희 사장은 이 책 원고의 가치를 인정하고 기꺼이 출판을 맡아주셨으며, 편집부에서는 이 원고를 한결 매끄럽게 만들어 주었다.

이 글을 끝내면서 이 작업에 참여한 학문 후속세대 연구자들에 대하여 언급하고자 한다. 이수상, 류준정, 김영기, 이용재, 김종성님은 내가 이 작업을 구상하던 초기 단계부터 단행본의 형태로 결실을 맺게 되는 지금까지 나와 함께 길을 걸었다. 작업이 진행되는 과정에서 나는 이들의 열정과 헌신을 경이의 눈으로 지켜보곤 하였다. 아마도 이들과 함께한 공동작업은 나의 학문생활에서 가장 유쾌한 기억 가운데 하나로 남을 것이다. 이들의 학문적 가능성에 깊은 신뢰를 보내며 큰 발전을 기원해 마지 않는다.

1999년 10월
평사재에서 김정근

차 례

정치학 분야

김정근 · 이용재

■ 담론 개관

일제하 일본을 통해 이식된 정치학은 관료적 국가학이나 법률학의 한 갈래로서의 성격을 띠고 있었다. 이러한 풍토에서 공부한 젊은 학자들이 해방 이후 정치학 교수를 맡게 된 것은 불가피했다. 하지만 이 사실이야말로 우리 정치학, 나아가 우리 학문에 불행한 일이었다.[1] 학문보다 관(官)이 중시된 것이다. 또한 우리나라 정치학은 이데올로기전쟁인 한국전쟁으로 인한 이데올로기 대립이 정치학 연구의 자율성을 제약해 왔다. 군사독재 시절 우리나라 정치학은 미국 행태주의 정치학이 제공하는 '과학성'에 안주하여 현실정치를 비껴나갈 수 있었다.

그러나 우리나라 정치학이 이러한 식민성에 전적으로 매몰되어 온 것은 아니다. 정치학의 연구활동과 그 과정에서 빚어나오는 담론들을 자세히 들여다보면, 서구추수적(西歐追隨的) 연구행태를 지양하고 한국 정치현실에 대한 적실성(適實性) 있는 연구를 하고자 하는 움직임이 해방 이후 지금까지 때로는 한켠에서 조용하게, 때로는 전면에서 강렬하게 이루어져 왔음을 쉽게 알 수 있다. 해방 이후 반세기가 지난 시점에서, 이러한 우리나라 정치학의 자성적 논의를 '탈식민성 담론'이라 부르

---

1) 이한우, 《우리의 학맥과 학풍》(문예출판사, 1995), 120쪽.

고 그 지적 흐름을 추적해 보는 작업도 의미가 있을 것이다. 여기서는 일제시기는 그냥 두고, 해방 이후를 중심으로 우리나라 정치학에 배태되어 온 식민성과 그것을 극복하고자 하는 담론의 전개과정을 살펴본다.

우리나라 정치학은 해방 이후 미군(美軍)의 진주와 함께 시작되었다고 하는 진덕규의 지적[2]처럼, 다른 사회과학과 마찬가지로 우리나라 정치학은 지금까지 미국추수적 경향을 강하게 드러내 왔으며, 그 결과 한국의 현실을 미국의 눈으로 보아 온 오류를 범해 왔음을 부인하기 어렵다. 1965년 우리나라를 방문하여 서울에서 개최된 '아시아에 있어서의 근대화문제'에 관한 국제 심포지엄에 참석했던 당시 서독 정치학자 자이델(Bruno Seidel)은 "나는 분명히 한국에 와서 한국 사회의 근대화문제에 관한 한국 정치학자들의 논의를 들을 수 있으리라 기대했다. 그러나 유감스럽게도 한국 정치학자들이 한국 문제에 관해 사용하는 개념들은 마치 나로 하여금 '고도의 소비사회'가 구가되고 있는 미국에 와 있는 것이 아닌가 하는 착각을 불러일으키게 했다"고 말한 바 있다.[3] 자이델의 풍자는 아직도 유효한 것은 아닐까? 탈식민성 담론이 그 후 지금까지 계속되고 있는 것을 보면 아직도 우리나라 정치학의 탈미국화는 진행중인 사안이라고 할 수 있다.

우리나라 정치학의 탈식민성 담론을 본격적으로 살펴보기 전에 우선 한국 정치학의 발전과정을 시기별로 조망할 필요가 있다. 여기서는 김계수, 김운태, 민준기가 제시하는 한국 정치학의 시기구분론을 살펴본다.

우리나라 정치학의 발전과정에 대한 사적 고찰을 가장 먼저 한 사람은 김계수다. 그는 《한국 정치학》(일조각, 1969), 《한국과 정치학》(일조각, 1987), 《한국 정치연구의 대상과 방법》(한울, 1993) 등과 같은 저서명에서도 느낄 수 있듯이, 우리나라 정치학의 가닥을 잡아 나가기 위한 지속적인 연구를 수행해 온 학자라고 할 수 있다. 김계수는 우리나라 정

---

2) 진덕규, 〈한국의 정치학을 위하여〉, 《한국사회연구》 1집(1983), 67쪽.
3) 윤근식, 〈'사회'없는 정치학과 한국정치학〉, 성균관대학교 사회과학연구소 편, 《한국사회과학론 : '사회'없는 사회과학들이 어떤가?》(대왕사, 1983), 85~86쪽.

치학의 발전과정을 제1기 : 초창기(1945~1953), 제2기 : 준비기(1954~
1961), 제3기 : 모색기(1962년 이후)로 나눈다. 이와 같은 시기구분은 주
로 현실 정치의 큰 변동에 따른 것이다. 제1기는 해방 이후 한국전쟁 휴
전까지이며, 제2기는 휴전 이후 5·16 쿠데타 발발까지이다. 제1기에 속
하는 1953년 10월에 한국정치학회가 설립되었으나 초기 3년 동안은 이
름만 존재할 뿐 뚜렷한 활동이 없었다. 제2기에 속하는 1959년에 창간
된 《한국정치학회보》에 〈행태주의의 역할〉이라는 논문이 게재되는 등
이 시기에 '과학적 방법론'에 대한 관심이 일기 시작한다. 제3기는 우리
나라 정치학이 양적으로 팽창해 온 시기인데, 정치학자의 급증에도 불
구하고 한국정치 분야 전공자는 극소수에 지나지 않는 등, 정치학의 '한
국화'(Koreanization) 문제가 대두하여 왔다고 김계수는 지적한다.[4]

또한 김운태는 〈한국 정치학의 연구경향과 전망〉이라는 논문[5]에서
김계수의 시대구분과 비슷하나 약간 더 구체적인 분석을 하였다. 그는
국내외 현실정치계의 큰 변동을 중심으로 우리나라 정치학의 발전과정
을 제1기 : 계몽기(1945~1953), 제2기 : 모색기(1954~1961), 제3기 : 성
장기(1962~1969), 제4기 : 토착화를 위한 반성기(1970년 이후)로 나눈
다. 김운태는 우리나라 정치학이 1970년대에 들어오면서 '정치학의 토
착화·한국화'라고 부를 수 있는 반성적 움직임을 보이기 시작했다고 한
다. 그러나 이러한 분석은 다소 낙관적인 견해라고 본다. 1970년대부터,
아니 그 이전부터 일기 시작한 토착화론에 대해서는 더욱 정교한 분석
을 요한다. 이에 대해서는 뒤에서 좀더 논의할 것이다.

이러한 우리나라 정치학의 시대구분을 놓고 민준기는 〈정치학 : 절충
혼합의 이론과 뒤진 국내정치 연구〉라는 논문[6]에서 좀더 설득력 있는

---

4) 김계수, 《한국과 정치학》(일조각, 1987), 2~16쪽.
5) 김운태, 〈한국 정치학의 연구경향과 전망〉, 《한국정치학회보》 12집(1978), 149~
　　171쪽.
6) 민준기, 〈정치학 : 절충 혼합의 이론과 뒤진 국내정치 연구〉, 조요한·변형윤 공
　　편, 《한국의 학과와 학풍》(우석, 1982), 112~158쪽.

논지를 전개하였다. 그에 의하면 제1기는 계몽기(1945~1961)로 주로 서구 정치학과 일본 정치학을 소개하는 시기고, 제2기는 모색기(1962~1969)로 구미 정치학을 본격적으로 도입하는 시기고, 제3기는 성장기(1970년 이후)로 유신체제하에서 한국화가 강조되었으나 많은 문제점을 낳은 시기다.

민준기는 위의 두 학자와 마찬가지로 우리나라 정치학이 지나치게 미국 정치학의 영향을 받고 있음을 지적하고, 우리나라 정치학자들은 한국 정치를 연구하는 데 적합한 이론적 틀과 방법론을 주체적으로 개발하여 보편적 가치를 갖는 과학적 이론 정립에 힘써야 한다고 강조한다.

한편 우리나라 정치학에 대해 시대별로 비판적 검토를 하고 있는 정해구는 우리나라에서 정치학 이론이 수용되어 온 과정을 다음과 같이 3단계로 나누고 있다.[7] 제1단계는 1960년 이후 미국의 정치학 이론들이 수용되기 이전의 단계로서, 주로 일제로부터 이어져 왔던 독일의 국가학적 경향, 법률적 제도적 연구경향, 라스키류의 다원적 국가론 등이 혼재해 있었다. 제2단계는 1960년대 이후부터 미국 유학자들에 의해 미국의 정치학 이론들이 광범위하게 소개 수용되었던 단계로서, 행태주의, 구조기능주의, 자유주의적 다원주의, 근대화론 및 정치발전론 등이 수용되었다. 제3단계는 1970년대 후반부터 종속이론을 비롯하여 다양한 비판적 이론들이 수용되는 단계로서, 관료적 권위주의 이론, 조합주의 이론, 과대성장국가 이론, 네오마르크스주의 이론, 세계체제 이론 등이 거론되었다. 이와 같이 단계마다 다양한 이론들이 수용되어 왔지만, 기존의 정치학 이론의 주류는 여전히 제2단계에서 수용된 미국적 정치학 이론들이라 할 수 있다.

우리가 살고 있는 1990년대는 어떤가? 많은 정치학자들이 현재를 다원주의 정치학의 시대라고 말한다.[8] 정책에 관심을 기울이고, 선거를 연

---

7) 정해구, 〈한국 사회현실과 한국 정치학〉, 학술단체연합심포지엄 준비위원회 편, 《한국인문사회과학의 현단계와 전망》(역사비평사, 1989), 101쪽.

구하는 정치학자들이 늘어났으며, 이데올로기의 강요에서 비교적 자유
로워졌기 때문이다. 그러나 아직도 미국 정치학 편향, 독자적 패러다임
의 부재 등 우리나라 정치학이 탈식민화로 이르는 길은 멀기만 하다.

그러면 아래에서 우리나라 정치학의 탈식민성 담론을 비교적 강하게
형성해 온 학자들을 중심으로 그 추이를 좀더 자세하게 살펴보도록 하
겠다.

1970년대 후반에 들어와 '한국정치학회'는 두 차례에 걸쳐 우리나라
정치학의 정립문제를 놓고 심포지엄을 개최하였다. 비로소 우리나라 정
치학의 주체성이 본격적으로 문제가 된 것이다. 1978년에는 '건국 30년
의 한국 정치학'이 주제였고, 1979년에는 '한국 정치학의 정립문제'가 화
두였다. 그 중에서 윤근식의 논문, 〈사회비판적인 정치분석과 한국 정
치학〉[9]은 그 동안의 우리나라 정치학을 '사회 없는 정치학'으로 규정하
고, 미국추수적 연구행태로 인하여 한국 사회와 유리되어 있는 대다수
한국 정치학자들을 질타하였다. 그에 의하면 이러한 정치학자들은 자아
인식을 상실하고 보편주의자로서 허공을 표류하게 된다는 것이다.[10]

1970년대를 거쳐 1980년대 초반에 이르기까지 유신체제의 수립과 광
주민중항쟁의 폭력적 진압을 통한 5공 군부정권의 등장에도 불구하고,
기존 정치학계는 여전히 미국에서 수입한 세계관(자유민주주의, 자본주
의, 현실주의 국제정치관 등)과 행태주의 방법론에 기초한 정치발전론
이나 정치문화론에 근거하여 한국 정치를 설명하고 처방을 제시하였다.
그러나 그러한 설명과 처방은 우리 사회의 현실과는 크게 괴리된 것이
었다. 물론 서구의 세계관과 이론을 주로 수입해서 한국 정치를 분석했
던 당시의 학자들도 나름대로 이론적 방법론적 근거를 제시했다고 볼
수 있으나, 그것은 서구이론에 집착하는 합리화에 지나지 않았다고 정

---

8) 이한우, 앞의 책, 211쪽.
9) 윤근식, 〈사회비판적인 정치분석과 한국 정치학〉, 《한국정치학회보》 13집(1979),
   13~38쪽.
10) 윤근식, 앞의 글(1983), 86쪽.

영태는 말한다.[11]

1980년대 중반부터는 제3세계 중심의 이론적 자원에 대한 관심이 증폭되기도 하였다. 그 이유는 1960년대를 풍미했던 근대화 이론에 대한 비판적 물결과 1970년대에 들어와서 눈에 띄게 증가한 마르크스주의에 대한 관심 때문이었다.[12] 우리나라 정치학을 제3세계적 시각에서 정립하고자 한 학자들 가운데서 빠뜨릴 수 없는 정치학자가 문승익이다. 이미 1970년대 초반부터 '주체 있는 한국 정치학'을 주창해 온 문승익은 잘못된 근대화론에 대해 신랄하게 비판하고, 중심지의 학문과 학문의 보편성을 혼동하는 '변방학자의 허위의식'을 질타하는 목소리를 높여 왔다.[13]

진덕규는 1983년에 한국 정치학의 정립을 위한 심도 있는 담론을 생산하였다. 그것은 〈한국의 정치학을 위하여〉라는 논문[14]이다. 진덕규는 이 논문에서 한국 정치현실을 제대로 설명해 내지 못하는 한국의 정치학에 대해 반성적 성찰을 하였다. 그는 우리나라 정치학이, 한국 현대정치를 연구하는 데 일차자료가 빈약할 뿐만 아니라 적실한 현실분석틀조차 갖추지 못하였기 때문에 야사(野史)와 풍문(風聞)을 전달하거나 서구의 낯선 용어와 개념의 풀이에 매몰되어 있다고 진단한다. 그는 우리나라 정치학의 이러한 몰주체성(沒主體性)에 대한 원인으로 첫째, 우리나라 정치학의 자유주의 이데올로기에의 편향, 둘째, 한국사회의 전통과 가치를 애써 단절하고자 한 우리나라 정치학의 계몽주의적 성격, 셋째, 서구의 연구방법론에 대한 몰역사적 이해와 그것의 한국 사회에의

---

11) 정영태, 〈정치학연구의 주요 쟁점과 그 연구현황〉, 한국산업사회연구회 편, 《현대한국인문사회과학연구사 : 80·90년대 비판학문의 평가와 전망》(한울, 1994), 10쪽.
12) 최완규, 〈한국정치학의 연구동향〉, 《사회과학연구》(경남대 사회과학연구소) 창간호(1989), 15쪽.
13) 문승익, 〈종속이론이란 무엇인가?〉, 윤근식 편, 《현대정치의 정치경제학적 분석》(법문사, 1980), 85쪽.
14) 진덕규, 앞의 글, 65~88쪽.

도식적 대입 등을 들고 있다.

최장집은 〈한국 정치학의 현황과 바람직한 방향〉이라는 논문[15]에서 미국식의 행태주의, 기능주의, 실증주의, 경험주의 그리고 다원주의가 우리나라 정치학 연구의 방법론적 입장을 지배한다고 지적하였다. 우리나라의 민주주의 문제를 학문적 화두로 삼아 온 최장집은 한국 정치학의 미국 편향성을 지양하는 방법으로, 관료적 권위주의, 그람시의 헤게모니론, 네오마르크스주의 등에 관심을 기울여 왔으나, 그 이론들과도 일정한 거리를 유지하면서 한국 정치를 읽어 내려고 애써 왔다. 그와 같은 노력이 《한국의 국가와 노동운동》(열음사, 1988), 《한국현대정치의 구조와 변화》(까치, 1989), 《한국민주주의의 이론》(한길사, 1993) 등 지금까지 그가 펴낸 저서들에 담겨 있다.

한편 1980년대 초반부터 이른바 '제3세대 학자군'에 의해 일기 시작하여 1980년대 후반에 치열하게 타오른 '학술운동'은 마르크스주의의 과감한 수용, 민족적 민중적 변혁적 시각의 중시, 지배이데올로기에 대적할 수 있는 새로운 '이데올로기적 지형'의 창출 등을 강조하고 있다. 1988년 6월 '80년대 한국 인문사회과학의 현단계와 전망'이라는 주제를 가지고 10개 학술단체가 연합하여 주최한 심포지엄은 진보적 학술연구와 운동을 본격화하는 계기가 되었다. 정치학 분야는 한국정치연구회가 참여했고, 정해구가 〈한국 사회현실과 한국 정치학의 새로운 건설〉이라는 제목으로 발표하였다.[16] 정해구는 이 글에서 기존 한국 정치학의 주류 패러다임을 형성해 온 미국적 정치학 이론은 한국의 정치현실에 대한 연역적 원리가 되어 왔으며, 이는 결과적으로 한국 정치현실을 적절히 설명하지 못하는 '한국 정치학의 불임(不姙)상태'를 야기하여 왔다고 신랄하게 비판하였다.

이상의 논의를 바탕으로 우리나라 정치학의 탈식민성 담론의 공과를

---

15) 최장집, 〈한국 정치학의 현황과 바람직한 방향〉, 《현상과 인식》 11권 1호(1987), 134~146쪽.
16) 정해구, 앞의 글, 100~109쪽.

다음과 같이 정리할 수 있다.

첫째, 지금까지 한국 정치학은 적합성의 위기라고 부를 만큼 한국 사회가 처해 있는 정치현실과 유리되어 왔다. 한마디로 정치학 이론을 공부하면 할수록 한국 현실을 이해하고 그 처방을 내리는 데 불리하다는 비판이 일어왔으며, 그 비판의 강도는 갈수록 더욱 높아지고 있다.

둘째, 한국 정치학은 정치상황이 주는 제약 때문에 이데올로기 문제를 경시 또는 외면하거나 항상 특정 이데올로기에 의해 조건지워지는 양상을 보여 왔다. 위에서 언급된 탈식민성 담론의 주요 논자들은 이 문제를 지적하고 '사회' 있는 한국 정치학을 주창해 왔으나, 그들도 그러한 담론을 실제로 현실정치에 적용하여 구체적인 연구성과를 본격적으로 생산하지는 못하고 있는 것으로 보인다.

셋째, 1980년대 이후 소장학자들을 중심으로 종속이론, 국가이론, 마르크스주의 및 네오마르크스주의 등 비판적 사회과학 모델의 수용 및 적용이 본격적으로 이루어져 왔다. 그런데 그 동안의 미국 정치학 일변도에 대한 반작용으로 이들 모델을 성급히 도입하려는 의욕이 넘친 나머지, 그 이론들에 대한 원산지의 사회적 역사적 맥락을 고려하는 것을 비롯한 여과작업을 소홀히 한 면이 있다.

넷째, 해방 이후 지금까지 한국 정치학의 문헌에서 토착화, 한국화, 자아준거적, 주체적, 탈식민성, 서구(미국)추수성 극복, 현실적합성 등의 용어가 계속 나타나는 것으로 보아, 아직까지도 한국 정치학의 정립은 문제제기 수준에 머물고 있을 뿐, 지속적인 연구를 통한 실천단계에 진입하지 못하고 있음을 알 수 있다. 앞으로 한국 정치학은 우리나라 정치현실에 좀더 근접하여 우리 사회가 안고 있는 정치적 문제에 조준된(aimed) 시각으로 연구를 수행하는 것이 필요하다. 나아가 지금까지 전개되어 온 탈식민성 담론을 활용하여 정치학의 세부 분야별로 구체적인 연구성과(또는 사례)를 생산하는 것이 요망된다.

이제 우리나라 정치학 연구에서 탈식민성 담론은 실천적인 공동작업을 통하여 확대재생산되어야 할 시점에 이른 것으로 보인다. 이러한 작업이 꽃필 수 있는 싹은 1980년대 이후 이른바 '제3세대 학자군'이라고 불리는 젊은 연구자들의 '진보적' 학술운동에서 찾아볼 수 있다. 1987년 6월항쟁 직후인 8월에 창립된 한국정치연구회가 그 좋은 예라고 볼 수 있다. 물론 이들 소장 연구자들만이 탈식민성 담론을 형성하고 구체적인 연구성과를 산출할 수 있는 것은 아니다. 한국정치학회에서 이루어진 반성적 움직임의 경우와 같이, 우리나라 정치학은 그 주류에서도 이미 상당한 탈식민성 담론을 형성해 왔다고 볼 수 있다. 이제 그 실천만이 남은 것이다.

■ 초 록

이 정 식

한국정치학의 표(表)와 리(裏)

[《창작과 비평》 1권 2호(1966 봄), 155~165쪽]

글쓴이는 한국의 정치학이 자신의 정치적 사실에 대한 요구로 이루어졌다기보다는, 그러한 사실들을 설명하기 위한 이방(異邦)의 학설과 이론을 탐험하는 과정에서 이루어졌다고 한다. 그 이유로 해방 이후 한국 정치학 연구가 이데올로기적 측면을 비롯한 여러 가지 제약을 받아온 것을 든다. 이에 따라 이방의 선진적인 학설과 이론은 대개의 경우 그 자체의 틀에 맞춰 한국의 여러 사실을 설명하여야 한다는 식으로 생각했다. 그렇지 않은 경우는 외래 학설이나 이론은 그것대로, 그리고 한국의 정치적 사실은 사실대로 방임하는 것이 일반적인 경향이었고, 그 경향만을 '아카데미즘'이라고 부르기도 하였다는 것이다. 그렇다고 그 아카데미즘이 어떠한 일련의 정치적 사실이나 과정을 이끌거나 방향을 제시하는 선도적인 역할을 하지도 않았다고 글쓴이는 지적한다.

그래서 해방 이후 20년간 한국 정치학은 한국의 여러 정치 현상과 관련하여 이론과 실제의 문제에 대한 논쟁을 한 적도 없이 적당히 안정적인 성장을 해 왔다는 것이다. 글쓴이는 이러한 현상이, 한국 정치학자들이 권력자나 집권자의 비위를 맞추는 데 급급하거나, 또는 그 안에서 귀족적으로 안이하게 연구한 결과라고 신랄하게 비판한다.

이 글은 한국 정치학이 안고 있는 이상[表]과 현실[裏]의 딜레마를 진단한다. 정치학자의 '이상주의'와 '현실주의'는 조화를 이루어야 하는데 이것이 정치학자를 자아분열에 빠뜨리는 요소로 작용하기도 한다. '실천적 학문'으로서의 정치학의 성격 때문에 이 학문의 '사회적 위치의식'은 한국에서 오히려 큰 부작용을 불러 일으켰다고 글쓴이는 말한다. 그 하나는 사회적 위치의식 속에서 스스로의 '몰가치성'(沒價値性)을 지나치게 주장한 것이고, 다른 하나는 자신의 사회적 위치의식에 매몰된 것이다. 이러한 의식이 학문적 실제성을 가지지 못한 환경적인 이유로 한국 정치학을 억누른 매카시즘의 대두를 들 수 있지만, 좀더 근본적인 이유는 이를 탈피하거나 극복하려는 노력을 별로 기울이지 않은 한국 정치학계의 과오라고 할 수 있다고 글쓴이는 지적한다.

끝으로 글쓴이는 이러한 한국 정치학을 무정형(無定型)의 정치사상 또는 무정치학(無政治學)이라 부르고, 실천의식을 가진 정치학은 이상과 현실이 상관할 때 이루어지며, 정치학의 이론과 실제가 조화되어 균형이 잡힐 때 참다운 정치학이 될 수 있다고 역설한다.

구 범 모

비교정치학 20년의 반성

[《한국정치학회보》 2집(1967), 7∼28쪽]

글쓴이는 이 글에서 해방 이후 20년 간의 한국 정치학이 우리나라의 정치현상을 과학적으로 다루기 위한 주체적 계기를 갖지 못한 이유를 다음과 같이 지적한다.

첫째, 한국의 정치학은 한국 민중 속에 약동하는 정치의식을 인식하고 그를 과학적으로 분석하려는 주체성을 결여하고 있었다. 한국의 정치학도는 오랫동안 우리의 정치이념과 제도를 정립하고 분석하기 위해 외국연구를 한 것이 아니라, 이미 도입된 제도와 토착화하지 못한 정치이념을 해설하는 계몽적 역할만을 수행했다.

둘째, 정치학의 고유한 사회적 사명은 권력비판인데, 국내의 정치적 제약으로 이러한 기능을 제대로 수행할 수 없었다. 건국 초기 한국의 정치적 지배층은 자신들에게 영합하고 도움이 되는 의견은 받아들이는 경우가 예외적으로 있었지만, 내심으로는 지배권력을 유지하는 데에 권력비판적인 정치학은 불필요하다고 생각했던 것이다.

셋째, 정치학자들이 저술과 연구활동에서 자신들의 입장을 이른바 아카데믹한 입각점에서 찾고 있는 점이다. 한국 정치학의 아카데미즘의 역설은, 늘 안전한 곳에서 자기현실을 남의 현실처럼 방관하고 남의 현실을 자기현실처럼 착각하는 오류 속에서 성장해 왔다는 것이다. 이렇게 만들어진 정치학 이론은 사이비 아카데미즘의 자기만족을 가져다 줄지언정 그만큼 현실과는 유리되는 것이라고 글쓴이는 신랄하게 비판한다.

이어서 해방 이후 20년 간의 한국 정치학을 세 단계로 구분 고찰한다.

첫 번째는 국가론의 추상적 논의 단계이다. 여기에는 독일 국가학적 정향과 다원적 국가론적 정향, 마르크스주의적 정향이 있었으나, 마르크스주의 정향은 정부수립 직후 곧 소멸하였다.

두 번째는 구미 정치의 제도적 논의 단계이다. 1959년을 전후하여 구미 정치에 대한 정태적 측면의 파악에서 동태적 측면의 파악으로 전환이 일어나는데, 이는 주로 교환계획으로 도미(渡美) 유학한 뒤 귀국한 학자들의 영향을 받은 것이다. 그러나 당시의 비교정치의 교육은 구미 정치 제도에 대한 해설에 불과했을 뿐, 구미 정치제도의 연구를 통해서 민주정치가 한국적 현실에서 어떻게 변형되는가를 통찰하여 우리나라의 정치제도를 구상할 수 있는 창의력을 제공해 주지는 못했다고 한다.

세 번째는 후진국가정치 논의 단계이다. 1962년부터 비교정치에 관한 학문적 활동이 정치학에서 괄목할 만한 비중을 차지하게 되었다.

비교정치에 관한 활발한 번역활동을 통해 한국의 비교정치학자들이 느낀 방법론적 반성은 다음과 같다.

① 외국문헌과의 접촉에서건, 자발적인 동기에서건 비교정치 분야에

후진국 연구는 불가결하다고 인식하게 되었다.

② 종래의 구미정치를 연구하는 방법이 형식적 기술에 그치고, 정치 조직이나 운영을 법적 제도적 측면에서만 파악했지 그 조직을 움직이는 정치과정의 탐구를 등한시하였다는 반성에서 인간행태, 소집단의 연구를 통해 정치의 동태적 측면을 파악할 필요성을 인식하게 되었다.

③ 구미정부나 후진국 정부를 각각 그 나라의 사회, 경제, 문화적 틀 속에서 파악하기 위해 인접과학과 협조하는 학제간 연구가 필요하다는 인식을 점차 갖게 되었다.

한 배 호

정치현실과 정치철학
— 한 한국정치학도의 자성

[《정경연구》 9권 5호(1973. 5), 20~28쪽]

글쓴이는 이 글을 자신의 심정을 토로하는 방식으로 전개하고 있다. 글쓴이는 한국 정치학을 둘러싸고 있는 지배적인 느낌이 지적 아노미에서 오는 허탈감과 좌절감이라고 진단한다. 우리나라의 정치현상은 무질서할 뿐만 아니라 은폐된 형태로 산재하고, 극히 유동적이며 급격하게 변화하기 일쑤라고 한다. 이런 판국에서는 하찮은 상식이나 온갖 음모 이론만이 난무하게 마련이며, 정치학도 정치저널리즘의 차원을 벗어나지 못한다는 것이다.

그러나 위와 같은 현실적 이유가 작금의 한국 정치학의 불모성(不毛性)에 대한 정치학자의 책임을 없애 주지는 않는다고 이 글은 지적한다. 한국 정치학이 지적 활동에서 불임(不姙) 상태를 벗어나지 못하는 이유 가운데 하나로, 이 글은 정치학자 자신들이 자기의 대상을 파악하고 취급하기 위해 새로운 방법을 시사해 줄 수 있는 인접분야와의 적극적인 교류를 거의 무시한 것을 든다. 한국의 학계처럼 분야 사이에 높은 제도적 담을 쌓아 올리는 사회도 드물다는 것이다.

한국 사회에서 정치학자들의 지적 활동이 현실적으로 상당히 큰 제약을 받아 온 것보다 더 큰 문제는, 정치학 연구자들 사이에 어느 정도의 기본적 합의조성을 위한 꾸준한 노력이 별로 없었다는 점이다. 그 이유 가운데 하나는 한국의 정치학자가 자신의 가치전제를 명시적으로 제시하기보다는 암묵리에 숨겨두는 경우가 대부분이기 때문이라고 글쓴이는 진단한다. 연구자들 사이의 솔직한 비판과 시사, 상호교류를 통한 사회과학의 자기교정력을 결여한 상황에서는 연구자의 숨겨진 가치전제가 마치 보편적 가치인 양 위장되어 대중소비자에게 전달되게 마련이라는 것이다.

글쓴이는 한국 정치학이 권력비판학으로서의 정치학 본래의 활력을 되찾아야 한다고 강조한다. 그런데 이를 위한 방법으로 글쓴이는 점진적인 길을 제시한다. 즉, 한 세대의 정치학이 다음 세대로 이어지고 모퉁이마다 정진하는 각 정치학도의 노력이 쌓여야 한다는 평범한 결론을 내리고 있다. 그러나 이 글의 행간마다 글쓴이가 보여주는 한국 정치학의 적실성을 위한 자성과 비판의식은 결코 예사롭지 않다고 하겠다.

문 승 익

자아준거적 정치학
— 그 모색을 위한 제안

[《국제정치학논총》 13·14집(1975), 111~118쪽]

글쓴이는 이 글에서 "왜 우리나라 정치학자는 우리 사회에 '필요'한 정치학을 해야 하는가?"라는 물음을 던지고 이에 대해 치밀한 논리를 전개한다. 글쓴이는 특히 '필요'라는 용어에 대해 무게를 두어 설명한다.

즉, 학문에는 국경이 없고 또 가치에도 국경이 없다 하더라도 '필요'에는 국경이 존재하며, 또 여러 가지 필요 사이의 우선 순위를 결정하는 데도 국경이 엄연히 존재한다는 것이다. 이를테면 지금 우리 사회가 필요로 하는 것이 미국 사회가 필요로 하는 것과 내용이 반드시 같을 수는 없다고 한다.

글쓴이는 위와 같은 자신의 논의를 '학문에는 국경이 없지만, 학자에게는 국경이 있다'는 명제로 제시한다. 나아가 글쓴이는 '자아준거적(自我準據的) 학문'을 주창한다. 즉 학자들은 학문을 하되, 자신들이 처해 있는 상황이 갖는 여러 가지 필요를 의식해야 한다는 것이다. 자기필요의 만족을 염두에 두고 학문적 문제와 과제를 선정하고, 그러한 문제와 과제를 해결해 나아갈 때, 그 학문을 '자아준거적 학문'이라고 부를 수 있다고 글쓴이는 강조한다.

이어 글쓴이는 '자아준거적 정치학'이 될 수 있는 조건을 다음과 같이 제시한다. 첫째, 정치현상에 관한 지식을 추구하되 우리 사회가 갖는 제반 필요와 직접적인 관련이 있는 지식을 추구할 때, 둘째, 연구활동을 하는 과정에서 연구과제와 이에 대한 자료를 선정 선택하는 데서 우리 사회가 갖는 제반 필요를 그러한 연구과제 및 자료선택의 기준으로 삼을 때, 셋째, 정치현상에 관한 지식을 추구하는 연구활동에서 우리 사회가 갖는 제반 필요의 만족을 그 일차적 목적으로 삼을 때, 이상 세 가지다.

또한 글쓴이는 이러한 '자아준거적 정치학'의 근거로 다음의 세 가지를 제시한다. 첫째, 정치학자들의 사회적 위치다. 즉 우리 사회의 '필요'에 부응하는 연구를 할 때 정치학자들이 구체적으로 사회에 봉사하게 되는 것이고, 그렇게 되면 정치학자들의 사회적 위치가 상당히 향상될 수 있기 때문이다. 둘째는 독창성이다. 우리가 자아준거적이 됨으로써, 즉 우리들 필요 만족에 충실해짐으로써 우리가 갖는 독창성을 최대한도로 발휘한다는 것이다. 셋째, 합리성이다. 여기서 합리성이란 주어진 지적 물질적 자원의 가장 경제적인 관리방식을 의미한다. 우리들 필요 만족에 준거하여 우리의 자원을 관리할 때 자원의 낭비를 최소한도로 줄일 수 있다는 것이다.

'필요'와 '자아준거적'이라는 개념들을 내세우며 치밀한 논리를 전개하는 이 글은 우리나라 정치학의 탈식민 여정에 중요한 이정표를 제시한다. '우리 정치학' 건설을 위한 담론이 결코 보수적이거나 국수적 논리가 아님을 우리는 이 글을 통해 분명히 알 수 있다. 즉, '유희로서의 학문'이 아닌 '가장 한국적인 동시에 가장 세계적인 과제를 해결하는 데 이바지하는 학문'을 위한 생산적인 논의인 것이다.

서 정 갑

미국정치학의 특성과 한국정치사상의 연구상황

[《한국정치학회보》 12집(1978), 1~11쪽]

이 글은 한국 정치학의 모태가 되어 온 미국 정치학의 특성을 비판적으로 살펴보고, 한국 정치학에 그것이 어떻게 반영되어 왔는가를 밝히고 있다. 글쓴이는 허심탄회하게 이야기하듯 직설적인 문체를 사용하여 이 글을 쓰고 있다. 그는 서두에서 "논리적이고 체계적으로 설명하기보다는 고의적으로 논쟁적인 글을 써 보려 한다"고 말한다.

글쓴이는, 한국이 해방 이후 나라를 새로 만들어 나가는 데 희망의 열쇠로 믿었던 미국 정치학은 지극히 자민족 중심적인 학문이며 보편성이 결여된 학문이라고 딱 잘라 말한다. 제2차 세계대전 이후 미국 정치학은 이른바 행태주의의 영향을 받아 더욱 엄격한 경험주의적 입장을 취하게 되어 미국 민주주의를 유지하기 위한 단순한 테크닉으로 변해 버렸다는 것이다. 또한 미국 정치학은 중산층의 어조를 갖고 있으며 체제에 관해 거시적 안목으로 비판 분석하는 것은 없고 모든 정치현상을 과정(process)으로 본다는 것이다.

그뿐만 아니라 정치학이 무엇을 하는 학문이고 연구대상이 무엇인가에 대해서도 미국 정치학계에서 의견의 합의가 없었다는 것이다. 글쓴이는 미국 정치학의 전문화 현상을 미국 정치학의 학문적 동질성의 결여와 관련하여 다음과 같이 풍자적으로 표현한다. 아무도 이해할 수 없는 글을 쓰면 학계가 인정하고, 모두가 수긍할 수 있는 글을 쓰면 무시한다는 것이다. 이렇게 된 이유 가운데 하나는 미국 정치학이 처음부터 어떤 지적인 원칙에 따라 성립한 것이 아니라, 전통적인 다른 학문 분야에서 다루기 곤란한 과목들을 끌어 모아 정치학이 맡게 된 사정에 연유한다고 한다.

한국 정치학을 들여다보면, 사정은 더 나쁘다고 한다. 한국 정치학은 우리의 정치현상을 분석하고 설명하기보다는 사상적이고 현실적인 문제를 회피하고 미국 학계의 유행, 즉 현황 자체분석, 행태주의, 발전이론, 정책과학 등을 따라가고 있다는 것이다. 연구제목의 선정까지 미국 학계의 경향과 병행한다고 한다. 또한 대학원생을 제외한 대부분의 정치학자는 다른 한국 학자의 글을 인용하는 것이 극히 드물고 대다수가 외국서를 많이 인용하는 것은, 아직도 우리의 연구를 기반으로 한 의사소통이 잘 되고 있지 않음을 말해 준다고 글쓴이는 지적한다.

이상에서 보듯 이 글은 아카데미즘의 세련성으로 논지를 위장하지 않고, 미국 정치학의 특성을 적나라하게 드러내어 그 결점을 지적하면서 이를 맹목적으로 추종하는 한국 정치학의 식민성을 질타하고 있다. 글쓴이는 이 글을 통해 어떤 해답을 내놓기보다는 논쟁을 일으키려 하였으나, 이후 이에 대해 한국 정치학계의 전체적 반응은 미약했다는 것을 서지연구를 통해 관찰할 수 있었다.

이 상 우

한국국제정치학의 정립을 위하여
— 소망스러운 발전방향과 과제의 확인

[《한국정치학회보》 12집(1978), 137~148쪽]

글쓴이는 이 글에서 우리나라의 국제정치학 연구가 외형적으로는 성장해 왔지만 그 내용에서는 서구추구적 연구행태를 크게 벗어나지 못하고 있음을 문제삼고, 한국 국제정치학을 정립하기 위한 발전방향과 구체적인 과제를 제시하고 있다.

이 글의 눈에 띄는 특징은 그 전개에서 부드러운 수사를 구사하여 호소력을 더하고 있는 점이다. 예컨대 차례를 보면 1. 서(序) : 우리는 어디에 서 있는가? 2. '인용(引用)'의 시대에서 '창의(創意)'의 시대로 3. '혼란(混亂)'의 시대에서 '통일(統一)'의 시대로 4. 당장 무엇부터 시작해야 하나? 5. 사족적 에필로그 식으로 구성되어 있다.

이 글에서 '인용의 시대'는 제2차 세계대전 이후 이 글이 씌어진 시점까지의 한국 국제정치학사 30년을 말한다. 즉, 외국 선진학문이 수용되고 보급된 시대이다. 글쓴이는 1980년을 고비로 한국 국제정치학계도 강대국 시각이 아닌 약소국 시각을 정립하려고 노력하는 등 '인용의 시대'에서 '창의의 시대'로 넘어가고 있다고 말한다.

나아가 우리 국제정치학계의 창의성이 어떠한 각도에서 발현되어야 하는가에 대해 다음과 같이 논하고 있다. 첫째, 시각의 문제다. 글쓴이는 그 동안 강대국 입장에서 내려다보던 국제정치학을 약소국의 입장에서 쳐다보는 시각으로 보완하자고 말한다. 둘째, 특수 연구요소에 대한 경험적 연구의 축적을 강조한다. 즉, 학문은 시대적 지역적 연구의 산물임을 인식하는 것이다. 예컨대 한국의 국제정치학자들은 민족사회의 재

통일문제 등과 같은 특수 연구요소에서 풍부한 연구물을 축적할 수 있
는 것이다. 셋째, 방법론의 영역이다. 한국의 특수한 지정학적 위치를
고려하고 급변하는 국제정세 속에서 한국의 안보와 발전을 보장하기 위
해서는 한국 국제정치학의 특유한 연구방법 개발이 필요하다는 것이다.

또한 글쓴이는 우리 국제정치학계의 공동작업을 강조한다. 즉, 우리
국제정치학을 키워가기 위해 공통의 기초를 마련하자는 것인데, 우선
개념, 용어, 이론 등의 표준화 작업을 제안한다. 나아가 우리의 학자를
'국산화'하자고 말한다. 지금처럼 충분한 교육인력을 갖춘 시대에 와서
까지 고급인력 양성을 외국유학에만 의존할 수 없다는 것이다. 이를 위
해 대학간 협동체제의 개발을 제시한다. 글쓴이는 각 연구방법론, 기법
에 대한 우리 학계의 '통일적 이해'를 주장하고 있다. 이 말은 새롭고 다
양한 연구방법을 수용할 때 우리 학계가 공통의 인식기반을 마련해야
한다는 뜻이다. 이를 위해 강습이나 세미나를 통해 학자들 간의 상호교
육을 시행해야 한다고 말한다.

이 글은 이제 우리 국제정치학계가 한국의 국제정치 대처방안에 적
실한 해법을 줄 수 있는 학문적 축적을 하기 위해 '시각의 미국 식민지
시대'를 청산하고 창의의 시대를 열자고 하면서, 실천적 방안을 제시함
으로써 한국 정치학의 탈식민화를 위한 기초 논의를 생산하고 있다.

김 운 태

한국정치학의 연구경향과 전망

[《한국정치학회보》 12집(1978), 149~172쪽]

이 글은 해방 이후 30년 동안의 한국 정치학 연구경향을 국내 문헌을
중심으로 개관한다. 특히 한국정치 연구가 현실적으로 어떠한 기여를
하였고 연구방법론이나 대상 문제에서 어떠한 진전이 있었으며 무엇이

미흡하였는가를 살펴보고 있다.

글쓴이는 우선 한국 정치학의 시기를 제1기 : 계몽기(1945. 8. 15~1953), 제2기 : 탐색기(1954~1961), 제3기 : 성장기(1962~1969), 제4기 : 토착화를 위한 반성기(1970년 이후)로 구분한다. 그러나 반성기라고 하더라도 한국 정치의 주요 양상을 외래이론으로 조명하는 것이 많고 한국의 전통 문화, 한국 정치사 연구, 통일 문제는 모색하는 단계에 있다고 진단한다.

이상의 개관을 바탕으로 한국 정치학 연구에서 제기되는 문제점을 글쓴이는 다음과 같이 지적한다. 첫째, 유용하고 타당한 방법론 구성 문제에는 해방 이후 선진 외국의 접근 방법론을 도입하고 소개하는 데 급급하였다는 것이다. 둘째, 한국의 정치철학, 사상 및 역사에 관한 연구가 부족하다는 것이다. 셋째, 공산권 및 북한 연구에서 과학성이 결여되어 있다는 것이다. 넷째, 우리와 밀접히 관련된 주변 국가에 관한 지역 연구가 부진하다는 것이다.

이와 같은 문제를 개선하기 위해 글쓴이는, 우리 자신이 경험하고 직접 관찰할 수 있으며 일차 자료를 입수할 수 있는 한국의 정치 현실을 단서로 삼고, 우리의 전통 문화 체계를 감안해서 우리가 새로운 방법과 모형을 탐색 개발하여야 한다고 말한다. 이러한 작업을 한국 정치학 연구자가 협력하여 지속적으로 수행할 때, 한국 정치학은 수입과학에서 국산과학으로, 사변과학에서 실증과학으로, 당파적 이익에 봉사하는 지식의 공급이 아닌 보편타당한 진리 가치의 탐구를 지향하는 자율적 학문으로 그 지위를 확보할 것이라고 글쓴이는 강조한다.

문 승 익

한국정치학의 정립문제
— 정치이론의 경우

[《한국정치학회보》 13집(1979), 3~12쪽]

글쓴이는 이 글에서 정치이론 분야에서의 '한국정치학의 정립문제'를 다루고 있다. 이를 위해 글쓴이는 '한국정치학의 정립문제'를 이와 상관되는 몇 가지 기본적인 문제인 '학문의 보편성', '가치중립성', '적실성' 등의 문제와 관련하여 논의하고 있다. 이 글은 주어진 쟁점에 관하여 글쓴이 자신의 입장을 나타내 보이는 논문(position paper)이라는 성격을 띠고 있다.

이 글은 '학문의 보편성'과 관련하여 '가치'의 문제를 제기한다. 즉, 우리가 어떤 현상을 문제로 인식하고 설정할 때, 이러한 문제인식 행위는 진공상태에서 이루어지는 것이 아니라 '어떤 무엇'에 준거해서 이루어진다는 것이다. 이 '어떤 무엇'을 '가치'라고 부를 수 있다는 것이다. 또한 글쓴이는 '한국 정치학'이 요컨대 '자아준거적 정치학'이라고 잘라 말한다. 이 말은 우리가 정치학을 연구하는 과정에서 우리 식 가치 정향에 맞추어 우리 식 문제를 인식 설정하고 이를 우리 식으로 해결하고자 할 때 '한국 정치학'이 존립하게 된다는 뜻이다. 이렇게 볼 때, 현상에 대한 '가치중립성'이란 자칫 현실의 문제를 인식하지 못하거나 문제 해결을 추구하지 않는 모순에 빠질 수 있음을 글쓴이는 지적한다.

글쓴이는 "한국정치학은 바람직하다"는 자신의 주장을 다음의 두 가지 근거로 뒷받침한다. 첫째, 우리 정치학의 독자성(self-identity)을 위해서이다. 우리 정치학이 우리의 정치 문제를 우리 식으로 풀려고 하지 않을 때, 그것은 서구 정치학의 종속 부분(extension)으로 존재할 수밖에 없다는 것이다. 둘째, 우리 정치학의 적실성(relevance)을 위해서이다. 이는 학문과 학문활동의 가치를 학문과 학문활동 자체(상아탑)에서만 찾을 것이 아니라 학문 외적 근거(예컨대, 학문과 학문활동의 사회적 유용성)에서도 찾아야 한다는 것이다.

이상의 논지는 '한국정치이론'의 문제에도 적용된다. 즉, 한국 정치학자 자신들의 가치 정향과 자신들이 결정한 가치 순위에 준거해서 질문을 설정하며, 질문에 대답하기 위해 적절한 여러 개념을 자신들이 고안한 후, 개념 사이의 논리적 연관을 수립함으로써 본래의 질문에 대답할 때, '한국정치이론'은 자연히 정립된다는 것이다.

끝으로 글쓴이는 '한국정치학의 정립'을 문제삼는 것은 우리 정치학의 '자주성'이 중요하기 때문이라고 덧붙인다. 이 학문적 자주성을 달성하는 데는 두 가지 난관이 있는데, 하나는 학문의 대외적 의존, 즉 학문의 '변방화'를 극복하는 일이고, 다른 하나는 학문이 '권력의 시녀'가 되는 현상을 극복하는 일이라고 한다. '한국정치학의 정립'이라는 논지를 매우 치밀한 논리로 전개하는 이 글은 한국 사회과학의 탈식민성 담론의 백미라고 불러도 좋을 만큼 논의의 적확성이 높은 것으로 보인다.

윤 근 식

'사회'없는 정치학과 한국 정치학

[《한국사회과학론 : '사회'없는 사회과학들이 어떤가?》
(대왕사, 1983), 85～112쪽]

글쓴이는 이 글에서 한국 정치학이 그 전제에서부터 사회와 관련하여 정치를 바라보는 '전체사회적 정치분석'을 포기하고 있다고 보고, 한국 정치학에서의 '국가와 사회의 분리현상'을 극복해야 함을 강조하고 있다.

글쓴이는 한국 사회와 유리된 채 정신적으로 서구(특히 미국)에 이민 간 한국 정치학자들의 연구활동을 꼬집고 있다. 즉 한국 정치학자들은 '과학'이라는 간판으로 서구의 정치이론을 보편화하고 있으며, 우리나라의 문제와 그 해결 방안을 다룬다고 하면서도 인식 태도에서는 한국 사회를 떠나고 있다는 것이다. 글쓴이는 그런 뜻에서 이들이 자아인식을 상실하고 보편주의자로서 허공을 표류하게 된다고 신랄한 풍자를 하고 있다.

한국 정치학은 그 출발에서 본질적으로 '기존 권력관계'를 정당화하고 안정화하는 기능을 지녔다. 그 이유는 무엇보다도 미·소의 냉전에 의한 이데올로기의 양극화가 사회민주주의의 사회비판적 기능을 앗아가 버렸기 때문이다. 냉전시대 이후 한국 정치학에서 지배적 위치를 점해 온 다원론적 국가론, 정치과학, 행태주의 등의 개념들은 '기존 체제 안의' 구성원이 지닌 규범에 대한 연구에는 적극 활용된 반면, 한국 사회의 '구체적 역사성'을 분석하는 데는 본질적으로 등한시되거나 배제되었다.

글쓴이에 의하면 1948년 이래 한국 정치학은 '국가와 사회' 또는 '정치와 경제'의 이론적 분리를 지양하려는 시도를 하지 않았으며, 따라서 이러한 괴리를 극복하는 것이 한국 정치학의 토착화에 관건이 된다는 것이다. 이 글은 진정한 민주주의란 기존 체제의 긍정 위에 성립하는 것이 아니라 그 체제 자체를 문제삼는 전체 사회과정의 조정으로부터 나온다는 것을 강력히 시사하고 있다.

진 덕 규

한국의 정치학을 위하여

[《한국사회연구》 1집(1983), 65~88쪽]

  글쓴이는 이 글에서 한국 정치현실을 제대로 설명해 내지 못하는 한국의 정치학에 대해 성찰을 하고 있다. 글쓴이는 한국 정치학자들이 한국 현대정치를 연구하는 데서 일차 자료가 빈약할 뿐만 아니라 적실한 현실 분석틀조차 갖추지 못한 채, 야사(野史)와 풍문(風聞)을 전달하거나 서구의 낯선 용어와 개념의 풀이에 빠져 있다고 진단한다.

  글쓴이는 해방 이후 미군의 진주와 함께 시작된 한국 정치학이 미국 정치학의 압도적 영향 아래 그것의 도입과 소개에 치중해 왔으며, 심지어 미국의 입장에서 한국 정치를 바라보는 중대한 오류를 범해 왔음을 밝히고 있다. 그는 한국 정치학의 이러한 몰주체성(沒主體性)에 대한 원인으로 ① 한국 정치학의 자유주의 이데올로기에의 편향 ② 한국 사회의 전통과 가치를 애써 단절하고자 한 한국 정치학의 계몽주의적 성격 ③ 서구의 연구방법론에 대한 몰역사적 이해와 그것을 한국 사회에 도식적으로 대입하는 점 등을 들고 있다.

  전환기에 놓인 한국 정치학을 위해 글쓴이는 다음을 제시하고 있다. 첫째, 정치학의 방법론을 다원화시킨다. 둘째, 미국이 아닌 한국을 설명하는 정치학 이론의 모색이 전제되어야 한다. 셋째, 한국 정치를 역사적, 이데올로기적, 과정적인 면 등에서 논구하는 작업을 전개하여 한국 정치학의 연구영역을 확대하여야 한다.

  이 글은 해방 후 40년이 되어 가는 시점에서 그 동안 한국 정치학의 한켠에서 일구어져 온 한국 정치학의 식민성 극복을 위한 담론을 집약하고 있다고 하겠다. 이제 한국 정치학은 그 동안 알게 모르게 그대로 따라 온 미국 정치학의 영향에서 벗어나 한국 정치현상에 대한 적실하고 주체적인 연구를 생산해야 한다는 것을 이 글은 분명히 밝히고 있다.

백 운 선

한국정치 연구의 패러다임 모색과 그 문제점
― 이론적 논의에 대한 비판적 고찰

[《호남대 논문집》 7집(1986), 203~230쪽]

글쓴이는 이 글을 열면서 한국 정치학의 정체성을 문제삼고, 그 동안의 학문적 축적에도 불구하고 아직껏 한국 정치를 적절하게 설명해 줄 수 있는 이론체계 내지는 패러다임을 마련하지 못하게 된 배경을 다음과 같이 지적한다. 첫째, 한국에서 현대 정치학의 수용은 그 자체가 주체적 계기를 결여한 것이었다. 둘째, 한국에서의 정치학 연구의 주류는 선진 외래이론을 수용하여 정치현상을 설명하려는 이른바 이론수용의 매개적 역할에 치중한 것이었다. 셋째, 정치현상 자체가 지니는 딜레마, 즉 보편과 특수의 양면성을 조화시켜야 한다는 딜레마가 비서구(非西歐) 지역의 사회과학계에서는 더욱더 어려운 과제로 부과된 것이다.

이 글은 한국 정치학 연구에서 상당한 영향력을 발휘해온 발전주의(developmentalism)적 패러다임을 비판적으로 고찰하고, 이에 대한 대항이론으로 등장한 탈발전주의적 모델에 대해서도 검토하고 있다. 우선 발전주의 이론가들은 '서구화'를 하나의 보편적 모델로 사용하고 있으며, 국제관계를 '서구화'가 비서구지역에 확산되는 상호협력적인 관계로 파악한다. 발전주의에 대한 가장 신랄한 비판은, 그것이 상정하고 있는 변화의 개념이 지나치게 단선적이고 도식적이라는 것이다. 발전주의 시각에서는 서구의 발전경로만이 정답으로 간주될 뿐, 제3세계의 다양한 역사는 무시되었다. 탈발전주의 패러다임은 이른바 '종속이론'으로 범주화되는 이론군이다. 글쓴이는 그 중에서도 한국 사회를 분석하는 데 호소력을 지닌 '관료적 권위주의 모델'의 적용에 따른 문제점도 아울러 검토하면서 이의 비판적 수용을 촉구하고 있다.

끝으로 글쓴이는 다음과 같이 한국 정치 연구의 적실성을 위한 제언을 하고 있다. 첫째, 한국 정치 연구를 위한 이론적 논의의 활성화이다. 둘째, 한국 정치 연구의 패러다임 모색을 위한 접근방식으로 '특수'에서 '일반'에 이르는 귀납적 방법에 좀더 관심을 가져야 한다는 것이다. 연구자는 일차적으로 한국 정치의 진전과정에 대한 정확하고 편견 없는 관찰이 필요하며 이러한 관찰을 기반으로 이론을 개발하겠다는 의지를 가져야 한다. 셋째, 한국 정치의 진전과정에 대한 정확한 관찰을 위해 좀더 다양한 변수군을 설정해야 한다는 것이다. 즉, 정치문화, 전통, 민족주의 등과 같은 내부적 요인은 물론, 경제, 강대국 정치 등과 같은 외부적 요인 등이 모두 고려되어야 한다는 것이다.

최 장 집

한국 정치학의 현황과 바람직한 방향

[《현상과 인식》 11권 1호(1987 봄), 134~146쪽]

이 글은 학술계간지 《현상과 인식》이 10주년을 맞이하여 내건 '우리나라 학문에 대한 반성과 전망'이라는 큰 주제에 맞추어 글쓴이가 정치학 분야를 맡아 쓴 것이다. 글쓴이는 비교적 평이한 문체로 한국 정치학이 안고 있는 굴레와 나아갈 길을 모색하고 자신의 의견을 펴고 있다.

글쓴이는 먼저 한국 사회과학에 지대한 영향을 미쳐 온 미국 정치학의 기본적인 특성을 첫째로 행태기능주의적 측면, 둘째로 다원주의적 성격, 셋째로 시카고학파로 집약되는 조야한 경험주의 등으로 들고 있다. 미국 정치학의 이러한 특성은 그것이 배태되어 온 안정적이고 다원화된 미국 사회를 잘 반영하는 것이지만, 그것이 이른바 근대화이론, 발전론의 이름으로 제3세계를 설명하는 이론틀이 되어 버릴 경우는 문제가 발생한다는 것이다. 왜냐하면 제3세계는 미국과는 달리 피식민을 비롯한 급격한 사회변동을 경험하고 있기 때문이다.

이 글은 미국 사회과학을 받아들임으로써 나타난 한국 정치학의 문제점을 다음과 같이 지적한다. 첫째, 사회갈등이나 계급갈등 그리고 변혁에 대한 관심보다는 정치적 합의와 평화적이고 진화론적인 발전을 강조하는 입장을 취한다. 둘째, 국가행위 국가역할의 중요성을 상대적으로 덜 인식한다. 셋째, 미국 정치학의 무비판적 수용은 한국 정치에 대한 비역사적 접근으로 나타난다.

글쓴이는 주체적인 한국 정치학을 위해 다음과 같이 제언한다. 첫째, 철학적인 문제의 중요성이다. 사회과학과 인문과학의 대화와 교류가 더 적극적으로 촉진되어야 하며, 특히 철학적 쟁점이 사회과학의 주제 내로 수용되어야 한다는 것이다. 행태기능주의가 가시적으로 관찰 가능한 현상만을 보는 것을 탈피하여 그 현상 이면에 존재하는 심층구조에 접근해야 하고, 규범적 문제를 사회과학 내로 끌어들여야 한다는 의미다. 둘째, 역사성의 문제다. 역사의식 또는 역사적 시각이 사회과학의 문제틀 내로 수용되어야 한다는 것이다. 즉 사회과학은 보편적인 문제와 특수한 문제를 동시에 다루어야 한다는 것이다. 셋째, 연구대상, 주체의 문제다. 한국 정치학은 우리 정치현실과 직접적으로 관련된 절박한 문제를 다루는 데 더 많은 노력을 기울여야 하고, 한국 정치학자는 역사의식과 비판의식을 가지는 주체적인 입장에서 우리 사회를 바라보아야 한다는 것이다.

글쓴이는 '위로부터 사회를 보는 시각'인 행태기능주의, 근대화이론을 "지배의 기술학"이라고 부르고, '밑으로부터 사회를 보는 시각'인 "통치의 비판학"을 주창한다. 이는 결국 일반 사회과학의 대상이었던 경험적, 분석적 영역과 이데올로기적 영역의 이중구조를 총체적으로 인식해야 함을 의미한다.

김 광 웅

한국정치학에 있어서 '과학적 연구'의 의미
— 과학철학에 대한 반성과 제언

[《한국정치학회보》 21집 2호(1987), 71~94쪽]

글쓴이는 이 글에서 한국의 정치학자들이 '과학적 연구'를 추구하는 과정에서, 현실의 실천과 연결되지 않는 허구적인 이론을 좇아 지적 유희(知的遊戱)를 수없이 반복하며 귀한 시간을 허송한 것이 아닌지에 대해 자문하고 있다. 글쓴이는 이들이 이처럼 허구적인 이론을 좇는 이유로 첫째, 적실성에서 한계가 있는 실증주의 과학철학이 정치학의 주요한 인식기초를 이룬 점, 둘째, 정치학자들이 다원주의와 실용주의 이데올로기를 포장도 뜯지 않은 채 학문세계에서 전수하고 전파한 것을 들었다.

글쓴이는 '과학적 연구'를 종래의 논리실증주의, 논리경험주의에 기반한 개념적 테두리 속에 국한하지 않는다. 논리가 정연하고 실재를 규명하여 문제해결에 도움이 되는 것이라면 어떤 인식론에 선 입장도, 그 설명이 의존하는 도구가 그 무엇이 되든 관계없이, '과학적 연구'라고 해석한다.

이 글의 전개는 다음과 같다. 우선 과학적 연구의 전통과 연결되는 경험주의 과학철학을 비판하기 위해 실증주의의 한계를 밝힌다. 다음으로 기존의 과학적 연구방법론을 현실에 적용하는 데서 비롯된 문제를 미국과 한국의 학자들이 주장하는 반성의 시각으로 정리하며, 나아가 세 가지 범주 — 실증주의적 입장, 일반형식이론적 입장, 비판역사주의적 입장 — 의 논문들을 실례로 들어 분석 비판하여 한국 정치학의 '과학적 연구'의 실상을 보여준다. 그리고 끝으로 한국 정치학의 과학화에

‘정치과학’만이 아닌 ‘정치철학’도 필수적임을 밝히고 있다.

글쓴이는 자신을 포함한 우리나라 정치학자들이 알게 모르게 추종해 온 ‘과학적 연구’에 대한 허상을 신랄하면서 치밀하게 논파하고 있다. 또한 적실성이 결여된 ‘과학적 논문’을 구체적인 예로 들어 설명하고 있어 설득력을 더하고 있다. 글쓴이는 ‘실천적 이론’을 강조하고, 한국인의 지혜와 도덕적 윤리가 과학의 힘으로 승화되는 길을 모색하는 것이 한국 정치학의 책무임을 마지막으로 지적한다.

안 청 시

한국정치학의 발전과제와 방향모색

[《현대한국정치론》(법문사, 1987), 463~486쪽]

글쓴이는 이 글에서 오늘날 정치학 일반, 특히 미국 정치학이 당면하고 있는 지적 도전을 가늠해 본 뒤, 한국 정치학의 문제로 돌아와 이른바 토착화의 과제와 관련된 몇 가지 발전적 제안을 시도하고 있다.

2차대전 이후 미국경제의 번영과 미국식 민주주의의 개화에 힘입은 미국 정치학은 자신의 주된 방법론으로 행태주의에 의존하며 세계정치학을 선도하는 역할까지 수행하여 왔다. 그러나 1970년대에 들어와 월남전, 반전 반핵운동, 민권운동 등으로 미국식 낙관주의는 흔들리기 시작했고, 이에 따라 현실을 좀더 적실하게 보자는 입장에서 비판이론, 후기행태주의 방법론 등도 대두하였다. 그리고 그 때까지 ‘보편적’ 학문이념을 스스로 대표한다고 믿었던 미국의 정치학이 사실은 ‘미국적’ 규범의 범위를 크게 벗어나지 못하고 있었다는 반성과 자각도 표출되었다.

한국 정치학의 경우, 1960년대에 미국 유학생이 대거 귀국하면서 행태주의적 학풍이 도입되었다. 이어 1970년대까지 행태주의와 함께 전래된 근대화이론이 군사정부의 정책과도 맞아 떨어져 한국 정치학계에 크게 풍미하였다. 그러나 이들 이론과 방법론은 그 패러다임에 내재하는 철학적 전제와 가치지향, 그리고 역사적 기초에 대한 검토와 비판을 거치지 못한 채 수용되었다고 글쓴이는 지적한다. 더구나 우리의 정치현실에 대한 경험적 연구가 부족한 상태에서 외래이론에 안이하게 의존한 결과, 초사실적 일반화(hyperfactual generalization)의 폐단만 낳고 말았다는 것이다. 그 결과 정치학의 이론체계와 한국 정치현실은 서로 겉도는 관계가 되었다고 한다.

이상의 논의를 바탕으로 글쓴이는 한국 정치학의 토착화를 위해 다음과 같은 과제를 제시한다. 첫째, 한국 정치학은 정치학과 이에 종사하는 사람들 자신의 몰역사성(沒歷史性)부터 씻어내야 한다는 것이다. 둘째, 한국 정치학의 학문활동이 오늘의 우리 정치현실에 더 깊이 뿌리내리도록 해야 한다는 것이다. 셋째, 현재 한국 정치학계에서 양극화현상을 보이는 행태주의적 입장과 비판적 입장을 통합하는 방향으로 한국 정치학의 토착화 문제에 접근해야 한다는 것이다.

정 해 구

한국 사회현실과 한국 정치학

[《한국인문사회과학의 현단계와 전망》(역사비평사, 1989), 100~112쪽]

글쓴이는 이 글에서 미국추수적인 한국 정치학을 비판적으로 검토한 후, 한국 사회의 현실과 변혁이 요구하는 정치학의 과제를 확인하고, 나아가 한국의 정치지형에 맞는 새로운 정치학의 건설을 모색하고 있다. 특히 이 글은 '진보적 학문연구'를 표방하고 출현한 10개 학술단체가 1988년 6월에 개최한 학술단체연합 심포지엄에서 발표된 것으로, 기존 사회과학계의 '수입상적' 연구행태에 정문일침을 가하고 '민족적·민중적' 학문을 주창하는 입장에서 서술되었다.

미국국적(美國國籍)의 한국 정치학에서, 한국 사회는 자기모순을 지양하는 '실체'가 아니라 지식 적용의 '대상'이 되며, 한국 정치학자들은 한국 사회의 모순을 지양하고자 하는 '주체'가 아니라 '선진지식의 계몽자 또는 전달자'로서 나타난다고 한다. 기존 한국 정치학의 주류 패러다임을 형성해 온 미국적 정치학 이론은 한국의 정치현실에 대한 연역적 원리가 되어 왔으며, 이는 결과적으로 한국 정치현실을 적절히 설명하지 못하는 '한국 정치학의 불임(不姙)상태'를 야기하였다는 것이다.

이 글은 한국 사회의 변혁운동에 복무하기 위한 한국 정치학의 과제로 첫째, 사회구성체의 상부구조의 성격을 규명하는 것, 둘째, 정치적 수준으로 수렴되는 민족적 계급적 갈등에 관련된 제반문제를 밝히는 것을 들고 있다. 나아가 이 글은 한국 정치학의 방법론적 대안 모색에서 '한국 사회의 현실에 바탕하는 정치학 이론의 건설'이 그 전제가 되어야 한다고 강조한다.

한국 정치학이 한국의 정치현실을 더 적실성 있게 설명하고 생산성 있는 논의를 만들어가기 위해서는, 미국 편향적 연구행태를 벗어 던지고 한국 정치문화의 민족적 이데올로기적 계급적 특수성에 주목하여, 인간해방과 역사발전의 과정에서 한국 현실이 자신에게 부과하는 임무를 인식하고 이를 실천해야 할 것이라고 글쓴이는 역설한다.

최 완 규

한국정치학의 연구동향

[《사회과학연구》(경남대 사회과학연구소) 창간호(1989), 7~32쪽]

이 글은 해방 이후 한국 정치학의 전개과정을 살펴보고 한국 정치학 연구의 문제점과 과제를 점검하고 있다. 특히 한국 정치학의 토착화를 문제삼은 학자들의 글을 중심으로 논의의 맥을 잡았다. 글쓴이는 한국 정치학이 한국 정치현실의 진단과 처방에 도움이 되는 이론을 내놓지 못하는 불임(不姙)상태에 있는 것은 아닌가 자문한다. 한국 정치학의 연구동향에 대한 기존의 논의나 비판에서 제시된 문제점들을 부각시켜, 문제의 제기에 비해서 그것에 답하는 연구업적들이 왜 제대로 나오지 못하는가를 분석하는 데 초점을 맞추고 있다. 그리고 1980년대 이후 '제3세대 학자군'에 의해 제기되고 있는 학술운동에 대해서도 조명하고 있다.

글쓴이는 한국 정치학 연구를 자성하고 반성하는 논의들을 다음과 같이 정리한다. 첫째, 토착화, 한국화, 자아준거적 정치학, 미국 정치학 일변도, 시각의 식민지화 등 일련의 용어가 시사하듯이 그 동안 한국 정치학의 자기정립 문제는 제대로 해결되지 않았다. 둘째, 한국의 정치학은 적합성의 위기라고까지 부를 만큼 한국이 처해 있는 구체적 정치현실과 유리되어 왔다. 셋째, 정치상황이 주는 제약 때문에 이데올로기 문제를 경시 또는 제외하거나 늘 특정 이데올로기에 의해 조건지워지는 양상을 나타냈다. 넷째, 1980년대에 들어오면서 젊은 세대의 학자들에 의해 종속이론, 국가이론 등 비판적 사회과학 모델이 본격적으로 수용되었으나, 이는 그 동안의 미국 정치학 일변도에 대한 반작용으로 작용한 나머지 이들 모델들의 문제점에 대한 충분한 고려가 없이 너무 성급하게 적용될 경우 지적 독선의 위험을 안고 있다.

글쓴이는 한국 정치학의 토착화 문제는, 먼저 한국 정치 전반을 만족스럽게 설명해 주는 체계화된 이론 또는 패러다임의 개발에 총력을 기울일 때 해결될 수 있다고 하고, 이를 위해 여러 학자들 간의 연대와 협동연구가 필요하다고 말한다. 글쓴이는 무엇보다도 한 주제 분야를 지속적으로 파고드는 학자 개인의 끈기 있는 연구자세를 강조한다. 이 글은 세련되고 추상적인 이론 속에 안주해 온 한국 정치학자들의 현실 무감각증을 질타하고, 비록 조야하지만 한국의 학자만이 해낼 수 있는 독창적 연구의 생산을 강조한다. 끝으로 한국 정치학이 이제 미국 지향적 패러다임을 지양하고, 한국 사회의 건강한 정치공동체를 만들기 위한 이론을 생산하는 데 매진할 것을 촉구하고 있다.

차 기 벽

한국 정치학의 인식론적 논쟁
─ 하나의 정지작업

[《한국의 정치 : 쟁점과 과제》(법문사, 1993), 59~91쪽]

이 글은 한국 정치학의 발전과정을 1960년대의 '모방단계'와 1970년대의 '적용시도단계'를 합쳐서 단일 패러다임의 행태주의 시기로, 그리고 1980년대 이후의 '토착화지향 ─ 진행단계'를 복수 패러다임의 탈행태주의 시기로 크게 나누어 고찰하고 있다.

1960년대에는 미국식 행태주의 정치학이 우리나라에 적극 도입되었다. 철학적 사유나 가치의 문제는 비과학적이라 규정하던 행태주의 정치학이 한국 정치학자들의 한국적 문제의식을 매몰시키거나 희석시켰다고 글쓴이는 본다. 그리하여 한국 정치현실에서 상아탑의 아카데미즘으로 도피한 한국 정치학자들은, 과학의 이름 아래 현실정치의 제약에서 벗어나 안전한 입장에서 한국의 현실을 방관할 수 있었다는 것이다. 1970년대에는 '자아준거적' 정치학이 일각에서 거론되었다. 그 내용은 저발전 사회인 한국에서의 정치학은 발전된 사회인 미국에서의 정치학과는 달리, '저발전 사회의 문제의식'을 가지고 '자아준거적' 정치학을 수립해야 한다는 것이다. 이같은 견해가 한국 정치학계에서는 작으나마 하나의 흐름(이후 비판이론의 큰 흐름으로 변하지만)을 이루게 되었다고 글쓴이는 말한다.

글쓴이는 1980년대 이후를 토착화 지향단계와 토착화 진행단계로 나누고 있는데, 전자는 종속이론을 비롯한 비판이론이 대두한 시기고, 후자는 '한국사회 성격논쟁'을 비롯하여 다양한 국가론이 속출한 시기라는 것이다. 이는 물론 행태주의 정치학의 한계에 대한 자각과 미국 정치학 수입 일변도인 한국 정치학에 대한 반성에 기인하는 것이었다.

이 글은 이상의 단계들을 변증법적으로 파악한다. 즉, 한국 주류 정치학계의 패러다임인 근대화론의 단계를 '정'(正)의 단계로, 비주류(진보)학계의 패러다임인 종속이론의 단계를 '반'(反)의 단계로 보고, 이 두 단계가 국가론의 단계로 점차 접근·수렴되는 '합'(合)의 단계에 들어섰다는 것이다. 또한 이 같은 한국 정치학의 발전과정이 한국 정치학의 토착화과정과 상응한다고 글쓴이는 말한다. 즉, 근대화론(행태주의)이라는 외래이론의 무분별한 직수입으로 정치현실과 정치학 사이에 넓은 틈이 벌어져 있던 한국 정치학도 이에 항의하는 종속이론의 도전을 거쳐 국가론의 단계에 들어서자 점차 적실성을 추구하는 정치학으로 나아가고 있다는 것이다.

김 웅 진

방법론의 이론 종속성과 이론의 방법론 종속성
— 연구방법론의 성화와 지식의 화석화

[《방법, 방법론과 한국정치학 : 경험과학연구를 중심으로》
(한울, 1994), 89~109쪽]

글쓴이는 한국의 정치학이 서구의 경험과학 연구방법에 매몰되어 우리 정치현상의 구체적 맥락을 담아내지 못하고 있다고 본다. 이러한 현상을 진단하면서 이 글은 우리나라의 학문연구에 논의를 국한하지 않고 서구 경험과학 연구, 나아가 근대 과학체계의 한계를 밝히는 데 주력한다. 글쓴이는 정량분석 외에 다른 방법을 허용하지 않는 서구 과학체계의 한계와 이를 무기력하게 수용하는 경험사회과학자들의 연구행태를 비판한다.

이의 원인들 가운데 한 가지는 '연구방법(론)의 성화(聖化)', 즉 연구방법 선택의 습성화 내지는 규범화 현상이라는 것이다. 이 말은 특정한 패러다임이 일단 주류적 위치를 차지하여 '타당한 지식'(valid knowledge)의 형태로 광범위하게 수용되면, 그러한 형태의 지식을 생산할 수 있는 연구방법이 그 틀에 맞추어 선택되거나 만들어진다는 의미이다. 그리고 그와 같은 연구방법들은 패러다임이 존속하는 한 반복하여 사용되며, 연구자들은 '다른 새로운 방법'은 아예 존속하지 않는 양 선택된 연구방법의 범주를 벗어나지 못하게 된다. 이러한 방법론의 성화현상이 심화되면 될수록 연구방법의 선정은 거의 규범적인 성격마저 갖게 된다. 이 때 규범을 벗어나는 연구방법의 선택은 정서적 반항이나 무지의 소산이라고 간주된다. 방법론의 성화가 심화되면 될수록 역으로 이론을 규제하게 되는데, 이것을 '지식의 화석화(化石化)'라고 한다. 즉, 동일한 연구방법을 반복적으로 사용함에 따라 초래되는 이론의 고착현상을 말한다.

글쓴이는 경험 사회과학의 방법론 교과서를 분석하면서, 그것들이 과학행위 자체를 위한 과학의 정당화만을 일삼을 뿐, 경험과학의 한계를 극복하기 위한 다른 방법을 적극 제안하고 있지는 않다고 진단한다. 그리고 이러한 한계를 이미 명확하게 간파하고 있는 우리나라의 극소수 '의식 있는 사색가들'조차 연구와 교육에서 효율성을 위해 방법론적 폐쇄성을 용인하고 있다는 것이다. 경험과학 연구에서 흔히 강박적으로 추구하는 '일반화'(generalization)로 인해 연구대상이 가지는 구체성, 다양성이 소거되고 연구의 적실성, 참신성이 사장되고 있다고 이 글은 지적한다.

이를 극복하기 위한 방안으로 글쓴이는 첫째, 방법론의 성화와 습성화의 타파를 주장한다. 사회과학적 지식, 특히 그 보편적 형태의 화석화는 창조적 인식과 해석을 억압함으로써 흥미와 응용성을 떨어뜨리며, 내용상의 지평을 확대할 수 있는 계기를 애초부터 제거한다는 것이다. 둘째, 참여관찰과 인문학적 접근을 포함한 다양한 연구방법의 도입을 제시하고 있다. 이러한 방법들이 연구의 전체과정에 적용되기 어렵다면

과학적 연구의 핵심작업에 해당하는 '서술'에서 실험적 적용이 가능하
다고 말한다.

김 성 주

정치학의 연구동향과 과제

[《사회과학의 동향과 전망》(한울, 1994), 30~58쪽]

글쓴이는 이 글에서 우선 정치학 연구동향의 역사적 변천과정을 연대
기별로 정리한다. 다음으로 전통적, 실증적, 후기행태적 접근방법이라는
분류를 통해 각 접근방법의 명제, 유용성, 그리고 한계점을 설명한다. 끝
으로 주제와 대상, 인식, 역사성, 과학성, 그리고 거시-미시적 접근방법
의 상호보완성을 중심으로 정치학 연구의 당면과제를 논의하고 있다.

글쓴이는 정치학에서 활용되어 온 전통적 연구방법으로 철학적, 역사
적, 법률제도적 방법을 든다. 실증적 연구방법으로는 행태주의적, 체제
기능적 방법을 예로 들며 후기행태적 방법으로 현상학적, 비판이론적,
변증법적, 정치경제적 방법을 들고 있다. 이 가운데서 행태주의에 대한
후기행태주의의 비판을 살펴본다. 후기행태주의자들은 행태주의가 실
체(substance)보다는 기술(technique)을, 정책관계 이론보다는 사색적
이론화를, 진보적인 사회변혁보다는 중립적인 학문적 보수주의를, 가치
지향성보다는 가치지양성을 띠고 있다고 비판하였다. 비판이론은 인간
해방을 위한 계몽주의 운동을 주창하는 철학사조의 일환으로, 행태주의
가 취해온 사회과학 연구에서의 몰가치성(value-loss)을 비판하면서 문
제의 현실성과 적실성을 주장하고 있다. 정치경제적 방법은 '저발전과
발전'이라는 이중구조 속에 놓여 있는 제3세계의 정치 경제현실을 분석
하기 위해 국가론에 대한 재조명, 마르크스의 지적 성찰에 근거한 변증
법적 접근, 제국주의론, 종속이론, 세계체제론 등에 대한 활발한 논의를

전개하였다. 이처럼 후기행태주의는 행태주의에 대한 반성과 비판에서 대두한 것이지만 대안적 패러다임이 되기에는 아직 미흡하다고 볼 수 있다.

글쓴이는 끝으로 정치학 연구방법의 과제를 다음과 같이 논하고 있다. 첫째, 연구의 주제와 대상은 가장 인간적이어야 한다는 것이다. 법, 제도, 기능적 연구를 현실적으로 고려하는 것은 인간집단에 대한 연구의 전제조건이라기보다는 수단의 의미가 강하다고 한다. 둘째, 인식과 가치의 문제에서 추상성과 현실성의 간극을 좁히는 것이 정치학자들의 의무라고 강조하고 가치지향적, 실천적 연구자세를 촉구하고 있다. 셋째, 정치학은 역사의 문제로부터 결코 자유로울 수 없으므로 과거의 연장선에서 현재의 모습을 조명하는 자세를 역설하고 있다. 넷째, 과학성의 문제를 거론하고 있다. 정치학자들은 더욱 신중하게 과학적 연구의 유용성을 정치학 연구에 상호보완적으로 차용할 필요가 있다고 한다. 마지막으로 기존의 연구방법들이 미시 혹은 거시적 분석의 어느 한 면만을 강조함으로써 전체적인 그림을 그리는 데 미흡했다고 보고 있다. 이를 위해 전체적인 맥락을 구체적인 개별 사안의 맥락과 상호보완적으로 이해하기를 강조한다.

정 영 태

정치학연구의 주요 쟁점과 그 연구현황

[《현대한국인문사회과학연구사 : 80·90년대 비판학문의 평가와 전망》
(한울, 1994), 9~41쪽]

글쓴이는 이 글에서 1980년대 이후 '진보적' 학술운동이 정치학에서 거둔 성과를 정리한 후 앞으로의 과제를 제시하고 있다. 특히 방법론을 포함한 1980년대 후반 이후 진보적 정치학의 논의 구도를 짚어보고 있다.

1980년을 전후하여 이 땅에는 유신체제와 5공 신군부정권과 같은 폭압적인 권위주의 체제가 확대재생산되고 있었음에도 불구하고, 기존 정치학계는 미국으로부터 수입한 세계관(자유민주주의, 자본주의, 현실주의국제정치관)과 행태주의 방법론에 기초하여 한국 정치현상을 설명하고 그 처방을 내리는 식의 연구를 계속하였으며, 이로 말미암아 현실과 이론의 괴리는 심화되었다고 진단한다.

이에 비판적 내지 ‘진보적’ 사회과학자들은 기존 이론에 대한 대안을 모색하기 시작하였고, 이 과정에서 관료적 권위주의국가론, 과대성장국가론, 자본주의국가의 상대적 자율성론, 종속이론과 네오마르크스주의 이론 등이 소개되었다. 그러나 이 이론들도 한국 정치현실을 진단하는 데는 역부족이라는 합의가 ‘진보적’ 정치학자들 사이에 이루어지자, 1980년대 말에는 정통마르크스주의 또는 정치경제학적 방법론이 한국 정치현실을 설명하는 데 한몫을 하였다. 이러한 진보적 정치학 이론과 방법론의 등장은 한국 정치학의 다원화, 질적 심화, 그리고 토착화를 촉진시키는 데 적지 않은 기여를 하였다.

그러나 이러한 ‘진보적’ 움직임에도 문제점은 없지 않다. 정치경제학적 방법론의 경우, 현실에 대한 해석의 차이를 모두 가치관의 차이로 환원시킨다거나, 경제결정론에 집착한 나머지 정치의 상대적 자율성을 인정하지 못한다거나, ‘당파성의 원칙’으로 말미암아 현실정치에서의 대립을 학문적 논의과정에 그대로 반영하는 등의 문제점을 보여 왔다. 또한 글쓴이는 한국 정치학계가 여전히 수입이론에 크게 의존하는 점이 한국 정치학의 토착화에 대한 많은 과제를 남기고 있다고 지적한다. 외국이론을 수입할 때는 그 이론을 탄생시키고 설득력 있게 만든 ‘원산지’의 상황에 대한 검토가 선행되어야 한다는 것이다. 끝으로 글쓴이는 학계에서 새 것을 수용할 때 흔히 보여 온 경박성, 즉 그 이전까지의 이론이나 세계관 자체를 부정해 버리는 태도에 대해, 학자들의 ‘현실 관련적’ 학문자세는 현실성과 동시에 계속성을 요구하는 것이라고 정문일침을 놓고 있다.

경제학 분야

김정근 · 류준정

■ 담론 개관

  한국 경제학계가 그 동안 전개해 온 한국 경제에 관한 담론들은 크게
두 가지로 구분할 수 있다. 하나는 선진 경제학인 미국 경제학의 이론
틀을 가지고 한국 경제를 바라보는 시각으로, 이것은 대체로 한국전쟁
후 외국의 원조에 의한 경제개발에서부터 시작하여 1960년대 이후 한국
경제의 고도 성장과정과 경제정책 수립의 이론적 바탕으로 작용했다.
다른 하나는 한국의 경제 발전과정과 그 구조의 이면을 고려하면서 비
판적으로 바라보는 시각으로, 자립적 국민경제, 경제적 민족주의를 주
장하는 비판경제학이 1950년대 후반부터 나타나기 시작하여 지금도 계
속되고 있다. 그러나 아직 한국 경제학계 담론의 주류는 전자인 미국
경제학의 이론틀을 바탕으로 한 논의들이라 볼 수 있다.

  이 글은 한국의 경제학자들이 비주류 경제학인 비판경제학적 시각에
서 경제자립이나 민족경제에 대한 담론을 어떻게 형성해 왔는가를 역사
적인 흐름에 따라 개괄적으로 살핀다. 이는, 한국 경제학에서 탈식민성
담론이라고 할 수 있는 비판경제학의 내용을 담고 있는 문헌들을 조사
하고 초록하는 과정에서 자연스럽게 드러난 내용을 중심으로 전개될 것
이다.

  경제의 자립화는 일제 식민지하에서 민족해방투쟁이 지향하는 경제

적 목표로서 분명한 내용을 갖고 있었고, 해방 이후 정부가 수립될 때까지만 하더라도 일반적으로 식민지 경제의 유산을 자립적으로 개편하고 그 바탕 위에서 경제를 재건하는 문제로 이해되었다. 그러나 정부가 수립된 이후 한국전쟁을 거치는 동안 미국을 통해 방대한 규모의 원조가 들어오면서 그러한 자립화 의식은 전반적으로 약화되었다. 따라서 미국의 원조가 새로운 형태의 의존경제체제를 굳혀 왔다는 사실을 확인하고 이에 대처하는 자주적 노력의 필요성을 인식하는 1950년대 후반까지는 사실상 자주적 사고의 공백기[1]라 할 수 있을 것이다.

1950년대 후반부터 한국 경제학계에서 대외 의존체제의 극복이 한국 경제발전의 관건이 된다는 자립화 의식이 배성용, 김준보 등에 의해서 대두되기 시작했다. 배성용은 경제자립의 내용을 "외국의 경제원조와 또 수입의 초과에 의한 자원의 기여가 없더라도 국민의 총생산액으로써 국민의 총수요를 구차하게나마 충족할 수 있는 정도의 상태"[2]로 규정한다. 이 규정만으로는 경제학계의 통념을 크게 벗어난 것으로 볼 수 없으나, 일반적으로 외국의 원조는 경제개발을 위해 필요하다는 생각에 의문을 제기한 경제학자가 드물었던 당시의 사정으로 보아 원조경제를 간접으로나마 비판했다는 점은 주목받을 만하다.

이에 반하여 김준보는 "과연 우리의 주도층은 10억달러의 외국 원조에 의한 부흥효과와 그의 반대효과를 정당히 평가하고 있는 것인가"[3]라고 하여 좀더 직접적으로 원조경제에 대한 비판을 제기한다. 나아가서 그는 외자도입이나 차관에 의한 경제개발의 기대에 대해서도 외자에 의한 독점과 자립적 계획에 관하여 외자가 투자질서를 교란할 가능성을 지적하였고, 차관의 경우에도 도입조건의 여하에 따라서는 자주성이 그대로 관철될 수 없다는 점도 아울러 환기했다.

---

1) 정윤형, 〈경제학에서의 민족주의적 지향〉, 《한국민족주의론 Ⅰ》(창작과비평사, 1982), 254쪽.
2) 배성용, 〈시급한 경제정책의 수립〉, 《지방재정》(1957), 32쪽.
3) 김준보, 〈자립경제계획의 기본과제〉, 《재정》(1957), 22쪽.

이러한 자립화 의식은 1960년대에 민족주의 지향의 혁명이라 할 수 있는 4·19혁명을 거치면서 안임, 홍성유, 박희범, 한준석 등을 중심으로 더욱 본격화되었다.

안임은 "특히 소위 후진된 저개발국의 경우에는 민족독립과 경제주권의 확립을 초점으로 하여 밖으로는 구(舊)종주국의 지배에서 벗어나고 안으로는 봉건 매판세력과의 투쟁을 통하여 민족산업과 그 고도화를 위한 국민경제 계획을 실천하려는 의욕이 날로 높아가고 있다"[4]고 하여 한국에서의 경제자립을 위한 경제계획의 역사적 당위성과 그것이 극복해야 할 대상이 무엇인가를 밝힌다. 그의 경제계획은 광범위한 정치적 사회적 개혁을 전제로 하는데, 그는 당시의 사회 분위기를 다음과 같이 묘사한다. "어용학자에 의한 구미사상의 형식적인 칵텔이 백주(白晝)의 망령(亡靈)처럼 횡행하였고 그 동안 경제면에서 진정한 민족 자본가가 없었던 것과 마찬가지로 정치 사회면에서도 민족적인 전형기(轉形期) 사상 형성의 자취를 엿볼 수 없었다. 요컨대 이러한 매판적인 사회환경을 완곡하게 식민지 풍경이라는 신사적 표현을 써 가지고 풍자(諷刺)하는 지성조차 근래에 와서는 '터부'가 되었다."[5]

홍성유는 한국전쟁 이후 미국의 원조와 정부의 재정 금융정책으로 만들어진 1950년대 한국 경제의 자본축적 과정이 대외의존성의 심화와 독점자본의 매판성으로 귀결되었음을 실증적 분석을 통하여 입증하려 했다.[6]

1950년대의 비정상적인 자본축적을 보는 시각은 한준석도 마찬가지이다. 그러나 한준석은 매판자본을 비호하는 세력으로 행정부와 언론, 국회나 사법부까지 포괄하여 더욱 광범위하게 파악하는 특징을 보인다.[7]

---

4) 안임, 《한국경제론》(법문사, 1961), 13쪽.
5) 위의 책, 114쪽.
6) 홍성유, 《한국경제의 자본축적과정》(아세아문제연구소, 1965).
7) 한준석, 〈자주성은 경제발전의 기본조건〉, 《한국경제》(1963. 1), 136쪽.

박희범은 한국 경제를 "동란 후 1960년에 이르는 기간은 완전히 국가 이익을 스스로 저버린 경제적 민족주의의 부재(不在)시대였다. 이 모든 상황은 경제적 민족주의와는 역행되는 과정의 소산이었다. 국가이익의 시녀(侍女)가 되고 선진자본의 주구(走狗)가 된 곳에 한국 경제의 발전을 기대할 수는 없었다"[8]고 주장하고, 한국 경제의 발전을 위해서는 한국 경제의 자립화를 먼저 해결해야 하며, 경제의 자립화를 위해서는 제도적 개혁과 경제구조 개혁이 필수 불가결하다고 하여 국가의 경제적 역할을 요구하고 있다.[9]

이와 같이 1950년대 후반에 제기되고 1960년대 전반에 본격화되기 시작한 경제적 자립을 위한 논의는, 4·19를 계기로 고양되고 확산된 민족주의의 이론적 수렴 과정이라고 할 수 있고, 경제학의 발전이라는 면에서 보면 서구에서 수입된 경제개발 이론의 토착화 과정이라고도 볼 수 있을 것이다. 그러나 그런 담론들은 1960년대 전반기에 국한될 뿐 후반기까지 지속되지는 못했다. 아마도 1965년 한일 국교정상화 이후 외자 도입을 주축으로 한 대외 지향적 경제개발이 돌이킬 수 없는 현실로 굳어지면서 정책대안으로서의 자립화 논의는 존립기반을 상실했기 때문일 것이다. 이와 더불어 선진 경제학인 미국 경제학이 1950년대에 도입되고 1960년대에 그 기틀을 잡기 시작한 것도 한국의 경제자립에 대한 논의가 1960년대 전반기에서 멈춘 원인으로 작용했다고 볼 수 있다.

그러므로 1960년대 후반은 1950년대와 1960년대 전반에 기틀을 마련하였던 미국 경제학(신고전파 경제학)이 한국에 정착되는 시기로, 미국 경제학을 중심으로 하는 고도성장론에 밀려 경제적 자립화, 경제적 민족주의에 대한 담론들이 상대적으로 퇴조를 보인 시기라 할 수 있다.

그러나 1970년대에 들어서서 고도성장을 위주로 하는 미국 경제학을 무비판적으로 수용하던 한국 경제는 구조적으로 많은 문제점들을 드러

---

8) 박희범, 《한국경제성장론》(아세아문제연구소, 1968), 105쪽.
9) 박희범, 〈제도변혁과 구조개혁 — 경제적 측면에서 본 근대화 개념〉, 《동아문화》 3권(1965. 4), 66쪽.

냈고, 소득의 불균형과 같은 미국 경제학 이론 자체의 모순이 나타남에 따라 많은 비판을 받았다. 이에 따라 경제적 민족주의에 대한 논의들이 다시 등장했다. 이것은 한국 경제의 자립을 논리적으로 정립하려는 시도로, 변형윤, 조용범, 박현채 등이 대표적인 논자이다.

변형윤은 후진국이 근대화하기 위해 선택할 수 있는 제도적 유형을 자본주의형, 사회주의형, 민족혁명형으로 나누고, 자주적으로 근대화를 추구할 수 있는 방향을 '민족혁명형'[10]에서 찾고 있다. 자주적 근대화의 방향은 우선 식민통치가 남긴 유제인 전근대적 요소를 청산하고 자립경제로 나가는 과정이어야 하며, 식민지적 유산을 청산하는 일이 자주적 근대화에 필요한 전제조건이긴 하지만 자주적 근대화를 완수하기 위해서는 그것만으로 충분하지 않고 새로운 질서를 세우는 노력이 필요하다고 강조한다.[11]

조용범은 변형윤이 주장한 민족혁명형의 기본 논리를 받아들이면서도 이를 더욱 이론적으로 체계화하려는 시도[12]로 주목을 끈다. 그는 민족혁명형의 논리적 연장선에서 자립화 이론을 정립하기 위해 경제개발에 관련된 여러 가지 유형의 이론들을 비교 검토했으며, 또 후진국이 채택할 수 있는 각종 경제체제를 검토함으로써 민족혁명형의 정당성을 뒷받침하는 데에 노력을 기울였다.

박현채의 '민족경제론'은, 자신을 포함해 그 동안 민족경제라는 개념을 중심으로 일정하게 모여든 여러 사람들의 민족주의적 논의를 바탕으로 하면서, 일제강점기 이후 오늘에 이르는 한국 경제사 전반에 대한 연구를 구체화한 결과이다. 그는 《민족경제론》[13]이라는 표제로 단행본을 출판함으로써 경제적 민족주의의 경향에 하나의 틀을 제시하기도 했다. 남의 경제학이 아닌 우리의 경제학을 확립해 보려는 꾸준한 노력의

---

10) 변형윤, 〈민족혁명형 개발정책으로의 전환〉, 《정경연구》(1971. 12).
11) 변형윤, 〈한국경제개발계획의 방향〉, 《신동아》(1971. 11).
12) 조용범, 《후진국경제론》(박영사, 1973).
13) 박현채, 《민족경제론》(한길사, 1978).

결과라는 점을 높이 평가할 수 있을 것이다. 어떻게 보면 이 책이 1978년에 출간되었어도 그 동안 자신이 1960년대부터 발표해 온 글들을 모은 것이므로, 1970년대 초에 경제적 민족주의를 논리적으로 정립하려고 시도한 변형윤, 조용범의 논의에 어느 정도의 골격을 1960년대에 이미 제시했다고도 볼 수도 있다.

박현채가 학문하는 기본 태도는 '온몸으로 글을 쓴다'[14]는 것이며, 민족경제론은 바로 그의 지론을 실천한 결정체라 할 수 있다. 민족경제론은 1960년대 후반 한국의 자본주의가 종속적 발전의 길로 치닫자 눈에 띄게 훼손되어 가던 민족의 자주성과 건강한 민중적 삶을 회복하려는 요구에서 출발했다. 민족경제론은 마르크스주의 정치경제학에 그 뿌리를 두고 있기는 하지만 당시 한국의 현실이 절박하게 요구한 것은 추상적 이론이 아니라 구체적 현실에 대응하는 실천적 이론이었다는 점에서 더욱 주목된다. 그러나 논리적으로 충분히 다듬고 체계화하는 여유를 갖지 못해 학구적이지 못한 실천현장의 이론이므로 이론적 완결성과 일관성에 결함이 있다는 비판[15]을 받기도 한다.

또한 한국 경제학계의 미국 경제학 일변도의 경제개발 이론에 대한 비판적 검토와 함께 제3세계의 경제사상에 대한 담론도 1970년대부터 형성되기 시작하여 1980년대에 와서 성숙기를 맞이했다. 이를 대표하는 학자는 박우희, 변형윤, 주종환 등이다.

박우희는 1973년에 경제이론의 타당성을 문제삼아 "선진국의 경제현실을 바탕으로 하는 미국 경제학이 경제현실이 다른 개발도상국이나 후진 미개발국의 경제문제 처리에 얼마나 유용한가?"라는 의문을 제기하고, 한국 경제현실의 특수성에 맞는 경제이론들이 생산되어야 함을 주장한 바 있다.[16] 그 뒤 1984년에는 한국의 경제학이 우리의 전통과 특성

---

14) 정윤형, 〈실천이론으로서의 민족경제론〉, 《민족경제론과 한국경제》(창작과비평사, 1995), 4쪽.
15) 이병천·윤소영, 〈전후 한국경제학 연구의 동향과 과제〉, 《80년대 한국인문사회과학의 현단계와 전망》(역사비평사, 1988), 37쪽.

은 아랑곳하지 않은 채 수식화 내지는 정형화를 추구하는 미국식 주류 경제학에 휘말려 정신을 차리지 못하고 있다고 냉철하게 비판한다.[17]

변형윤은 1983년 《분배의 경제학》에서 한국 경제학의 주체성 확립을 논하면서 오늘날 한국의 경제학자는 사회과학으로서의 경제학을 현실에 적용하고 실천할 수 있어야 한다는 관점에 입각하여, 한편으로 한국 경제의 전통과 현실에 부응하는 경제이론을 형성시키기 위한 노력을 게을리하지 말아야 할 것이며, 다른 한편으로 현실경제를 부단히 비판적으로 성찰함으로써 민족과 국토의 분단상황을 포함한 이 땅의 경제적 상황에 대한 인식을 끊임없이 심화시켜 나가는 작업을 계속해야 한다고 주장했다.[18] 또한 1987년에는 우리 식 경제학을 정립하자는 것에 중점을 두고 〈한국경제학 정립의 방향〉[19]라는 논문을 발표하여 한국 경제학에서 탈식민성 담론의 큰 축을 세워 나갔다.

주종환은 한국 경제현실을 분석하는 데 그치는 '한국 경제론'과 구분되는 의미에서 '한국적 경제학'이란 한국 경제현실을 올바르게 분석하는 데 필요한 경제이론 체계에 관한 비판적 학문이라고 정의하고, 이를 바탕으로 한국 경제를 분석해서 한국적 경제학이 나아가야 할 방향들을 제시했다.[20]

그리고 정윤형은 선진국 학자들의 후진국 개발이론이 대부분 후진국의 정체성(停滯性)을 강조함으로써 외자에 의한 개발의 필연성을 합리화한다고 파악하여, 서구의 기존 경제이론이 제3세계에 적용될 때에 드러나는 부적합성에 대한 통찰로 탈식민성 담론에 기여했다.[21]

---

16) 박우희, 〈경제이론의 타당성 — 특히 한국경제와 관련하여〉, 《한국사회학》 8집 (1973), 23쪽.
17) 박우희, 《한국의 경제사상 이론 현실 — 한국경제학서설》(유풍출판사, 1984), 3~7쪽.
18) 변형윤, 《분배의 경제학 — 경제이론과 경제현실》(한길사, 1983), 4쪽.
19) 변형윤, 〈한국경제학 정립의 방향〉, 《한국경제신문》 1987. 10. 11.
20) 주종환, 《한국적 경제학 — 시론적 전개》(정음문화사, 1984).
21) 정윤형, 〈제3세계의 경제사상〉, 《서양경제사상사연구》(창작과비평사, 1981).

1980년대에 한국 경제학에 대한 논의들이 활발하게 전개되자 한국경제연구원은 한국 경제학 연구를 자체적으로 반성한다는 취지로 26편의 논문을 모아 《한국경제학의 모색》[22]이라는 단행본을 간행하여 논의를 활성화하는 데 기여했다.

한국 경제학의 탈식민성 담론을 다룬다고 볼 수 있는 또 다른 그룹은 정치경제학을 전공하는 학자들이다. 이들은 마르크스주의 경제학에 사상적 바탕을 두면서 한국 경제사회의 구조, 즉 한국 자본주의의 성격을 규명하기 위해 노력한 학자들로, 사회구성체논쟁을 불러일으켰다. 이러한 논쟁들은 마르크스주의라는 외래의 이론에 기반했기 때문에 좀더 심화된 토착화 작업을 요구하는 상태지만, 그 한계에도 불구하고 1980년대 한국 경제학에 커다란 영향을 미쳤다고 할 수 있다. 대표적인 이론들은 주변부 자본주의론, 국가독점 자본주의론, 식민지 반봉건사회론 등이며, 정운영, 이대근, 김수행, 김대환 등이 대표적인 학자이다.

그러나 1970년대와 1980년대에 왕성하게 전개되었던 탈식민성 담론들은 1990년대에 들어서 더 구체화되지 못하고 소강상태에 들어간 인상을 주고 있다. 탈식민성 담론을 뚜렷하게 제시하는 문헌들을 별로 발견할 수 없다.

이상에서 한국 경제학의 탈식민성 담론을 역사적인 흐름에 따라 개략적으로나마 살펴보았다. 그 흐름을 요약해 보면 다음과 같다.

첫째, 탈식민성 담론의 흐름은 세 조류로 나타난다.

1) 1950년대 후반부터 1960년대 전반에 이르는 기간에는 한국 경제의 자립화론이 주축을 이루었다. 1960년대 후반부터는 미국의 신고전파 경제학의 도입과 고도성장이라는 바람에 떠밀려 주춤하다가 1970년대에 박현채를 중심으로 민족경제론이라는 하나의 틀로 정착되면서 이론이 형성되어 갔다. 이들은 관변경제학, 고도성장 찬미론과 대치하면서 비판적 경제학 내의 다수파를 형성하여 경제학계 내에서 세력을 넓게

---

22) 한국경제연구원, 《한국경제학의 모색》(1983).

확대했다.

2) 1970년대부터 한국 현실에 맞지 않는 서구의 이론을 그대로 적용하는 것은 문제가 있다는 판단에서 한국에 적실한 경제학을 주장한 흐름이 나타났다. 이 흐름은 한국적 경제학, 또는 한국 경제학의 추구로 1980년대 중반에 더욱 본격적인 담론을 전개했다. 그러나 한국의 특수한 현실에 걸맞은 새로운 이론을 만들어 낸다는 것은 매우 어려운 일이므로 세계 경제학계에 내놓을 만한 한국적 경제학은 아직 나타나지 못하고 있는 형편인 것 같다.

3) 한국 사회의 성격논쟁을 불러일으켰던 정치경제학에서의 탈식민성 담론은 1980년대 이후 한국 경제학계에서 큰 흐름을 차지했다.

둘째, 이러한 탈식민성 담론들이 한국 경제학계에 의하여 정식으로, 광범위하게, 그리고 지속적으로 의제로 채택되어 좀더 구체화되는 과정을 밟지 못하고 현재 잠재된 상태로만 있다는 점이다. 이것은 탈식민성 담론들이 발표되던 지면이 학계가 주도하는 전문 학회지가 아니라 신문이나 잡지며, 이렇게 발표한 글들을 모아 단행본으로 출간한 것이 대부분을 차지한다는 사실에서 확인할 수 있다. 더구나 1990년대에 들어서는 이런 논의조차도 본격적으로 진전되지 못하는 상태다.

그러므로 탈식민성 담론을 공론화하고 나아가 한국 경제의 현실을 토대로 경제학 세부 분야별로 구체적이고 지속적인 연구성과를 내놓는 것이 앞으로 해결해야 할 과제라 하겠다.

■ 초 록

변 형 윤

한국경제개발계획의 방향

[《신동아》(1971. 11) ;《한국경제의 진단과 반성》
(지식산업사, 1980), 29~43쪽에 재수록]

　이 연구는 한국 경제가 양적인 성장에도 불구하고 자립경제를 이루지 못한 원인을 규명함으로써 한국 경제의 자립과 올바른 근대화를 위한 방향을 모색하고 있다.

　근대화란 단순히 공업화나 경제개발을 의미하는 것이 아니라 정치, 경제, 사회, 문화적인 여러 영역의 총체적인 변혁을 의미하는 것임에도 불구하고, 한국은 근대화를 단순한 공업화로 잘못 인식했기 때문에 자주적이지 못한 예속적인 방향으로 근대화가 진행되었다고 글쓴이는 지적한다.

　근대화의 자주적 방향은 식민지 유제에 대한 부정과 민족 자립적인 새 질서의 확립이다. 반면에 목전의 이익에 급급한 나머지 낡은 것의 부정 위에 새로운 것을 창조하는 것이 아니라, 자주 자립적인 것으로서의 가능성을 갖지 않은 낡은 토대 위에서 외부세력과 타협해서 안이하게 새로운 것을 접합시키는 것은 예속적 타율적인 방향이라고 한다. 한국 경제는 식민지적 유제인 전근대적인 요소를 제대로 청산하지 못한 채 공업화에 따라 고도성장이라는 양적 규모의 증대에만 관심을 두어 오히려 대외의존의 심화를 가져왔다는 것이다. 이와 같이 그 동안의 근대화를 잘못 의식한 한국 경제의 비자립적 요소를 글쓴이는 다음과 같이 지적하고 있다.

첫째, 자립경제란 생산재 생산공업을 정점으로 하여 밑으로는 기초산업의 밑받침을 갖는 누적적 과정이라고 한다면, 한국 경제는 이와 같은 요구를 충족시키지 못했다. 둘째, 외국자본에 의해 공업화됨으로써 대외의존이 증대되었다. 셋째, 그 동안의 공업화 과정은 중소기업이 몰락하여 외국자본 및 외자 관련 기업이 한국 경제의 중추를 장악하는 결과를 가져왔다. 넷째, 국가가 자신의 자주적 의사에 의해 세출 세입을 결정할 수도 없을 정도로 재정주권이 확립되지 못했다.

이 연구는 한국의 근대화 방향을 자주적 근대화로 설정하고 그 요소를 설명함과 동시에 그 동안 한국 경제의 공업화 및 근대화 과정이 자주적 근대화를 위한 여타 요소를 충족시키지 못하고 있다고 분석함으로써 근대화의 방향전환을 제시하고 있다.

변 형 윤

민족혁명형 개발정책으로의 전환

[《정경연구》(1971. 12) ;《한국경제의 진단과 반성》
(지식산업사, 1980), 338~348쪽에 재수록]

이 연구는 당시 제기된 주요 경제적 문제양상이 급진적 개발정책의 추진과정에서 유발될 수 있는 단순한 부작용이 아니라, 경제개발정책 그 자체의 방향을 잘못 잡은 데서 기인하는 근본적인 문제로 보고 새로운 개발정책 방향을 제시하고 있다.

글쓴이는 경제의 성장과 발전은 그 개념을 달리한다고 본다. 즉, 성장이란 대개 경제량을 총체적으로 표현하는 GNP의 증대를 기준으로, 발전이란 성장과 산업별 공업별 구조 등 국민경제 구조상의 변혁을 포괄하는 개념으로 보고 있다. 이러한 측면에서 한국 경제의 변화과정을 경제성장으로 이해할 수는 있으나 경제발전으로는 인정할 수 없다는 것이다.

특히 경제발전의 기준을 국민경제의 자립화 과정에 둔다면 그 동안의 고도성장을 바로 고도발전으로 파악할 수는 더욱 없다는 것이다. 외국자본과 기술로 경제개발을 추진해 온 한국 경제의 성장과 발전간의 이러한 모순은, 고도성장에도 불구하고 기업부실화와 자금난, 물가고와 생계의 궁핍 같은 무수한 문제점을 드러내고 있다. 이것은 경제개발정책 그 자체의 방향을 잘못 설정한 데에 근본적인 원인이 있으므로, 이제는 원점으로 다시 돌아가 새로운 개발이념, 새로운 개발방향을 모색해야 할 단계로 보고 있다.

저개발국의 근대화 방향은 자본주의형과 사회주의형 등 여러 가지가 있을 수 있지만, 이 두 가지 방식의 장점을 발전적으로 배합한 중간적 방식인 민족혁명형 방식을 새로운 개발정책으로 글쓴이는 제시하고 있다. 그것은 식민통치에서 벗어난 신생 저개발국이 택해야 할 근대화 이념은 명실상부한 자주 자립국가의 건설을 지향하게 되고, 또한 그 실제 과정을 식민통치가 남긴 유물로서의 전근대적 요소를 청산하는 과정으로 규정하는 동시에, 이러한 전근대적 요소의 청산은 결국 민족혁명 과정을 통해서만 가능하기 때문이다.

글쓴이는, 민족혁명형 근대화 방식으로 구체적인 경제개발 방향을 잡는 것은 외향적 공업화 방식으로부터 내포적 공업화 방식으로의 전환을 의미하는 것으로 본다.

박 우 희

경제이론의 타당성
― 특히 한국경제와 관련하여

[《한국사회학》 8집(1973), 23~27쪽]

이 연구는 선진국에서 개발된 경제학 이론들이 개발도상국이나 후진 미개발국가의 경제현실에 얼마나 유용하며 타당한가를 분석하고, 궁극적으로 한국의 특수한 경제현실에 맞는 이론들을 생산해야 한다는 주장을 담고 있다.

글쓴이는 신고전파 이론이나 케인스 이론을 중심으로 하는 구미 경제학이 지난 수십 년간 눈부실 정도로 발전해 왔지만 공해문제나 도시, 교통, 생활환경의 개선, 공업의 지방분산, 소득분배, 노동의 내용 등에서 그 자체에 근본적인 결함을 내포하고 있을 뿐만 아니라, 개발도상국이나 후진 미개발국가의 특수한 경제현실에는 유용하지 못하다고 비판을 한다.

따라서 구미경제학 편향에서 벗어나 최근 20여 년 동안 개발도상국을 대상으로 한 개발경제학이 상당히 발전하였으나, 이러한 개발이론도 아직까지 종합 정리되지 못하고 있는 실정임을 밝히고 있다. 글쓴이는 현재 한국 경제현상을 바라보는 경제학계의 시각을 한국 경제의 특수한 상황에서 얻은 경험을 중시하는 경험주의적 경향, 민족적 정치적 및 역사적 가치관을 중시하는 견해, 그리고 구미 경제이론을 적극적으로 도입하여 이를 경제계획이나 정책에 적용해야 한다는 구미 경제이론 편향의 입장 등으로 분석하고 있다. 이 세 경향들이 서로 조화점을 찾지 못하고 대립한 채 상존함을 비판하면서, 앞으로 한국 경제문제는 이들 세 경향들을 어떻게 잘 조화시켜 나가고, 조화의 방향을 어떻게 잡고, 그 정도를 어디서 가르느냐에 따라 해결될 수 있음을 강조한다.

이 논문은 선진국에서 개발되고 발전된 특정 경제이론을 한국의 특수한 경제현실에 그대로 적용해서는 문제 해결방안이 될 수 없다고 지적하고, 각 이론들의 조화를 통해서만 한국 경제문제에 대한 해법 제시가 가능하다고 한다. 하지만 조화의 방향을 어떻게 찾아야 하는가라는 구체적인 제시가 없어 아쉽다.

조 용 범

한국의 경제학

[《월간중앙》(1974. 2), 136~145쪽]

이 연구는 민중의 생활을 대상으로 하지 않는 경제학은 모두 허구라는 관점에서 한국 경제학 연구의 전개와 역할을 분석함으로써, 현재 한국의 경제학이 어떤 상태에 있는지를 밝히고 있다.

경제학의 성격을 실천과학으로 규정하는 한, 인류가 당면한 여러 경제적 문제의 해결에 현실적으로 공헌하는 것이어야 한다. 그것은 경제적 현상에 대한 정확한 인식으로부터 문제점을 정확히 제시하고, 이에 대한 처방으로서 경제적 현상을 변혁하는 구체적인 사회적 힘을 창출해야 한다는 것을 의미한다. 그러나 글쓴이는 한국의 경제학 연구가 해방 후부터 현재까지 이론과 현실이 괴리되고 민중의 생활과도 괴리되었음에 불구하고, 의연히 그 주류는 지난날의 타성에서 벗어나지 못한 채 아직도 불임상태에 있다고 분석한다.

그리고 한국의 경제학이 아직도 불임증상을 보일 수밖에 없는 이유로 세 가지를 제시한다.

첫째는 한국의 경제학자들이 권력 지향적이고 권력 추종적인 성향을 강하게 띠고 있다는 것이다. 근대사회가 형성되면서 만들어진 국민경제의 관료 자본주의적 성격은 한국 경제학자들의 일반 성향을 규정하는 중요 조건으로, 학술연구를 독자 영역으로 확립하지 않고 정치권력에 종속시킴으로써 이른바 정치 지향적인 어용성을 구체적으로 드러내게 된다.

둘째는 실천과학으로서의 경제학이 정치 지향적인 어용성을 보일 때 연구방법에서 선진이론을 사대적으로 도입하는 결과를 초래했으며, 도입된 선진이론은 그것이 갖는 성격상 한국 경제학 연구에서 당위적으로 요구되는 창조적 기능을 발휘할 수 없도록 만들었다는 것이다.

셋째는 좀더 근본적인 이유로, 경제학을 연구할 때 여타 개인적 인간, 그것도 생활인인 여타 사회적 개인들을 대상으로 삼지 않고 사회 그 자체를 출발점으로 하여 경제현상을 규명하려고 하는 데 있다는 것이다. 이는 경제현상을 국민구성원의 복지와 관련 없는 경제제량으로 다루거나, 외국자본이 국민경제의 주요 구성요소로 되고 있는 상황에서 민족의 생활과 관계없는 포괄적인 수량 개념으로 경제현상을 다루고 있다는 점에서 확인할 수 있다. 민중의 요구가 현실에서 실현될 때 새로운 역사의 진전이 이루어진다. 따라서 실천과학인 경제학이 자신의 사명을 다하기 위해서는 대다수 민중이 생활에서 요구하는 것을 정확히 파악하고 실현해야 한다는 것이다.

이 연구에서 제시하는 것처럼 한국 경제학이 생활인인 각각의 사회적 개인들을 주된 연구대상으로 삼는 일은 바로 당위적인 자기사명으로 복귀하는 것이며, 원래대로 주어진 현상을 타개하는 중요한 힘으로 복귀하는 것이라 할 수 있다.

박 현 채

민 족 경 제 론

[한길사, 1978]

이 책은 글쓴이가 경제학도의 입장에서 한국 경제와 한국이 직면하고 있는 여러 문제에 직접 참여하는 과정에서 써 온 글들을 하나로 엮은 것으로 학문의 실천적 의미를 다분히 지니고 있으며, 전편에 흐르는 논지는 경제학의 민중·민족주의적 지향으로 일관한다.

이 책은 모두 4장으로 구성되어 있다.

제1장은 〈인간을 위한 경제학서설〉로 〈경제학과 나〉라는 자전적 수상을 비롯하여 〈민중과 경제〉 등 3편의 글을 싣고 있는데, 민중의 정의와 범위 및 경제성장에 따른 민중의 위치 변화를 역사적 경험과 현실을 기초로 하여 명쾌하게 분석하고 있다.

제2장은 〈일제경제침탈에 대한 재인식〉을 주제로 〈일제식민통치하의 농업(1, 2)〉과 〈공업〉으로 나누어 일제식민지 통치하에서 한국 경제가 어떻게 수탈되었는가를 분석하고 있다. 당시의 한국 경제는 농업 중심에서 벗어나지 못했기 때문에 자연히 일차적인 일제의 수탈 대상이 농업이었고, 그 결과로 한국 농업의 농민분해 및 분화가 가속되는 한편, 사회적 생산력 발전을 제약했다고 주장한다.

제3장은 〈한국 경제의 발전과 현실〉을 주제로 하여 〈쌀의 반세기〉 등 1960년대 이후 한국의 경제발전 과정에서 나타난 여러 가지 문제점을 파헤치는 7편의 논문을 싣고 있다. 이들 7편의 논문은 그 동안 한국 경제가 괄목할 만한 성장은 했지만 그에 따라 발생한 문제점이 어디에 있는가를 명확하게 제시해 준다.

그리고 제4장은 〈경제적 민족주의의 오늘과 내일〉을 조감함으로써 오늘날 한국 경제가 당면하고 있는 세계경제 속의 위치를 이해하는 데 할애하고 있다. 경제적 민족주의를 둘러싼 세계경제의 움직임과 그 본질을 분석한 〈자원민족주의의 역사와 현실〉 등 5편을 수록하고 있다. 오늘날의 세계경제 및 국제정치가 세계주의적 경향을 보인다고는 하지만 근본적으로는 자국이익을 보호한다는 범주에서 벗어나지 못하는 점을 간파하면서 오늘 한국이 서야 할 위치가 어디인가를 분명히 보여주고 있다.

이 책은 글쓴이가 지니고 있는 날카로운 예지를 엮어 낸 것임은 물론이고, 사회경제적인 여러 문제를 비롯하여 경제학의 기본적 과제와 관련된 가치부여 문제를 인간과 경제, 역사와 경제, 현실과 경제, 그리고 세계경제와 한국이라는 관점에서 광범위하게 분석 평가한 것이다.

박 현 채

한국경제에 있어서 진보의 의미

[《월간조선》(1980. 3) ; 《한국경제의 구조와 논리》(풀빛, 1982),
115~126쪽에 재수록]

이 연구는 진보나 보수의 개념을 경제발전이나 경제성장과는 달리 그것이 갖는 정당성에 대한 가치판단을 전제로 하는 것으로 보고, 한국경제의 보수적 성격을 진단하여 앞으로 진보를 실현하기 위한 방향을 제시한다.

글쓴이는 진보란 인간 사이의 사회적 관계에서 더 많은 경제적 잉여를 직접 생산자에게 귀속시키는 사회, 또는 그와 같은 인간 사이의 사회적 관계를 지지하는 생각이라고 주장한다. 이에 반하여 보수는 인간 사이의 낡은 상호관계를 유지하고, 진보의 계기가 되는 이해집단 간의 자유로운 자기요구 실현을 막는 것으로 본다. 뿐만 아니라 사회적으로 생산된 경제잉여의 귀속이나 귀속비율을 저하 또는 고정하는 행위나, 고정하려는 주관적 의지 또는 정책이라고 보고 있다.

따라서 한국 경제는 국민경제의 외연적 재생산구조에 자신의 양적 기반을 갖고 있기 때문에 보수적 성격을 강하게 띠며, 이를 옹호하는 각종 이데올로기에 의해 뒷받침되고 있다고 주장한다. 이들 이데올로기는 민족과 민중의 이익을 배신하고 역사적 진보의 방향을 거부하는 부정적 성향을 지원하고 유지하기 위해 동원되었고, 국민경제의 위기라는 가시적인 증표가 나타날 때까지 많은 국민을 기만하는 데 유효했다는 것이다.

그리고 한국 경제의 보수적 성향은 경제현상을 인간의 상호관계에서 파악하지 않고 수량으로만 파악하는 이른바 근대 경제학적 방법론에 의해 형성되었다고 주장한다.

따라서 이제는 한국 경제의 보수적 성격을 청산하고, 민족자립적이고 민중적인 기초 위에서 역사적 진보의 방향을 좇는 새로운 질서의 수립을 글쓴이는 요구한다. 새 질서의 기본방향으로는 ① 민족의 자주적 생존기반인 민족경제(자립적 국민경제)의 확립 ② 민중의 생활상의 요구에 더욱 충실하고, 직접적 생산자에 대한 더욱 공정한 분배의 실현 ③ 사회적 생산력 발전의 보장 ④ 자유평등의 실현 등을 제시한다.

이 연구는 과거의 민족·민중을 중심으로 하지 않은 성장정책, 낡은 경제잉여의 귀속이나 귀속비율을 고수하려는 경제적 보수성을 청산하고, 진보를 향해 민중을 중심으로 한 새 질서의 수립을 주장한다는 점에서 주목된다.

박 현 채

자립경제의 실현을 위한 모색

[김병태 외, 《한국경제의 전개과정》(돌베개, 1981), 285~308쪽]

이 연구는 우리나라가 일제 식민통치의 질곡에서 해방된 지 오래되었음에도 불구하고 민족자립의 기초가 되는 국민경제의 자립을 아직 실현하지 못하고 있다는 점에서 자립경제를 실현하지 못한 요인을 분석함과 동시에 자립경제의 내용과 실현 가능성을 모색하고 있다.

글쓴이는 한국 경제가 자립성을 결여하게 된 역사적 단초를 한국의 근대사에서 찾고 있다. 진정한 민족해방을 실현하는 길은 일제 식민통치 아래서 형성된 식민지 경제의 구조를 청산하고 새로운 민족경제의 기초를 확립하는 것임에도 불구하고, 대내외적인 역사의 흐름이 식민지 경제의 종속적이고 기형적인 현상을 벗어나지 못하게끔 지금까지 이끌고 있다는 것이다. 그 동안 식민지 유산을 극복하려는 시도가 전혀 없지는 않았지만 대내외적인 환경의 변화에 따른 '식민지 경제구조의 확대 재생산과정'에 불과할 뿐 식민지 경제구조를 벗어나 자립경제의 길로 들어서지는 못했다는 것이다.

그리고 자립경제를 한 민족이 자기민족의 민족적 순수성을 유지하면서 외부적 제약 없이 생존할 수 있는 경제적인 기초로 규정하고, 다음과 같이 그 내용을 구체적으로 제시한다. ① 자립경제는 한 민족이 국민경제의 재생산조건을 스스로 장악하는 것을 의미한다. ② 자립경제는 국민경제의 재생산과정에서 자기완결적인 재생산의 메커니즘을 정착시켜 자율적 재생산구조를 실현하는 문제이다. ③ 자립경제는 국민경제의 재생산구조에서 일어나는 모든 경제활동의 결과가 국민 전체로 확산되어 새로운 체제를 확보하는 것을 의미한다. ④ 자립경제를 확립하기 위해서는 국민경제와 민족경제의 괴리를 청산하고 극복하여 이를 단일한 민족경제로 통합해야 한다.

이러한 분석내용에 따라, 한국의 경제자립을 모색하기 위해서는 형식적으로 그것을 불가능케 한 요인을 대내외적으로 청산하고 새로운 민족적 의지, 즉 밑으로부터 올라오는 민중적 의지를 바탕으로 경제를 계획적으로 운용해 자신의 내용을 실현해 가야 한다고 본다. 국민경제의 자립을 제약하는 외적 요인에 대한 극복 가능성과 국민경제의 자립을 위한 내재적 기초 및 내부적 요인에 대한 극복 가능성도 상세하게 제시한다.

이 연구는 한국의 자립경제 실현을 불가능하게 만든 역사적 요인과 자립경제의 내용을 분명히 밝힘과 동시에, 그 실현을 위한 구체적인 가능성을 이론적으로 제시했다는 데에 의의가 있다.

정 윤 형

경제학에서의 민족주의적 지향

[《한국민족주의론 I》(창작과비평사, 1982), 254~287쪽]

이 연구는 민족자립화 의식이 퇴조했던 1950년대 말, 극히 절제된 표현 속에서나마 싹이 트기 시작하였던 경제자립화 문제의 제기 이후 현재에 이르기까지 한국의 경제학자들이 자립경제를 어떻게 연구해 왔는가를 민족주의적 입장에서 논의한다.

글쓴이는 1950년대 후반부터 몇몇 경제학자들이 원조경제를 비판하고 자립경제를 조심스럽게 문제삼았으며, 1960년대에는 경제자립에 대한 논의들이 일정한 방향으로 모아졌다고 말한다. 특히 1970년대에 들어와서는 점차 민족주의를 실현할 주체로 민중을 의식함과 동시에 한국의 자립화 문제를 민족주의를 지향하는 제3세계와의 일정한 연대의식 속에서 신식민주의에 대한 대응방식의 일환으로 고려하게 되었다고 진단하고, 그런 점에서 민족주의 의식이 한 단계 성숙한 면모를 보여주었음을 확인한다.

그러나 글쓴이는 민족주의적 논의들이 지닌 이념적 측면들이 현실에 대한 충분한 분석에 의해 뒷받침되었다고 보기는 어려운 점이 있고, 현실에 접근하는 이론적 틀 역시 많은 사람들에게 쉽게 수긍이 갈 수 있는 형태를 갖추어 왔다고 보기는 어렵다고 지적한다. 뿐만 아니라 일정한 논리적 추상에 의해 형성되어 일정한 이론적 틀 속에서 의미를 갖는 개념들이 이론적 매개 없이 가장 현실적인 개념들과 동일시되거나, 어떤 이론적 틀 안에서 이론적 역할에 국한되어야 할 자립적 경제발전의 이상형이 현실적으로 추구해야 할 자립경제의 목표로 이해될 수 있는 형태로 전개되고 있었음을 지적한다.

이같은 사항들은 민족주의 논의가 충분히 체계화되지 못했다는 징표로 이해해야겠지만, 그 동안 현실에 대한 비판을 자립경제의 확립을 위한 요구와 조급하게 결부시켜 논의한 데 기인한 것이므로 1980년대는 좀더 체계화된 경제적 민족주의 이론을 정립하는 일이 시급한 과제임을 강조한다.

이 연구는 민족주의를 추진하는 사회적 주체가 형성되지 못하고, 경제학계 내에서조차 충분한 논쟁이나 토론을 거치지 못했던 그 동안의 사정을 감안할 때, 민족주의 의식을 바탕으로 하는 논의들을 정리하여 그 흐름을 파악할 수 있도록 했다는 점에 의의가 있다.

조 순

한 국 경 제 학 론

[《한국경제학의 모색》(한국경제연구원, 1983), 178~184쪽]

이 연구는 한국의 주류 경제학이라 할 수 있는 미국 경제학의 특징과 문제점을 비판하고, 한국 경제학이 한국의 현실에 적합한 학문으로서 자리잡기 위해서 어떻게 해야 하는지에 대한 대안을 한국적 경제학의 토착화라는 방향에서 제시한다.

글쓴이는 한국 경제학의 뿌리가 미국 경제학에 있는데, 그것은 탁월한 장점도 있는 반면 현실적합성이 희박한 단점을 지니고 있다고 지적한다. 즉 이론의 정치(精緻)를 숭상한 나머지 물리학의 방법을 그대로 경제학에 도입한 것이라든지, 유럽대륙의 학풍에 대하여는 거의 아무런 관심을 보이지 않는다거나, 경제사와 경제학사 등을 등한시하는 편협성은 미국 경제학에 편향된 한국 경제학의 현실적합성을 문제삼을 수 있는 부분이라는 것이다.

이러한 성격은 역사의식이 희박할 수밖에 없는 미국적 의식과 더불어 미국의 대학원 제도, 교수 임용 및 승진에 관한 관례 등에 의해 조장되고 있다고 비판한다. 그리고 한국의 학자들은 경제학의 실천성을 중요시한 나머지 미국의 경제학 이론이 현실적으로 한국에 적합한가에 대한 충분한 검토도 없이 그대로 실천에 옮기고 있음을 비판한다. 이러한 경향은 이론의 타당성을 과신한 나머지 그것을 독단적으로 현실에 적용함으로써 시행착오를 범할 위험성을 항시 내포하고 있다는 것이다. 국민경제는 미숙한 이론의 실험장이 아니라는 것이다.

글쓴이는 한국 경제학을 올바로 실천하려면 '한국적 경제학'으로 토착화되어야만 가능하다고 주장하고, 한국적 경제학의 토착화 방향을 다음과 같이 제시한다.

첫째, 한국의 경제학도들은 산업사회의 기능 분화 추세에 상응하여 전공 분야를 계속 다양화해야 하며 전문 분야에 대한 연구를 심화해야 한다.

둘째, 한국 경제학계는 경제이론과 아울러 한국의 역사에 대한 안목과 사회제도에 관한 이해를 중요시하는 학풍을 조성해야 한다. 이론이 없으면 실천의 방향이 서기 어렵고, 역사적 안목이 없으면 그 방향이 빗나가기 쉽기 때문이다.

셋째, 경제학사에 대해 관심 갖는 학자가 많아져야 한다. 이와 더불어 경제학의 고전을 많이 번역하여 후진들에게 읽을 수 있도록 해야 한다.

넷째, 외국의 경제, 특히 중국이나 일본의 경제에 대하여 많이 연구할 필요가 있다. 한국과 인접해 있는 나라에 대한 이해 없이는 한국 근대화의 올바른 방향을 정립하기가 어렵기 때문이다.

이 논문은 한국의 주류 경제학인 미국 경제학을 단순히 비판하는 데 그치지 않고 토착화의 방향을 제시하고 있다는 점에서 주목할 만하다.

변 형 윤

분배의 경제학
— 경제이론과 경제현실

[한길사, 1983]

이 책은 글쓴이가 한 사람의 경제학자로서 이 시대의 역사적 상황과 경제적 현실문제 해결에 기여할 수 있는 학문적이고 실천적인 이상을 모색하고 제시해 보겠다는 문제의식에서 나온 것이다.

한국 사회에서 살아가는 경제학자는 경제학이 사회과학으로서 현실에 적합하고 실천 가능해야 한다는 생각을 가지고, 한편으로 한국 경제의 전통과 현실에 부응하는 경제이론을 형성 정착시키기 위한 노력을 게을리하지 말아야 할 것이며, 다른 한편으로는 현실경제를 부단히 비판적으로 성찰해서 민족과 국토의 분단상황을 포함한 이 땅의 경제적 상황에 대해 끊임없이 자신의 인식을 심화시켜 나가야 한다고 주장한다. 이 두 가지 작업을 병행할 때만 한국 경제학자로서 좀더 보편 타당하고 알찬 연구를 할 수 있을 것이라고 본다.

이 책은 글쓴이의 이러한 문제의식의 산물이다. 따라서 이 책의 내용도 한편으로는 한국 경제의 전통과 현실에 부응하는 경제이론을 모색해 보려는 시도로 제반 경제이론에 대한 소개와 비판적 재검토를 하며, 다른 한편으로는 한국 경제의 주체성을 비롯하여 대내적 불평등과 대외적 의존성을 기본 성향으로 가진 한국 경제의 현실과 과제, 나아가 제3세계 빈곤의 문제와 경제발전 전략에 대한 검토로 구성되어 있다.

지난 수년 동안 써 온 논문들을 모아 엮은 것이라 체계가 약간 부족하다고 볼 수도 있지만 '현실이야말로 최대의 스승'이라고 저자가 말했듯이 한국 경제의 현실적합성이라는 문제의식을 일관한 점은 주목할 만하다.

주 종 환

한국적 경제학
— 시론적 전개

[정음문화사, 1983]

미국의 경제이론을 가지고서는 한국처럼 복합적 경제구조를 가진 사회의 경제문제를 올바르게 이해하고 분석하기 어려울 뿐만 아니라, 정책방향을 설정할 때에도 중대한 오류를 범할 우려가 있다는 판단에서 한국의 경제현실을 중심으로 하는 한국적 경제학이라는 이론체계를 이 책은 제시한다.

글쓴이는 한국적 경제학이란 한국 경제의 현실을 올바르게 이론적으로 분석할 수 있는 경제학 체계라고 본다. 이러한 판단은 한국에서 연구되어 온 경제학의 이론체계가 한국 경제의 현실을 분석하는 데 많은 문제점이 있다는 비판적 견해에 입각한 것이다. 따라서 한국적 경제학은 한국의 현실에 비추어 본 현대 경제학 비판이라고 주장한다. 또한 한국적 경제학은 그런 의미에서 한국 경제론과는 구별되는 것이라고 한다. 즉 한국 경제론이 한국 경제를 경제학적으로 분석한 현실분석론이라면, 한국적 경제학은 한국 경제의 현실을 올바르게 분석하는 데 필요한 경제이론 체계에 관한 비판적 학문체계라고 정의한다.

이와 같은 학문체계에 관한 글쓴이의 구상은 제1편 한국적 경제학의 과제와 제2편 한국적 경제학의 이론적 기초에서 부분적으로 전개된다. 그리고 제3편 개발경제학의 여타 문제는 종래의 경제성장론 내지 개발경제학을 한국 경제의 현실에 적용할 때 문제가 된다고 생각하는 점들에 관하여 글쓴이가 최근 몇 년 동안 일본인 학자들의 저서를 비판하는 방식으로 발표한 두 편의 글을 묶어 실은 것이다. 따라서 제3편은 일본의 경험과 한국 경제의 현실을 비교하는 내용을 주로 담고 있다. 이러한 방법을 통하여 한국적 경제학의 과제와 방향을 모색할 수 있다고 생각했기 때문이다. 그리고 제4편 한국 경제의 여러 문제는 글쓴이 나름대로 한국 경제의 몇 가지 문제들을 분석한 것이다.

이 책은 현대 경제학의 대안으로서 한국의 현실에 맞는 한국의 경제학을 연구해야 한다는 구호에만 그친 것이 아니라, 한 걸음 더 나아가서 한국적 경제학의 학문적 이론체계를 시론적으로나마 확립하고자 했다는 점에서 높이 평가된다.

박 우 희

한국의 경제사상 · 이론 · 현실
— 한국경제학서설

[유풍출판사, 1984]

글쓴이는 이 책에서 한국 경제학이 1960년대 중반 들어 미국식 경제학을 수입하면서 모든 교육과 연구들이 그것에 압도당했으며, 지금까지 우리의 전통과 특성은 아랑곳하지 않은 채 수식화 내지는 정형화를 추구하는 미국의 주류 경제학에 휘말려 정신을 차리지 못하고 있다고 비판한다. 그리고 멀고도 험하다 하더라도 한국 경제의 길을 반드시 찾아내어야 하며 찾아질 수 있다는 점을 밝히고 있다.

이런 관점에서 이 책은 두 개의 장으로 구성되어 있다. 제1장은 경제사상과 이론 편이며 2장은 구체적인 경제현실을 다루는 현실 편이다.

제1장에서는 그 동안 한국의 경제사상과 이론을 비판하고, 왜 비판되어야 하는가를 유럽, 미국, 중국, 일본의 경제사상과 이론에 비추어 살펴본다. 그리고 이들 나라의 경제사상과 이론이 현실경제에 어떻게 반영되었으며, 또 현실에 따라 사상과 이론이 어떻게 달리 전개되어야 할

것인가를 규명하기 위해 한국의 경제현실을 여러 나라의 경제와 함께 분석하고 있다.

제2장은 한국의 경제현실을 조감한 글로 산업, 금융, 기술, 자유와 보호, 차관, 한일관계 등 경제이론에 바탕을 두면서, 한편으로 한국의 문화, 윤리, 가치, 역사, 철학 등 정치경제학적 잣대들을 사용하여 한국 경제의 현실적인 문제들을 분석하고 있다.

글쓴이는 이 책을 '한국 경제학서설의 서설'이라고 겸손하게 밝힌다. 아직 한국 경제학의 이론을 구체적으로 세우고 있다고는 볼 수는 없지만, 한국의 경제학이 나아가야 할 방향을 제시한다는 점에서 높이 평가할 만하다.

김 수 행

한국 경제학의 새로운 동향들

[《현상과 인식》 11권 1호(1987 봄), 116~133쪽]

이 연구는 한국의 경제학계가 다양한 학문 조류를 수용하면서 우리의 문제를 새로운 시각으로 파악해야 한다는 관점에서 1980년대 한국 경제학계에서 일어나고 있는 새로운 동향들을 분석한다.

글쓴이는 한국의 경제학이 한국 경제의 발전과정과 세계 경제학계의 동향에 영향을 받으면서 점차 나름대로의 주체성을 확보하는 방향으로 전진하고 있음을 밝히고 있다. 즉 미국의 주류 경제학인 신고전파 경제학이 학교와 정부기관을 지배하는 상황에서도 우리의 문제를 올바르게 파악하기 위하여 새로운 이론들의 도입과 전개를 시도하고 있으며, 더욱이 한국 사회의 성격에 관한 논쟁까지도 벌이고 있다는 것이다.

1980년대에 나타나고 있는 우리 경제학계의 동향들을 구체적으로 살펴보면 다음과 같다. 첫째, 신고전파 경제학이 분배의 공평성을 배려하지 않고 철학적 기초가 없는 데 대한 비판이 고조되고 있다는 점이다. 둘째, 신고전파의 국제경제론이나 후진국 개발이론을 지양하기 위해 정치경제학, 특히 종속이론과 마르크스주의 이론이 도입 전개되고 있다는 점이다. 종속이론은 '제국주의의 틀 속에 있는 한 결코 중심으로 진입할 수 없다'는 기본 정신을 바탕으로 1970년대 말부터 한국의 사회과학 분야에 도입되기 시작하여 1980년대에 급격히 성장했다는 것이다. 셋째, 노동운동, 농민운동 및 학생운동이 심화되는 과정에서 한국 자본주의의 성격을 규명하기 위한 논쟁이 경제학자들 사이에서 활발히 전개되고 있다고 지적한다.

이 연구는 한국 경제학계가 그 동안 주류 경제학이었던 신고전파 경제학의 비판을 시작으로 정치경제학을 도입하고 궁극적으로는 한국 자본주의의 성격을 규명하기 위해 노력하는 등 앞으로 우리의 경제학을 세계 학계에 알릴 수 있는 날이 멀지 않았음을 시사하고 있다.

변 형 윤

한국경제학 정립의 방향

[제6회 다산경제학상 수상기념논문, 《한국경제신문》(1987.10.11)]

이 연구는 한국에 미국 경제학이 도입된 이래의 연구동향들을 비판함과 동시에, 미국과 같은 선진국과는 다른 경제현실을 안고 있는 한국의 경제학이 어떻게 정립되어야 하는지를 명확히 제시한다.

글쓴이는 현재 한국 경제학자들 대부분이 미국의 주류 경제학을 무비판적으로 받아들이고 있으며, 이들은 한국 정부의 경제정책 수립에 큰 영향을 미치기 때문에 한국의 경제학은 미국 경제학 일색이라고 표현한다. 그러나 미국의 주류 경제학은 현실에서 유리된 가정적 조건설정으로 모델을 구성하고, 분석기술을 끝없이 정치화(精緻化)한다. 뿐만 아니라 통찰력이 전혀 없는 낙관주의, 조화론에 뒷받침된 성장이론의 형성, 수학적 장식의 과시 등으로 '지적 퇴폐'라든지 '빈 상자'로 불리는 상황을 연출한다고 말한다. 다시 말하면 과학의 현실적용성, 실천성이라는 관점에서 볼 때 "걱정스러운 현상"을 빚어냈다고 글쓴이는 비판한다.

또한 미국의 주류 경제학은 시민사회를 전제로 한 자본주의 경제를 생성배경으로 하고 있기 때문에 그들과는 질적으로 다른 후진 내지 저개발 경제인 한국 경제에 그것을 무비판적으로 적용한다면 결과는 명약관화한 일이라고도 언급한다.

글쓴이는 위와 같은 비판에만 그치는 것이 아니라, 한국 경제가 정립해야 할 네 가지 방향을 제시하고 있다.

첫째, 미국 경제학을 더욱 철저히 연구하고 그것에서 취할 것이 있으면 최대한으로 취하되, 버릴 것은 과감히 버리는 혜안이 필요하다고 주장한다. 그런 의미에서 한국 경제사학자, 한국 경제사상 연구가, 제3세계 내지 저개발국의 시각에서 제3세계를 보려고 하는 종속이론 연구가 등의 역할이 중요하다는 것이다.

둘째, 계량경제학의 역할을 강조한다. 계량경제학에는 검증이론이 있기 때문이다. 계량경제학을 통해 검증하려는 노력을 경제학의 각 분야에서 행하고 그 결과가 쌓여 어떤 체계로 그들을 하나로 묶었을 때, 한국 경제학에 대한 일차적 접근이 이루어지리라 보는 것이다.

셋째, 한국 경제학계가 행하는 연구는 대부분이 응용지향적 혹은 정책지향적인 경향을 강하게 띠고 있는 반면, 순수이론 내지는 기초이론을 너무 소홀히 하고 있음을 지적한다.

넷째, 면밀한 계획 아래 경제학사의 학파를 대표하는 고전과 기본적인 문헌의 번역을 적극적으로 추진해야 함을 주장한다.

이 연구는 한국 경제학이 미국의 주류 경제학을 맹신하는 데서 탈피하여 한국의 전통과 현실에 부합하는 모델을 찾아야 한다는 관점에서 한국 경제학계가 일차적으로 해야 할 일의 방향들을 제시한다는 점에서 주목을 끈다.

조 용 범

한국적 경제학의 정립을 위한 방안

[《한국자본주의 성격논쟁》(대왕사, 1988), 12~49쪽]

이 연구는 한국의 경제학이 한국의 민족적 요구에 상응하지 못하기 때문에 이제부터는 우리의 조건에 상응하는 과학성과 규범성을 지닌 한국적 경제학을 정립해야 한다는 입장에서 논의를 전개한다.

글쓴이는 그 동안의 한국 경제학 연구가 근대 경제학이 도입된 이후 외국 경제이론을 계속 도입하는 과정에 불과했으며, 도입한 경제이론을 사회적으로 실천하는 데서 민족적 요구와 당위에 충실치 못했다고 본다. 한국 경제학은 사회과학으로서 경제학이 가져야 할 과학성에 기반하면서도 민족의 당위적 요구를 관철하는 규범성을 지녀야 한다는 것이다. 그래서 한국적 경제학은 경제학의 일반 법칙을 구체적인 조건에 적용하는 것이며, 그것은 단순히 특수법칙을 해명하는 일이 아니라 민족적 요구에 충실한다는 의미에서 규범성을 지니는 것으로 규정한다.

따라서 이런 입장에 설 때 경제학이 사회과학으로서 가져야 할 과학성과 규범성을 동시에 충족할 수 있다는 것이다. 한국의 경우 민족적 요구는 진정한 민족해방을 실현하여 자주독립하는 것이며, 낡은 것을 청산하여 민주주의 실현하고, 민족적 분단상황을 극복하여 통일로 나아가는 것이다. 이는 자주적으로 통일된 민주주의적 민족국가를 수립하는 일이며, 이를 실현하기 위한 경제적 기초가 자립경제라고 본다.

이 글은 앞에서 언급한 문제의식을 바탕으로 먼저 경제학에서 주류 경제학의 성립과 인간부재, 그리고 무국적화를 비판적인 입장에서 살펴보고, 한국에서 선진 경제이론의 맹목적 도입과 한국 경제의 현단계를 분석했으며, 한국 경제학의 주체성을 확보한다는 의미에서 한국적 경제학의 개념과 정립방향을 논한다. 글쓴이는 외국에서 이루어진 이론적 업적을 구체적인 우리 조건에 맞게 창조적으로 발전시켜 우리 경제가 갖는 법칙을 해명하여 우리 나름의 새 이론을 창출하는 것은, 민족의 내일을 위한 새로운 창조의 한 걸음이며 주어진 현실을 극복하는 방법임을 강조한다.

따라서 글쓴이는 한국적 경제학이란 선진자본의 요구를 반영하는 주류 경제학의 역사적 배경을 명확히 인식하고 인간과 민족을 연구의 중심에 두는 경제학이라는 것을 주장한다.

이 연구는 자립경제를 논할 때 제기되는 민족적 요구를 이론적으로 해명하여 한국적 경제학을 정립하기 위한 방향을 제시한다. 이것은 민족의 이해와 요구를 바탕으로 하고, 민중을 주체로 한 경제학적 방법으로 우리의 문제를 해결하고자 하는 시도로 볼 수 있다.

김 대 환

한국경제의 역사
—구조적 인식

[한국사회과학연구협의회 편,《한국사회의 인식논쟁》
(법문사, 1990), 165~188쪽]

이 연구는 한국 경제를 분석할 때 실증주의가 아닌 역사주의를 인식론으로 받아들이는 것이 방법론으로나 한국 사회의 인식에서나 가장 적합하다고 보고 역사-구조적 인식이라는 새로운 연구방법을 제시한다.

글쓴이는 주류 경제학, 즉 실증주의 경제학의 문제점을 다음과 같이 지적한다. 첫째, 주류 경제학은 총체적 인식 없이 부분적인 현상만을 분석하기 때문에 분석의 유용성이 부분적인 범위에 제한되어 범위를 확대할수록 유효성은 점점 사라지고 총체적인 데로 나아갈 수 없는 한계를 방법론에서 지니고 있다. 둘째, 주류 경제학의 동태 개념은 수학적인 시간일 뿐 역사적인 시간을 고려하지 않는다. 이러한 총체적 역사적 인식의 결여는 암묵적으로 혹은 결과적으로 현상유지적인 '자본주의체제 옹호론'을 야기한다.

따라서 한국 경제를 주류 경제학적 시각으로 분석하는 것은 서구와 한국의 역사적 과정의 질적인 차이를 무시함으로써 한국 경제가 안고 있는 구조적이고 종속적인 문제를 외면하고 있다고 지적한다. 결과적으로 총체적이고 구조적인 문제를 부분화, 평면화시켜 검증함으로써 정확한 평가를 오도하거나, 한국 경제에 대한 근원적인 인식을 가로막는 결과를 초래했다는 것이다.

글쓴이는 한국 경제를 총체적이고 구조적으로 분석하기 위해서는 역사주의 방법론을 채택하는 것이 불가피하며, 수평적 시장관계와 수직적 계급관계를 동시에 포괄하는 접근이 필요하다고 본다. 특히 총체성은 역사적 과정을 통해 형성되므로 역사주의 방법론을 수용하여 한국 경제를 분석할 때 특히 자본주의의 보편성 외에 특수성을 주목하고, 역사적 요인을 고려하여 총체적으로 파악해야 함을 강조한다. 이러한 역사-구조적 입장에서 글쓴이는 한국 경제를 '종속적 국가독점자본주의'라고 규정하고 있다.

이 연구는 한국 경제학의 정립을 위해 역사-구조적 인식이라는 연구 방법을 적극 활용할 것을 강조하고 있다는 점에서 주목된다.

법 학 분야

김정근 · 이용재

■ 담론 개관

일제로부터 우리 민족이 해방된 지 반세기가 넘었다. 그 세월의 두께
만큼 우리나라 법학은 성숙한 것일까? 우리나라 법학은 우리의 법현실
을 우리의 언어로 설명하고 있는 것일까? 우리나라 법학은 한국 민중을
위한 법을 생산하는 이론적 토대로 작용하고 있는가? 우리나라 법학의
밑바닥에는 식민성, 서구 중심주의, 반민중성 등이 음험하게 또아리를
틀고 있는 것은 아닐까? 과연 우리나라 법학은 현재 어디에 있으며, 어
디로 가는 것일까?

형법학자 배종대는 박종철의 죽음이 극명하게 보여준 우리나라 법과
법학의 허구성에 울분을 터뜨리며 다음과 같이 신랄하게 우리나라 법학
을 질타했다.

필자가 '우리나라 법학에 대한 반성과 전망'을 쓴 1987년은 이른바 '박종철
고문치사사건'과 그것의 은폐조작이 드러나면서 그야말로 온 세상이 난리를
치고 있을 때였다. 따라서 필자는 이 사건을 문제의 출발로 삼아서 우리의 법
과 법학의 허구적 실상, 말하자면 법의 정치종속성과 억압을 위한 법의 도구
성, 법에 있어서 이론과 현실의 철저한 괴리 그리고 식민주의적이고 사대적인
법학, 권력안주적인 강단법학, 법현실의 개선과는 무관한 자기목적적 법학을
고발했다.[1]

우리나라에서는 아직까지 '우리의' 문제에 터잡은 '우리 법학'의 창설에 대한 논의나 또는 서구법이론의 '한국화' 내지 '토착화' 논의를 찾아볼 수 없다. 우리 현실은 우리 법학에서 가장 철저하게 배제되는 요소의 하나일 것이다. 현실이 빠진 실정법률의 기계적·관념적 해석 그리고 이를 위한 외국법이론의 무비판적 직수입, 이것이 지금까지의 법학의 주된 내용이었다.[2]

배종대가 고발한 우리나라 법학의 식민성은 21세기를 눈앞에 둔 지금 과연 얼마만큼 치유되었을까? 여기에 대해 자신 있게 답할 사람은 별로 없을 것이다. 그것은 여전히 진행형의 질문일지도 모르며, 어쩌면 앞으로도 오랫동안 문제로 제기해야 할 사안일 것이다. 여기서는 해방 이후 지금까지 한국 법학의 식민성을 고발하고 자성적인 논의를 펼쳐온 글들을 발굴하여, 초록한 결과를 바탕으로 우리나라 법학의 현단계를 점검해 보고자 한다. 이를 위해 우선 해방 이후 우리나라 법학의 형성 과정에 대하여 살펴본다.

해방 직후 우리나라 법학은 청산하지 못한 식민지 유산의 굴레를 쓰고 있었다. 법학계의 일제 잔재 청산에 지속적인 관심을 쏟으며 문제를 제기해 온 한상범은 우리나라 법학의 태생적 식민성에 대해 "해방 후 미군정 하에서 일본법령 및 법제행정 체계를 답습한 데다가 교수요원이 전무하다시피 해 일제 때의 관리나 대학졸업자들이 일본법령, 일본판례, 일본교과서로 법학교육을 맡았기 때문"[3]이라고 설명한다. 이 시기 우리나라 법학은 자주적인 법학을 세울 기회를 가졌으나 이를 담당할 법학자가 거의 없는 상황에 처한 것이다. 해방 당시 한국인 법학교수라고는 보성전문의 5~6명, 연희·혜화의 각 1명 정도가 전부였다.[4] 그래서 응급조처로 대학을 갓 졸업한 청년 학자들, 또는 판사·검사·변호사 등

---

1) 배종대, 〈우리 법학의 나아갈 길 : 형법학을 중심으로〉, 《법과 사회》 창간호 (1989), 220쪽.
2) 위의 글, 242~243쪽.
3) 이한우, 〈법학〉, 《우리의 학맥과 학풍》(문예출판사, 1995), 243~244쪽.
4) 최종고, 〈법학〉, 《한국의 학파와 학풍》(우석, 1982), 261쪽.

법조실무에 종사하던 인사들, 이것도 본인이 원했다기보다는 교수 자격이 있는 사람들이 없었기 때문에 거의 강제로 징용되다시피 하여 교수나 강사가 되었다.[5]

이 당시 한국 법학계를 거의 혼자 손으로 조각(組閣)한 인물이 있었으니 그가 바로 유진오다. 한국 법사학을 전공하는 최종고는 "사실 해방 후 한국 법학 교수진의 편성은 유진오 박사 혼자의 손에 의하여 이루어지다시피 했다. 전공도 유박사가 후배들에게 적당히(?) 안배하여 낙착되게 되었다"[6]고 전한다. 여기서 잠깐 유진오에 대해 살펴볼 필요가 있다. 해방이 되었을 때 우리나라에는 제대로 훈련받은 법학자가 그 한 명뿐이었다. 1929년 경성제대 법학과를 졸업하고 1933년부터 보성전문학교 교수로서 법학을 강의해 온 유일한 정식 교수였기 때문이다.[7] 정치인이 아닌 법학자로서 그가 행한 대표적 업적은 우리나라 헌법을 기초한 것이다. 그는 제헌헌법의 성립을 위한 세칭 '유진오안'을 구상했다.

그런데 '유진오안'의 결정적인 한계는 일제 때부터 우리 민족의 유일한 정부였던 상해임시정부의 법통을 계승하지 않은 점이다. 임시정부의 광복, 건국정신을 받들어서 민족적 정통성을 보전하여 국민공동체로서의 동질성을 내세우지 못한 유진오 헌법학은 분명 반민족적 한계를 가진다고 강경근은 진단한다.[8] 해방 이후 대한민국의 근간을 구성하는 데 큰 역할을 한 유진오, 우리는 그의 학문 여정에서도 우리나라 법학의 식민적 뿌리를 발견할 수 있다.

도둑처럼 찾아온 해방에 이어 점령군처럼 나타난 미군정 3년 동안 미군정 당국은 미국문화 및 영미법학의 이식에 주력함으로써 자주적인 '우리 법학'의 건설을 어렵게 했다. 당시 우리나라 법학자들은 이미 일

---

5) 김기두, 〈형사법학계의 회고〉, 《법학》(서울대) 19권 1호(1978), 169쪽; 위의 글, 261~262쪽에서 재인용.
6) 위의 글, 262쪽.
7) 이한우, 앞의 글, 249쪽.
8) 강경근, 〈한국의 정치와 공법학〉, 《亞·太公法硏究》 3집(1994), 174~187쪽.

본을 통해 전달된 독일 대륙법 일변도의 법학에 새로운 법문화인 영미법이 밀물처럼 밀려오자 극심한 혼란을 겪었으며, 결국 힘을 가진 자의 관심과 결정을 쫓지 않으면 안 되었다. 당시의 사정을 김증한은 다음과 같이 적었다.

> 대학교수들은 지식의 행상에 바쁘고 법조인들은 그날그날의 사무처리에만 골몰하고 있다. 대학교수들은 법생활의 실태와 거리가 먼 이론을 희롱하고 법조인들은 모든 문제들을 레디메이드(ready made)의 싼 이론으로 처리해 버리는 이상으로 깊이 이론적 검토를 할 여유를 못 가진다. 대학교수나 법조인이나 어떤 문제를 장시일을 두고 계획적으로 연구해나가지 못한다. 하물며 다수인이 힘을 합하여 어떠한 문제를 공동으로 연구해나가는 일은 거의 없다.[9]

이처럼 해방 이후 1950년대 우리나라 법학은 일제 식민유산을 청산하지 못한 상황에서 서구의 법이론을 수입하는 데 급급했다고 볼 수 있다. 이러한 상황에서 당시의 법학자들이 '우리 법학'을 만들기 위한 노력은 고사하고 무엇이 '우리 법학'인가에 대한 인식조차 가지기 힘들었을 것이라고 배종대는 진단한다.[10]

1960년을 전후하여 형식적인 법제는 완비된다. 그러나 우리나라 법학은 태생적으로 지게 된 식민성의 굴레에서 좀처럼 벗어날 수 없었다. 일제 법학의 어두운 그림자는 사라지기는커녕 오히려 우리나라 법학의 밑바닥에서 또아리를 더욱 강하게 틀었다. 일본의 법을 의용하고 그 법학을 수입하는 것은 식민시대에 양성된 법학자와 법률인이 택한 매우 손쉬운 방법이었다. 일제시대에 교육을 받지 않은 해방 후의 세대들은 교과서를 도배질한 일본식의 법개념, 법이론을 이해하기 앞서 달달 외는 도리밖에 없었다.[11]

---

9) 김증한, 〈연구부의 현황과 전망〉,《저스티스》1호(1957), 5쪽 ; 최종고, 앞의 글, 264쪽에서 재인용.
10) 배종대, 앞의 글, 236쪽.
11) 위의 글, 241쪽.

1960년대 후반에 들어 식민지시대 법학자들에게 교육을 받은 제2세대들이 독일을 비롯한 구미 각국에서 직접 공부하고 귀국함에 따라, 우리나라 법학의 수입처는 다변화했다. 그 동안 일본을 통해 서구 법학을 접하던 것에서 벗어나, 이제 서구 법학을 직수입하게 된 것은 한 걸음 나아간 것이라고 볼 수 있겠다. 그러나 구한말과 해방 후에 '우리 법학'을 창건할 수 있었던 기회를 놓쳐버린 것과 같이, 독일 법이론에 대한 직접 경험도 '우리 법학'을 위한 근본적인 패러다임의 전환을 일으키지는 못했다. 왜냐하면 그것은 기존하는 일본법학의 틀을 유지하면서 부분수정 내지 개선에 불과하였기 때문이다.[12]

1960년대의 파란만장한 정치변화 속에서 법은 언제나 수단이었다. 그 법을 연구하는 법학의 경우도 정치예속성을 벗어나기 힘들었다. 법학은 점차 고시준비생을 위한 기술학이 되었으며, 법학교수는 교과서 집필로 수입을 올리게 되었다. 법학을 '빵을 위한 학문'(Brotwissenschaft)이라고 서양에서도 누군가 이야기하였지만, 한국에서 법학은 큰 빵은 아니지만 계속 끊임없이 공급되는 작은 빵들을 위한 학문은 되는 것처럼 보였다.[13] 이러한 구조 속에서는 우리의 법현실을 개선하고자 하며 또 그렇게 할 수 있는 법률인과 법학자가 나오기 힘들었다.

1970년대를 특징적으로 서술한다면, 1972년 10월유신 이후 경제성장과 국가안보가 전 사회를 규율한 시기라고 할 수 있다. 이에 따라 유신헌법은 법학계, 특히 공법학계에 충격을 주었고, 헌법학자들끼리도 혼란을 경험하지 않을 수 없었다.[14] 이러한 상황에 대해 헌법학자 김철수는 다음과 같이 설명한다.

소위 한갈헌법(韓葛憲法)이라고 불리는 제4공화국 헌법은 비공식적으로 이분들(한태연, 갈봉근)이 기초한 것으로 알려지고 있으나 사실에 있어서는 법

---

12) 위의 글, 241~242쪽.
13) 최종고, 앞의 글, 265쪽.
14) 위의 글, 267쪽.

무부, 중앙정보부, 법제처, 청와대 등의 실무자들에 의한 합작품이며, 이의 홍보선전을 담당한 것이 한국헌법학회의 한태연(韓泰淵) 회장과 갈봉근(葛奉根) 상임이사였다고 한다.[15]

여기서 잠깐 한태연에 대해 살펴보자. 서울대 교수와 유신시절 유정회 국회의원을 지낸 그는 1950년대만 해도 의원내각제를 일관되게 주장하며《사상계》기고 등을 통해 자유당에 비판적인 견해를 펴기도 했다. 그러나 5·16과 함께 방향을 전환해 나치법을 모방해 만든 국가재건비상조치법의 해설서를 저술하는 등 정권에 밀착했다.[16] 당시 한태연은 "특히 우리 사회와 같이 언제나 위기의 관념에 지배되고 있는 사회에 있어서는 그 권력의 인격화는 정부의 유일한 형태이다"[17]라고 하며 매우 특수한 논지를 펼쳤다. 이처럼 한태연 헌법학은 독일 나치정권의 헌법이론이라고 할 수 있는 카를 슈미트(C. Schmitt)의 결단주의를 도입한 것으로, 권력의 시중을 드는 법학의 단적인 사례라고 할 수 있다.

권력이 한 개인에게 더욱 집중되는 1970년대 우리 사회에서 법학은 '정의를 위한 학문', '민중에 복무하는 학문'이 되기보다는 '권력자에게 봉사하는 학문'이 되었다. 법학은 점차 대량화하는 법조 및 고시 인구의 수요에 대응하며 현실적 인기를 누리게 되었지만, 학문적 생동력은 좀처럼 일어나기 힘들었다. 그러나 한편으로 법학계의 한 쪽에서 이러한 왜곡된 법학에 대한 문제의식이 일어나고 있었다. 서양 법학의 선진 이론이 우리 사회의 상황에는 그대로 적용될 수 없음이 재인식되면서 근본적으로 방법론을 달리 모색해야 한다는 학문적 성찰의 계기를 마련하고 있었다.[18] 서양 법학을 번역 모방한 것을 '우리 법학'이라고 부를 수 있을까 하는 물음도 이 때부터 심각히 제기되었다. 이러한 반성이 다시

---

15) 김철수, 〈한국 헌법의 제정과 개정경과 소고〉,《법사학연구》6집(1981), 237쪽 ; 위의 글, 267쪽에서 재인용.
16) 이한우, 앞의 글, 253쪽.
17) 강경근, 앞의 글, 195쪽.
18) 최종고, 앞의 글, 268~269쪽.

한번 우리나라 법학의 모자라는 면이 어디인가를 검토하게 만들었고, 뒤늦게나마 법학방법론, 법철학, 법사학, 법사회학 같은 근본적인 분야로 관심이 기울어지기 시작했다.[19]

그러나 이른바 '대망의 1980년대'는 그 동안의 국민적 염원과는 전혀 다르게 더욱 강력한 철권정치에 의해 유린되었다. 신군부에 의한 5공 정권은 시종일관 무력으로 살벌한 병영국가를 만들었다. 그만큼 국민적 저항의 강도 또한 어느 때보다 높았다. 이에 따라 거의 전 사회에 걸쳐 신군부의 권력을 대변하는 국가공권력과 이를 거부하는 민간인들과의 대립전선이 형성되었다.[20] 이러한 상황에서 대학사회 역시 고고한 상아탑에 머물러 있을 수만은 없게 되었으며, 학생들은 교수의 교과서보다 불법 유인물이나 출판물을 탐독했다.

이러한 시대상황에서 인접 사회과학에서는 우리 사회의 특유성에 기초한 규범적 지표를 발견하기 위해 사회구성체론, 국가론을 비롯한 다양한 논쟁이 봇물처럼 터져나왔으며, 이런 흐름은 마침내 '보수학문의 마지막 아성'인 법학에도 영향을 미쳤다. 기존의 보수 법학을 질타하는 진보 법학이 부상했으며, 이들 비판적 법학자들은 서로 연대하여 법학의 탈식민 작업을 지속적으로 펼치고 있다.

이와 같은 법학계의 탈식민 작업은 1980년대 말에 이르러 양대 학술 단체에 의해 더욱 뚜렷한 산맥을 이루게 된다. 그 하나는 '법과사회이론 연구회'이고, 나머지 하나는 '민주주의법학연구회'이다. 법과사회이론연구회는 1987년 1월에 창설되었다. 초대 회장을 맡았던 양건은 연구모임의 출범배경을 기관지 《법과 사회》 창간호 서문에서 밝혔는데, 이를 요약하면 다음과 같다.

우리는 정치적 민주화의 실현에 기여하는 법학을 추구한다. 자유와 참여는

---

19) 위의 글, 269쪽.
20) 강경선, 〈한국에서의 진보법학의 연구현황과 과제〉, 《현대한국인문사회과학 연구사 : 80·90년대 비판학문의 평가와 전망》(한울, 1994), 61쪽.

민주화의 핵심이며 법학은 그 보장에 기여해야 한다. 우리는 경제적 부정의의 시정에 기여하는 법학을 추구한다. 노동자와 사용자 사이, 생산자와 소비자 사이, 근로소득자와 불로소득자 사이의 부정의를 비롯한 온갖 사회경제직 부정의의 타파에 법학은 기여해야 한다. 이를 위하여 우리는 기존의 법현실, 법제도, 법이론에 비판적이되 결코 편협한 교조주의나 맹목에 빠지지 않도록 유념할 것이다. 우리는 학문적 실천성을 중시하되 성실한 이론적 성찰을 결여한 무모함을 경계할 것이다.[21]

한편 민주주의법학연구회는《법과 사회》를 '비판적 아카데미즘'으로 규정하면서, 이와는 다른 입각점에 서서 기관지《민주법학》을 통하여 법학의 탈식민 작업을 펼친다. 1989년 1월에 창립한 이 학술단체는 남한사회의 법과 법학의 현실을 단지 '해석'하는 데 머물지 않고 그것을 '변혁'하고자 한다.[22] 발족선언문의 주내용은 다음과 같다.

첫째, 우리는 남한의 법현실과 법학현실을 올바르게 분석, 비판하기 위하여 '과학적 세계관'에 입각한 법이론을 구축할 것이다. 둘째, 우리는 권력에 봉사하고 현실을 외면하는 '체제법학'과 단호히 투쟁하면서 민중에 복무하고 현실과 부딪치는 법학을 구축할 것이며, 남한 근로민중의 민주주의를 위한 법학운동을 주도적으로 펼쳐나갈 것이다. 셋째, 우리는 이러한 '민주주의 법학운동'이 남한사회의 진정한 민주화와 총체적 변혁에 기여할 수 있도록 근로민중의 민족민주운동과 호흡을 같이 할 것이며, 그 속에서 우리의 역할을 잡아나갈 것이다.[23]

이상에서 우리나라 법학의 형성과정을 시대별로 대략 살펴보았다. 이제 우리나라 법학자의 세대별 변화를 간단히 살펴보고, 그 중에서 우리나라 법학에 대한 자성적 논의를 강하게 펼친 학자를 중심으로 우리나라 법학계 탈식민 담론의 흐름을 들여다보고자 한다.

---

21) 양건, 〈《법과 사회》를 펴내면서〉,《법과 사회》 창간호(1990), 4쪽.
22) 강경선, 앞의 글, 70쪽.
23) 위의 글, 70쪽.

우리나라 법학자의 세대별 성격을 관점에 따라 여러 가지로 구분할 수 있겠으나, 여기서는 이한우의 세대구분을 주로 참조했다. 그는 법학자가 아니고 기자이지만, 우리나라 학문사를 진단하는 학자들의 글을 바탕으로 많은 법학자들과 인터뷰하고 주요 저작 읽기를 통해 적절한 자료를 제공하고 있다.[24]

앞에서 언급한 유진오는 엄밀히 말해 '0.5세대'라고 할 수 있고, 제1세대는 그에 비해 10여 년 정도 연배가 낮은 학자들을 지칭한다. 이들은 주로 서울대에서 배출되었으며, 끝까지 학자의 길을 걸으며 '개척자'로서의 역할을 수행했다고 할 수 있는 사람은 고병국, 김증한, 정광현, 이한기, 서돈각 등이며, 나머지는 주목할 만한 학문적 기여를 못 하였거나 현실참여 등으로 학계를 떠났다. 제1세대 법학자들의 공통된 불행은 우리의 고유한 법체계를 가지지 못하고 대부분 일본법을 그대로 가져다 쓰는 '의용(依用) 법체계' 아래서 학문을 해야 했다는 점이다.[25] 이러한 '번역법학', '모방법학', '번안법학', '도용법학'은 1950년대와 1960년대의 우리나라 법학의 전반을 지배했다.[26]

당시 법제정과 법학성립 과정은 단순히 일본 것을 모방한 것만이 문제가 아니라 내용에서도 심각성을 갖고 있었다. 당시의 일본법 자체가 민주적인 법이라고 할 수 없음에도 이를 무비판적으로 수용함으로써 이후 우리 사회가 권위주의의 지배를 받는 데 실질적 기초를 제공한 셈이기 때문이다.[27] 이로써 당시 법학은 이후 우리나라 법학이 법학계 내외에서 '식민지법학', '체제법학', '관료법학' 등의 비판을 받게 된 결과에 상당한 원인을 제공한다. 첫 단추부터 잘못 끼워진 것이다.

배종대는 1953년 이후에 이루어진 형사법 분야 입법을 예로써 살펴본 뒤, "(우리나라 법학에서는) 일제가 지배 억압의 수단으로 악용한 법

---

24) 이한우, 앞의 글.
25) 위의 글, 252쪽.
26) 위의 글, 255쪽.
27) 위의 글, 255쪽.

을 시민을 보호하는 법으로 전환시키려는 창조적 비판적 노력이 결여되어 있음을 지적하지 않을 수 없다. 다시 말하면 구한말에 우리 법학을 창설할 수 있었던 기회를 놓쳤던 점을 반성하고 식민지 법학을 청산하려는 노력, 법에 있어서의 패러다임 전환을 추구하려는 자주적 노력을 하지 않음으로써 결국 진정한 의미의 '우리 법학'을 이룩할 수 있는 토대를 제공하지 못했다"[28]고 비판한다.

우리나라 법학의 제2세대는 제1세대로부터 교육을 받은 학자들로 주로 외국유학을 통해 서구의 법이론을 직수입할 수 있게 된 세대를 말한다. 현재 이들은 법학계의 원로층을 이루고 있으며, 대개 정년을 맞았거나 불과 몇 년을 앞두고 있다.[29] 이들이 독일을 비롯한 구미 각국에서 공부하고 1960년대 후반부터 귀국함에 따라, 우리나라 법학은 일본 편향에서 벗어나 수입처를 다변화하게 되었다. 그러나 앞에서 살펴본 바와 같이, 제2세대 법학도 일본 법학이 드리운 식민성의 그늘로부터 그리 벗어나지 못했다. 이에 대해 배종대는 다음과 같이 설명한다.

예를 들면, 독일 법개념을 우리말로 옮기면서도 일본 사람들의 역어(譯語)를 그대로 모방하거나, 또는 독창성을 발휘하는 경우에도 그와 유사한 무거운 고전적 한자번역을 고집함으로써 우리의 법학언어에 비판적 성찰을 하려고 하지 않았다. 그리고 법학의 문제를 관념적으로 포착하고 접근해 들어가는 도그마를 중심으로 한 법학의 모습 또한 마찬가지였다. 법학의 문제는 우리의 법현실 속에서 찾아져야 한다는 소박한 명제조차도 달성하지 못했기 때문에 독일 법이론의 수입은 우리 법현실의 개선에 어떠한 도움도 주지 못했다.[30]

이들 제2세대의 경우도, 제1세대와 마찬가지로 몇몇 학자들의 학문적 성과를 제외하면, 대부분 교과서 집필 정도에서 학문활동을 마감했다고 이한우는 전한다.[31] 제2세대 학자들 가운데 탈식민 담론의 관점에서 주

---

28) 배종대, 앞의 글, 236~237쪽.
29) 이한우, 앞의 글, 256쪽.
30) 배종대, 앞의 글, 242쪽.

목할 만한 학자로 한상범을 들 수 있다. 그는 우리나라 법문화와 법학에서의 일본 제국주의 청산을 위해 지속적으로 문제를 제기해 왔다. 문제의식이 확고한 만큼, 그가 생산한 탈식민 담론도 날카롭다. 그는 《한국의 법문화와 일본 제국주의의 잔재》[32]라는 저서에서 오늘날 한국 사회 지배구조의 병리현상이 야기된 뿌리를 캐고 있다. 그에 의하면 그것은 일제 식민지의 '천황제 신권주의(神權主義)'와 관료주의 및 일제 군주주의와 파시즘이라는 것이다. 그리고 이와 같은 문제는 과거형이 아니라 현재진행형이며, 특히 한국의 법제와 법학에서 역력히 나타난다는 것이다.

법학의 제3세대는 '방법적 훈련'을 거쳤다는 점에서 선배 세대들과 확연히 구분된다. 이 때 방법적 훈련을 거쳤다는 것은 나름대로의 시각을 갖추었다는 뜻이며, 따라서 학문의 주체성에 대한 자각이 이루어졌다는 의미이기도 하다.[33] 우리나라 법학의 탈식민 담론도 주로 이들에 의해 1980년대 후반부터 봇물이 터지듯 생산된다.

우리나라 법학계에서 생산된 탈식민 담론 가운데서 대표적인 논문을 꼽으라면 배종대의 〈우리 법학의 나아갈 길 : 형법학을 중심으로〉를 들 수 있다. 형법학 분야에서 두각을 나타내고 있는 글쓴이는 《법과 사회》 창간호에 실은 이 글을 통해 우리나라 법학의 식민성을 본격적으로 문제삼는다. 그의 글은 이후 뜻있는 제3세대 법학자들의 탈식민 담론에 자주 인용되고 있다. 글쓴이는 이 글에서 "한국사람은 한국의 법학을 해야 한다. 한국의 '법문제'에 대하여 해답을 줄 수 있는 법학, 그것이 한국의 법학이다. 그러기 위해서는 한국의 '법률과 법현실'에서 우리 법학의 문제를 찾아야 한다"[34]고 강조한다.

법과사회이론연구회의 초대회장을 지낸 바 있는 양건은 법사회학에

---

31) 이한우, 앞의 글, 257쪽.
32) 한상범, 《한국의 법문화와 일본 제국주의의 잔재》(교육과학사, 1994).
33) 이한우, 앞의 글, 258~259쪽.
34) 위의 글, 244쪽.

112

기초한 헌법 연구에 일관된 관심을 쏟고 있다. 그는 〈한국에서의 '법과 사회' 연구〉[35]라는 논문에서 우리나라의 일천한 법사회학 연구성과를 살펴본 뒤, 법과 사회에 대한 총체적인 이해는 법을 사회의 다른 하위 체계들과의 상호관계 속에서 탐구해야만 가능하고, 한국 법의 역사적 특성을 탐구할 때 일제 식민지 시대와 미군정시대의 법을 분석하는 것이 필수적으로 요청된다고 역설한다.

정종섭은 '통합과학으로서의 헌법학'을 주창하며 다양한 사회과학 방법론을 수용해 헌법 연구의 새 지평을 열고 있다. 그는 〈우리 법학의 올바른 자리매김을 위하여 : 헌법학의 통합과학적 연구에로〉라는 논문[36]에서 우리나라 법학은 연구의 태도, 연구의 방법론에 대한 깊은 성찰이 없이 막연히 낭만적으로 재미삼아 학문을 해 왔으며, 현실인식의 결여로 연구과제의 설정이나 법학교육의 방향, 방법의 설정에 실패하였다고 진단한다.

강경근은 〈한국의 정치와 공법학〉[37]이라는 논문에서 유진오의 헌법학을 "역사성 없는 보편 헌법학", 한태연·갈봉근의 헌법학을 "역사성 없는 특수 헌법학"이라고 부르며 신랄한 실명비판을 하고 있다. 그는 상해 임시정부의 광복 건국정신을 계승하지 않은 유진오 헌법학의 한계를 지적한다. 또한 한태연·갈봉근이 말하는 민주주의의 '한국화'와 '한국적' 헌법은 다름 아닌 박정희 독재를 위한 견강부회일 뿐이라고 질타한다.

한편, 민주주의법학연구회 계열에서 탈식민 담론을 생산하는 주요 연구자로 박홍규를 들 수 있다. 그는 어두웠던 제5공화국 말기에 《저주받으리라 법률가여》[38]라는 번역서를 내면서 우리나라 법학을 비민중(특수

---

35) 양건, 〈한국에서의 '법과 사회' 연구〉, 《법과 사회》 창간호(1989), 66~83쪽.
36) 정종섭, 〈우리 법학의 올바른 자리매김을 위하여 : 헌법학의 통합과학적 연구에로〉, 《법과 사회》 2호(1990), 221~254쪽.
37) 강경근, 앞의 글.
38) 박홍규, 《저주받으리라 법률가여》(물레, 1986).

권력)법학, 비민족(치안반공)법학, 비민주(관료지배)법학, 비현실(개념수입)법학, 비교육(수험암기)법학 등으로 규정했다. 이처럼 치열한 그의 문제의식과 탈식민 작업은 후배 학자들에게 시사하는 바 크다고 하겠다.

강경선 또한 제3세대 법학자 가운데 '우리 법학'을 만들기 위해 활발한 연구 및 학술운동을 하고 있는 학자이다. 민주주의법학연구회의 초대회장을 역임한 바 있는 그는 〈한국에서의 진보법학의 연구현황과 과제〉[39]라는 논문에서 1980년대 후반에 등장한 제3세대 법학의 의미와 과제를 설명하고 있다.

이상에서 우리나라 법학의 탈식민 담론 흐름을 대략 살펴보았다. 우선 해방 이후 시대별로 우리나라 법학의 양상을 더듬어 보았고, 또한 세대별(제1세대, 제2세대, 제3세대) 법학의 성격도 조명해 보았다. 나아가 법학 분야 탈식민 담론의 주요 논자를 소개하는 형식으로 이 분야의 탈식민 담론 전개양상을 고찰했다.

여기에서 다룬 글들이 법학 분야의 탈식민 작업을 모두 포괄한다고는 말할 수 없다. 또한 아직은 자성적 논의이고 문제를 제기하는 수준에 그치는 것이 대부분이다. 앞으로의 과제는 법학의 세부 분야별로 좀 더 구체적이고 현실에 적합한 작업을 통하여 '우리 법학'을 만들어 나가는 일일 것이다.

---

39) 강경선, 앞의 글.

■ 초 록

배 종 대

우리 법학의 나아갈 길
— 형법학을 중심으로

[《법과 사회》 창간호(1989), 220~250쪽]

박종철 고문치사사건은 우리 형법이 정치권력의 반민중적 지배도구에 불과함을 백일하에 보여주었다. 글쓴이는 이 글을 통해 박종철을 죽게 만든 우리 법과 법학의 허구적 실상, 즉 법의 정치종속성, 법현실과 법이론의 철저한 괴리, 법학의 식민성과 사대주의, 권력 안주적인 강단법학, 법현실의 개선과는 무관한 자기목적적 법학을 질타한다.

글쓴이는 우리 법학의 비자주성과 반민주성의 역사적 뿌리를 다음과 같이 찾아내고 있다. 우선, '형벌만능주의'로 백성을 다스렸던 조선시대의 법 제도 및 법 문화 유산이 이 시대에도 여전히 잔재한다는 점, 다음으로 일제가 순전히 효과적인 식민통치를 위해 독일 법학을 이 땅에 받아들여 우리 법학에서 서구의 시민 인권사상이 사장된 점, 끝으로 한국 법학이 해방 후 우리의 법현실과 고유문화에 터잡은 규범을 세우려고 하지 않고, 아니 그러한 인식조차 없이 미국법과 일본법을 우리말로 옮겨 놓는 '앵무새 법학'의 한계에서 지금까지 벗어나지 못한 점 등이다.

우리 법현실을 명목상 연구대상으로 하면서도, 우리 법학은 우리 현실을 반영하지 않는 실정법률에 대한 기계적이고 관념적인 해석과 이를 위해 외국 법이론을 무비판적으로 직수입하는 일에 매몰되어 왔다. 이제 자주적 한국 법학의 건설은 우리 법학의 제3세대(제1세대를 식민지

116

및 미군정시대의 법학자로, 제2세대를 1960년대 후반 이후의 구미 유학
출신 법학자로 볼 때 이 둘의 한계를 극복하는 제3세대 법학자의 출현
이 요망된다)가 우리의 문화적 토대 위에 서구 법 이론을 검토 변용하
여 우리의 법현실과 법 의식에 맞는 법학을 이끌어 내는 수고를 함으로
써 가능하다.

이를 위해 현행 법학의 보수적 권위구조와 사대주의 우상을 타파해
야 하며, 전문술어라는 미명 아래 철저하게 '암호화'된 법률 및 법학 언
어를 민주화해야 한다. 뿐만 아니라 일본식의 법 개념을 이해하기보다
는 암기하여 사법고시에 합격하기만 하면 봉건적 의식에 사로잡혀 '영
감'이 되는 법률기사를 양산하기에 앞서 법대생에게 법 정신을 심어 주
어야 하며, 악법개폐운동을 비롯해 현실에 참여할 다양한 방법을 모색
하는 것 등을 제3세대 법학의 실천적 과제로 제시할 수 있다.

'보수학문의 마지막 아성', '정치예속적인 학문', '지배자와 권력을 위
한 권위주의적 학문'이라는 누명을 벗지 못하는 우리 법학의 근본적 내
재적 한계를 매섭게 지적하고 그 근본적 치유책을 내놓는 이 글은, 한
국 법학의 패러다임을 '권력보호'에서 '국민보호'로 바꾸어 놓는 분수령
임에 틀림없다. 또한 논제의 적실성에 터잡은 문체에 대한 글쓴이의 고
심이 글의 곳곳에 배어 있기 때문에 글을 쉽게 읽을 수 있다.

양 건

한국에서의 '법과 사회' 연구

[《법과 사회》 창간호(1989), 66~83쪽]

글쓴이는 이 글에서 우리나라의 '법과 사회' 연구를 되돌아보고, 앞으
로의 바람직한 연구 방향을 모색한다. 글쓴이에 따르면, 우리나라 법학
이 전반적으로 그러한 것처럼, 법과 사회 연구도 내부로부터의 자생적

으로 만들어진 것이 아니라 외부로부터 수입하면서 시작된 것이라고 한다. 1950년대에 베버(M. Weber) 등 법사회학 선구자들의 고전적 저작들이 부분적으로 번역 소개된 이래, 우리나라의 법사회학은 연구자들의 사회과학적 지식의 미비로 말미암아 연구에 필요한 도구(연구방법)를 충분히 갖지 못한 채 아마추어적 수준에 머물러 왔다고 한다.

그러던 것이 1980년대에 들어서야 법사회학의 저서가 출간되기 시작하는 등 본격적인 의미의 출발단계에 들어섰다는 것이다. 특히 1980년대 후반에 들어서면 개별적 연구의 차원이 아닌 집단적 연구라는 새로운 양상이 나타나는데, 글쓴이는 1987년 1월에 제3세대 법학 연구자들을 중심으로 창립된 법과사회이론연구회를 한 예로 제시한다.

이어 글쓴이는 이 글에서 우리나라 법사회학에서의 대표적 연구사례인 함병춘의 연구업적을 논의대상으로 하여 그것을 비판적으로 검토한 뒤, 앞으로 법과 사회 연구의 바람직한 방향을 다음과 같이 제시한다.

첫째, 종래의 문화 중심적 접근에서 벗어나 좀더 확대된 전망을 갖는 것이 필요하다는 것이다. 법과 사회에 대한 총체적이고 진정한 이해는 사회의 다른 하위체계들과 법의 상호관계에 대한 탐구를 통해서만 가능하다는 것이다.

둘째, 한국법의 역사적 특성을 탐구할 때 일제 식민지 시대와 미군정 시대의 법을 분석하는 것이 매우 긴요하고 필수적이라는 것이다.

셋째, 법과 발전의 문제와 관련하여 발전과정에서 법률가의 긍정적 역할의 가능성에 대해 이론적으로 검토할 필요가 있다는 것이다. 즉, 정의라는 법 이념, 그 이념에 따른 법의 (상대적) 독자성, 그리고 법의 지배의 원칙은 법률가의 존재 자체와 불가분의 관계에 있기 때문에 흔히 보수적 성향을 지닌다고 여겨지는 법률가 집단이 민주사회를 위한 법문화 형성에 적극적이고 중요한 역할을 담당할 수도 있다는 것이다.

넷째, 각 실정법 영역의 연구와 관련해서도 법과 사회 연구는 시급한 과제들을 안고 있다는 것이다. 그 중에서도 학문의 실천적 성격을 고려할 때 더욱 시급한 것은, 헌법과 법령 판결 사이의 괴리 및 법 규범과 법현실 사이의 심각한 유리현상에 대한 분석이라고 글쓴이는 말한다. 이러한 작업은 이른바 반민주악법 개폐의 과제에 대한 이론적 토대가 될 것이라고 글쓴이는 덧붙인다.

한 인 섭

권위주의적 지배구조와 법체제

[《사상과 정책》 6권 3호(1989), 184~206쪽]

글쓴이는 이 글에서 참담한 불신과 회의의 늪에 빠져 있는 우리나라의 법현실을 고발하고 있다. 우리 사회에서 법은 '분쟁 해결을 위한 공정한 기준'도 아니고, 갖가지 유형의 폭력에 짓눌리고 있는 사람들을 보호하기 위한 '인권의 장전(章典)'도 아니라는 것이다. 한국의 법 실무와 법학은 국가권력의 폭력성에 대해서는 둔감하면서, 대체로 국가권력의 요구에 순응하거나 억압적 법현실을 방관해 왔다는 것이 글쓴이의 주장이다. 우리 사회는 식민지의 경험, 분단구조와 군부독재 및 종속적 자본축적을 통해 누적적으로 성장하고 변모해 왔다는 것이다.

글쓴이는 우리 법의 관료주의적 권위주의적 성격을 특히 식민지 경험에서 추론한다. 일제의 식민지배는 우리의 법제와 법 문화에 다음과 같은 부정적인 유산을 남겼다.

첫째, 식민지 국가의 위정자들은 자본축적과 초과이윤의 획득, 그리고 농공업을 일본 제국주의의 요구에 맞추어 재편하는 데 적극적인 역할을 했고, 이를 위해 여러 법령들이 제정, 집행되었다.

둘째, 식민지에서는 법 가운데 형사법령이 극단적으로 증가하였다. 식민주의자들은 식민통치를 위해 강압적 형벌법규와 직접적 폭력행사에 의존했던 것이다.

셋째, 법 집행에서 자의성과 차별성이 두드러졌다. 경찰과 국가기관이 원하기만 하면 사소한 혐의사항을 핑계삼아 원하는 형태의 사건으로 조작할 수 있었다.

넷째, 이러한 폭력적 법 집행을 담당했던 대표적인 집단은 식민지 경찰과 사법관료들이었다. 이들은 직업의 속성상 식민 통치기구의 하위담당자가 되었으며, 근본적으로 반민족적 반민중적 성격을 띠었다.

마지막으로 식민지 법의 억압적 속성과 법 집행집단의 권위주의적 태도는 법 전반에 걸쳐 부정적 인식을 심화시켰다. 법은 자기권리 실현에 도움이 되는 것이라기보다는 가능한 한 기피해야 하는 대상이 되어 버렸다.

이 글에서는 이어 미군정, 이승만 정권기, 군사정부 시기의 반민중적 법현실을 같은 맥락에서 고찰하고, 결론적으로 법의 측면에서 역대 정권의 권위주의적 성격을 다음과 같이 밝힌다.

첫째, 역대 정권은 대한민국이 자유민주주의를 표방하는 민주공화국임을 부인한 적이 없지만, 그에 합당하게 민주주의를 제도적으로 정착시키려는 노력을 보여준 적은 거의 없다. 둘째, 법 질서의 단계를 볼 때, 헌법의 최고 규범성이 실질적으로 확보되었던 적이 거의 없다. 셋째, 정치체제의 식민지적 권위주의적 특성은 형사법 분야에서 여실히 나타난다. 넷째, 국가는 국민의 자치영역을 인정하는 데 인색하고, 국민의 의식과 활동 전반을 경계하고 통제하려는 발상을 보여 왔다. 다섯째, 법 일반의 기능은 규범적 측면보다 지배계급의 도구로서의 성격을 더욱 두드지게 드러낸다. 여섯째, 이러한 법현실에서 법학과 법 실무 역시 친체제적 국가의존적 면모를 보여주고 있다.

한국 법학과 법조는 그 동안 누적된 비민주적 권위주의적 잔재를 씻어내는 데 기여했다기보다는 권위주의적 체제의 재생산에 기여하거나, '순수' 법학의 미명하에 불법적 법현실을 방조해 왔다고 글쓴이는 통렬히 고발한다.

끝으로 글쓴이는 우리 법학의 식민성을 다음과 같이 규정하면서 이의 혁파를 주장한다. 즉, 우리 법학은 관료로 입신출세하기 위한 자료

120

공급에 열중해 온 고시법학(考試法學)과 관료적 통제를 위한 무기를 제
공해 온 관료법학(官僚法學), 외래적 문제의식과 외래적 방법론에서 헤
어나지 못하고 있는 수입법학(輸入法學), 냉엄한 법현실에 눈감고 개념
물신주의에 빠져 있는 개념법학(槪念法學), 폐쇄적 지적 분위기 속에서
논리와 권위를 혼동하는 권위주의적 법학 등의 일그러진 자화상을 가지
고 있다는 것이다. 따라서 한국 법학의 탈식민 과제는 진보적 법학 연
구자들에게 실천과 연대를 요구하고 있음을 글쓴이는 강조한다.

정 종 섭

우리 법학의 올바른 자리매김을 위하여
— 헌법학의 통합과학적 연구에로

[《법과 사회》 2호(1990), 221~254쪽]

  글쓴이는 오늘날 한국 법학이 정체위기(正體危機)에 처해 있다고 진
단한다. 다시 말해 우리 법학은 우리의 토양 위에 뿌리를 박고 있지 못
하며, 때문에 우리의 법적인 문제를 해결하는 데 충분한 기여를 하지
못한다는 것이다. 글쓴이는 우리 법학의 현실 적합성을 문제삼는 여러
학자들의 논의를 정리하면서 다음과 같은 해석을 내린다. 즉, 한국 법학
은 연구의 태도, 연구의 방법론에 대해 깊이 성찰하지 않고 막연히 낭
만적으로 재미삼아 학문을 해 왔으며, 현실인식의 결여로 연구과제 설
정이나 법학교육의 방향, 방법을 설정하는 데 실패했다는 것이다.
  이어 글쓴이는 헌법학은 어떠한 자세로 연구되어야 하는가를 논한다.
곧, 헌법학은 공법학의 특정한 영역이 아니라 사회과학으로서의 성격을
강하게 띠면서 인문학을 포섭하는 통합과학이라는 것이다. 이러한 통합
과학으로서의 헌법학은 연구의 기본적인 자세에서 '총체적 인식태도',
'경험적 과학적 태도', '실천적 태도', '역사적 태도'를 취할 것을 요구한

다고 한다.

여기서 총체적 인식태도라 함은 헌법학이 인접학문의 이론적 성과들과 의사소통을 하면서 체계화되어야 한다는 것이다. 경험적 과학적 태도라 함은 헌법학이 주관적인 사변의 산물이어서는 안 된다는 것이며, 실천적 태도라는 것은 법학이 항상 현실적인 관심에서 현실사회의 문제점들을 발견하는 데서 출발해야 하고 항상 그것에 의해 검증되어야 함을 뜻한다. 끝으로 역사적 태도라는 것은 헌법학이 정확한 역사의식에 바탕을 두어야 함을 말한다.

나아가 글쓴이는 통합과학으로서의 헌법학이 가지는 특성으로 '현실적합성', '개방성', '과학성', '잠정성' 등을 제시하고 외국의 헌법학 연구를 할 때는 '탐색성'을 강조한다.

우선 헌법이론이 현실 적합성을 가지려면 기본권 주체들의 현실적 삶에 주목하고 또한 현실의 사실과 원리간의 모순, 헌법 현실과 헌법규범 간의 모순들에 밀착하여 헌법문제를 올바로 인식한 다음 현실적으로 타당하고도 실천성 높은 처방을 내려야 한다는 것이다.

헌법연구의 개방성은 위에서 소개한 '총체적 인식태도'와도 관련된 것으로, 모든 가용한 이론적 자원들을 활용하고 이론구성이나 연구에서 인접학문과 의사소통하며 종합적으로 사고하는 방법을 강조한 말이다.

헌법연구의 과학성은, 자의적(恣意的) 연구 배제, 비당파성, 개념의 엄밀성 등을 포괄한다고 글쓴이는 말한다.

헌법이론의 잠정성이란 헌법이론도 그 시대, 그 사회의 헌법문제 해결에서 설득력을 다하게 되면 소멸할 수밖에 없음을 인정하는 태도를 말한다. 이러한 이론의 잠정성이야말로 곧 학문의 개방성을 말하는 것이며, 연구자의 끊임없는 노력을 촉구하는 원동력이기도 하다는 것이다.

외국 헌법이론 연구의 탐색성은 외국의 이론틀이나 시각을 우리 문제에 그대로 대입, 적용하지 않고 외국의 역사, 사회적 맥락에 따라 인식하는 태도를 말한다. 외국의 법이나 이론은 결국 우리의 법문제 해결에 필요한 이론틀을 만드는 데 암시를 얻거나, 검증의 도구를 제공받는

데 필요할 뿐이라는 것이다. 따라서 글쓴이는 외국의 법이나 이론에 대한 연구에서는 먼저 비교법학적 방법론에 대해 사전준비를 갖출 것을 요구한다.

글쓴이는 글을 마치면서 논쟁이 흔하지 않은 우리 법학계에 이 글이 논쟁의 자료로 받아들여진다면 기대 이상의 성과라고 말한다. 한국 법학의 몰역사성(沒歷史性), 비적실성(非適實性)을 문제삼는 이 글은 우리 법학을 올곧게 세우기 위한 작업에 또 하나의 주춧돌이 될 것으로 보인다.

윤 철 홍

한국 민법학의 문제점과 개선방향

[《법과 사회》 3호(1990), 190~215쪽]

글쓴이는 이 글에서 한국 법학의 구조적 문제들, 예컨대, 법의 정치종속성과 민중 억압을 위한 법의 도구성, 이론과 현실의 괴리, 식민적이고 사대적 성향 등을 민법학이라는 각론에서 살펴보고 있다. 이를 위해 먼저 현존하는 민법전과 관련된 구조적인 문제점 및 민법연구와 관련된 문제점들을 살펴보고 그에 대한 개선방향을 논구한다.

우선 민법전과 관련된 구조적 문제점은 다음과 같다.

첫째, 민법전에 대한 제정의식이 빈약했음에도 불구하고 성급하게 만들다 보니 일반 시민들의 법의식이나 관습 등에 대한 실태조사는 엄두도 내지 못했으며, 그 결과 시민생활과 부합되지 않는 여러 제도들이 민법전에 삽입 혹은 보존되기에 이르렀다는 것이다. 또한 시민생활에 적용했던 민사 관행들을 방치했다.

둘째, 민법전 제정자들이 일본식 한자어와 난해한 법 언어들로 민법전을 제정하여, 일상 언어와 유리된 민법전이 권위주의적, 식민주의적 유산을 지니게 되었다.

셋째, 그 동안 여러 번의 민법 개정이 있었음에도 불구하고 이상의 두 가지 문제가 전혀 시정되지 않고 있으며, 오히려 근시안적인 개정작업으로 인하여 개정 내용상의 모순과 불합리한 내용들이 포함되어 문제점으로 지적되기도 했다.

다음으로 민법 연구와 관련된 문제점은 다음과 같다.

첫째, 민법 연구에 대한 기본자세의 문제이다. 선진 외국법을 비교 연구하여 우리 민법학의 발전과 생활문제 해결에 도움을 얻을 수 있도록 해야 할 것인데, 우리 민법학의 현실은 이 점에서 긍정적 평가를 하기에 미흡하다는 것이다. 즉, 우리 시민생활과 유리된 공허한 개념법학에 머무르는 경우가 많다는 것이다.

둘째, 법사에 대한 연구가 미흡한 점이다. 한국 민법학의 경우, 민법 제정에 관한 연구가 1990년에 가까이 와서야 비로소 본격적으로 나타나기 시작했다. 이렇게 된 데는 입법자료와 연구인력 부족 등의 이유도 있겠지만, 무엇보다도 법을 역사적으로 연구해야 한다는 것에 대한 인식 부족 때문이라고 글쓴이는 지적한다.

셋째, 법사회학적 연구가 미흡한 점이다. 지난 수십 년간 민법학은 관습 등 시민생활의 구체적인 모습들을 규율하는 여러 현상을 연구했다기보다는 외국법을 받아들인 관계로 시민생활 속에 나타나는 법감정과 법이론 사이에는 많은 괴리가 나타난다.

넷째, 민법 연구의 편중성이다. 그 예로 우리나라 법학 분야 박사학위 논문을 살펴보면 학위논문의 주제가 몇 분야에 편중되어 있음을 알 수 있다. 글쓴이의 조사에 따라 1945년에서 1990년 2월까지 생산된 총 103편의 논문을 민법의 세부 분야별로 살펴보면 채권각론(32편), 친족법(29편), 물권법(26편), 민법총칙(9편), 채권총론(4편), 상속법(3편) 순으로 나타나 연구의 편중성을 엿보게 한다.

다섯째, 학회의 분파적 활동이다. 우리나라에 민법학과 관련된 학회는 크게 보아 민사법학회, 민사판례연구회, 재산법학회, 가족법학회 등이 있는데, 글쓴이는 이들 학회의 수뇌부가 전혀 교류를 하지 않는 점을 들어 이들 학회의 상호 대결양상을 비판한다.

여섯째, 학계와 실무계의 괴리이다. 우리나라에서는 법률을 제정하는 과정에서 학계의 역할이 미흡한 반면 상급심의 판례는 법조 실무자들만을 위한 것인가 하는 의문이 들 정도로 법학자에게조차 권위주의적으로 느껴진다는 것이다.

끝으로 글쓴이는 한국 민법학의 개선방향을 다음과 같이 제시한다.

첫째, 민족적 정서에 맞는, 그리고 우리 시민생활로부터 유리되지 않는 민법학을 구축하기 위해서는 무엇보다도 먼저 법사회적인 연구방법에 따른 연구가 활성화되어야 한다는 것이다.

둘째, 우리 민법에 대한 비교법적인, 더 나아가 비교법사적인 연구방법론을 통해 우리 민법의 뿌리를 정확히 찾아야 한다는 것이다.

셋째, 민법의 세부 분야를 골고루 연구하여 연구의 편중성을 해소해야 한다는 것이다. 한편 외국법에 대한 연구의 편중을 극복하기 위해 일본, 독일 법학만이 아닌 프랑스, 스위스, 영미 법학 등도 폭넓게 연구할 것을 글쓴이는 주장한다.

넷째, 학계와 실무계가 권위주의를 버리고 상호보완적 역할을 수행해야 한다는 것이다.

다섯째, 입법정책적 문제로서, 민법이 시대의 변천에 부합하도록 관습법이나 판례를 통하여 끊임없이 보충해야겠지만, 민법전의 개정은 필연적임을 글쓴이는 지적한다. 민법전 개정시에는 민법전을 체계적으로 분석 검토하여 서로 충돌하지 않도록 해야 하며, 표현이 명확하고 쉬워 시민들의 언어감정과 유리되지 않는 법 언어로 바꾸어 나가는 작업도 병행해야 한다는 것이다.

여섯째, 학회활동에서도 기능이나 전문성에 따르지 않은 분파적인 활동으로 젊은 학자들의 활동을 제약하는 것보다는 여러 학회를 통합하여 전문성에 따른 소 연구회로 전환하고, 이러한 소 연구회의 활동을 바탕으로 민법 전문 학술지를 발간할 수 있기를 글쓴이는 희망한다.

일곱째, 통일에 대비한 민법전의 연구다. 남북한 통일을 준비하는 법적인 준비작업이 필요함을 글쓴이는 지적한다.

이 창 호

한국 형법학 방법론의 문제점과 과제

[《민주법학》 6호(1993), 33~54쪽]

글쓴이는 이 글에서 우리나라 형법학의 문제점을 방법론적 기초를 중심으로 지적함으로써 근본적으로 비판하고, 새로운 형법이론을 모색하기 위한 전제로 형법의 기초개념인 범죄, 형벌의 개념과 형법의 본질을 비판적으로 검토했다.

글쓴이는 인간해방을 지향하는 민중주의적 입장을 취한다. 우선 글쓴이는 형법학 교과서를 분석하면서 우리나라의 거의 모든 형법교과서가 형법전을 독단적으로 해석하는 데 그침으로써 형법제도가 일상에서 인권을 억압하는 현실을 애써 외면한다고 진단한다. 다시 말해, 우리나라 형법학의 문제점은 '법률적 형법관'을 전혀 탈피하지 못하는 점이라는 것이다. 법률적 형법관이란 실정형법을 일단 정당한 것으로 전제하고, 그 해석과 적용이 공정하고 사리에 합당하게 하기만 하면 법률가의 임무는 끝난다는 사고방식이라고 글쓴이는 설명한다. 이러한 사고방식으로는 아무리 '정법'을 전제한 후 '법'(ius)과 '법률'(lex)을 구분하여 전자에 대한 고민을 하더라도 형법의 계급적, 역사적 본질에 대한 정면비판은 빠지고 만다고 글쓴이는 비판한다.

이러한 시각에서 글쓴이는 '범죄'를 국가가 성립되고 나서 오늘날에 이르기까지 굳어져 온 지배계급에 해로운 일정한 행위유형으로 본다. 즉, 현행 형법의 범죄개념은 현대 헌법의 핵심이라고 할 수 있는 인권의 이념적 내용에 의해 규정되지 않고, 지배계급의 필요에 따라 '선택'

과 '배제'의 원리로 규정되었기 때문에 근본적 한계를 가질 수밖에 없다는 것이다.

또한 글쓴이는 '형벌'의 역사와 현실을 고찰하면서, 형벌의 본질은 국가적 폭력이고 형법의 목적은 계급적 지배라고 설명한다. 나아가 글쓴이는 종전의 형법학이 형법의 본질은 전혀 언급하지 않고 형법의 의의와 기능만 언급한다고 비판한다. 글쓴이에 의하면, 형법은 사회 지배계급의 전체적 이익을 위협하는 일정한 행위양태(국가권력이나 국방력에 대한 위협 및 사적 소유에 대한 공격)를 범죄로 금하고, 그에 대하여 생명, 자유, 재산 및 명예형을 부과하는 법규범의 총체다. 따라서 법률적 형법관에 사로잡힌 형법 연구자와 실무자들은 법의 이름으로 행하여지는 구조적 폭력에 대해서는 속수무책일 수밖에 없다고 글쓴이는 진단한다.

이상의 고찰을 바탕으로 글쓴이는 우리나라 형법학이 지향해야 할 몇 가지 방법론적 입각점을 아래와 같이 제시한다.

첫째, 새로운 형법학은 시민사회의 구체적 형법현실에 대한 철저한 객관적 분석에서 출발해야 한다는 것이다.

둘째, 형법과 형법학의 역사성에 주목해야 한다는 것이다. 이는 형법전과 형법이론을 성립하고 전개하는 과정에서 작용한 각종 지배적 이데올로기의 시대별 변천과정을 분석하고, 그 근저에 놓여 있는 사회경제적 여러 계급과 계층의 힘 관계가 어떻게 작용하였는지 분석하는 것을 말한다.

셋째, 새로운 형법학은 총체적 관점, 즉 전(全) 형법학적 관점에서 수행되어야 한다는 것이다. 이는 형벌이 부과되는 절차의 전 과정과 대상 그리고 그 기능 등, 형사 사법체계 전반에 걸친 주제들과 연관하여 타당한 형법이론을 모색하는 것을 말한다.

넷째, 새로운 형법학은 민중억압을 정당화하고 은폐하는 체제유지적 형법학에서 벗어나 민중의 자유와 권리를 진정으로 옹호하는 민중의 형법학이 되어야 한다는 것이다. 이를 위해 형법 연구가 민중의 자유와 평화를 억압하는 형사사법 전 체계에 대한 엄밀한 사회과학적 분석의 기초 위에서 출발해야 한다고 글쓴이는 말한다.

홍 준 형

법치주의의 좌절과 법적 허무주의의 극복
— 한국행정법학의 반성과 과제

[《법과 사회》 7호(1993), 97~132쪽]

이 글은 우리나라 행정법학을 비판적으로 진단하고, 그것이 수행해 나가야 할 과제를 제시하는 것을 목적으로 삼고 있다. 글쓴이는 한국 행정법학의 병리를 치유하기 위해서는 환부를 고통스럽게 들추어내는 자아비판적 자세가 필요함을 역설한다. 글쓴이는 1980년대 중반 이후 본격화된 기존 법학에 대한 비판적 흐름을 언급하고, 법치주의의 현실과 한국 행정법학의 병리를 기술한 뒤, 한국 행정법학의 과제를 어떻게 풀 것인가를 논의하면서 이 글을 전개한다.

이른바 제3세대 학자군의 기성 법학에 대한 도전은 한국 법학의 정체 위기(正體危機)를 인식하고 식민지 법학, 수입법학, 수험법학, 체제법학으로서의 성격을 극복함으로써 자주법학 또는 '우리 법학'을 건설할 수 있는 방안을 모색하는 것으로 글쓴이는 요약한다.

그러나 유감스럽게도 이와 같은 신세대 법학의 도전은 논쟁과 토론을 통해 발전의 계기를 만들기보다는 오히려 기성법학의 수구적 절연과 강화된 문단속만을 초래함으로써 아군 아니면 적이라는 사고에 입각한 비생산적 적대관계를 낳고 말았다고 글쓴이는 직언한다.

이에 대한 원인으로 글쓴이는 다음을 제시한다. 우선 비판과 인신공격을 동일시하는 한국 법학의 고질적인 풍토에서, 비판이라는 극히 당연한 학문적 일상(日常)이 결코 진지하게 접수될 수 없었다는 것이다. 다음으로 진보법학의 주창자들이 종종 기성법학을 전면적, 근본적으로

부정하는 데 주력함으로써 일시적으로 세간의 이목을 끄는 데는 성공했을지라도 법학계와 여론의 계속적인 관심과 동의를 얻는 데는 그리 성공적이지 못했다는 점이다.

글쓴이는 한국 행정법학의 병리를 다음과 같이 열거한다.

첫째는 식민지 법학의 문제다. 행정법학에도 식민지 법학의 계승, 정치에 종속된 법과 법학, 관료법학적 성격, 법학의 몰역사성 등과 같은 우리나라 법학 일반의 전개도식이 적용된다. 특히 행정법학은 해방 직후 행정과 관련하여 적용할 우리 고유의 법이 없었다는 사실에서 직접 동기를 찾을 수 있다.

둘째는 행정법학이 방법론에서 숙성하지 못하고 결함이 있다는 것이다. 글쓴이는 한국 행정법학이 드러내 온 방법론적 결함으로, 지나치게 실정법 해석에 편중됨으로써 '개념법학'의 한계를 넘지 못한 것, 실정법을 해석할 때도 방법론에서 혼란스럽고 철저하지 못한 점, 비교법적 고찰이 형식적이고 부실한 현실, 교과서법학·수험법학으로서의 성격이 행정법학 논의의 발전을 가로막은 것 등을 들고 있다.

셋째는 행정법학의 공익관과 공공성 이데올로기이다. 우리나라 행정법학자라면 누구나 행정법의 지도원리 또는 목적으로 공익 또는 공공복리를 내세운다. 그런데 이것을 잘못 해석하면, 일부 지배집단의 특권적 이익을 이른바 공익의 이름으로 보호하고 집행하는 제도로 행정법학이 기능할 수 있다는 것이다. 특히 행정법학의 가치중립성이 가치중립적이지 않은 현실을 가치중립적인 것으로 기술하는 공공성의 이데올로기를 조장한다고 글쓴이는 비판한다.

넷째는 법치주의가 실현되지 않는 현실과 행정법학의 허무주의다. 해방 이후 우리나라 법치주의는 무소부지한 권력의 지배하에서 오히려 반법치적 현실을 호도(糊塗)하는 이데올로기로서 기능했다. 이와 같이 해방 이후 역사를 점철해 온 왜곡된 법치주의와 관료주의적 행정법학의 만남은 결국 행정법학으로 하여금 패배주의, 허무주의, 기회주의, 상업주의, 연공서열의 권위주의에 빠지게끔 하는 결정적인 계기가 되었다고 글쓴이는 지적한다.

결론적으로 글쓴이는 한국 행정법학의 과제를 푸는 방법으로 다음을 제시한다.

첫째, 한국 행정법학은 그 고유한 학문적 존재이유를 증명하기 위해서라도 비판적 행정법학이 되어야 한다. 무엇보다 현실과 실천적 정의를 중시하고 민주행정을 위하는 법학이 되어야 한다는 뜻이다.

둘째, 한국 행정법학은 법해석과 법정책 양면에서 방법론적 자기통제를 위한 기준과 문제영역을 개발해야 한다.

셋째, 한국 행정법학의 정체성(正體性)은 폐쇄와 고립을 통해서가 아니라 개방적 자세와 적극적인 탐색을 통하여 확보해야 한다. 이러한 관점에서 다시 비교법학과 수입법학을 분별력 있게 취사선택해야 한다.

넷째, 한국 행정법학은 연역적이 아니라 귀납적인 방법으로 행정법에 접근해야 한다. 이에 대해 그 동안 방치되었던 특별행정법 분야를 개별적으로 천착해서 행정법학의 학문적 건설을 시작해야 한다고 글쓴이는 덧붙인다.

끝으로 한국 행정법학은 '살아있는 법'을 대상으로 하는 학문적 실천으로서, 양식을 갖춘 일반인에게 지적 공유자산이 될 수 있기 위한 노력을 기울여야 한다는 것이다.

최 태 현

한국의 특수성과 국제적 보편성간의 상위와 그 극복
― 한국 국제법학의 반성과 과제

[《법과 사회》 8호(1993), 168~197쪽]

이 글은, 한편으로는 가능하면 국제적 보편성과 타당성을 고려하면서, 다른 한편으로는 우리나라가 처한 특수한 상황과 문화 및 이데올로기를 대변하고 해결할 수 있는 한국적 특수성과 실용성을 접목시켜야 한다는 전제하에서 우리나라 국제법학이 그 동안 보여 왔던 허와 실을 비판적으로 살펴보고 앞으로 나아갈 길을 모색한다.

글쓴이는 우선 한국 국제법 연구의 열악한 여건을 다음과 같이 지적한다.

무엇보다도 우리의 법체계는 수입된 것으로, 서양의 법 전통과 체제가 일본법을 통해 강제로 이식되었다고 한다. 우리의 문화와 이데올로기가 전혀 반영되지 않은 이국 학문의 직수입과 그것에 대한 무비판적 집착으로 학문의 대외적 종속성만 가중시키는 결과를 초래했다. 특히 외국의 대학에서 생산된 완제품 법학자의 수입은 한국 국제법학계가 처한 당면과제를 치유할 수 있는 토착적, 자생적 감각의 결여를 낳은 원인이 되기도 한다고 글쓴이는 단언한다.

또한 국제법의 필요성에 대한 사회적 무관심이 국제법학의 정상적 발전을 저해했다. 그 외에도 우리 사회의 권력지향적 성향과 제도로 인하여 법학이 하나의 기술로 전락했으며, 더욱이 고시과목에 중요시하지 않은 법학 분야는 한낱 거추장스러운 과목으로 무시되고 있는 실정이라고 글쓴이는 덧붙인다.

이 글은 특히 한국 국제법학이 일차원적 방법론으로 인해 미숙성을 보인다고 진단한다. 즉, 학제간 연구를 도외시하며 이론과 실제가 이원화되어 있다. 뿐만 아니라 기본개념 및 분야에 대한 이해가 부족하며 진정한 의미의 학파를 형성하지 않고 자기 아성 쌓기에 급급하다는 것이다.

따라서 글쓴이는 한국 국제법학의 과제로 다음을 제시한다. 첫째, 현재까지의 열악한 여건을 개선하고 새로운 연구풍토를 조성한다. 둘째, '자아준거적 국제법 이론'을 정립해야 한다. 즉, 우리나라의 상황과 조건을 고려하여 의미 있는 과제를 선정, 연구하는 것이다. 셋째, 학문의 공통 연대감을 조성해야 한다. 이것은 한국 국제법학이 한국의 국가이익을 최우선으로 고려면서도 국제사회의 보편적 법질서와 조화되도록 하는 것을 뜻한다.

박 은 정

한국 법철학의 반성과 과제

[《법과 사회》 10호(1994), 189∼223쪽]

해방 이후 우리나라의 분단 법사(法史)에서 법철학은 "한마디로 겉돌았다"고 글쓴이는 단언한다. 즉, 한국 법철학은 법을 둘러싼 우리 현실을 객관적으로 분석하고 법원리를 재해석하여 미래의 정책적 방향 제시를 위한 지침이 되는 데 실패했다는 것이다. 우리 법철학은 수요가 없는 시장에서 공급만 해 왔으며 메아리 없는 함성이었을 뿐이었다.

이러한 도발적인 문제제기를 시작으로 글쓴이는 이 글에서 지난 반세기 동안 우리나라 법철학 연구의 추세를 대략 돌아본 뒤, 수요와 공급의 왜곡구조가 어디서부터 어떻게 시작되었는가를 살펴보고, 우리 법철학이 앞으로 풀어야 할 과제를 언급한다.

해방 후부터 1950년대 말까지의 법철학을 글쓴이는 "전환기의 법철학"이라는 이름으로 서술한다. 이 시기는 '순수법학'을 수용하고 '자연법'에 대한 관심이 고조된 때였다. 독일 법철학자 한스 켈젠(Hans Kelsen)의 순수법학(법실증주의)은 일제시대 경성제대 교수였던 오타카 도모오(尾高朝雄)를 거쳐 그 제자들인 이항녕(李恒寧), 황산덕(黃山德) 등의 강단 법철학자들에게로 이어진다.

글쓴이는 법을 통해 한국 강점에 성공한 일본의 식민 법이데올로기의 청산을 위해서 해방 직후에 켈젠의 순수법학이 아니라, 오히려 반켈젠적 법 사고가 필요했을 것이라고 진단한다. 즉, 법의 순수성, 과학성, 탈정치성보다는 오히려 법의 정치 및 사회 연관성에 대한 올바른 평가, 법이 가지는 과학주의의 한계, 법의 이데올로기적 성격 등이 밝혀져야

132

했다는 것이다.

잘라 말해서 법실증주의의 태도가 법률이 옳고 그름을 물을 필요가 없다는 뜻을 가졌다면, 자연법론은 우선 그러한 법실증주의의 결점을 보충하는 이론으로서 주목되었다. 그러나 초실정법적 원리인 가톨릭, 유교, 불교 등으로부터 상이한 종교적 형이상학적 개념들을 받아들여 자연법론은 법철학 안에서 간주관성(間主觀性) 확보에 실패한다. 이러한 자연법론은 입법과 사법적 자의에 한계를 그어주는 철학이념의 구실을 할 수 없었다고 글쓴이는 진단한다.

1960년대에서 1970년대까지를 글쓴이는 "형식주의 법이론의 지배시기"라고 명명한다. 이 시대에 법철학은 '현실 없는 법철학', '법 없는 법철학'으로 일관했다는 것이다. 5·16 쿠데타 이후 형성된 국가권위주의로 인해 법이 정치권력의 소도구, 사회 통제수단, 경제발전 논리의 수단으로 자리잡게 되면서 법학은 침체되기 시작했다. 법의 본질이니 철학이니 골치 아프게 캐들어갈 것 없이 실정법 중심으로만 공부하면 된다는 분위기가 퍼져, 강단법학은 취업과 고시를 위한 길목으로나 여겨졌을 뿐, 더 나은 법원리를 탐색하고 법제도를 개선하려는 고민을 학문 토론의 장으로 끌어들이지 못했다는 것이다.

1980년대를 "'법의 지배'와 정의의 긴장"이라는 이름으로 글쓴이는 살펴본다. 이 시기는 군부 쿠데타 세력에 의한 법만능주의, 법권위주의로 법치주의 이념의 훼손이 극에 달한 때였다. 그래서 정의만이 아니라 법적 안정성의 이념마저도 파괴되는 지경에 이르렀다. 1980년대 정치권력을 유지하는 데 주요 법적 토대로 작용한 국가보안법은 우리 국민 모두를 힘의 논리로 길들이고자 했다. 한편, 주류 법이론이 분석법학 주변을 맴돌고 있을 때, 젊은 학자들을 중심으로 비판법학, 민주법학의 움직임이 태동한 것은 1980년대 후반부터다.

1990년대를 글쓴이는 "헌법실증주의 시대로?"라는 의문문으로 바라본다. 1990년대 초에 이르면서 헌법재판소의 활동은 사법정의, 인권수호의 면에서 예전보다 한결 향상된 여건을 조성했다. 법철학은 이제 헌법에 대한 해석학으로 변화하는 중인데, 글쓴이는 이렇게 법의 민주화를 위한 이론틀을 헌법 실증주의적 의미로 잡아가는 데에는 다소 의문을 표한다. 특히 우리나라에서 '법의 지배'가 남북관계와 오래도록 맞물려 왔음을 상기하면, 헌법 실증주의가 아니라 헌법 실증주의를 극복하는 것이 법철학의 과제라고 한다.

이상의 사적 고찰을 바탕으로 글쓴이는 다음과 같이 한국 법철학의 과제를 제시한다.

첫째, 법철학은 실무의 요구에 부응해야 한다는 것이다. 법철학 논의는 넓게는 입법, 행정, 사법, 실무의 총론으로서, 좁게는 개별 법 영역에 기여하는 법원리론으로서 확산되어야 한다고 글쓴이는 말한다.

둘째, 법철학은 법에 대한 현대사회의 요청에 부응해야 한다는 것이다.

셋째, 법철학은 법정책에 기여하는 학문이어야 한다는 것이다.

넷째, 외국 이론의 적합성을 검토하는 토론이 활성화되어야 한다는 것이다. 글쓴이는 한국 법철학자들이 그 동안 암울한 우리 헌정사, 요원한 법의 민주화 과제에 지친 나머지 법학의 진영을 피해 자신의 거처를 철학 깊숙이 마련했는지도 모른다고 진단한다. 그래서 우리 사회의 증대된 법적 담론과 무관한 채로 외국 학자들의 이론틀을 철학적 보편성의 이름으로 쉽게 수용할 수 있었는지도 모른다고 글쓴이는 말한다.

마지막으로, 법철학을 연구하는 자세를 관찰자의 자세에서 참여자의 자세로 전환해야 한다는 것이다. 이제는 아웃사이더가 아니라 참여자, 당사자의 태도로 법철학 연구에 임해야 할 것이라고 글쓴이는 역설한다.

강 경 근

한국의 정치와 공법학

[《아·태공법연구》 3집(1994), 171~200쪽]

글쓴이는 이 글에서 반민중적이고 권력비호적인 우리 헌법학을 '역사성'의 측면에서 고찰한다. 특히, 이러한 우리 헌법의 태생적 한계를 야기한 법학자들을 실명으로 거론하면서 그들의 몰역사적 연구행태를 적나라하게 비판한다. 이 글에서 집중적으로 거론되는 법학자는 유진오(兪鎭午)와 한태연(韓泰淵)이다.

우선 "역사성 없는 보편 헌법학?"을 소제목으로 하는 장에서 유진오 헌법학에 대해 살핀다. 유진오는 해방 공간 3년인 미군정기에 헌법학을 연구하면서 제헌헌법의 성립과정에 관여한 대표적 인물이다. 그는 제헌헌법의 성립을 위한 세칭 유진오안, 더 정확하게는 '행정연구회·유진오' 합의안의 기초가 된 안들 가운데 하나인 유진오 '사안'(私案)을 구상했다. 여기서의 행정연구회는 친일관료들로 이루어져 있다. 유진오 사안의 결정적인 한계는 일제 때부터 우리 민족의 유일한 정부였던 상해 임시정부의 법통을 계승하지 않은 점이다. 임시정부의 광복, 건국정신을 받들어서 민족적 정통성을 보전하여 국민공동체로서의 동질성을 내세우지 못한 유진오 헌법학은 분명 반민족적 한계를 가진다고 글쓴이는 진단한다.

다음으로 한태연 법학에 대해서는 "역사성 없는 특수 헌법학?"이라는 장에서 비판적으로 고찰한다. 한태연은 유신헌법 제정에 참여했으며, 갈봉근(葛奉根), 김태규(金兌圭) 교수 등과 함께 유정회 국회의원으로 진출하여 유신헌법의 당위성과 필연성을 강조하는 글을 많이 발표했다. 그가 주장한 민주주의의 '한국화'와 '한국적' 헌법이란 다름 아닌 박정희 독재를 위한 견강부회일 뿐이라고 글쓴이는 질타한다.

끝으로 글쓴이는 "역사성을 지닌 보편 헌법학을 위하여"라는 장에서 현실 적합한 우리 헌법학을 모색한다. 그 동안 한국 헌법학은 구미, 특히 독일에 편중된 헌법이론을 소개하는 데 급급했으며, 우리 공동체의 정치, 사회적 생활에 대해 제 목소리를 내지 못한 채 때로는 추상화된 독단을 마치 보편적 공리인 양 우리 사회에 적용하려 했다고 글쓴이는 목소리를 높인다.

나아가 글쓴이는 우리 헌법학이 우리의 문제를 다루어야 하며, 우리 나라의 특수한 헌법적 경험이 인류 보편의 헌법 지혜에 기여해야 한다는 탈식민 법학의 입장에 동참한다. 글쓴이는 우리 헌법학이 한국 정지와 관련하여 보편 규범학으로서의 성격을 잃었기 때문에, 헌법이 부분화된 세력의 약관으로 전락했다고 말한다. 부분적인 특정 세력이 행사하는 질서가 헌법보다 상위에 올라서고 각종 특정 세력이 국가 사회를 관리해 오는데도 우리 헌법학은 시녀 노릇에 그치고 말았다는 것이다.

글쓴이는 우리 헌법학을 위한 전망을 구체적으로 제시하지는 않고 있다. 하지만, 이상과 같이 우리 헌법의 식민성과 권력비호성을 야기한 헌법학자들에 대한 실명 비판을 함으로써 우리 헌법학이 우리 역사와 현실을 짊어지고 나아가는 가운데 인류 보편의 헌법학에 기여할 수 있는 방향을 제시한다.

강 경 선

한국에서의 진보법학의 연구현황과 과제

[《현대한국인문사회과학연구사 : 80·90년대 비판학문의 평가와 전망》
(한울, 1994), 60~78쪽]

한국 민중이 허리띠를 졸라가며 기다렸던 '대망의 1980년대'는 무지막지한 신군부정권에 의해 살벌한 병영시대가 되고 말았다. 누르면 누를수록 솟아오르는 힘이 강해지는 용수철처럼, 이 시대 이 땅의 민중문화와 대학문화는 봇물처럼 터져 나왔으며 그 천재성을 유감없이 발휘했다. 이러한 '문화변혁기'는 한국 사회과학에 사회구성체론과 국가론 논쟁을 불러일으키게 했으며 마침내 보수학문의 마지막 아성인 법학에도 영향을 미치게 되어, '진보적' 법학이라고 부를 만한 학술운동이 태동하게 되었다.

글쓴이는 이러한 시대적 요청에 따라 1980년대 후반에 들어 '제3세대 법학'이 출현하였다고 말한다. 대부분 일제 관료 출신으로 메워진 '제1세대 법학'과 독일의 법학이론에 보편사적 의미를 부여하려는 '제2세대 법학'과는 달리, 제3세대 소장학자들은 우리의 법현실에 천착하여 우리식 법 해석을 시도한다는 것이다.

1987년에 창설된 법과사회이론연구회는 이러한 제3세대 법학의 이론적 온상 역할을 자처했다. 반년마다 한번씩 나오는 《법과 사회》를 통해 이 연구회는 한국의 정치적 민주화의 실현, 경제적 부정의의 시정, 우리 사회가 요구하는 법 이념의 실현을 추구해 오고 있다.

법과사회이론연구회가 학문의 실천성을 중시하되 '무모한' 실천을 경계하는 반면, 1989년에 창립된 민주주의법학연구회는 출범부터 기존 법학의 테두리를 넘어서는 '무모한' 실천을 감행하고 있다고 글쓴이는 밝힌다. 《민주법학》이라는 잡지를 내고 있는 민주주의법학연구회는 한국의 법과 법학의 현실을 '해석'하는 데 머물지 않고 그것을 '변혁'하는 데까지 나가려 한다는 것이다. 한국 민중이 해방되는 '민중민주주의'에 그 목표를 두는 민주주의법학연구회는, 총체적이고 역사적인 관점에서 사물과 법규범을 함께 살핌으로써 한국 법학이 사회과학의 성격을 갖도록 주력해 왔다는 것이다.

현재까지 한국 법학계가 앞에서 언급한 진보적 법학운동을 제대로 받아들인 것으로 보이지는 않는다. 이러한 상황에서 글쓴이는 우리 법학이 우리의 법현실을 깊이 연구하고, 어떠한 악법이 현실에서 시행되더라도 오히려 그 악법을 변화시킬 수 있는 실제적이고 진보적인 규범을 만들어 가는 '규범운동'을 전개하여 한국식 법문화를 꽃피워야 하는 단계에 이르렀음을 역설한다.

부산대학교 법과대학 경제법학회
역사의 발전과 법, 사법의 민주화
[《민주법학》 8호(1994), 53~67쪽]

　민주주의법학연구회에서 내는 《민주법학》에 실린 이 글은 민주주의법학연구회가 지향하는 바와 같이 우리 사회의 법과 법현실을 변혁하고자 하는 운동성을 띤다. 가급적 직설적인 문체로 풀어 나간 이 글은 우리 법의 식민성을 야기하는 제반 요소를 구체적으로 공격한다.

　글쓴이들은 현재의 우리 법과 법학을 일제가 식민통치를 원활하게 하기 위해서 혼합한 '식민지 법과 법학'에다가 미국, 독일, 일본 등 외국의 법과 법학을 무분별하게 받아들여 만든 불량품이라고 진단한다. 여기서 무분별하다는 의미는 우리의 실정과 무관하게 별다른 고려 없이 수입한 것과 그것이 우리의 법학과 법현실에 미친 악영향을 가리킨다. 우리나라 법학은 생성되고 전개되는 과정에서 사법의 객체이자 주체이기도 한 이 땅의 민중의 입장은 도외시된 채 위로부터 일방적으로 강요된 것이었으며, 사법제도를 수립하는 데서도 역사적 전통이나 현실에 대한 고려, 또는 국민의 요망이나 비판에 대한 귀기울임이 처음부터 존재하지 않았다고 글쓴이들은 강한 어조로 비판한다.

　때문에 우리의 법과 법학은 민주주의의 보루로, 민주화의 초석으로 작용하지 못하고 반대로 우리 사회의 모든 개별 부분사회가 민주화하지 못하도록 조장하는 데 일조해 왔다고 글쓴이들은 지적한다. 이러한 관점 아래 글쓴이들은 '국가보안법의 폐지', '노동관계법의 개정', '사법제도와 사법과정의 왜곡된 모습'을 기본적인 논의대상으로 삼아 글을 전개한다.

또한 글쓴이들은 사법시험제도와 법대의 교육을 비판적으로 검토한다. 사법시험제도는 수직적 신분상승을 위해 암기력을 경쟁하는 시험이 되었으며, 왜곡된 사법시험제도는 법과대학을 고시전문학원으로 만들었음은 이미 잘 알려진 사실이다. 글쓴이들은 사법시험제도를 개선하기 위해 법조인의 수를 늘리고 법률 서비스의 양적 질적 향상을 도모해야 하고, 국민의 자유와 권리를 지키는 파수꾼이 될 법조인을 양성하는 방향으로 법과대학의 교육을 정상화해야 한다고 주장한다.

끝으로 글쓴이들은 총체적인 사법의 민주화가 사법과정, 사법제도뿐만 아니라 법 전반에 걸친 비민주성, 반민중성을 극복하는 것까지 포함해야 하며, 또한 그것은 우리 사회 전체의 민주변혁 속에 포함되고 그 속에서 자리매김되어야 한다고 역설한다. 우리 법과 법학을 올바르게 세우기 위해 구체적인 법현실을 붙들고 씨름하는 글쓴이들의 분투는 우리 법학의 탈식민성을 위한 실천적 담론으로 자리매김할 수 있을 것이다.

한 상 범

한국의 법문화와 일본 제국주의의 잔재

[교육과학사, 1994]

오늘날 한국 사회 지배구조의 병리현상을 불러일으킨 뿌리는 무엇일까? 글쓴이에 의하면 그것은 일제 식민지의 '천황제 신권주의(神權主義)'와 관료주의 및 일제 군주주의와 파시즘이다. 그리고 그것은 과거형이 아니라 현재진행형이며, 특히 한국의 법제와 법학에 역력히 나타난다는 것이다.

글쓴이는 일제시대에 천황을 신으로 떠받들던 천황제 신권주의가 이 땅의 법문화에 아직도 영향을 미치고 있다고 진단한다. 법률이란 나라님의 명령이고 관료는 국민 위에 군림하며 그 명령을 집행한다는 '권위주의'의 망령이 현시대 법률용어와 공직자의 의식에 나타난다는 것이다. 모든 국민을 '나라님의 병정'으로 만드는 일제 군국주의와 파시즘은 해방 후에도 한국 군대에 악질적인 관례가 이어지면서, 이 땅의 민족정서에 심각한 해악을 끼쳐왔다. 글쓴이는 이러한 노예도덕과 집단최면의 토양에서 한국의 '관료법학'이 자라났다고 매섭게 지적한다.

한국 법학의 초창기 세대는 일제하 관료 출신이나 제국대학 출신들로 충원되었으며, 이들은 '시민법학'이 붕괴되고 국수주의와 나치즘이 판을 치던 1930~40년대에 일본 법률학을 배운 사람들이다. 해방 이후 한국 법률학계의 고수(高手)가 된 이들은 자기가 배운 선생이나 일본 동경대학 출신 학자의 이론을 그대로 베껴 당장의 수요를 충당했다. 이들에게서 일본 파시즘 법학을 초극할 수 있는 역량을 기대한다는 것은 애당초 불가능한 일이었다고 글쓴이는 진단한다.

일제 식민지의 잔재는 이 땅에 시민의 자유로운 정치참여와 법률통제를 가능하게 하는 시민법학이 자라나지 못하게 하고, 국민에 대한 기득권층의 억압과 통제를 위해 효과적인 도구가 되어 온 관료법학만을 키웠다. 글쓴이는 해방 이후 여러 차례 좌절되었던 일제 잔재 청산과 자주, 민주사회 건설이라는 근본과제가 한국 법학계는 물론 우리 민족 앞에 놓여 있음을 분명히 밝힌다. 친일파가 사회의 기득권층이 되고 독립운동가 집안이 몰락하는 이 사회의 병리구조가 지속되는 한, 1876년 강화도 불평등조약 이후 우리 민족이 처한 식민지 또는 반(半)식민지 상태를 쉽사리 탈피할 수 없음을 우리는 글쓴이의 학술운동을 통해 확인할 수 있다.

박 홍 규

한국법학의 반성과 민주주의법학의 과제

[《민주법학》 10호(1996), 286~296쪽]

글쓴이는 이 글에서 우리나라 법학 풍토의 '시류편의주의', '반민중성'에 대해 강도 높은 비판을 한다. 즉, 우리나라의 법과 법학은 제1세계의 그것들을 완벽하게 논리적으로 받아들이지 않고 지배세력의 편의에 따라 자의적으로 받아들였으며, 우리의 전통적인 법과 민중의 현실을 철저하게 무시했다는 것이다. 또한 한국 법학은 '철학'이 없다고 한다. 즉, 지난 수십 년간 군사독재기는 물론이고 자유당 정권 때도 법학자나 법률가가 법을 이유로 하여 저항을 벌이거나 비판적인 활동을 거의 하지 못한 것은 한국의 법학전통이 무사상, 무이념에 근거한 탓이라는 것이다. 요컨대 한국 법학자는 지식인으로서의 사명을 의식하지 못하는 기술자에 불과하다는 것이 글쓴이의 지론이다.

이러한 관점에서 한국 법학의 식민성과 파행성에 대해 글쓴이는 다음과 같이 시대별로 진단한다. 우선 1960년대 이후 법학은 단순히 구미 이론을 직수입하는 데 그치는 한계를 가질 뿐만 아니라 치안 반공주의로 인해 점차 고착되는 우리나라의 분단현실을 무시했고, 특수권력에 복종하는 철저한 반민중성을 자신의 생리로 드러냈다. 1970, 80년대에 와서 한국 사회과학계에 종속이론과 사회주의 이론이 유행하여 법학계에도 약간 소개되었으나 이른바 주류 법학계는 전혀 반응을 보이지 않았다. 이어 1980년대 말에 주류 법학에 대항하는 경향으로 민주주의법학연구회와 법과사회이론연구회가 등장하여 우리 사회에 적실한 법학을 만들기 위해 꾸준히 활동하고 있다.

끝으로 글쓴이는 민주주의법학의 과제를 다음과 같이 제시하고 있다.

첫째, 민주주의를 이념론 내지 가치론으로 상정하고 그것에 복종하는 법학을 수립해야 한다는 것이다. 이를 위해 글쓴이는 특히 서구에서만 인정되는 특정한 가치나 제도를 무조건 수입하는 서구추수법학, 국가주의적 치안반공법학, 수험법학, 출세법학 등에서 철저히 벗어날 것을 강조한다.

둘째, 민주주의 법학은 법의 과학을 지향하므로 중요한 방법론으로 실정법이나 그 적용에 관한 판례를 연구하는 데에서 그것이 형성된 정치적, 경제적, 사회적, 문화적 관련성을 주목해야 한다는 것이다. 곧 법학 방법론 연구에서 기존의 법사회학에 대한 비판적 인식과 함께 더욱 광범한 과학적 방법론을 구축하는 데 힘써야 한다고 글쓴이는 역설한다.

행 정 학 분야

김정근 · 이수상

은 결과였더라면 하는 아쉬움을 말하고, 무엇보다도 자신의 세대는 거의 독학으로 공부했기에 오랜 고민과 방황을 할 수밖에 없었다고 했다. 그러기에 그는 "우리의 후배는 한국의 행정학도가 한국의 행정문제와 몇 십 년 싸우면서 얻은 결론, 입장을 종래와 같이 사대주의적 생각, 자학적 생각에 기인하거나 그렇지 않으면 새로운 매력적인 것이 아니라고 경시하는 일이 없었으면 한다"는 당부의 말을 잊지 않았다.

한편, 김석준은 한국 행정현상의 특수성을 자아준거적 시각에서 문제의식과 가치정향을 가지고 과학적 방법과 비판적 질적 방법을 동원하여 연구하고 처방해야 한다면서, 행정학의 규범성, 과학성 및 처방성을 함께 구현할 수 있는 한국 행정학의 새로운 패러다임을 다음과 같이 제시하기도 했다.[2] 첫째, 새로운 패러다임은 자아준거적이어야 한다. 둘째, 새로운 패러다임은 거시적, 포괄적, 체계적, 동태적이어야 한다. 셋째, 새로운 패러다임은 종합학문적(multidisciplinary)이어야 한다.

물론 현재의 한국 행정학은 양적인 면이나 질적인 면에서 한국 사회나 사회과학 연구에 광범위한 영향을 미치는 학문으로서 성장해 온 것은 사실이다. 그러나 1980년대 후반 이래, 중진 연구자인 박동서나 김석준에 의해 제기된 담론에서 살펴보았듯이 한국 행정학은 그다지 자기 준거적이거나 실사구시적인 행정학, 현실적합성을 갖는 행정학으로 성장하지는 못한 것 같다.

그러므로 여기서는 박동서의 고백과 김석준이 말한 한국적 행정학의 새로운 패러다임을 화두로 삼아 한국 행정학이 좀더 한국적인 행정학이 되도록 자성적인 반성을 시도하고, 토착화를 논의하며, 이론을 개발하고, 방법론을 개척하는 등의 글쓰기를 해 왔던 여러 담론들을 조사 수집하여 초록자의 입장에서 탈식민성 담론의 전개과정을 살펴보고자 한다. 물론 여기서 전개하는 한국 행정학의 탈식민성 담론에 대한 개관은

---

2) 김석준, 〈전환기 한국행정의 새로운 패러다임 모색 — 국가론을 통한 연구문제의 제기〉, 《한국행정학보》 22권 2호(1988), 431~459쪽.

초록작업을 통해 얻어진 지식을 토대로 정리한 것이기에 초록자의 주관과 편견이 무리하게 작용할 만한 여지는 거의 없었다.

한국의 행정학이 대학이라는 울타리 내에서 본격적으로 뿌리내리기 시작한 것은 해방 이후 서울대학교(1946), 부산대학교(1948) 등에서 행정학 강의가 이루어지면서부터라고 할 수 있다. 당시 행정학은 공법학 내지 행정법학 중심에서 크게 탈피하지 못했으며, 법과대학 내에서조차 고유한 프로그램을 구축하지 못한 시기라고 할 수 있다.

당시의 대표적인 행정학자들은 두 부류로 나눌 수 있는데, 첫 번째 부류는 일본에서 법학의 일부로 행정학을 공부한 학자로서 신도성(愼道晟), 징인홍(鄭仁興) 교수 등을 들 수 있다. 두 번째 부류는 미국의 행정학을 공부한 학자로서 이한빈(李漢彬), 조효원(趙孝源) 교수 등을 들 수 있다. 결국 당시로서는 관방학적 행정학과 초기 미국의 행정학이 함께 수용되었다고 할 수 있다. 그러나 지금의 주류 행정학이라 할 수 있는 미국식 관리행정학이 성립되는 계기는 1957년 연세대학교 행정학과와 1959년 서울대학교 법과대학 부설로 설치된 행정대학원에서 찾을 수 있다는 것이 학계의 지배적인 견해이다.

6·25전쟁을 기회로 미국은 UN을 통해, 또는 독자적으로 각종 원조사업을 벌여 한국 사회의 재건에 관여했다. 특히 ICA(International Cooperation Administration)라는 대한교육원조사업을 통해 한국 대학에 많은 영향을 미치게 되었는데, 그 사업의 일환으로 연세대학교 행정학과와 서울대학교에 행정대학원이 설치된 것이다. 이와 같은 과정을 거쳐 한국 행정학은 비로소 학문적 체계를 갖추어 출발하게 되었다.

그 가운데 서울대학교 행정대학원의 경우 현단계 한국 행정학에 미친 영향이 아주 크다고 하겠다. 서울대학교 행정대학원은 주·야간으로 운영되었으며, 주간과정은 학구적 교육기관으로서, 야간과정은 현직 고급 공무원의 훈련기관으로서 우리나라에 이론적인 행정학뿐만 아니라 실무적인 행정학을 도입하고 보급하는 데 선구적인 역할을 담당했다. 1960년대 들어 한국행정학회라는 정식학회가 출범하고(1961년 11월 창립총회 개최), 5·16쿠데타 이후에는 정부용역에 주도적으로 참여하는 등 왕성한 활동을 전개했다. 그래서 한국 행정학계 내에서는 해방 이후부터 이 시기까지를 행정학의 도입시기로 규정한다. 이 시기 행정학의 지적 연원은 독일과 이탈리아계 국가학파에 속하는 관방학(官房學)과 미국의 초기 행정학 이론과 일본의 행정학의 영향이 혼재하던 시기라고 말할 수 있다.

이렇게 시작된 한국 행정학은 1960년대 후반기에 이르러 최초로 자성의 분위기가 조성된다. 그 동안의 행정학 연구가 미국에서 만들어진 행정이론이나 원칙을 해설하거나 소개하는 정도였음을 반성하고, 한국 현실에 적합한 토착화된 이론의 정립을 요구하고 나섰던 것이다. 물론 그에 따르는 구체적인 연구도 일부 시도되었다. 당시 한국 사회가 5·16 군사쿠데타의 영향으로 국가의 성격이 많이 변화했으며, 또한 군대식 행정이 압도적인 영향력을 행사했기 때문에 외국의 행정이론으로 한국 행정을 설명하는 데 많은 한계가 나타났기 때문이었다.

당시의 대표적 담론으로 이문영, 이한빈, 조석준 등의 논문[3]과 《한국 행정학보》 제3집(1969)에 특집으로 실린 〈한국행정학의 반성과 진로〉라는 논문들을 들 수 있다.[4] 그러나 1960년대 후반기의 토착화 흐름에도 불구하고, 미국에서 발생한 비교행정론과 발전행정론이 도입되어 이후의 한국 행정학에 많은 영향을 끼치게 되는 실증주의적 방법론이 도입되기도 했다. 따라서 당시의 토착화 논의는 공허한 느낌을 주는 것이

---

3) 대표적인 연구물을 들면 다음과 같다.
  이문영, 〈우리나라에서의 적용을 위한 행정개혁의 이론모색〉, 《법률행정론》(고려대) 제2호(1968).
  이한빈, *Korea : Time, Change and Administration* (Honolulu : East-West Center Press, 1968).
  조석준, "Administrative Decentralization : A Case Study in South Korea Military Government"(Ph.D. Dissertation, Univ. of Minnesota, 1965).
4) 여기에 실린 글은 박문옥의 〈한국행정학의 발전과정〉, 김운태의 〈영역과 방법〉, 김영훈의 〈대학교육〉, 박연호의 〈공무원교육〉, 동홍욱의 〈우리나라 행정관리의 어제, 오늘 그리고 내일〉, 황인정의 〈한국행정학과 정책실무와의 관계〉 등이다.

기도 하였지만, 무분별한 외국 이론의 도입에 제동을 걸게 했다는 점과 한국 현실에 적합한 이론정립의 필요성을 고취한 점은 높이 평가할 만하다고 하겠다.

한편, 1970년대의 한국 행정학은 한국적 이론을 탐색하여 주체성을 확립하려는 노력이 더욱 활발해졌으며, 더불어 과학적 행정학의 연구에 대한 자각도 이 시기에 나타난다. 즉, 외국이론에 치우치기보다 주체적인 입장에서 한국의 행정문제를 고민하는 담론과 연구성과들이 풍성하게 생산되었으며, 이론적인 차원에서 토착화 문제에 대해 나름대로 접근을 시도하기도 했다.

또한 한국 행정학에 과학주의(혹은 실증주의, 경험주의)라는 계량적 사회 조사방법을 본격적으로 도입함으로써 '행정이론의 과학화'가 당시 한국 행정학의 주요 슬로건으로 등장한다. 이와 같은 과학적 행정학은 대개 미국에서 학위를 받고 돌아온 학자들을 주축으로 하는 2세대 학자군들에 의해 주로 도입되었다. 안병영에 의하면, 2세대 학자들은 1960년대 후반 서울대학교 행정대학원 출신의 신진 학자들로서 외국에서 행정학 전공으로 박사학위를 받고 귀국한 학자들을 주로 지칭한다.[5] 그들은 계량적 분석기법을 이용하여 학위논문을 작성하였거나, 적어도 방법론에서 계량적 처리능력을 익히지 않았더라도 그것의 중요성은 인식하던 학자들이다. 아무튼 그들에 의해 실증주의를 바탕으로 한 정통 행정학(또는 실증행정학)은 한국 행정학의 주류로 자리잡게 되었으며, 다시 한번 행정학을 토착화하려는 논의를 유발하는 데 기여했다. 당시의 대표적인 담론은 대개 다음의 문헌에서 나타난다.

- 이종범, 〈행정학의 토착화에 관한 논거〉, 《한국행정학보》 11집(1977).
- 박동서, 〈행정학연구의 현황과 평가〉, 《한국정치학회보》 12집(1978).
- 백완기, 〈한국 행정학의 학문적 정립문제 — 과학주의의 입장에서〉,

---

5) 안병영, 〈행정이론의 토착화와 '정부용역학'의 극복〉, 《월간조선》(1982. 7), 325~326쪽.

《한국정치학회보》 12집(1978).
- 안병영, 〈한국의 행정현상과 행정학연구의 주체성〉, 《한국정치학회보》 13집(1979).
- 이종범, 〈한국 행정학연구의 방향과 과제 — 문화적 차이의 개념을 중심으로〉, 《한국정치학회보》 13집(1979).

결국 1960년대에 제기했던 문제가 한국 행정학이 자기를 성찰한 시작이라고 한다면, 1970년대의 담론들은 한 단계 발전된 수준으로 평가된다.

박동서는 한국의 행정과 정치에 대한 올바른 체계정립, 한국 행정의 특성에 따른 상황적 접근, 효율적인 연구방법, 기초연구에 대한 투자 등을 제시했다. 백완기는 한국 행정학이 처방 위주의 기술적 접근에서 탈피하여 '행정학의 과학화'를 통해 학문의 권위를 높이고, 이론이 풍부한 학문으로 탈바꿈하며, 실천적 가치를 발휘할 수 있어야 한다고 말했다. 이종범은 '문화적 차이'라는 개념에 근거하여 한국 행정학의 보편성과 특수성 문제, 토착화 문제, 한국의 특수 행정이론의 개발 등에 관한 이론적 접근을 시도했다. 안병영은 한국 행정현상의 특성을 거시적인 시각에서 파악하고, 한국 행정학자들의 가치성향, 선진 행정이론과 방법론 수용문제, 주체성의 문제 등에 대해 언급했다.

이처럼 좀더 이론적으로 심화되었음에도 불구하고, 김석준의 지적처럼 미시적 문화심리적 측면을 강조하는 데 그치거나, 거시적인 체제론 등을 연구할 때도 체제 유지적인 경향을 보임으로써 한국 권위주의 체제의 변동과 같은 정치사회적 맥락, 구조, 함의를 구체적으로 밝히지 못한 한계를 가지고 있었다. 바로 이 점이 1970년대의 토착화 논의가 가지는 한계라고 할 수 있다.[6] 김석준에 의하면 이 시기에 이루어진 한국 행정학의 정체성과 토착화에 대한 논의는 대개 개괄적이고 추상적인 대

---

6) 김석준, 앞의 글, 440쪽.

안을 제시하는 데 그치고, 구체적인 이론이나 내용을 통해 좀더 체계적으로 한국 행정현상의 특수성을 설명하지 못했다. 또한 행정현상을 설명하기 위한 새로운 패러다임을 기대하면서도 구체적인 패러다임을 형성하거나 그것을 제대로 적용하지 못했다는 것이다.[7]

1980년대 들어서는 '한국적 행정이론'처럼 '한국적' 입장을 강조하여 외국 이론의 무비판적인 소개나 인용에서 벗어나 한국의 실제상황에 외국 이론을 적용해 보거나, 한국 행정현상 그 자체를 독자적인 시각에서 파악하려 했다. 또한 연구방법에 대한 자성과 대안을 모색하는 등 한국적 행정학을 토착화하려는 노력이 양적, 질적으로 더욱 심화되는 양상을 나타내었다. 이 시기를 대표하는 남론들을 소개하면 다음과 같다.

- 안병영, 〈행정이론의 토착화와 '정부용역학'의 극복〉, 《월간조선》 (1982. 7), 314~342쪽.
- 안병영, 〈한국 행정학의 '탈정치'적 접근과 문화적 편향성〉, 《사회과학》(성균관대 사회과학연구소) 20집(1983), 141~166쪽.
- 박영기, 〈한국행정이념의 정립과 토착화를 위한 연구〉, 《논문집 : 인문·사회과학 편》(한남대) 13집(1983), 159~189쪽.
- 김기언, 〈현상학적 방법의 행정학연구에의 도입에 관한 고찰〉, 《행정논총》(경기대) 7집(1985), 57~72쪽.
- 김광웅, 〈비판행정학〉, 《한국행정학보》 20권 1호(1986), 81~94쪽.
- 이병철, 〈구미행정학의 한국에서의 토착화 과정과 한국 행정학의 미래전망에 관한 연구〉(연세대 박사학위논문, 1986).[8]
- 강신택, 〈행정학 연구방법의 변천과정과 앞으로의 방향〉, 《한국행

---

7) 위와 같음.

8) 이병철은 자신의 박사학위논문의 연속선에서 행정학의 토착화 문제와 관련된 논문을 계속 발표했다. 관련된 논문은 다음을 들 수 있다. 이병철, 〈한국 행정학의 토착화과정의 특성과 파라다임에 관한 연구〉, 《연구논문집 : 인문·사회과학 편》(울산대) 21권 1호(1990), 1~32쪽 ; 이병철, 〈한국 행정학의 미래전망에 관한 연구〉, 《한국행정학보》 26권 4호(1992), 1069~1091쪽.

정학보》 21권 1호(1987), 3~22쪽.
- 백완기, 〈한국적 행정이론의 성립가능성 모색〉,《한국정치학회보》 21권 2호(1987), 153~173쪽.
- 김석준, 〈전환기 한국행정의 새로운 패러다임 모색—국가론을 통한 연구문제의 제기〉,《한국행정학보》 22권 2호(1988), 431~459쪽.
- 김정부, 〈한국 행정학의 연구동향〉,《사회과학연구》(경남대 사회과학연구소) 창간호(1989), 47~60쪽.
- 이기주·이도형, 〈행정철학의 정립을 위한 현상학·비판이론 연구〉,《사회과학연구》(충북대) 6권 2호(1989), 69~104쪽.

이병철이 파악한 것처럼, 1980년대는 미국 행정학의 창시자인 윌슨 때부터 지배적이던 관리, 능률적 패러다임에서 벗어나 한국적 행정학을 신행정학이나 정책과학으로 추구하려는 움직임을 보인 때[9]라고 할 수 있다. 또한 이 시기는 1970년대에 소개되어 한국 행정학의 주류 연구방법으로 군림한 실증주의적 연구방법에 대해 강력히 문제를 제기하면서, 대안적 연구방법으로서 현상학적 방법이나 해석학적 접근을 소개하기도 했다. 또한 부분적이나마 당시 한국 사회과학계에 풍미하던 비판이론이나 진보이론으로 한국 행정현상을 설명하려고 시도하는 등, 방법론적 대안이나 다양성을 추구하려는 움직임이 여러 곳에서 나타나기도 했다.

이러한 현상이 나타난 이유는 현실의 문제를 해결하는 데 기존의 실증주의적 행정학이 너무 무력하는 것을 깨달았기 때문이다. 또한 정통 행정학 또는 실증행정학의 인식론적 기반인 실증주의가 연구의 객관성을 높이고 과학성을 보장할 수는 있다고 하지만, 완벽한 객관성 내지는 과학성을 추구한 나머지 다른 손실이 많을 수밖에 없었기 때문이다. 김광웅은 비판행정학을 주장하면서 실증주의적 신화가 가지는 허구로 (1)

---

9) 위의 글(1990), 29쪽.

자료의 양산, (2) 측정오차의 분산문제, (3) 가정과 전제에서 오는 제약, (4) 비논리의 논리, (5) 구조적 모순 외면, 그리고 (6) 관료화의 정당화 등을 지적하기도 했다.[10]

한편 신행정학이라는 새로운 조류는 적실성을 찾고, 행동지향적이며, 현상학적 입장을 내세웠다. 또한 행정현상의 가치 문제를 탐색하고, 주관과 객관의 조화를 이루도록 하며, 역사적이고 해석학적인 시각에서 문제를 해결하려고 시도했다. 특히 김광웅이 제시한 비판행정학은 프랑크푸르트학파로 대표되는 비판이론에 이론적 기초를 두어 행정학의 문제에 정면으로 도전하면서도 조직의 안쪽보다는 바깥쪽, 그래서 행정의 사회적 맥락에 비중을 두는 문제해결 시향적인 행정학이라고 할 수 있다. 이기주와 이도형, 그리고 김기언도 행정철학이나 행정학 연구에 현상학과 비판이론의 도입을 타진하기도 했다.

한편, 1990년대에는 행정학 연구의 토착화 문제를 그다지 다양하게 논의하지는 않지만, 1970년대부터 꾸준하게 발언해 왔던 박동서가 행정학 연구의 주체성, 토착화, 행정학의 한국화 등을 문제로 제기했다. 박동서의 관련 문헌을 소개하면 다음과 같다.

- 박동서, 〈한국행정의 과제와 행정학의 재정향〉,《한국행정학보》26권 4호(1992 가을), 1429~1435쪽.
- 박동서, 〈한국에서의 행정이론의 변천〉,《행정논총》(서울대 행정대학원) 32권 2호(1994. 12), 1~20쪽.

결국 1960년대에 시작하여 1990년대에 이르기까지 한국 행정학의 탈식민성 담론이 꾸준하게 진전했다는 사실을 알 수 있으며, 그러한 노력들이 축적되어 많은 결실을 얻었다는 긍적적인 평가를 할 수 있다. 그러나 아직도 독창적인 행정학 이론의 개발성과가 부족하며, 한국적인

---

10) 김광웅, 〈비판행정학〉,《한국행정학보》20권 1호(1986), 85쪽.

패러다임을 사용하여 우리나라 행정발전이나 개혁에 큰 도움을 주는 데까지 학문적 위상을 확보하지 못한 것 또한 사실이다.

지금까지 20편 가까운 논문기사를 초록하면서 한국 행정학의 탈식민성 담론이 전개되는 과정을 살펴보았다. 초록과정에서 파악할 수 있었던 한국 행정학의 탈식민성 담론이 가지는 주요한 특징들을 요약하면 다음과 같다. 첫째, 좀더 실천지향적인 한국 행정학을 추구하려고 했다. 둘째, 행정학의 정체성의 위기를 극복하려고 했다. 셋째, 행정학이 처방이 되기보다 과학이 되기를 원했다. 넷째, 행정이념과 철학의 탐구에 관심을 가졌다. 다섯째, 기존의 연구방법에 대한 반성적 자각과 대안(또는 보완)적 방법론을 모색하려 했다. 이와 같은 모든 노력으로 인해 나타나는 결실은 행정학의 한국화를 앞당기는 데 중요한 기폭제가 될 것이다.

부연하자면, 한국 행정학의 탈식민성 담론은 다음과 같은 점에서 한국 사회과학의 다른 분과학문이 걸어온 과정과 구분되는 특성을 보인다. 첫째, 이문영, 이한빈, 조석준으로부터 박동서, 백완기, 이종범, 안병영, 김광웅, 김석준으로 이어지는 당대의 영향력 있는 중진학자들이 지속적으로 탈식민성 담론 작업을 주도했다는 점이다. 둘째, 1980년대 이후 한국 사회과학계의 진보적 학술운동을 주도해 온 각종 학술단체에 능동적으로 참여하여 탈식민성 담론을 함께 논의했던 사례가 다른 사회과학 분과학문에 비해 상대적으로 부족했다는 것이다.

요컨대 지금까지 한국 행정학의 탈식민성 담론들은 행정학 고유의 특성을 반영하면서 쉬지 않고 한국화를 모색하여 왔으며, 앞으로도 기나긴 여정을 예상할 수 있다는 것이 초록자의 소감이다.

이 종 범

행정학의 토착화에 관한 논거

[《한국행정학보》 11호(1977), 198~223쪽]

글쓴이는 이 글에서 행정학의 토착화 방향과 논리적 근거를 제시한다. 이를 위해 글쓴이는 네 가지로 세분되는 질문을 던지면서 논의를 전개한다.

첫째, 외국(특히 미국)에서 도입한 행정학은 과학이 가져야 할 성격과 처방적 성격을 동시에 갖고 있는데 이러한 행정학이 한국 현실에 타당한가? 만약에 타당하지 않다면 왜 그런가? 그 원인을 안다면 한국 현실에 맞는 행정이론으로 치환하는 것이 가능한가? 가능하다면 어떻게 해야 할 것인가?

둘째, 행정현상 특히 행정환경 또는 외생적 조건 가운데 바람직한 방향으로 바꿀 것은 없는가? 있다면 어떤 것이며, 그것이 변한다고 가정할 때 이러한 환경 변화에 따라 행정이론은 변하지 않겠는가? 변한다면 어떻게 행정이론을 바꾸어 나갈 것인가?

셋째, 현재 행정학 분야에서 다루는 내용들이 바람직한 것이가? 또는 보충해야 할 분야는 없는가? 있다면 어떤 분야를 보충해야 하는가?

넷째, 행정학의 바람직한 방향을 인식할 때 그것을 어떻게 장·단기적으로 토착화할 것인가? 특히 제도적 장치를 어떻게 하는 것이 이상적인가?

위의 질문에 대한 해답을 구하기 위해 글쓴이는 토착화를 문화개념의 하나로 이해한 후 1) 도입한 기존의 행정이론을 토착화하기 위한 단기적 분석과 장기적 방향의 제시, 2) 철학으로서의 행정학, 과학으로서의 행정학, 그리고 응용과학으로서의 행정학 등에서 새로운 행정이론의 도입 영역에 대한 검토(행정학이 철학, 과학, 응용과학의 성격을 가질 수 있도록 새로운 행정이론을 도입할 영역에 대한 검토), 3) 행정학이 토착화하기 위한 제도적 장치에 대해 심도 있게 고찰하고 있다.

다소 어렵고 구체성이 부족하다는 느낌을 지울 수 없지만, 이 글은 글쓴이의 언급처럼 행정학이 토착화하기 위한 방향을 체계적으로 설정하는 데 초점을 맞춘 것이라 할 수 있다. 물론 이 글은 1970년대 후반에 한국 행정학의 토착화 문제를 다룬 많은 논문들이 등장하도록 하는 계기를 마련했기 때문에 행정학에서 토착화와 관련된 논문들 가운데 걸작으로 평가받기에 손색이 없다고 하겠다.

박 동 서

행정학연구의 현황과 과제

[《한국정치학회보》 12집(1978), 63~72쪽]

글쓴이는 우리나라 행정학 연구의 발자취를 더듬어 보고, 그 현황을 현실적합성, 자율성, 방법론 등의 기준에 따라 평가할 목적으로 이 글을 썼다. 해방 후 30년, 즉 한국에서 행정학을 본격적으로 연구하기 시작한 때부터 1970년대 말까지 발표된 논문·서적 등의 문헌을 조사하고 연구자들과 만나면서, 글쓴이 자신의 경험 등을 토대로 기존 행정학 연구의 현황을 시대적 특성과 함께 검토한다.

글쓴이는 기반이 취약한 상태에서 미국의 행정학이 압도적으로 밀려왔기 때문에 우리나라 행정학 연구의 자율성, 현실적합성이 극히 미진할 수밖에 없었다는 견해를 밝힌다. 그러나 1950년대 중반부터 여러 대

학에서 강의를 했고, 저서·논문 등이 활발하게 출간되면서 행정학이 본
격적으로 연구되기 시작했으며, 1960년대 중반부터는 비교적 빨리 지금
까지의 성과에 대해 반성하기 시작한 것은 다행스러운 일이라고 한다.
당시에는 우리나라의 행정을 연구대상으로 삼아 구체적인 연구방법으
로 행정을 과학화하는 데 앞장서고자 했다. 하지만 실천이 미미했으며,
겨우 기초적인 사실을 파악하는 정도에 그쳤다.

그러기에 앞으로 행정학 연구를 효율적으로 하기 위해서 글쓴이는
다음의 몇 가지를 고려하고 해결해야 한다고 주장한다. 첫째, 행정을 개
방체제로 파악해야 한다. 둘째, 한국 행정의 특성을 파악하여 이에 적합
한 상황적 접근을 통해 연구를 하고, 그 결과를 한국 행정의 발전을 위
해 사용하는 것이 연구자들의 현명한 태도다. 셋째, 가장 취약한 방법론
에 대한 연구와 토론이 필요하다. 넷째, 우리나라 행정에 대한 기초연구
에 좀더 많은 시간과 자원을 투자해야 한다.

본격적인 행정학 연구가 시작된 이래 약 10년이 지난 1960년대 중반
부터 나타난 반성의 기운을 환영하면서 더욱 우리나라 행정에 적합하
며, 방법론에 기초한 행정학 연구의 방향을 제시한 점은 높이 평가할
만하다. 비록 길지 않은 글이지만 글쓴이의 작업은 한국 행정학의 두
번째 반성기라고 할 수 있는 1970년대 말의 분위기를 이끄는 데 커다란
기여를 했다고 할 수 있다.

백 완 기

한국행정학의 학문성 정립문제
— 과학주의의 입장에서

[《한국정치학회보》 12집(1978), 73~91쪽]

1950년대 중반부터 후진국 또는 개발도상국에 도입되기 시작한 행정

학은 기본적으로 도구중심적 또는 구조중심적 성격을 띤 행정학이라고 볼 수 있다. 즉 행정학의 사명은 후진국을 근대화하려는 도구라는 것이다. 이런 이유로 한국의 행정학은 과학성이나 학문성보다 처방 위주의 기술성을 더욱 강조할 수밖에 없었다. 결국 한국의 근대화에 얼마나 공헌을 했느냐를 행정학 평가에 대한 기준으로 삼았을 때, 긍정적이기보다는 부정적으로 답을 할 수 있다. 본래 미국의 행정학이란 체제유지를 위한 도구적 성격을 강하게 띠며, 한국과 같은 후진국의 동적인 발전문제를 다루는 데는 애초부터 한계가 있을 수밖에 없었다는 것이다.

그러므로 글쓴이는 우리나라 행정학의 주류를 이루는 실천 위주의 기술성과 처방성이 실제로 실천과 처방 능력을 제대로 발휘하지 못했을 뿐만 아니라 학문이 되기 위한 행정학의 위치마저 격하시켰다고 비판한다. 이러한 상황에서 행정학은 '내용이 없는 학문', '이론이 빈약한 학문', '매뉴얼적 성격을 띤 학문'으로 취급받을 수밖에 없었다고 자평한다. 따라서 우리나라 행정학이 실천적인 가치를 좀더 정확하게 발휘하기 위해서는 행정학을 과학화하는 작업이 시급하다고 본다. 글쓴이는 이 글을 통해 과학적인 행정학을 만들 수 있는 방향과 기반에 대해 설명하고, 그런 맥락에서 행정학의 주체성 문제, 접근방법, 가치문제, 토착화 문제 등을 다루고 있다.

한국의 행정학이 도구 중심적 성격을 띠고 도입되었기에 이론적 공허함은 클 수밖에 없었으며, 이러한 공허성을 메우기 위해서는 기술성보다 과학성을 더욱 강조해야 한다는 것이 글쓴이의 입장이라 할 수 있다. 글쓴이는 이와 같은 입장에서 한국 행정학이 과학적 이론을 정립할 수 있는 바탕이 무엇인지를 밝힌다. 행정학의 성격에 대한 예리한 판단을 전제로 현실적합성이 높고, 실사구시적인 한국 행정학을 정립하려는 글쓴이의 노력이 이 글을 통해 확연하게 나타난다고 할 수 있다. 이 글 또한 1970년대 말 한국 행정학의 두 번째 반성시기를 조성하는 데 큰 몫을 한 것으로 평가할 수 있다.

안 병 영

한국의 행정현상과 행정학연구의 주체성

[《한국정치학회보》 13집(1979), 49~66쪽]

이 글은 우리나라 행정학자들의 인식대상인 한국 행정현상의 특성을 추출한 후, 이를 연구해 온 행정학자들의 가치정향과 외국이론의 수용과정을 살펴보고, 이어서 주체성의 정립을 위해 우리나라 행정학자들이 무엇을 생각해야 하는가를 검토한다. 한편 이 글은 한국 행정학의 정립과 연관되는 문제영역을 망라하여 논하는 데 역점을 두기보다는, 평소 생각해 온 문제를 가능한 한 집중적으로 다루었다고 글쓴이는 밝힌다.

이 글에서 글쓴이는 다음과 같은 순서로 문제를 제기한다.

첫째, 인식대상인 한국 행정현상의 특성을 이해하는 데 도움이 되는 주요한 '관계'를 예시적으로 논의한다. 즉, 한국의 행정상황을 좀더 거시적인 시각에서 고찰하기 위해 1) 한국의 조직과 문화의 관계, 2) 현재의 역사적 발전과제와 남북 분단상황의 관계, 3) 정치적 리더십과 관료제의 관계, 4) 사회세력과 관료제의 관계, 5) 국민과 관료제의 관계를 논한다.

둘째, 한국 행정학자는 어떠한 가치를 지향하면서 어떻게 연구를 해 왔으며, 또 그 동안 선진 여러 나라에서 수입한 행정이론과 방법론은 어떠한 내용이었고, 어떻게 수용했는지를 살펴본다. 셋째, 한국의 행정학이 주체성을 스스로 찾기 위해서 1) 행정이론의 특수성과 보편성 문제, 2) 행정현상 연구에서 가치개입 문제, 3) 행정학 방법론의 문제, 4) 한국 행정학자가 한국 행정학의 주체성 제고를 위해 할 일 등을 차례로 검토한다.

마지막으로 글쓴이는 경험적 이론을 축적하여 응용과학 연구활동을 도와줄 수 있는 한국 행정현상에 대한 기초조사를 그 어느 것보다 가장 우선해야 한다는 점을 강조한다. 또한 글쓴이는 비록 한국의 현실적 행정상황에 적절하지는 않지만, 과학성과 일반이론 개발에 도움이 될 수 있는 이론화 작업도 한국 행정학을 정립하는 데 주요한 작업이라고 말한다. 이 글도 1970년대 말 한국 행정학의 토착화 논의에 큰 기여를 했다고 할 수 있다. 특히 한국의 행정현상에 대한 구체적인 문제의식을 일일이 서술하여 연구자들이 한국의 현실을 이해하는 데 많은 도움이 될 것으로 판단된다.

이 종 범

한국행정학연구의 방향과 과제
— 문화적 차이의 개념을 중심으로

[《한국정치학회보》 13집(1979), 67~79쪽]

이 글은 앞서 초록한 〈행정학의 토착화에 관한 논거〉의 후편에 해당한다고 볼 수 있겠는데, '문화적 차이'라는 개념을 토대로 행정학 연구의 방향과 과제를 제시하는 데 초점을 맞추고 있다. 글쓴이의 논지는 다음과 같다.

문화이식의 유형에 비추어 학문의 발전단계를 보면 1) 단순모방기, 2) 적응모방기, 3) 창조태동기, 4) 학문성숙기의 네 단계로 구분할 수 있다. 이와 같은 단계구분에 따르면 한국의 행정학은 단순모방기에서 적응모방기로 옮겨가는 과정에 있다는 것이 글쓴이의 주장이다. 그러므로 글쓴이는 적응모방기로 접어드는 한국 행정학은 과거의 업적을 반성하고 평가하며, 미래의 방향을 모색할 필요가 있다고 보았다.

이를 위해 글쓴이는 문화적 차이의 개념에 따라 한국 행정학에 외국이론을 도입하는 문제를 보편성과 특수성의 관점에서 구분하고 있다. 즉, 문화적 차이의 개념을 더욱 정확하게 규정함으로써 행정이론의 보편성과 특수성을 검토하고 나아가 앞으로의 행정학 연구의 방향을 제시한 것이다.

글쓴이의 주장처럼 적응모방기에 접어드는 시기의 한국 행정학은 외국이론의 특수성과 보편성을 구별하고, 그 중에서 보편적인 이론을 주로 도입, 소개하는 것이 중요하다고 볼 수 있다. 그가 제시하는 보편적인 이론의 세 가지 유형을 보면 다음과 같다.

첫째, 불변이론(완전한 보편이론)의 경우는 정확하게 이해하여 도입하는 것과 아울러 이것을 정확하게 사용해야 한다.

둘째, 조건적 해석이론으로 이와 같은 외국이론을 도입하는 경우는 그 내용의 정확한 이해는 물론이고, 그 이론의 검증과 확인을 위해서 자료 수집활동을 강화해야 하고, 문화적 특수 조건들을 탐색 및 확인하는 활동이 중요한 과제라는 것이다. 또한 이를 위한 정확한 방법론의 도입도 중요한 과제인 것이다.

셋째, 문화간의 상이한 언어적 관행으로 인해서 불일치한 것으로 보이지만 본질적으로는 동일한 의미를 갖는 이론의 경우이다. 이러한 상황에서 가장 중요한 과제는 문화적 관행에 따라 다른 용어(개념)의 의미와 내용적으로 일치하는 용어를 찾아내는 것이다. 물론 글쓴이는 이와 같은 세 가지 구분에 따르는 구체적인 사례를 제시하면서 논증하는 것을 잊지 않고 있다.

결국 이 글은 문화적 차이의 내용을 구체적으로 규정함으로써 외국이론의 도입과 한국의 특수한 행정이론을 위한 행정학 연구의 방향을 제시했다는 점에서 보면 생산성 있는 노작이라 할 수 있다.

안 병 영

행정이론의 토착화와 '정부용역학'의 극복

[《월간조선》(1982. 7), 314~342쪽]

현재 행정학의 주류를 이루는 미국 행정학은 정치학의 굴레로부터 벗어나려는 진통 속에서 성장해 왔다. 한편 한국 행정학은 일본의 식민 통치를 겪는 과정에서 주로 유럽대륙의 영향을 받아 공법학적 행정학의 성격을 띠고 있었는데, 이제 그 껍질을 벗고 독립된 사회과학의 한 분야로 발전하게 되었다. 비록 길지 않은 역사이지만, 한국의 행정학은 급격한 사회변동을 거치면서 나름대로 학문적 기반을 쌓아 왔음은 부인할 수 없다. 글쓴이는 여기서 해방 이후 행정학의 분야별 발전현황을 언급하고, 한국 행정학의 정립과 연관되는 주요한 문제영역에 대해 정리하고 있다.

글쓴이의 논지 가운데 한국에서 행정학의 전개과정(초기~1970년대 말) 부분을 검토하면 한국 행정학이 주체성을 확보하려는 노력의 대강을 엿볼 수 있다. 이를 요약하면 다음과 같다.

한국에서 행정학 강좌는 해방 이후부터 1940년대 말까지 주로 정치학과 법학의 테두리 안에서 이루어지다가 1950년대 초 미국의 대한 원조가 자극제가 되어 대학에 행정학과가 설립되고 한국 행정학회가 조직되는 등 독립적인 체제를 만들게 된다.

1950년대 말까지는 행정학의 독립적인 체계를 확립하는 시기라고 한다면, 1960년대는 한국 행정학에 대한 최초의 자성과 주체성을 인식하는 시기라고 할 수 있다. 이문영, 이한빈, 박동서, 조석준 등이 주도한 이 흐름은 비로소 외국에서 이식된 행정연구와 행정현실과의 괴리를 인식하게 하였고, 한국의 현실에 적합한 토착화된 이론의 정립가능성을 타진하게 했다.

1970년대에는 '경험주의의 신화'라고 부를 수 있을 정도로 행태론적 접근방법에 입각한 행정이론의 과학화에 힘쓰게 되었다. 글쓴이는 이와 같은 경험주의적 행정학이 행정학의 과학화을 도모하는 동시에, 1960년 대부터 제기되기 시작한 토착화 논의를 현실적으로 실현하는 방법론도 되었다고 보고 있다.

이렇게 전개된 한국 행정학은 1970년대 말 백완기, 이종범, 안병영 등 이 주도한 자기극복 노력으로 또 한번의 토착화 문제를 인식하게 된다. 글쓴이는 한국의 행정학이 한국 행정현상에 대한 주체적 연구를 지향하 기 위해서는 가치 규범적인 분야, 경험 실증적인 분야, 그리고 실천 응 용적인 분야 모두에 대한 깊이 있는 연구활동을 지속적으로 수행해 나 가야 할 것이라고 주장한다.

비록 학술지에 발표된 것은 아니지만, 이 글은 다양한 내부의 문헌들 을 토대로 한국 행정학의 발전과정을 검토하면서 한국 행정학이 정부용 역학에서 벗어나 더욱 토착화할 수 있는 방안을 모색했으며, 적실성 있 는 연구활동을 수행할 수 있는 방향을 제시했다는 점에서 높이 평가할 수 있다.

박 영 기

한국행정이념의 정립과 토착화를 위한 연구

[《논문집》(인문사회과학편, 한남대) 13집(1983), 159~189쪽]

글쓴이는 이 글을 통해 가능한 한 우리의 입장에서 행정이념에 대한 개념을 정립하고, 국내 학자나 일반 공무원들이 인식하는 행정이념을 살펴봄으로써 한국 행정이념의 모색과 토착화를 위한 방안을 살펴본다. 행정이념은 중요한 문제인데도 불구하고 행정학은 사실의 세계에 집착한 나머지 지금까지 그것을 소홀히 한 채 정치학에 맡겨 온 면이 있다고 반성한다. 행정학에서 행정이념의 개념을 정립하고 그것을 체계적으로 분석하고자 하는 것이 글쓴이의 의도라 할 수 있다.

또한 글쓴이는 한국 행정학이 한국의 현실과 동떨어진 미국 행정학, 즉 미국의 현실적인 행정문제를 탐구하기 위해 만들어진 행정이론을 그대로 도입하여 한국의 현실에 반영하려 했기에 우리 사회에 적실한 행정학 이론을 정립하지 못했다고 지적한다. 따라서 우리 현실에 필요한 행정이념의 정립은 이제 절실한 과제가 되었다는 점을 환기시킨다.

글쓴이가 내린 결론을 살펴보면, 행정이념은 행정의 목적인 공익을 추구하는 수단적 가치로서 파악되며, 민주성과 합리성의 양대이념으로 대별된다는 것이다. 그리고 민주 행정이념의 구체적인 내용으로는 책임성, 대표성, 중립성 및 형평성의 유형이 있으며, 합리 행정이념은 합법성, 경제성, 능률성 및 효과성으로 구별된다고 했다.

또한 글쓴이는 한국 행정이념이 민주성(민주주의의 제도화)과 합리성(합리주의의 확립)인 이유로 현대가 민주주의의 가치와 합리주의의 논리에 따르기 때문이라고 파악하며, 이러한 이념은 조직의 활동과 개인의 생활이라는 양면의 차원에서 끊임없이 추구할 때에 구현할 수 있다고 말한다.

결국 한국 행정이념에 민주성과 합리성을 토착화하는 작업이 필요하며, 이 작업은 우선적으로 민족의 생존을 염두에 두면서 이러한 이념을 기준으로 기존의 다양한 행정조직, 관리, 행태 등을 비판하고 새로운 대안을 강구하는 노력으로부터 시작되어야 한다. 이제까지 우리의 현실과는 동떨어진 외국의 행정이론을 통해 한국 현실을 설명하려고 했기에 도리어 한국의 현실을 복잡하게 이해하게 되었으며, 적실성 있는 한국의 행정이론을 만들어 내는 것이 어려워졌다. 한국 현실에 적합한 행정이념의 정립은 한국적 행정이론을 펼치는 데 중요한 인식론적 기반이 된다. 그런 점에서 이 글은 한국의 행정이념을 제시하고, 토착화의 방안을 설정하려고 한 점은 높이 평가할 만하다. 그러나 행정이념의 토착화에 대한 구체적인 방안을 제시하지 못한 채 글이 끝나고 있어 다소 아쉬운 감이 있다.

안 병 영

한국행정학의 '탈정치'적 접근과 문화적 편향성

[《한국사회과학론 : '사회'없는 사회과학들이 어떤가?》
(대왕사, 1983), 141~166쪽]

글쓴이는 이 글에서 한국 행정학이 독립된 학문으로 정착하는 데 영향을 미친 상황적 요인을 검토하고, 한국 행정학의 역사적 전개과정을 시기별로 분석한 후, 한국 사회에 대한 적실성의 차원에서 그것이 지향해야 할 과제를 다룬다.

한국에서 행정학이 독립된 학문으로 정착하는 데 기여했던 요인으로 1) 건국 초기의 능률행정 지향과 1960년대 이후 권위주의 정권의 발전행정 지향, 2) 행정학의 수입과정에서 미국의 적극적 관여, 3) 독립학과로서의 행정학과 급증과 행정학의 고시과목 채택 등을 든다.

또한 글쓴이는 한국 행정학의 변천과정을 살펴 그 특징을 다음과 같이 지적한다. 1) 한국 행정학은 미국 행정학의 복사판이었으며, 2) 1980년대로 올수록 토착화를 지향하는 자의식 수준이 높아지고 있으며, 3) 방법론에 대한 관심이 고조되었으나, 계량화에 치중하는 실증주의적 연구가 강조해 왔고, 4) 정치, 행정 일원론을 외쳤으나 이는 수사(修辭)에 그칠 뿐, 실제의 연구내용은 이원론에 치우쳤으며, 5) 행정학의 중심가치를 능률성 생산성에 두어, 민주화 인간화 사회적 형평 등에 대한 관심은 미약했으며, 6) 기술 및 처방에 치우친 반면 행정의 전체적 과정에 대한 구조적 이해가 없었으며, 7) 한국 사회에 필요한 연구 분야를 미리 준비하고 개발하는 노력이 거의 없었다는 것이다.

글쓴이는 한국 행정학의 향후 과제가 한국 행정에 대한 적실성(適實性)을 높이는 것이라고 진단한다. 여기서 외국이론의 '선별적 수용'이 문제가 된다. 글쓴이는 모든 선진이론에 대해 경험적 검증을 거칠 필요는 없으며, 각 연구자가 한국 행정상황에 대한 생활체험에서 축적한 통찰력을 근거로 하여 큰 채로 여과하듯 보편성의 수준이 낮은 이론을 제외하여도 좋을 것이라고 말한다.

특히 글쓴이는 이론화란 실증주의적 검증만을 통하여 이루어지는 것은 아니기 때문에 질적 판단이 중요함을 강조한다. 이러한 관점에서 글쓴이는 주관적으로 파악한 경험(질적 정보)을 중시하는 정성적(定性的) 연구(qualitative research)가 적실성이 높은 연구방법으로 행정학계에 대두하고 있음을 지적한다.

한국 행정은 '서비스 행정'을 지향하고 있으나 아직까지 권위주의적 관료행정의 단계에 머물러 있다. 한국 행정학은 이러한 한국 행정에 대해 적실한 설명을 하고 한국 정치와 관련해서 바람직한 행정체제를 논의하는 수준으로 올라서야만 지금까지의 '정부용역학'의 한계에서 벗어나 하나의 토착화한 학문으로 재정립될 수 있을 것이라고 본다.

김 기 언

현상학적 방법의 행정학연구에의 도입에 관한 고찰

[《행정논총》(경기대) 7집(1985), 57~72쪽]

이 글은 현상학 특히 후설의 현상학을 방법론적 측면에서 살펴본 후 실증주의, 행태주의적 행정학을 비판하고 이를 극복하는 방안으로 현상학적 방법을 행정학에 적용하는 문제를 다루고 있다. 행정학 연구의 주류 방법론이라 할 수 있는 실증주의는, 모든 현상이 법칙에 지배되고 있으므로 사회과학인 행정학도 자연과학처럼 그러한 법칙을 발견하는 것이 중요하며, 그래서 현상을 설명하는 자료를 계량화해야 한다는 것을 전제한다. 또한 행태주의도 실증주의와 마찬가지로 가치판단을 배제한 채 인간의 행동에 나타난 현상을 계량화하고 규칙화하려는 것을 우선한다. 이와 같은 방법에 대하여 글쓴이는 사회현상을 인간에 대한 이해와 가치판단을 기본으로 삼지 않고 객관화하고 계량화만 한다고 해서 제대로 설명할 수 있는 것은 아니라는 견해를 밝힌다.

이와 같은 인식을 토대로 글쓴이는 행정학 연구에 현상학적 방법이 도입될 수 있는 근거를 다음과 같이 제시한다. 첫째, 현상학적 접근은 우리가 이제까지 당연한 것으로 받아들였던 행정학의 연구결과나 이론에 대해 재검토할 필요성을 느끼게 한다. 둘째, 현상학의 선험성 개념을 통해 인식대상을 객관적으로만 바라보던 시각에 주관성을 인정하도록 한다. 셋째, 현상학에서 강조하는 생활세계의 개념은 계량화되고 가치중립적인 행정학 연구경향을 지양하는 계기가 된다. 결국 기존의 가치중립적인 연구풍토는 행정현상의 가치문제를 도외시하기 때문에 무엇을 위해 연구하느냐 하는 방향을 제시하지 못하며, 방향감각이 없는 맹목적 지식추구나 어떠한 것을 합리화시키기 위한 도구로 전락할 위험이 있다는 것이 이 글에 나타난 글쓴이의 주된 관점이다.

논의를 명쾌하고 쉬운 문체로 전개하지는 못했지만, 객관적 자연주의를 비판하고 생활세계의 다양한 현상을 중시하는 현상학을 행정학 연구에 도입하려고 시도한 점은 좋은 평가를 받을 만하다고 본다. 행정현상 자체가 생활세계의 현실을 적극적으로 반영하는 것을 중시한다면, 계량적이며 소극적일 수 있는 실증주의, 행태주의적 접근으로는 설명하지 못하는 부분이 많으리라고 본다. 그러므로 행정학에 현상학을 도입하려는 시도는 행정학 연구의 방법론적 변화와 다양성을 추구하는 것이기에 많은 장점이 있지 않을까 여겨진다.

김 광 웅

비 판 행 정 학

[《한국행정학보》 20권 1호(1986), 81~94쪽]

이 글은 현재 행정학을 지배하는 패러다임이 한국의 현실문제를 해결하는 데 별로 도움이 되지 않는다는 글쓴이의 문제의식에서 출발한다. 또한 글쓴이는 응용 사회과학인 행정학이 실제 문제를 해결하는 유용한 학문이 되지 못하는 정체성의 위기가, 잡다하게 늘어나는 행정학 범위의 팽창으로 인해 일어난다고 파악한다.

그러므로 글쓴이는 행정학의 기존 이론과 방법에 관해 비판적인 고찰을 하고, 행정학의 새로운 경지를 개척해 나갈 필요성에 따라 새로운 조류의 하나이면서 행정현상을 올바르게 바라보는 시각으로 비판행정학을 제시한다.

글의 내용은 대략 다음과 같이 전개된다.

먼저 글쓴이는 비판행정학에 대한 시론을 제시하기에 앞서 (정통)행정학의 도구적 합리주의의 결함, 실증행정학의 허구 등에 대해 살핀다. 그런 다음 행정학의 변신을 도모하는 신행정학, 즉 적실성을 찾고 행동지향적이며 현상학적 입장을 존중하는 새로운 방법론을 제시한다. 글쓴이가 제시하는 새로운 방법론은 해석학과 비판이론에 기초하고 있다. 비판행정학 또는 비판행정이론의 시각은 행정학의 문제에 정면으로 도전하면서도 조직의 안쪽과 바깥쪽을 같이 보며, 그래서 행정의 사회적 맥락 쪽에 비중을 둔다.

이 글은 실증주의적 행정학을 반성하고 대안적 방법론을 모색하는 1980년대 신행정학의 조류를 여는 데 커다란 기여를 했다고 할 수 있다.

■ 담론 개관

　한국 행정학은 한국의 제반 행정현상을 설명하는 것을 사명으로 한다. 그러기에 한국 행정학이 한국 현실에서 싹튼 문제의식으로 연구주제를 설정하고, 연구방법을 적용하며, 학술적인 글쓰기를 수행하는 것은 당연하다고 하겠다. 그러나 그 동안 한국 행정학은 대체로 미국을 중심으로 하는 외국의 행정이론으로 한국의 독특한 행정현상을 이해하고 설명하려 했으며, 그 또한 선택적이고 제한적으로 이론을 도입함에 따라 적실성이 항상 문제될 수밖에 없었다.

　1950년대 후반부터 지금까지 선도적인 위치에서 한국 행정학을 이끌어 왔던 박동서 교수는 1992년 12월 한국행정학회 연말학술대회에서 의미 있는 고백을 한 바 있다. 그 내용을 살펴보면 다음과 같다. 그는 오랜 고민과 방황 끝에 우리나라 행정을 이해하게 되었다고 하면서, 한국 행정이 안고 있는 문제에 대한 올바른 처방을 내리는 데는 '권력관' 또는 '권력 관계 문제'가 가장 핵심이라는 깨달음을 얻었다는 것이었다.[1] 이러한 깨달음이 자신의 행정연구 초창기에 지도교수로부터 교육을 받

---

1) 박동서, 〈한국행정의 과제와 행정학의 재정향〉, 《한국행정학보》 26권 4호(1992 가을), 1429~1435쪽.

이 병 철

구미행정학의 한국에서의 토착화 과정과 한국행정학의 미래전망에 관한 연구

[연세대학교 대학원 박사학위논문, 1986]

이 연구는 우리나라에 미국 행정학을 도입, 수용한 지 30여 년이 되는 시점에서 한국 행정학의 토착화 정도를 살피고 미래에 대한 전망을 제시한다. 우선, 미국의 행정학을 수용 소화하여 독자적인 한국 행정학의 영역을 구축한 상황과 정도를 분석하고, 미국을 중심으로 하는 구미 행정이론의 한국화 과정을 역사적 문헌 분석으로 정리했다. 그 다음 단계로 이러한 한국화 과정을 계량적 실증적 지표 발굴을 통해 개념화하고 그 이론적 맥락을 행정학의 범세계적 변화추세 속에서 예측 정리함으로써 한국적 행정학을 재조명하여, 좀더 타당성 있는 한국 행정이론의 정립을 시도했다.

이 연구는 이러한 목적을 달성하기 위해 관련 문헌을 분석하고, 학회, 학과, 대학원, 교과목, 교수, 학생 현황 등을 실제 조사했다. 또한 학술지, 관련 정기간행물, 정부기관 책자, 교과서 등의 내용을 분석하고, 델파이기법을 통해 지역적 한국 행정학과 보편적 세계 행정학의 패러다임을 탐색하여 연구를 수행했다. 이 연구의 분석결과를 보면 다음과 같다.

첫째, 행정학과, 행정대학원, 행정학회 등 행정학 관련 기관 및 단체가 증가해 왔고, 행정학을 전공한 교수의 수가 늘어나면서 지역별로 확산되고 있으며, 논문이 다양화되는 등 한국 행정학은 토착화 과정에서 양적 질적 발전을 이루었다.

둘째, 국내외에서 한국 문제를 전공하거나 한국 사회의 행정문제 해결에 필요한 연구를 하는 예가 증가하고 있으며, 특히 국내 행정학 박

170

사학위 소지자가 증가하는 추세로 분석되었다.

셋째, 행정학 교과목 가운데 정책과학과 같이 문제해결 위주의 실천적이고 실증성을 요하는 과목이 증가하고 있다. 이와 관련하여 한국 행정학은 단체행동권, 환경, 보건, 복지, 도시문제 등 다양화된 한국 사회의 당면과제를 해결하고자 하는 성숙한 모습을 보인다.

넷째, 행정학 연구방법에서 분석비판, 문제해결, 구조기능, 체계적 접근법 등이 높은 비중을 차지하며, 최근 논리적 분석연구와 함께 실증적 연구 추세가 강화되고 있다.

다섯째, 한국 행정학은 급변하는 세계의 환경 속에서 적절히 적응하면서 계속 기존의 이론을 수정하고 새로운 첨단 분야를 개척해서 한국적 토착화를 진행함과 동시에 세계 행정학의 발전추세에 주체적으로 부응하고 있다.

이상과 같이 이 연구는 한국 행정학의 토착화 정도를 대체로 만족스러운 상태로 진단한다. 다만 한국 행정의 전통, 예컨대 실학파의 실사구시 정신과 같은 정수를 파고드는 독창적 한국 행정학이 아직도 정립되지 않거나 체계적인 계승작업을 시도하지 않고 있음을 지적한다.

강 신 택

행정학 연구방법의 변천과정과 앞으로의 방향

[《한국행정학보》 21집 1권(1987), 3～25쪽]

이 글에서 글쓴이는 우리나라의 행정학자들이 행정학을 연구하는 데 사용했던 견해와 연구방법 등에 관하여 고찰하고, 앞으로의 방향을 예견한다. 물론 연구방법에 관한 어떤 하나의 '정설'을 제시하는 것은 아니지만, 그 동안 사용한 여러 가지 연구방법과 관련된 학문활동의 의미를 밝혀 보려는 것이 글쓴이가 내세우는 글의 요지라고 할 수 있다.

이 글은 크게 두 부분으로 구성된다.

첫째, 행정과 행정학의 개념, 행정학의 대상과 범주, 행정학의 연구방법 등에 대해 여러 가지 문헌들을 동원하면서 글쓴이가 평소에 생각하고 있던 견해들을 제시한다. 특히 글쓴이는 연구방법과 관련하여 행정학 연구에서도 현상학과 해석학, 비판이론의 견해를 받아들여야만 지식이 성장할 수 있으며, 행정사례나 실무경험 보고도 행정현상의 해석과 이해 그리고 비판으로 이어질 경우 행정지식의 성장에 도움이 된다는 입장을 취한다. 즉, 행정학 지식의 성장은 다양한 연구방법을 통해 이루어진다는 것이다.

둘째, 한국 행정학회 회원 가운데 설문소사(1986년 9월~10월)에 응한 126명의 응답자로부터 얻어진 자료를 토대로 여러 가지 논의를 전개한다. 분석한 항목은 행정학의 학문적 독자성, 연구지향, 패러다임의 모색과 이론의 재구성, 정책문제와 다학문적 접근방법, 행정학 지식의 성장과 연구방법, 행정학과 행정학 교육 등이다. 1960, 1970, 1980년대별로 구분하여 특징을 파악하며, 1990년대의 전망도 제시한다. 1990년대 전망 중에서 연구방법과 관련된 부분이 특히 주목된다. 글쓴이는 1990년대에도 계량적 방법을 많이 사용할 것이며, 해석학과 비판이론에 대한 관심 또한 높아져 행정학의 자기반성과 쇄신이 가능해져서 행정학 지식의 성장에 이바지할 것이라고 내다보고 있다.

간결한 문장과 방법으로 행정학의 연구방법을 포함하여 다양한 문제들을 검토한 이 글은, 한국의 행정현상에 대한 이해를 높이며 우리 실정에 맞는 실천적 정책적 방안을 제시하는 데 좋은 길잡이가 될 것으로 판단된다.

백 완 기

한국적 행정이론의 성립가능성 모색

[《한국정치학회보》 21집 2호(1987), 153~173쪽]

1950년대와 1960년대에 수입학문의 대표 격이던 한국 행정학이 한국 행정에 대한 비판적 역할과 적합한 이론의 개발에 눈을 돌린 변화는 1970년대 한국 사회과학계의 '한국적'인 것들에 대한 본격적인 논의에서 영향을 받았다고 볼 수 있다. 1969년에 "한국행정학의 반성과 진로"라는 주제를 《한국행정학보》(제3호)에서 특집으로 다룬 사실은 한국 행정이론의 본격적인 토착화를 예고하는 이정표였다.

글쓴이는 이 논문에서 1970년대와 1980년대에 전개된 한국 행정학계의 토착화 논의를 정리하고, 한국 행정학의 학문적 성숙도를 점검한다. 글쓴이는 한국 행정학에서 이 시기는 이미 종전처럼 외국이론의 소개나 조립식 교과서의 집필로 학자의 질을 평가하는 시대가 아니라고 진단하고, 한국적 행정이론의 성립 가능성을 낙관적으로 전망한다. 그런데 글쓴이는 한국적 행정이론이라고 해서 외국이론을 배격하는 것은 아니라고 말한다. 오히려 외국이론과의 상호작용 속에서 한국적 행정이론이 탄생한다는 것이다.

이 논문의 장점은 한국적 행정이론의 성립 가능성을 한국 행정현상의 특수성에서 찾아보려고 한다는 점이다. 이러한 특수성과 그에 대한 학문적 천착이 한국 행정학의 성립기반이 될 수 있다고 한다. 나아가 글쓴이는 좀더 구체적으로 한국 행정 특유의 현상들을 몇 가지 열거한다. 즉, 행정이 국민에 대한 봉사가 아니라 정치권력자의 권력지배라는 것, 법에 의한 지배가 아니라 인간에 의한 지배현상이라는 것, 구조화된 부패현상이라는 것, 혹은 권위주의적인 관료제의 유산을 가지고 있다는 것, 지방색과 파벌성이 강하다는 것, 그리고 행정인이 감정적이고 비자율적이며 비민주적이라는 것이다.

또한 이 논문은 끝 부분에 한국 행정학자들이 한국 행정현상에 대해 시도한 이론과 개념들을 추적하여 도표로 소개하기도 한다.

이 논문에 언급된 대로, 행정부패에 관한 논문이 해방 이후 몇 편에 지나지 않는 사례에서도 알 수 있듯이 우리 사회의 고질적 병폐에 대한 학문적 접근은 여전히 피상적이거나 제한적이라고 할 수 있다. 글쓴이는 한국 행정학이 뛰어넘어야 할 근본적 장애(방법적 문제를 포함하여)는 여전히 쌓여 있다고 본다.

김 석 준

전환기 한국행정의 새로운 패러다임 모색
— 국가론을 통한 연구문제의 제기

[《한국행정학보》 22권 2호(1988), 431~459쪽]

이 글은 다른 신생 학문 분야에 비해 한국 행정학이 정체성 문제와 토착화 논의를 많이 했다는 점에 착안하여 기존 한국 행정학의 패러다임이 가진 성격을 점검하고, 한국 행정현상의 특수성을 조명하며, 새로운 패러다임을 모색하는 등 일련의 연구과제를 설정하여 해결하려고 한다. 특히 국가론을 자아준거적으로 적용하여 새로운 패러다임을 모색한 점, 이를 통해 한국 행정현상과 행정학 연구경향의 변천을 이해한 점, 거시행정학을 시도한 점, 질적 비판적 연구방법을 적극적으로 수용하고 토착화를 강조한 점 등은 전환기 한국 행정학의 주체성을 확보하는 데 커다란 기여를 했다고 할 수 있다.

우선 글쓴이의 주장을 따라가면서 주요 논점을 요약하면 다음과 같다.

첫째, 외국이론을 한국에 적용하여 기존의 한국 행정학은 패러다임이 부재할 정도로 정체성의 위기가 나타난다고 보았다. 둘째, 한국 행정학의 새로운 패러다임은 자아준거적 거시적 포괄적 체계적 동태적이며, 또한 종합학문의 성격을 가져야 한다고 보았다. 셋째, 한국 행정학에 국가론을 자아준거적으로 적용하면 새로운 연구문제의 선정, 세계관, 연구영역, 방법 등의 범위를 더욱 넓히게 되어 결국 토착화를 촉진한다고 보았다.

그래서 글쓴이는 행정학의 토착화는 행정현상의 특수성을 연구함으로써 해결될 수 있다는 전제하에 한국 행정학의 전통적 특수성과 현재의 전환기적 특수성을 규정한 뒤, 그 동안 한국 행정학의 토착화 노력이 가진 한계를 밝히고 새로운 패러다임의 방향을 도출했다.

한국 행정학의 정체성과 토착화 문제는 한국 행정현상에 대한 '한국적 이론틀'이 축적되지 못한 것과 깊은 관련이 있다고 볼 수도 있으나, 그보다는 한국의 현상에 대하여 한국인의 입장에서 한국인을 중심으로 생각하고 해석하려는 노력이 부족하였기 때문이라는 것이 글쓴이의 견해다. 그러므로 이 글의 가장 큰 수확은 자아준거적 국가론을 통해 한국 행정현상과 한국 행정연구의 변천사를 해석하고, 새로운 연구 패러다임을 제시했다는 점이다.

결과적으로 이 글은 새로운 패러다임이 제시하는 연구주제들의 경우 연구의 타당성과 신뢰성에 대한 한계가 많은 기존의 논리 실증주의적 방법에만 의존하지 말고, 더욱 질적이고 연성적인 방법들인 비판적 현상학적 해석학적 방법을 적용해야 한다고 강조한다.

김 정 부

한국행정학의 연구동향

[《사회과학연구》(경남대 사회과학연구소) 창간호(1989), 47~60쪽]

글쓴이는 이 글을 통해 그 동안 한국 행정학이 무엇을 다루었으며,

어떠한 방법론을 적용하여 한국 현실에 대한 처방을 내렸는가를 기존의 저서와 논문을 통해 살핀다. 한국 행정학을 독자적인 분과학문으로 연구하기 시작한 지 40년이 지난 시점에서 과연 '성년다운 학문적 성숙을 말할 수 있는가?'라는 물음으로 시작하는 이 글은, 비록 현재까지도 미국의 행정학을 수입하는 과정이라 하여도 우리의 이론을 하나 하나 정립해 가는 작업이 한국 행정학의 주체성을 확립하는 데 매우 필요하다는 인식을 전제한다.

글쓴이의 논지는 다음과 같이 요약할 수 있다.

첫째, 한국 행정학은 미국 이론을 여과 없이 도입, 수용했으며, 간간이 외국 이론을 전개하는 말미에 한국의 경우를 첨가하는 형식을 취함으로써 한국 행정학의 체면을 살리는 것으로 스스로 만족한 점이 없지 않았다.

둘째, 한국의 행정학자들은 그들의 방법론에 대한 훈련이나 능력과는 별개로 행태론적 접근방법을 고수하는 학문적 경향을 보였으며, 계량적 방법을 비판 없이 사용해 왔다.

셋째, 한국 행정학자들이 한국 행정학을 연구한 영역에 대해 분석 검토한 결과, 그들은 서로 상이한 연구영역을 설정하고 있었으며, 내용에 대한 이해와 해석도 각자 다양하게 기술했기 때문에 연구영역을 재검토할 것이 요구되었다.

물론 이와 같은 분석과 주장에는 글쓴이의 주관적 이해와 해석이 많이 들어가 있지만, 더욱 성숙한 한국 행정학의 발전을 위한 올바른 목소리가 아닌가 여겨진다. 특히 한국 행정학의 미래상을 조감할 때 정직성, 형평성, 독립성을 강조하는 규범적 지향과, 동시에 적실성을 높이는 실천적 지향을 함께 강조한다면 좀더 과학적인 이론을 구성할 수 있다고 생각하는 글쓴이의 균형감각은 사회과학의 다른 분과학문에도 시사하는 바가 크다고 하겠다.

이기주 · 이도형

행정철학의 정립을 위한 현상학 · 비판이론연구

[《사회과학연구》(충북대 사회과학연구소) 6권 2호(1989), 69~104쪽]

글쓴이들은 이 글에서 종래의 실증주의적 방법론에 입각한 행정연구가 사회과학을 단순한 사실의 범위에 한정하는 폐단을 지녔으며, 따라서 가치추구적 규범적 영역에까지 확대하여 문제의 해결을 시도하지 못한 점을 반성한다.

이에 글쓴이들은 현상학과 비판이론을 통해 행정논의의 가치철학적 틀을 마련하고자 했다. 즉 글쓴이들은 종래의 실증주의적 방법론이 내포하는 형식논리성과 처방적 도구성은 본질적으로 가치함축적 규범적 요소를 내포하는 실제 문제의 진단과 해결에 적실성을 지니지 못한 채, 주로 권력 장악을 위한 논리로 봉사했다고 보았다. 그래서 현상학과 비판이론으로 행정철학의 토대인 인간가치를 재발견하고, 이를 바탕으로 한 여러 사회가치 구현에 유용한 새로운 행정실천 양식을 만들려고 했다.

이를 위해 글쓴이들은 행정철학을 정립하기 위한 사전 작업으로 행정연구의 진전 양상, 주류 행정학의 성격과 규범적 방법론적 한계, 행정철학 정립의 당위성 등을 검토했다. 그런 다음 행정철학의 학문적 영역, 가치론적 토대, 방법론적 토대로 현상학과 비판이론의 개념, 행정철학에의 기여와 한계 등을 차례로 검토했다.

결국 글쓴이들은 현상학과 비판이론이 종래의 실증주의적 주류 행정학이 지배하는 논의 속에서 왜곡 경시되어 온 행정세계의 인간가치와 사회가치를 재발견하고 재해석하는 데 유용한 방법이 된다는 인식을 나타냈다. 또한 현상학과 비판이론은 이러한 가치들에 의해 실제의 행정에서 나타나는 갈등과 모순을 해결하는 방향을 제시해 주기 때문에 행정철학의 정립을 위한 방법으로도 유용하고, 또한 행정학의 학문적 입지도 크게 넓혀 줄 수 있을 것이라고 주장한다.

물론 각각의 방법론은 행정철학적 관점에서 보면 나름대로의 한계가 있으며, 그러므로 상호보완적일 수밖에 없다고 글쓴이들은 지적한다. 즉, 현상학이 지닌 보수성과 역사적 이해의 결여는 비판이론으로 극복할 수 있으며, 비판이론이 안고 있는 대안 제시의 추상성은 국가론적 시각의 보완으로 극복할 수 있다는 것이다. 행정학 연구, 특히 행정철학의 영역에서 체계적인 시각으로 현상학과 비판이론의 도입 여부를 타진한 섬은 이 글이 가시는 강점이라고 하겠다. 그러나 한국 현실에 기반하는 행정철학을 겨냥하기보다는 보편적인 행정학을 전제로 논리를 전개했기 때문에 논의의 설득력이 다소 떨어지는 것이 흠이라고 할 수 있다.

박 동 서

한국행정의 과제와 행정학의 재정향

[《한국행정학보》 26권 4호(1992), 1429~1435쪽]

글쓴이는 이 글에서 현단계 한국 행정이 수행해야 할 과제를 짚어 보고, 이에 도움이 되는 행정학 연구 및 교육의 방향을 모색한다. 글쓴이가 이 글을 한국 행정학회 연말 학술대회에서 발표한 시점인 1992년은 미국의 행정기술 지원이 이 땅의 학자와 관료를 대상으로 이루어지기 시작한 1950년대 후반으로부터 치면 일제 식민지시대 전 기간에 해당하는 만큼의 세월이 지난 이후라고 할 수 있다.

글쓴이는 한국 행정이 지금까지 비민주적 비능률적이었으며 체제유지에 주력했다고 지적한다. 또한 글쓴이는 1987년 6월 민주항쟁으로 인해 한국 행정의 당면과제로 민주화와 복지화가 부각되었는데도 불구하고, 한국 사회나 행정의 구조가 여전히 권력지상주의에 좌우되고 있어 이에 대한 민주적인 통제가 필요하다고 말한다.

글쓴이는 한국 행정학이 초창기인 1950년대부터 한국 사회나 사회과학에 대한 올바른 이해가 거의 전무한 상태에서 미국 행정학을 맹목적으로 이식하는 데 급급했다고 토로한다. 그러나 1960년대 중반부터 미국 행정학의 지역성과 한계성을 인식하고 한국 행정학의 토착화 논의를 시작한 것을 다행스럽게 여긴다.

따라서 글쓴이는 한국 행정학이 가다듬어야 할 방향을 다음과 같이 제시한다. 즉, 한국 행정을 종래의 서구적 시각이 아닌 역사적 비교론적 실사구시적 시각에서 연구하고, 한국 행정의 주된 특징인 권력현상에 대해 학제간 연구를 적극 추진하며, 서구이론을 수용할 때 우리의 입장에서 비판적 검토를 선행해야 한다는 것이다. 아울러 권력자와 행정의 책임성과 민주통제를 강화하고, 참여·분권·공개·집단토론을 통해 관료제의 효율화를 기하는 행정연구가 이루어져야 한다는 것이다.

한국 행정학계의 대표적 학자인 글쓴이는 오랜 방황 끝에 이와 같은 깨달음을 얻었다고 고백하고, 행정연구 초기에 지도교수로부터 이 같은 교육을 받았으면 하는 아쉬움을 표명한다. 독학(獨學)의 신고(辛苦) 끝에 후배들에게 행정학 연구의 주체성을 일깨우는 한 중진학자의 글은 한국 행정학의 주된 물줄기를 토착화 방향으로 확실히 흐르게 만드는 계기를 제공하는 것으로 보인다.

박 동 서

한국에서의 행정이론의 변천

[《행정논총》 32권 2호(1994), 1~21쪽]

글쓴이는 이 글에서 한국의 행정이론사 즉, 한국에서 행정이론은 어떻게 변천하여 현재에 이르렀는지를 정리한다. 이 작업은 한국에서 처음 시도한 것이라고 하면서 행정학의 발전, 나아가 '행정학의 한국화'를 위해 접근한다. 우선 그는 기존의 분류기준을 사용하여 행정학 연구의 범주를 다음의 네 가지 영역으로 나누는 데 동의한다. 즉 행정과 정치의 관계에 관한 것, 행정학이 과학적인가 아니면 아직 기술적인가 하는 문제, 행정을 지배하는 이념의 문제, 행정현상을 일으키는 요인에 관한 이론이 그것이다. 이 네 가지 사항은 모든 민주국가나 민주국가를 지향하는 국가에 해당하는 보편성을 지니기 때문에, 이를 토대로 우리나라에서는 어떠한 연구가 이루어져 왔는지를 검토한다.

그 결과, 글쓴이가 제시하는 우리나라 행정학 연구에서 반성헤야 할 점은 다음과 같이 요약될 수 있다.

첫째, 해방 후 행정학 연구를 시작한 초기, 특히 1960년대를 전후해서 지나치게 외국, 그 중에서도 미국의 행정학을 일방적으로 소개하고 이에 지나치게 휩쓸렸다는 점이다.

둘째, 연구의 1차 목적이 이론을 형성하는 것이며 이것을 축적해 가면서 체계화해야 하는데, 엄청나게 많은 외국의 성과를 이해하고 소개하는 데 바쁜 나머지 그렇게 못 하고 있다는 점이다.

셋째, 우리나라의 행정학 연구가 스스로 문제의식을 갖고 주체적인 출발을 본격적으로 하지 못했기에 행정의 본질에 대해 이해를 잘못한 감이 있다는 점이다.

넷째, 행정의 핵심기능이라고 할 수 있는 가치배분에 대한 관심이 적고, 지엽적인 관리기술에 지나치게 집착하였다는 점이다.

다섯째, 연구에서 적실성이 적고, 우리나라 행정발전이나 개혁에 큰 도움을 주지 못하였다고 하는 점이다.

마지막으로, 기본연구가 거의 없는 상태에서 행정발전을 위한 개혁안, 처방을 서두르다 보니 빗나가는 제안이 도출되기 쉽다는 점이다.

실로 한국 행정학의 중진 연구자다운 자성적 발언이라고 평가할 수 있다. 더욱이 "이제부터는 한국인, 한국 사회, 한국 행정현상을 1차 대상으로 연구함으로써 한국 행정에 근거한 연구와 이것으로부터 도출된 이론 형성에 적극적으로 노력함으로써 이를 이용한 발전을 위한 처방이 제시되어야 할 것이다”라는 글쓴이의 마지막 다짐 속에는 행정학의 한국화를 위한 엄숙하고도 성숙된 자세가 나타나 있다.

■ 담론 개관

　사회학이 무엇을 연구하는 학문이냐고 누군가에게 묻는다면, 사회학을 전공하지 않는 사람이라도, 사회현실 또는 사회현상을 연구하는 학문이라는 정도의 상식적인 대답은 할 수 있을 것이다. 사회학이 대상으로 하는 사회는 서구의 특정 사회일 수도 있을 것이며, 제3세계의 어느 마을일 수도 있을 것이다. 그리고 우리나라에서 사회학을 한다고 했을 때 연구자가 주로 문제삼는 분야는 당연히 한국의 사회라고 생각을 할 것이다. 즉 한국 사회학은 한국 사회를 대상으로 하여 우리가 살아온 사회, 그리고 현재 우리가 살고 있는 사회현실을 설명해 주기를 기대할 것이며 당면한 사회적 문제에 대한 해결책도 제시해 주기를 바랄 것이다. 그렇다면 이런 상식과 당위 앞에서 한국의 사회학은 떳떳한가? 바로 이러한 물음이 초록자가 이 분야의 다양한 문헌을 읽으면서 탈식민성 담론을 쫓아가는 출발점이다.

　이 분야에 문외한인 초록자는 이와 같은 상식적인 물음에 의미를 부여하고 제대로 접근하기 위한 방법으로 먼저 한국의 사회학이 걸어 온 길을 간단히 되짚어 보았다.

　사회학은 구한말에 처음으로 한국에 소개되었으며, 해방 이듬해에 서울대학교에 사회학과가 설치되었고, 1957년 한국사회학회가 창립됨으

184

로써 분과학문으로서 자리잡게 된다. 그러나 해방과 6·25를 거치면서 한국의 사회학은 민족주의 좌파 지식인들의 몰락과 함께 그 고유한 비판적 성격을 잃고 오랫동안 침체기를 맞게 된다. 이는 사회학 자체가 이데올로기의 냉전구조 속에 편입되어 그 한계를 벗어날 수 없었기 때문이며, 이 시기는 사회학의 가장 기초가 되는 사실판단조차 학자의 손을 떠나 정치적 권위에 의해 이루어지는 상황으로 분석된다.

해방 직후에는 일본 학계에서 구미의 사회학 이론을 취사선택하여 해석한 것을 국내에 재수입하는 것이 주를 이루었고, 한국전쟁 이후부터는 미국 사회학이 물밀듯이 직수입되어 초창기 한국 사회학계의 공간을 모두 차지해 버리게 된다. 서구사회가 자신들의 사회현상을 설명하고 문제를 해결하기 위하여 만들어 놓은 이론과 방법을 아무런 여과과정 없이 들여와서는, 그것으로 우리 사회의 현상을 설명하고, 우리 사회의 문제를 해결하려고 한 것이다. 신용하는 이러한 보편성의 옷을 입은 사회학 이론과 개념들이 한국 사회현실이나 역사적 경험과에 적합한지 여부에 대해서는 문제의식조차 제대로 갖추지 못한 상태라고 진단한 바 있다.[1]

이러한 현상은 1960년대 이후에 시작된 산업화, 즉 '조국근대화'의 이론적 지주로서 사회의 여러 영역에서 나타난 사회과학의 소요가 급증하던 현상과 연관하여 굳어지게 되었다. 1960년대의 사회학은 크게 볼 때 근대화론과 이의 구체적인 적용방식을 다루는 조사방법론의 결합, 그 발전으로 특징 지워진다.

사회학을 포함한 한국의 사회과학은 1970년대까지 기본적으로 몰역사적 성격 또는 현장 부재성을 가진다고 규정할 수 있는데, 이로 인해 사회학에 대한 학문이 깊어질수록 한국 사회에 대한 해석능력이 떨어지는 현상을 초래하게 되었다. 이와 관련하여 한국적 현실을 역사적 구조

---

1) 신용하, 〈독창적 한국사회학의 발전을 위한 제언〉, 《한국사회학》 28집(1994), 3
쪽.

적 사실로 보지 못했던 조건을 김진균은 세 가지로 정리하는데, 맹목적 반공 이데올로기에 의한 제약, 미국적 이론의 무비판적 수용, 그리고 과거의 실상을 은폐하려는 세력의 존재가 그것이다.[2]

1970년대 후반기 공업화의 결과 사회계층 또는 사회계급이 정형화하기 시작하고 그들 간의 갈등이 표출되는 과정에서 비로소 사회과학은 잃었던 비판적 기능을 조금씩 발휘하기 시작한다. 이론적으로 볼 때 통합과 균형을 강조하는 구조기능론으로부터 긴장과 변동을 강조하는 갈등론으로 관심이 확대[3]되었는데, 한국 사회학의 탈식민성 담론이 나타나기 시작한 것도 바로 이때부터라고 말할 수 있을 것이다. 이렇게 비판사회학 또는 진보적 사회학의 이름을 내걸고 나타나기 시작한 담론은 1970년대 중반 미국의 '표준사회학'과 그것의 대표적인 표방인 '근대화론'에 대한 비판과 부정으로부터 출발하였다고 볼 수 있다.[4]

이와 같이 '주류 사회학'으로부터 벗어나려고 하는 움직임은 사회과

---

2) 김진균, 〈한국사회학, 그 몰역사성의 성격〉, 《사회과학과 민족현실》(한길사, 1988), 40~44쪽.

3) 김진균, 〈한국 사회과학의 현재적 과제〉, 《사회과학과 민족현실》(한길사, 1988), 18~22쪽.

4) 이 부분에서는 몇 가지 다른 관점이 제시될 수 있을 것이다. 우선은 이전에도 1960년대 중반기를 전후하여 서구이론의 일방통행적 직수입에 대한 반성으로 '학문의 토착화', '사회과학의 한국화' 등에 관련된 논의가 있어 왔다는 점이다. 그러나 이러한 논의들은 학문적 당위성에 대한 명분론의 나열을 벗어나지 못했으며, 구체적인 내용이나 방법론을 발견하지 못한 채 진행되었다는 점을 반론으로 펼 수 있을 것이다. 다음은 한국사회학회의 1972년도 춘계사회학대회를 한국 사회학계에서 일어난 탈식민성 담론의 출발점으로 볼 수도 있을 것이다. 이 대회는 '한국사회과학의 반성'이라는 주제로 개최되었는데, 경제학과 사회학, 정치학과 사회학, 역사학과 사회학 등 세 가지 분과토론의 양식을 갖추고, 사회학은 물론 한국의 사회과학이 공통적으로 당면하고 있는 전반적인 문제에 관해 발표와 토론이 진행되었다. 그러나 이 대회는 사회학을 중심에 두고 있지만 사회과학 일반의 관점에서 진행되었다는 점에서 한국 사회학의 탈식민 담론의 출발점으로 보기는 어려울 것이다. 따라서 우리는 좀더 사회학 내부 문제에 치중한 1973년도의 한국사회학대회를 그 출발점으로 보고자 한다. 한편 1972년도 한국사회학대회의 토론 내용은 김성국·임현진, 〈한국사회와 사회과학〉, 《한국사회학》 7집(1972), 85~96쪽에 요약되어 있다.

학의 다른 분과학문과는 달리 한국 사회학계의 주류에 해당하는 '한국 사회학회'에서부터 나타난다. 한국 사회학회는 '사회과학이론의 보편성과 특수성'이라는 주제로 학술토론회를 개최하였는데, 1973년의 춘계대회가 그것이다. 그 자리에는 정치학, 경제학 및 심리학 전공자들도 같이 참여하여 한국 사회를 분석, 연구할 때 서구이론의 유용성과 적용의 문제점들을 논의하였으며, 그 내용이 한국사회학회가 발간하는 《한국사회학》 특집호(8집, 1973)로 발간되었다. 여기에는 오갑환의 〈사회학 이론의 보편성문제〉와 김대환의 〈한국사회학의 정향을 위한 좌표—사회학의 보편성과 특수성〉이 실려 있는데, 이 두 편의 글이 우리나라 사회학계에서 나타난 탈식민 담론의 출발이라고 볼 수 있을 것이다.

그러나 이 글들을 한국 사회학의 본격적인 탈식민 담론으로 보기는 어렵다. 당시 편집자의 지적대로 토론의 취지를 사회자나 발표자들이 명확하게 인식하지 못한 상태에서 진행되었으며, 개념 자체도 정립하지 못한 상태였다. 그렇지만 한국사회학회의 1973년 춘계대회는 '한국사회학이 한국사회의 설명과 분석에 적합한 사회학 이론의 발전에 좋은 자극'이 되었으면 하는 기대가 그대로 드러난다.

이러한 기대와는 달리 한국 사회학계의 본격적인 탈식민성 담론은 10년이나 되는 기나긴 지적 우회의 과정을 겪은 다음인 1980년대에 들어서 비로소 등장하기 시작한다. 그러나 임영일의 분석에 따르면 그것 역시 사회학적 인식의 자기전개를 통해서 이룬 결실이라기보다는 한국 사회학이 '한국 사회에 대한 과학'이기를 요구하는 1980년대의 객관적 사회조건의 변화로 인해 가능했다.[5]

이 시기부터 사회학계의 대표적 학술지라 할 수 있는 《한국사회학》(한국사회학회)을 비롯하여, 《현상과 인식》, 《산업사회연구》(한국산업사회연구회), 《사회비평》 등의 다양한 매체를 통하여 기존 사회학을 반

---

5) 임영일, 〈사회학연구의 동향과 과제〉, 《80년대 한국인문사회과학의 현단계와 전망》(역사비평사, 1988), 115쪽.

성하는 글들을 어렵지 않게 발견할 수 있다. 그야말로 한국 사회학계의 탈식민성 담론이 1980년대 초반부터 봇물 터지듯 쏟아져 나오기 시작한 것이다. 물론 이러한 담론들은 《신동아》 등과 같은 좀더 대중성 있는 매체들에도 나타나지만 이 글에서는 논외로 한다.

이 시기와 이후에 나온 대표적인 탈식민성 담론으로는, 《한국사회학》 17집(1983)에서 '사회학교육의 현황과 과제'라는 제목의 특집 속에 포함된 고영복의 〈한국사회의 발전과 사회학〉과 권태환의 〈사회학방법론교육의 현황과 문제점〉, 그리고 《산업사회연구》 1집(1985)에 실린 김진균의 〈80년대 한국사회학의 과제〉, 《현상과 인식》 9권 1호(1985)에 실린 박영신의 〈사회학연구의 사회학적 역사〉, 《사회비평》 10호(1993)에 실린 김호기의 〈한국 비판사회학의 회고와 전망〉 등을 들 수 있다.

이와 함께 이러한 담론들을 모은 단행본들도 상당수 발견할 수 있는데, 김진균의 《비판과 변동의 사회학》(한울, 1983)과 《사회과학과 민족현실 Ⅰ·Ⅱ》(한길사, 1988, 1992), 한완상의 《민중사회학》(종로서적, 1984)과 《한국현실 한국사회학》(범우사, 1992), 학술단체연합의 《80년대 한국인문사회과학의 현단계와 전망》(역사비평사, 1988), 김진균·조희연이 엮은 《한국사회론 — 현대한국사회의 구조와 역사적 변동》(한울, 1990), 그리고 한국산업사회연구회의 《현대한국인문사회과학연구사》(한울, 1995) 등이 그것이다.

한국의 사회학 분야에서 탈식민성 담론의 핵심 담론자로 우선 김진균을 꼽을 수 있다. 그는 한국 사회학의 몰역사성·반민족성·반민중성을 집중적으로 해부한 다음, 그 대안으로 민족적 민중적 학문을 제창한다. 임영일과 조희연 등도 같은 계열의 후속 담론자로 볼 수 있을 것이다. 부분적으로 마르크스주의의 색채를 띤다는 점에서 또 다른 서구의 메타이론에 기댈 우려가 있다고 볼 수 있다.

1970년대 후반부터 민중사회학과 분단사회학이라는 새로운 문제 제기를 통해 한국 사회학의 현실적합성을 꾸준히 문제삼아 온 한완상 또한 이 분야의 핵심 담론자임에 틀림없다. 그는 미국 표준사회학에 대한 안티테제로서의 분단사회학과 반민주적 통치기구, 이데올로기에 대한 안티테제로서의 민중사회학을 내놓지만, '과학이라기보다는 암울한 현실에 대한 소박한 당위론적 비판'이라는 비판을 받기도 한다.

그리고 1990년대 중반에 한국사회학회 회장으로 취임한 신용하 역시 학문적 자주성과 실사구시의 사회학을 통한 독창적 한국 사회학의 정립을 주장하고 나서서, 그 자신이 한국 사회학계 내에서 차지하고 있는 무게로 인해 핵심 담론자로 떠오르고 있다고 보아도 무방할 것이다. 이와 함께 젊은 연구자들이 이러한 핵심 담론자들의 주위에 대거 포진하고 있다는 사실 또한 지나칠 수 없는 부분이다.

한편 이들은 수많은 탈식민성 담론 관련 용어들을 쏟아 내고 있다. 이를 지양(止揚)과 지향(指向)의 관점에서 살펴보기로 한다. 우선 지양의 측면에서는 표준 미국 사회학 교과서, 지배이데올로기의 동반자, 새마을의 사회학, 몰역사성·반민족성·반민중성, 소시민적 휴머니즘 등의 용어를 사회학 분야 탈식민 담론자들이 대부분 공통적으로 사용하고 있으며, 이 외에도 주관주의적 절충주의적 관념적 교조주의, 원전주의 편향(임영일), 소아마비 못 면한 사회학(김진균), 현실적합성 없는 사회학(한완상), 백과전서식 한국 사회학(고영복) 등의 표현도 사용하고 있다.

한편 지향의 측면에서는 진보적, 실천지향적, 능동적, 민족적, 민중적, 민중사회학, 분단사회학, 비판사회학 등의 용어와 함께, 실재의 역사적 현실에 끊임없이 접근하는 사회학(임영일), 우리 문화의 주체성(김진균), 사회학의 현실지향성(고영복), 역사적 경험세계에 대한 더욱 긴밀한 관련성의 획득, 우리 문제에 대한 우리다운 문제 제기와 해명(박영신), 우리 사회의 현실적 관심사에 대한 자주적인 이론적 해석과 탐구의 방법(조희연, 김동춘), 한국 현실에 대한 실사구시적 접근(한완상), 독창적 한국사회학의 정립(신용하) 등의 표현이 발견된다. 이러한 용어들 중 상당 부분은 한국 사회학의 중요한 학술적 개념으로 자리잡을 것으로 보인다.

이처럼 1970년대 초반부터 싹트기 시작한 사회학 분야의 탈식민성 담론은, 1980년대를 넘어서면서 양적 질적으로 절정을 이루면서 하나의 대체 패러다임을 형성하기 시작했으며, 1990년대에는 주류로서 자리를 확보해 나가는 듯한 느낌마저 든다. 1994년 신용하가 한국사회학회 회장으로 취임하면서 가졌던 취임강연[6]이 이러한 사실을 뒷받침하고 있다.

그럼에도 불구하고 한국 사회학계의 지배적인 패러다임과 문제의식은 여전히 외래적이며, 구체적 실천의 단계까지 나아가지는 못한 느낌이다. 구미 사회학이 정립해 놓은 이론으로 한국 사회의 현실을 재단하는 것보다는, 한국 사회의 사회적 사실과 역사적 발전과정에 대한 탐구로부터 보편적인 이론화 작업으로 나아가는 사회학이 아직도 절실하게 요구된다고 신용하는 같은 글에서 시적한다. 문세의식과 분석시긱이 우리 사회의 뿌리로부터 유래하지 않을 때, 외래이론의 현실적합성이 떨어지는 것은 물론이고, 그 자체로 학문적 종속성을 조장 강화하는 결과를 가져올 위험도 매우 크기 때문이다.

이러한 한국 사회학계의 탈식민성 담론은 사회학계 내부 논쟁의 형태로 당분간 지속될 것으로 보이며, 이 수준을 한 단계 뛰어넘어 한국 사회의 구체적 현실문제를 파고든 이론적 결실을 만들어 내는 작업이 남겨진 과제일 것이다.

---

6) 신용하, 〈독창적 한국사회학의 발전을 위한 제언〉, 《한국사회학》 28집(1994), 1~15쪽.

■ 초 록

오 갑 환

사회학 이론의 보편성 문제

[《한국사회학》 8집(1973), 7~14쪽]

이 글은 한국 사회를 분석, 연구할 때 서구이론의 유용성과 그 적용의 문제점들을 짚어 보기 위해 한국사회학회가 주최한 1973년도 춘계학술대회에 발표되었던 것으로, 사회학 이론은 불완전하나마 과학이라는 입장에서 일반화를 지향한다는 점과 다른 사회에서 이론이 도입됨으로써 일어나는 몇 가지 문제를 논한다.

역사적 특수성과 사회법칙, 비교연구의 문제, 사회학적 법칙의 성격, 지식사회학과 이론의 타당성, 사회학적 개념 검토의 필요성, 사회학의 이론적 다양성의 문제 등이 이 글의 주된 주제이며, 특히 서구에서 구성된 개념과 이론을 반성 없이 후진국에 그대로 적용하려는 것은 심각한 문제를 초래할 수밖에 없음을 강조한다.

저자는 여기서 한 걸음 더 나아가 자기사회에 적절치 못한 가설을 가진 외국이론의 무반성적 적용도 문제거니와, 토착적 사회이론도 현실에 맞지 않거나 적절치 못한 전제에서 출발할 수 있다는 점도 함께 지적한다. 또한 사회학적 개념을 검토하면서, 다른 사회에서 발전된 사회학적 개념을 무비판적으로 적용할 때 왜곡이 일어나며, 이것은 개념의 전제들을 무시한 데서 오는 것이라고 진단한 다음, 여하한 사회학적 개념이라도 그 전제가 자기가 다루는 대상의 특성과 적합한 것인가를 판단해야 한다고 말한다.

결국 각 사회의 사회학자들은 당면한 절실한 문제에 대해 심각한 문제의식을 가져야 하고, 기존 이론과 방법들을 면밀히 검토해야 하고 자기사회의 조건과 현실에 맞는 또는 자기문제의 성격에 적절한 개념, 이론, 방법론을 택하는 수밖에 없으며, 이론과 개념은 문제의 성격이 결정 짓도록 해야 한다는 말로 결론을 맺고 있다.

이 글은 그 내용보다 한국 사회학이 한국 사회의 설명과 분석에 적합한 이론을 발전시키는 출발점을 제공한다는 데 더 큰 의미가 있다고 하겠다.

김 대 환

한국사회학의 정향을 위한 좌표
— 사회학의 보편성과 특수성

[《한국사회학》 8집(1973), 35~54쪽]

이 글은 본격적인 탈식민 담론이라기보다는 보편성과 특수성이라는 인식론적인 개념을 사용하여 사회학 연구의 방법론에 문제를 제기한 것이다. 우선 보편성과 특수성의 개념에 대한 포괄적 논의와 사회과학 방법론의 갈등, 보편주의와 과학주의의 배리(背理)에 관한 논의를 거친 다음, 한국 사회학도 인식론부터 재검토해야 함을 결론으로 제시해 놓았다.

대상과 성격과 목적이 다르다면 마땅히 그 본질과 사실에 접근하는 방법도 달라져야 한다는 점을 논의의 출발점으로 삼아 R. Merton, W. Mills, M. Weber, G. Myrdal, H. Richert, K. Mannheim, T. Parsons 등의 이론을 폭넓게 인용하면서, 주체적인 역사의식 아래 현실에 대한 인식을 새로이 해야 할 시점임을 말한다. 그럼에도 탈식민 담론에 함께 이 글을 묶을 수 있는 이유는, 한국의 사회과학이 구미의 사회과학들을 분별없이 수용하여 이를 모방하고 이식하는 데 급급해 왔으며, 어떤 목표 설정도 없이 구미의 방법론만 받아들였음을 구체적으로 지적하기 때문이다.

　글쓴이는 한국의 사회학이 목표도 없고 방법론도 없이 혼미와 진통 속에서 허덕이는 까닭으로 구미 이론을 수용할 때 우리들 스스로가 갖추어야 할 사회적 가치체계가 정립되지 않은 점, 이론과 현실의 긴밀한 상관성이 부족한 점, 하나의 문화가 수용되는 과정에서 가장 큰 공준(公準)을 제시해야 할 역사학과 철학이 역할을 방기(放棄)한 점, 구미의 문화를 내용이나 본질에 대한 이해와 검토 없이 형식만을 수용한 점, 경제질서의 혼란과 정치제도의 불안정, 학자의 미숙함 등을 제시해 놓았다.

최 재 석

1980년대의 한국사회의 발전을 위하여
— 1960, 70년대의 사회학연구태도의 반성

[《한국사회학》 13집(1979), 91~102쪽]

　글쓴이는 이 글 이전에 〈해방 30년의 한국사회학〉(《한국사회학》 10집, 1976)에서 1945년부터 1975년까지 사회학자의 해방 후 30년간의 한국 사회학의 연구내용과 결과를 간략하게 개관한 바 있다. 이 글은 그 후속 편으로 1960년대와 1970년대의 사회학이 이전의 사회학에 비교하면 발전하였다고는 하지만 연구의 방법이나 태도를 회고해 보면 1940년대나 1950년대의 것과 별다른 차이점을 찾아볼 수 없는 점도 적지 않다는 문제인식에서 출발한다. 그리고 본론에서는 1960년대와 1970년대를 중심으로 연구태도와 연구풍토를 크게 전공의 문제, 아카데미즘 확립의 문제, 그리고 방법론 논의의 문제라는 세 가지 범주로 나누어 반성적인 고찰을 한다.

　이 글에서 탈식민성 담론이 드러나는 곳은 '방법론 논의의 반성' 부분이다. 글쓴이는 한국 사회의 연구에 관한 기존의 연구들이 그 방법론을 문제삼지 않고 추상적 논의만 되풀이하여서는 비생산적 논의에 빠지기 쉽다고 지적한 다음, 외국의 이론을 조금도 의심하지 않고 보편 타당한 것으로 받아들이는 태도 자체에 문제가 있다고 보고 있다. 그것은 방법을 먼저 받아들여 놓고 그것을 적용할 수 있는 대상을 찾는 태도에서 비롯된다. 물론 글쓴이가 외국의 발전된 이론이나 방법을 수입하는 것까지 반대하는 것은 아니지만, 미국의 이론이나 방법이 미국 사회를 연구대상으로 하여 발전해 왔다는 점에 대한 명확한 인식이 우선되어야 한다는 것이다.

이와 같은 인식에 따라 글쓴이는 한국 사회의 연구방법을 미국의 이론 자체에 대한 비판, 미국 이론을 한국 사회에 적용하는 문제, 미국 방법론을 한국 사회에 적용하는 문제, 미국에는 연구대상이 없고 따라서 연구방법론이 없거나 발달하지 않았지만 한국 사회에는 존재하는 연구대상의 연구방법 등, 네 가지로 나누어 구체적인 예를 들면서 논의를 전개해 나간다. 이러한 논의를 통해 한국 사회의 연구방법은 한국 사회에 대한 끊임없는 역사적, 현실적 연구에서 나오는 것이라고 결론 짓고 있다.

이 글은 '사회과학 이론의 보편성과 특수성'이라는 주제로 열린 한국 사회학회의 1973년 춘계대회 이후, 그때 제시된 '한국사회의 설명과 분석에 적합한 사회학 이론'의 모색 작업이 별다른 성과를 거두지 못하고 있던 상태에서, 1980년대의 본격적인 탈식민성 담론을 이끌어 내기 위한 징검다리 역할을 하는 논문이라 할 수 있을 것이다.

고 영 복

한국사회의 발전과 사회학

[《한국사회학》 17집(1983), 3∼11쪽]

이 글은 사회학 교육의 현황과 과제를 제시하기 위해, 한국 사회학을 반성하고 사회학의 발전을 위한 과제를 제시한다.

글쓴이는 상황적 규제를 받는 사회학의 현실지향성을 지적한 다음, 기성의 사회학이 현실사회를 파악 이해하는 데 그다지 유용하지 않은 이유를 몇 가지 제시해 놓았다. 특히 미국 사회학의 영향을 이야기하는 부분에서, 학문적 전통이 전무하다시피 한 불모지에 미국 사회학이 쏟아져 들어오고 문화적 공백을 외래 사조가 메워 나가면서, 선진국적 시야에서 한국 사회를 들여다보는 풍조를 만연시키고 무비판적인 모방이 되풀이되었다고 지적한다. 아울러 계량적인 신실증주의의 확산이 피상적인 영역으로 사회적 관심을 좁혀 나가면서 사회학의 발전을 왜곡한 면도 적지 않았음을 함께 지적해 놓았다.

1970년대 말부터 일기 시작한 사회학의 한국화 운동에서 민속이나 국사에 대한 소재 발굴과 사회학적 분석을 하려는 시도가 나타나지만, ① 기존의 사회학적 훈련으로서는 한국의 고전에 접근하기가 용이하지 않았고, ② 서구화된 시각에 너무 깊이 물들어 있었으며, ③ 그렇다고 새로운 사회학 이론을 구성하는 역량이 길러져 있는 것도 아니었다는 점 등을 지적한다. 이 시기에 사회학계에서는 다양한 방법론이 검토되었는데 양적 분석방법에서 질적 분석방법으로의 전환이 촉구되기도 하였다고 한다.

한국 사회학의 발전을 위한 과제로서 ① 사회학도들이 다루고 있는 사회학 이론들이 과연 우리 사회를 설명할 수 있을 만큼 적합한 것이냐의 문제, ② 백과전서(百科全書)식 한국 사회학의 전략적인 주제의 부재, ③ 한국 사회를 개조하고자 하는 의욕의 부재, ④ 역사와 사상의 빈곤증 등을 제시해 놓았다.

결국 한국 사회는 우리 사회가 무비판적으로 받아들인 외래적 가치에 대해 전통적 가치가 도전하는 변증법적 갈등으로 발전해 왔는데, 한국 사회학의 당면 과제는 이 갈등을 지양하는 종합적 가치를 찾아내는 일이라고 결론 짓는다.

임 현 진

사회학이론교육의 과제

[《한국사회학》 17집(1983), 12~16쪽]

　이 글은 사회학 이론 교육의 문제점과 과제를 간략하게 제시해 놓은 것이다.

　글쓴이는 그 동안 한국 사회학은 한국 사회의 정태와 동태를 적합하게 설명하기 위한 우리 이론의 구성에 부단히 시달려 왔음을 상기시킨 다음, 한국 사회학이 그 토착과정에서 가지 접목을 통해 외래이론을 받아들임으로써 한국 사회라는 토양에 뿌리깊은 나무로 성장하지 못하였다고 반성한다. 이어서 해방 후 한국 사회학의 발전경로에 나타나는 이론 교육상의 일반적 경향을, 사회학 이론이 일본을 통해 중역적으로 도입된 복구기(1946~1956), 미국과 유럽으로부터 직수입한 소화기(1957~1969), 본격적인 다원체제가 성립된 성숙기(1970~　)로 나누고, 이제는 외래이론에 대한 비판적 적용의 문제가 한국 사회에 적합한 사회학 이론의 정립으로 나아가야 한다고 이야기한다.

　사회학 이론이 현실사회를 이해하는 데 그다지 유용하지 않다는 사회학도들의 불평에 대해, 거의 모든 이론들이 한국 사회와는 역사적 배경과 장의 논리가 다른 서구 사회에서 배태되었고, 이를 받아들일 때 한국 사회의 보편성과 특수성을 고려하지 않았다는 사실에 그 이유가 있다고 지적한다.

　현단계에서 이론 교육의 개선을 위한 방안으로 역사와 철학에 대한 교육의 병행, 고전에 대한 철저한 이해 등을 강조한다.

　이 글은 아주 짧긴 하지만 사회학의 탈식민 담론이 사회학 이론 교육으로 구체화되어 나타나고 있다는 데 의의가 있다.

권 태 환

사회학방법론교육의 현황과 문제점

[《한국사회학》 17집(1983), 17~26쪽]

한국 사회학의 경우, 방법론 일반에 대한 관심이 높아지고 그것이 사회학 교육에 반영되기 시작한 것은 1970년대에 들면서부터라고 볼 수 있다. 이 글은 한국의 여러 사회학과에서 실세 실시하고 있는 방법론 교육의 현황과 각각의 학과 또는 방법론 관계 과목 담당자들이 방법론 교육과 연관하여 느끼고 있는 문제점들을 개괄한다.

조사에 따르면 대부분의 대학에서 방법론 관련 교과목을 2~3개씩 개설하고 있으며, 학부의 경우는 조사방법, 통계와 같은 자료의 수집과 처리기법을 중심으로 방법론 교육이 이루어지고 있는 것으로 나타났다. 대학원에서는 조사분석이나 통계기법보다는 '사회학방법론'이란 과목으로 개설되고 있지만, 이러한 조사결과가 통계, 조사를 뛰어넘는 좀더 본질적이며 질적인 문제를 취급한다고는 볼 수 없다고 글쓴이는 해석한다.

방법론 관련 강의의 필요성에 대해서도, 학부에서는 단일 과목으로 개설이 필요하다고 거의 대부분이 동의하는 분야는 통계적 분석과 조사기법 두 가지뿐으로 나타났으며, 대학원 역시 통계적 분석에 대해 강조를 하고 있다. 즉 학부와 대학원 모두 양적 자료의 분석이 차지하는 비중이 훨씬 큰 것이었다.

다음은 방법론 교육의 문제점으로, 우선 강의와 관련된 문제점으로는 교재의 부족 내지 내용 부적합을, 그리고 체계와 관련된 문제점으로 양적 방법과 질적 방법의 불균형을 들고 있다. 이러한 문제점들에 대한 대안으로 저자는 질적 방법과 양적 방법 사이 및 이론과 자료분석 사이의 유기적 연관성에 대한 인식을 넓힐 것을 제시해 놓았다. 이어서 각

학과 안에서의 동질성과 학과들 사이의 다양성의 성취가 한국 사회학 전체로 볼 때 발전에 도움이 될 것이라고 전망해 놓았다.

김 진 균

비판과 변동의 사회학

[한울, 1983]

이 책은 한국 사회학 초기부터 그 진행과정을 함께 했던 저자의 초기 논문 19편을 엮은 것이다. 여기에는 근대화, 한국 사회학, 산업사회, 역사의 이해 등에 관련된 여러 가지 논의들이 4부로 나누어져 펼쳐진다. 제1부에서는 공업화 과정, 근대화의 여러 조건 등에 대한 분석과 내생적 변동이론의 필요성을 제기하고 있으며, 제2부에서는 한국 사회학에 대한 평가를, 제3부에서는 산업사회의 구조와 여기에 내재된 전통적 요소, 산업 민주주의의 배경과 쟁점에 관해, 그리고 제4부에서는 박지원의 사회학적 안목, 한국 근대 역사학, 민주군대의 이상과 현실, 유언비어의 역기능과 영향 등을 분석하고 있다.

이 책에서 탈식민 논의와 더불어 특히 관심을 끄는 부분은 제2부이다. 해방 후 한국의 사회학은 냉전상황 아래 미국 사회학의 영향권에서 자랐다. 따라서 한국 사회학자들은 한국 사회의 이해를 위한 타당한 이론과 방법론을 갖고 있느냐는 질문에 뼈저린 고뇌를 되씹지 않으면 안될 것이다. 한국의 사회학은 일천한 외래품이기 때문이다. 결국 외국의 이론과 방법론이 우리 사회의 이해에 적합성이 있는가 하는 문제를 처음부터 과제로 삼게 된다.

저자는 이 책에서 한국의 사회학을 '소아마비 못 면한 사회학'이라고 평가를 하고 있으며, 한국 사회를 설명하는 데 분단의 요소를 체계 있게 도입하지 못하는 실정을 비판한다. 학문에 대한 가치판단과 학문적 냉전상황의 객관화가 우리 문화의 주체성 위에서 학문의 자율성을 만들어 가는 조건이 된다는 점을 강조하고 있는 것이다.

사회변동에 대한 진지한 고민과 시기적으로 변화하는 사회구조의 메커니즘을 읽을 수 있는 중요한 이론서라 할 만하다.

강 신 표

인류학적으로 본 한국 사회학의 오늘
—— 김경동과 한완상의 사회학

[《현상과 인식》 7권 1호(1983 봄), 255~262쪽]

이 글은 1982년도 추계 한국사회학회 발표회에서 글쓴이가 발표한 내용과 토론을 정리한 다음 여기에 대한 의견을 덧붙인 것인데, 김경동과 한완상의 학문적 업적을 인류학을 한 사회학 전공자의 입장에서 다루고 있다.

이 글의 요지는 학문의 탈식민성과 비판풍토 조성이라고 볼 수 있다. '왜 우리는 외국 학자들만 다루어야 하는가'라고 의문을 제기하면서, "외국의 사회학에서 무엇이 쟁점이고, 새로운 유행이고, 어떻게 사회학적 학문이 어떤 식으로 정교화되어 정립되고 있는가를 잘 보여주고 있는" 김경동의 사회학이 오히려 "우리의 사회와 문화를 연구함에 우리의 고민을 우리 식으로 심화시키는 데 불필요한 공해를 가져다 줄 수 있다"고 지적한다. 이에 반해 한완상의 사회학은 "우리가 한국사회학자로서 고민해야 할 고민이 부각되어 있다"고 평가를 내린다. 한편 우리에게 학문의 발전을 위해 비판풍토를 조성하는 일이 필요하며, 인정주의의 벽을 넘어서야 함을 강조한다.

인류학적으로 본 한국 사회학의 민족지적 현주소를 보여줌으로써, 한국 사회학자는 글쓴이 자신을 포함하여 조선 전통문화의 굴레 안에 있

다는 점을 말하고, 그 문화를 깨기 위한 한국 현대문화의 재창조 작업
이 필요하다고 주장한다.

한 완 상

민 중 사 회 학

[종로서적, 1984]

　이 책은 주로 학문 외적인 요인들로 인해 우리의 문제들을 정확하게
진단하기 어려운 오늘의 상황에서 조국의 분단, 일제의 잔재, 한국적 메
커니즘 등이 우리 민족과 민중에게 어떠한 영향을 주는지에 대해서 사
회학적인 관심을 가진 사람들을 대상으로 기술하고 있다. 또 한국 사회
의 이해를 위한 대체 교과서의 성격도 띠고 있다. 민중론과 민중사회학,
흑백논리, 일탈과 불평등 및 종교의 문제, 민족분단의 문제 등이 이 책
의 주된 주제다.

　지나치게 건조하고 추상적인 사회학 교과서들, 방법 기술적으로 치우
친 사회학 이론서들은 오히려 '우리의 현상'에 대해서는 눈을 감게 한다
는 것이 저자의 인식이다. 즉 처절한 현실 속에 살면서 구미의 안락한
사회를 쳐다보게 하는 현실적합성 없는 사회학을 대신하여, 우리의 사
회현실을 총체적으로 파악할 수 있는 한국적 사회학이 마땅히 필요한
것이다.

　이 책에서 글쓴이는 오늘의 우리 현실과 그 뒤에 있는 근본문제를 종
합적으로 파악하기 위해서 다음과 같은 점들에 관심을 기울여야 할 것
이라고 말한다. 첫째, 조국의 분단이라는 객관적 사실이 어떠한 사회적,
심리적 사실과 연관되고 있으며, 그것이 어떠한 정치적, 경제적 결과를
자아내는지를 살펴보아야 한다. 둘째, 일제 30년간 이 땅에 깊숙이 뿌리
내린 제국주의의 잔재가 민족분단의 고착화와 오늘의 한국 민중의 현실

마구 쓰는 현상 또한 서구를 비판하는 곁바람을 타고 서구의 새 유행에 비주체적으로 매몰되는 또 다른 자기상실의 행각이라고 비판한다.

이 글에서 글쓴이는 이론 자체에 대한 더욱 깊이 있는 연구의 필요, 이론과 역사적 경험세계에 대한 좀더 긴밀한 관련성의 획득, 그리고 세계성과 독자성의 동시 확보 등을 우리나라 사회학의 새로운 방향으로 내세운다. 여기서 우리 사회학이 세워야 할 독자성이란 우리 문제에 대한 우리 다운 문제제기와 해명을 뜻하며, 우리의 역사적 경험세계에 대한 비판적 성찰과 분석을 뜻한다.

단순한 이식이나 토착이 아닌 자체 생산의 학문으로 나아가기 위해 모든 사회학도들은 주어진 자기이익의 변호나 독점의 이해관계를 벗어나는 돌파를 경험해야 할 것임을 강조한다.

정 진 성

한국 사회학 연구의 이론 및 방법론 반성

[《한국사회학》 19집(1985 봄), 3~26쪽]

이 글은 사회학 연구의 전반적인 경향과 발전의 흐름을 고찰한 것이다. 여기서는 특별한 시기의 구분은 시도하지 않고 단순히 1950년대까지, 1960년대, 1970년대, 그리고 1980년대 이후라는 네 시기로 나누었으며, 이론과 방법론 및 한국 사회학에 대한 논의를 이 시기 안에서 각기 고찰한다. 따라서 이 글은 글쓴이가 스스로 밝히고 있듯이 한국 사회학 연구의 이론과 방법론에 대한 지식사회학적 고찰이라기보다는 단순한 학사적 정리가 되고 있다.

글쓴이는 한국의 사회학 연구를 돌아보는 논의가 이루어지기 시작하고 한국사회학연구회가 조직된 점 등을 예로 들면서, 1960년대에 한국적 사회학에 대한 자각이 싹트기 시작했으며, 1970년대에 접어들면서 한국적 사회학의 정립을 위한 노력이 본격적으로 발전한다고 본다. 즉, 우리 사회를 경험적으로 연구하여 그 축적을 이루는 것이야말로 우리 사회학 정립의 첫 단계라는 것이다.

그러나 대부분의 연구들이 외국에서 발전된 이론을 비판적으로 검토하고 수정하는 데 그친다는 점, 다시 말해 한국적 시각에서 새로이 구성된 이론적 틀에 의거하는 연구는 나오지 못하고 있다는 점을 지적하면서, 우리 사회학을 정립하려는 노력은 아직도 초기 단계에 있다고 본다. 그렇다 하더라도 현실과의 적합성이라는 중요한 측면을 지닌 사회학 연구에서 우리 이론의 모색을 위한 끊임없는 노력을 기울여 왔다는 점을 높이 사고 있다.

방법론 면에서는 크게 역사학적 연구의 맥과 실제조사와 통계자료를 사용하는 연구의 맥이 교차적인 흐름으로 이어져 왔다고 정리하면서, 한국 사회학 연구는 차츰 경험적 사회과학으로서 자리를 굳혀 간다고 본다.

이 글은 부록으로 연대별 문헌목록을 개론서, 이론, 방법론, 한국 사회학의 네 범주로 나누어 제시하고 있어, 한국 사회학의 흐름을 읽는 데 좋은 참고자료가 될 수 있을 것이다.

한완상 · 이기홍

한국사회학의 반성
— 새로운 패러다임의 성격

[《현상과 인식》 9권 1호(1987 봄), 171~216쪽]

이 글은 이전에 나온 탈식민 담론들이 갖고 있는 문제점을 지적한 다음, 지식 생산이 갖는 사회적 성격과 함께 패러다임의 문제를 살펴본다.

이 글 이전의 담론들은 대체로 해방 이후 한국 사회학 40년 간의 변모, 특히 1970년대 이후에 나타난 한국 사회학의 성격을 발전단계, 토착화, 성숙기 등으로 표현하면서 긍정적인 평가를 하고 있다. 즉 서구 사회학 이론의 적합성 문제에 대한 회의와 한국 사회학의 독자성에 대한 주장이라든가, 연구 대상을 한국 사회의 현상에 집중시키려는 경향을 들어 한국 사회학이 양과 질에서 다함께 발전한 것으로 보고 있는 것이다. 그렇지만 이 글에서는 과연 그러한 이론과 방법론 모색의 결과로 한국 사회학의 실질적인 연구 내용이 어떻게 변화되었는가 하는 것은 구체적으로 제시되지 않고 있다고 지적한다. 다시 말해 한국 사회학의 실질적인 연구들에 나타나는 변화를 어떻게 이해하고 평가할 것인가 하는 문제는 아직도 크게 열려 있다는 것이다.

본론에서는 먼저 한국 사회학 패러다임의 타율성을 지적하고 있다. 요약해서 말하면 한국 사회학의 모든 구성요소는 미국 주류 사회학의 그것과 동일하며, 한국 사회학은 미국 주류 사회학의 구조기능주의 패러다임을 따라 펼쳐져 왔다는 것이다. 그 결과 한국 사회학은 한국사회의 객관적 현실과 얼마간 동떨어진 과학활동의 요소들로 구성된 채 그 대상에 대해 타율적으로, 그리고 현실적합성 없이 접근해 온 셈이 된다.

이어서 글쓴이는 토착화 논리의 함정을 지적한 다음, 한국 사회학에 새로운 패러다임이 대두했다는 점, 그렇지만 기존 패러다임이 아직도 압도적으로 우세한 지배력을 행사하고 있다는 점, 또한 이러한 압도적인 우세는 지식 자체의 문제라기보다는 지식 생산의 사회적 구조, 그리고 전체적인 사회구조와의 관계에 의해 영향받는다는 점 등을 살펴보고 있다.

결국 이 글은 한국 사회학의 기존 패러다임이 기본적으로 한국 사회의 역사적 현실이라는 대상과 동떨어지게 이른바 보편적인 이론을 상정하고, 한국 사회의 역사적 현실을 선행하는 이론의 적용대상으로만 파악하는 잘못된 전제로부터 비롯된 것임을 지식이 갖는 사회적 성격과 패러다임의 문제로 밝히려 한 글이라고 볼 수 있을 것이다.

김 진 균

사회과학과 민족현실

[한길사, 1988]

이 책은 1983년에 나온 《비판과 변동의 사회학》(한울) 이후에 씌어진 16편의 글을 모은 것인데, 대체로 한국 사회과학의 과제, 한국 사회와 계급이론, 산업사회와 노동자 문제, 그리고 분단극복의 문제가 주제로 다루어진 것들이다.

이 책 전체가 한국 사회의 현실을 바탕으로 문제제기를 하고 있지만, 탈식민 담론과 관련하여 특히 관심을 끄는 부분은 〈한국사회과학의 현재적 과제〉와 〈한국 사회학, 그 몰역사성의 성격〉 등 두 편의 글이다. 여기서 첫 번째의 글은 해방 이후 1980년대까지 한국 사회과학 전반의 입장에서 그 학문적 풍토에 대한 평가를 내린 것이다. 해방으로 인한 사회구조의 변화과정 속에서 반공이데올로기의 정통성 획득, 분단시대를 맞이하여 사회과학이 그 고유한 비판적 성격을 잃고 침체기를 맞는 과정, 1960, 1970년대의 근대화론, 잃었던 비판 기능을 조금씩 회복하기 시작한 1970년대 후반기, 그리고 1980년대 들어 사회과학이 우리 사회 현실에 좀더 가까이 접근하면서 거둔 성과들을 살피면서 새로운 학문공동체를 모색할 것을 결론으로 제시하고 있다.

다음으로 두 번째의 글은 우리나라 교육요소의 질을 살핌으로써 한국 사회학의 객관성 문제에 의문을 제기한 다음, 다시 농촌사회학의 문제를 검토함으로써 한국 사회의 정체성과 한국 사회학의 몰역사성을 도출해 내고 있다. 특히 한국 사회학의 큰 주제인 근대화론의 몰역사성을 조목조목 짚어 나가고 있는데, 그 주된 요인으로서 첫째는 시각의 문제로서, 근대화론은 선진국의 시각에서 후진국의 발전을 보는 것이며, 둘째로 한국 사회학은 냉전체제적 제약성을 갖고 있고, 셋째로는 과거의 역사를 감추려고 하는 세력의 존재를 들고 있다. 한국 사회학이 주로 의존하고 있는 미국의 구조·기능주의에서 벗어나서, 우리 자신의 용어로써 우리 사회에 접근하기 위한 통일지향의 사회학을 하는 것이 우리 사회학이 주체적으로 서는 길임을 밝혀 놓았다.

이 책은 김진균의 선행저작과 함께 한국 사회 및 한국 사회학의 흐름과 성격을 서구의 이론에 기대지 않고 이해하는 새로운 안목을 제시하고 있다고 하겠다.

김 진 균

민족적 민중적 학문을 제창한다

[《80년대 한국인문사회과학의 현단계와 전망》(역사비평사, 1988), 13~25쪽]

이 글은 1988년 6월에 개최된 제1회 학술단체연합 심포지엄의 기조발표 논문으로서, 기존 학계의 이론적 관점과 연구방법이 사회 전체의 종속화와 맞물려 학문적 종속화로 치달아왔음을 반성하고, 우리의 현실에 뿌리박은 민족적 민중적 학문을 지향하는 의지가 표출되어 있다.

본론에서는 우선 해방 후 한국 사회구조의 재편과 지적 학문적 종속화 과정을 시대별 분야별로 반성적인 고찰을 하고 있다. 해방과 6·25, 그리고 1950년대를 거치면서 우리의 지적 학문적 종속화는 학문적 종주국의 전환에 따른 학문의 주류 지향의 전환과, 학술연구자의 충원구조의 전환이라는 두 가지 측면에서 진행되었음을 들고 있다. 즉, 한국은 일본의 학문적 소비시장에서 이제 미국의 학문적 소비시장으로 전환되게 되었다는 것이다.

이어서 1960년대 이후 종속적 자본주의화 과정과 1980년대 진보적 학술연구의 확산의 동향에 대해 학술운동의 관점에서 정리해 놓았다.

그리고 결론으로서 역사와 사회구성에 대한 총체적 접근의 가능성을 열어 가는 진보적 연구자들이 집단화되어야 한다는 주장으로서 글을 맺고 있다.

이 글은 1980년대 후반 사회 전반적으로 일고 있던 사회민주화 운동의 연장선에서 가장 보수적인 영역의 하나인 학계의 민주화 노력의 단면을 보여주는 글로서, 탈식민성 담론이 인문사회학계 전반으로 확산되는 계기가 되었다고 볼 수 있을 것이다.

임 영 일

사회학연구의 동향과 과제

[《80년대 한국인문사회과학의 현단계와 전망》(역사비평사, 1988), 113~130쪽]

이 글은 한국의 사회학에 대한 강도 높은 비판을 통해 현단계 한국 사회학의 과제를 제시하는 글이다. 이 글에 나타난 한국 사회학에 대한 비판의 논점은 다음 몇 가지로 요약된다.

① 1970년대까지는 한국 사회에 관한 사회학적 연구는 없었다. ② 한국의 사회학은 '표준 미국' 사회학의 기나긴 군림의 과정 속에 놓여 있었다. ③ 1960년대 이래 한국 사회학을 장기 지배해 왔던 근대화론의 경우는 한국 사회학이 지배이데올로기의 동반자이자 그 충실한 시녀로서의 밀월관계를 극명하게 보여준 사례이며, 1970년대 들어서도 이러한 현상은 오히려 강화된 것으로 파악된다. ④ 1960년대 말에 사회학 자체 내에서 자기반성의 계기가 되었던 토착화론 역시 결국은 근대화론의 방법론적 변종에 불과한 것이었다. ⑤ 1970년대 후반에 나타난 '민중사회학'과 '분단사회학'의 문제의식은 획기적이고 유망한 것이었지만, 그것은 아직 과학이 아니라 암울한 현실에 대한 소박한 당위론적 비판과 도덕적 비난으로서의 구호에 머무는 소시민적 휴머니즘의 표출이었다. ⑥ 그리고 이

러한 문제제기조차도 사회학 연구의 자기발전을 통한 내적 결실에서 나온 것이라기보다는 사회운동의 발전에서 힘입은 것이었다.

글쓴이는 이러한 비판을 통해서 기존 사회학과의 인식론적 단절을 요구하고 나선다. 그래야만 진정으로 한국 사회학이 새로운 건설의 대상이 될 수 있다는 것이다. 마지막으로 사상과 현실 양자의 올바른 결합, 주관주의적 절충주의적 관념론적 교조주의와 원전주의적 편향의 극복을 위한 유일한 방식으로서 올바른 공동연구를 제시해 놓았다.

이 글은 사회변혁운동의 입장에서 사회학계의 다양한 연구동향과 연구자의 동향을 비판하고, 1980년대 후반 사회학 연구의 과제를 제시했다는 점에서 평가받을 만하다.

한국산업사회연구회 편

새로운 사회학 강의

[미래사, 1990]

이 책은 한국산업사회연구회가 그 동안 지향하고 추구해 온 '민족적 민중적 시각'에서 공동으로 집필된 '사회학개론의 대체 교과서'이다. 이 책의 집필동기는 다음과 같다.

사회학이 하나의 분과학문으로서 우리나라에 소개된 이래 우리 사회학계를 거의 일관되게 지배해 왔던 것은 '미국식 표준 사회학'였다. 이 '미국식 표준 사회학'은 그것이 가지는 서구 중심주의적 성격, 지배이데올로기와의 유착성, 몰역사성 등으로 인하여 많은 비판을 받아왔고, 그러한 비판은 심지어 미국의 비판적 학문 흐름 내에서도 있었다. 이처럼 오래전에 한국 사회에 대한 적합한 설명 틀로서의 미국식 표준 사회학의 문제점이 지적되었음에도 불구하고 미국식 표준 사회학은 오늘날까지도 한국의 각종 사회학 '교과서'와 대학의 강단에서는 여전히 '주류'로에 어떠한 영향을 끼쳤는가를 밝혀야 한다. 셋째, 이른바 가해자의 흑백 논리의 성격과 그 영향을 치밀하고 차분하게 따져야 한다.

결국 이 책은 오늘의 민중현실에 대한 구체적인 해답을 찾으려는 사람들이나 전통적인 사회학 전문지식을 얻으려는 사람들이 아닌, 자신과 민족과 민중의 현실에 대한 사회학적 시각과 문제의식을 찾고 있는 사람들을 위한 것이라고 볼 수 있다.

박 영 신

사회학연구의 사회학적 역사

[《현상과 인식》 9권 1호(1985 봄), 9~28쪽]

이 글은 사회변동의 조건상황과 이에 대한 사회학 연구 생산자들의 순응현상에 주목하여 그 맥락을 살핀 글이다. 우리 사회학이 어떤 모습으로 생산 재생산되어 왔으며, 그러한 모습의 사회적 맥락과 변수는 무엇인가에 초점을 맞추고 있다.

먼저 사회학의 도입과 초기의 제도화 과정을 역사적으로 훑어본 다음, 역사와 사회의 변동에 따른 연구의 경향성을 살피고, 이에 대한 문제를 내세워 토론을 위한 자기성찰적인 논평을 덧붙이고 있다. 이 글에 따르면, 우리의 경우 학문과 지식을 주로 이웃한 다른 나라들을 통해서 들여오는 역사적 모형이 오래전에 만들어졌으며, 우리 자신의 이해와 관심에 따라 깊이 생각하여 새롭게 옮기지 못한 채, 뭇사람들에게 풀어놓았다고 비판한다. 즉 외국 이론의 단순한 도입과 소개에 머물러 있었으며, 우리 사회에 의미 있는 이론적 접합이나 변증적 적용의 시도는 찾아볼 수 없는 형편이었다고 지적하는 것이다. 이러한 현상은 정치적, 경제적으로 미국과 접합되는 관계의 설정이 고스란히 학문의 영역에서도 나타난 것으로 풀이된다. 이와 함께 깊은 성찰 없이 제3세계라는 이름을

서의 위치를 차지하고 있다.

이러한 한국 사회학의 현실 속에서 그것을 극복하고 새로운 대안적 패러다임을 세우려고 하는 노력이 1980년대에 들어오면서 젊은 연구자들을 중심으로 일어나기 시작했다. 실제로 많은 젊은 연구자들이 강단에서 새로운 체계에 입각하여 강의하고 있지만 '대체 교과서'의 부재로 말미암아 많은 어려움을 겪어 왔고 또한 학생들에게 혼란을 주는 경우도 많았다. 한국산업사회연구회가 새로운 사회학 개론 교과서를 기획하고 집필하게 된 것은 바로 이런 문제의식에 근거하고 있다.

제1부는 사회의 구조와 발전에 대한 이론으로서 인간과 사회, 사회변동, 자본주의와 제국주의, 민족문제 등 사회학의 일반이론을 다루고 있으며, 제2부는 한국 자본주의, 국가와 정치, 계급, 농촌문제, 여성문제, 문화문제 등 한국 사회의 이해를 위한 구체적인 현실분석을 실시하고 있다.

이 책은 '기성 사회학계'가 방기해 온, 그러나 한국 사회가 제기하고 있는 중요한 문제영역들 — 노동문제, 국가, 계급, 농업, 사회운동, 지역 및 도시문제 등 — 로 연구관심을 넓히는 한편, 그러한 문제들을 담을 수 있는 새로운 이론 틀을 찾아가고 있다.

조희연 · 김동춘

80년대 비판적 사회이론의 전개와 민족 · 민중 사회학

[《한국사회의 비판적 인식》(나남, 1990), 15~50쪽]

외국의 이론적 전망들과 방법론적 접근들을 모방하던 시기에서 우리 사회의 현실적인 관심사에 대한 자주적인 해석과 탐구의 방법을 모색하기 시작한 1970년대 이후부터, 이러한 흐름 속에 모습을 드러내게 된 것이 이른바 비판적 사회학의 시각이다. 이 글은 1980년대 비판적 혹은 진보적 학술연구의 흐름이 그려 온 지적 궤적을 자성적으로 검토하고,

나아가 진보적 학술연구의 사회학적 표현으로서 민족 민중사회학의 전개 및 그 이론적 실천적 성격을 밝히고자 한다.

이 글의 검토대상이 되는 부분은 전후 학문의 종속화 과정과, 종속적 학문질서의 균열 및 민중 지향적 학문의 형성, 1980년대 진보적 학술연구의 흐름이 스스로를 민족적 민중적 학문으로 심화시켜 나가게 되는 과정, 그리고 민족 민중사회학의 성격 및 과제 등이다.

글쓴이들은 이러한 민족, 민중적 사회학이 한국 사회현실에 구체적으로 접근하고자 하는 비판적 지성의 집단적 시도라는 점에서 결코 일시적 유행일 수는 없다고 단언한다. 그리고 이 시도는 한국 사회에 대한 과학적 분석의 종착지에 서 있는 것이 아니라, 오히려 겨우 이를 향한 학문적 여정의 출발점에 서 있다는 것을 확인한다.

결론적으로 이 글은 민족, 민중적 사회학을 중심으로 한 사회학계의 진보적 흐름에 대해 본격적인 정치경제학적 시각을 통해 그 성격을 분석한 글이라고 볼 수 있다.

한 완 상

한국현실 한국사회학

[범우사, 1992]

이 책은 1985년부터 1991년에 이르기까지 격동하는 한국 역사현실 속에서 한국 사회학의 적합성 문제를 성찰한 글들을 모은 것이다.

크게 세 편으로 이루어져 있는데, 한국 사회의 사회학적 인식이 제1편이며, 이데올로기의 문제가 제2편, 그리고 한국 사회학의 반성과 진로가 제3편이다. 제1편에서는 현상양태를 경험적으로, 또한 실사구시의 정신으로 파악해야 함을 주장하고 있으며, 제2편에서는 한국 현실을 더욱 폭넓게 그리고 깊게 설명하려면 이데올로기의 기능에 주목해야 한다고 한다. 한국 사회학의 적합성의 문제를 본격적으로 성찰하고 있는 부분은 제3편인데, 여기서는 해방 이후 오늘날까지도 한반도의 냉전체제 아래서 과보호를 받으며 자라난 전통적 표준사회학이 안고 있는 적합성의 문제와, 1980년대 하나의 대안 패러다임으로 자리잡은 민족 민중사회학이 겪게 될 적합성의 위기를 한국 현실에 비추어 성찰 반성하고 있다. 저자는 전통사회학이나 민족, 민중사회학이 모두 우리의 현실을 설명해 내지 못할 만큼 물화되는 경향을 보여주고 있는 것으로 파악한다.

결과적으로 이 책은 한국 현실을 좀더 총체적으로 해명해 줄 적합성 있는 한국 사회학의 발전, 한국 현실에 대한 실사구시적 접근과 함께 이데올로기적 비판의 접근을 적절하게 활용할 것을 촉구하는 글이라고 볼 수 있다. 참고로 제3편에는 다음과 같은 네 편의 글이 실려 있다.

제10장 한국사회학의 반성 — 80년대 패러다임의 성격
제11장 인간화와 해방을 위한 사회학 — 나의 사회학 순례
제12장 교육의 보수성과 학문의 자주성 — 한국사회학의 비자주성에
　　　　대한 비판
제13장 90년대 한국사회학의 진로 — '전통'과 '정통'의 비적합성을 지
　　　　양하며

신 용 하

독창적 한국사회학의 발전을 위한 제언

[《한국사회학》 28집(1995), 1~15쪽]

이 글은 한국사회학회 회장의 취임사로서, 한국 사회학이 이루어 내어야 할 시대적 과제를 '독창적 한국사회학의 정립'이라는 말로 요약하고 이에 대한 소견을 피력한 것이다. 먼저 한국 사회학이 그 출발부터 한국 사회의 시대적 과제와 밀접히 연관되어 있었다는 사실을 강조한

다음, 한국 사회학이 걸어 온 길을 시대별로 살펴보고 있다. 그리고 독창적 한국 사회학을 위한 과제를 다섯 가지로 제시해 놓았다.

이 글에 따르면 해방 직후에는 구미의 사회학 이론을 일본학계에서 취사선택하여 해석한 것을 국내에 재수입하는 것이 주를 이루었으며, 한국전쟁 이후부터는 미국 사회학이 직수입되어 한국 사회현실이나 역사적 경험과의 적합성 여부에 대해서는 문제의식조차 제대로 갖추지 못한 상태였다. 한국 사회학계가 자기의 독창성을 정립할 필요를 자각하고 이를 위한 탐색을 본격적으로 시도한 것은 1970년대 이후의 일이다. 또한 1980년대에는 한국 사회학계의 이론적 다양성과 논의의 폭이 크게 넓어지게 되었다. 그럼에도 불구하고 한국 사회학계의 지배적인 패러다임과 문제의식은 여전히 외래적인 것으로 진단한다. 즉, 1980년대의 지적 노력조차도 또 다른 구미이론의 보편성을 한국 사회에서 확인하려는 측면이 많았다는 것이다.

한편 학문적 자주성 확립, 실사구시의 사회학, 한국 사회연구에 대한 집중, 개혁과 발전을 지향하는 학문, 미래를 전망하고 준비하는 사회학의 다섯 가지를, 독창적 한국 사회학의 정립을 위하여 한국 사회학이 지향해야 할 문제의식과 새로운 지적 태도라고 말한다.

특수성을 통해 보편성의 확립으로 나아가는 독창적 한국 사회학의 정립을 사회학계가 이루어내야 할 시대적 과제로서 공식화했다는 점에서 이 글이 갖는 의의는 매우 크다고 하겠다.

이 기 홍

진보적 사회학의 위상과 과제

[한국산업사회연구회 편, 《현대한국인문사회과학연구사》(한울, 1995), 42~59쪽]

이 글은 한국의 진보적 사회학의 궤적을 1980년대를 '지적 우회'의 과정으로, 1990년대를 '새로운 조류의 약진'으로 요약한 다음, 이 과정에서 특징적인 연구들을 검토하고 몇 가지 문제들을 반성적으로 제기한 것이다.

한국의 진보적 사회학은 1970년대 중반 미국의 '표준 사회학'과 그것의 대표적인 표방인 '근대화론'에 대한 비판과 부정으로부터 출발하였는데, 1970년대 후반 이에 대립하는 이론 틀로서의 '종속이론'과의 조우를 통해 한국 사회학의 '지적 우회'의 과정이 시작된다. 뒤이어 '주변화론'과 '접합이론'을 만나게 되고, 알튀세의 구조주의적 마르크스주의를 섭렵하게 된다. 또한 알튀세를 통하여 그람시를 새롭게 발견하였고, 그람시를 거치면서 레닌을 다시 인식하게 되었다. 이런 과정을 거쳐 진보적 사회학은 1980년대 후반 마르크스주의적 관점과 입장을 수용하면서 지적 우회의 한 경과를 마치게 되었다. 이른바 1980년대를 풍미했던 사회구성체 논쟁 역시 한국 사회의 특수성을 강조하는 다양한 입장들과 자본주의로서의 보편성을 강조하는 여러 입장들이 대립한 것인데, 이러한 지적 우회가 진전되면서 일어난 한 단면으로 이해할 수 있다.

그렇지만 1990년대 들어 다양하고 풍부한 현실분석 대신 계급적 본질을 지적하고 종결하는 본질론적 분석에 머물렀을 뿐 아니라 분석영역 자체가 대단히 협소했다는 지적이 제기되었다. 이에 따른 변화의 양상으로서 이론적 지향 및 연구소재의 확산과 마르크스주의적 관점의 분화 또는 해체와 '새로운 조류의 대두'가 두드러진다.

여기서 글쓴이는 '아직까지는 서구에서의 새로운 견해들을 소개하는 논의들이 새로운 조류의 대부분이며, 한국 사회를 실질적으로 해명하는 연구들을 찾아보기 어렵다'는 점과 '경험적이고 구체적인 연구에의 집중' 역시 빈약하다는 점을 지적하면서, 진보적 사회학의 현재 상황을 '전반적인 교착과 침체'로 진단하고 있다. 즉 저간의 지적 우회라든가 새로운 조류가 한국의 사회현실에 대한 관심과 그 현실을 변화시키려는 강한 실천적 지향으로부터 비롯되었다는 점에서 학문의 현실적합성이라는 기준으로 볼 때 건강한 노력으로 평가될 수는 있지만, '현실의 이론화'를 확보하지 못한 채 '이론의 현실화'만을 강조하게 되어 그 귀결로서 '이론의 빈곤'과 '실천의 빈곤'을 낳았다는 것이다. 다시 말해 외국의 이론들을 수입하여 '토착화'하는 연구방식, 그리고 경쟁하는 이론들 사이에서 한 이론의 '우위'가 대상에 대한 그것의 설명으로 판별되지 않고, 그 앞에 붙은 수식어에 따라 판별되는 진보적 사회학의 학문상황이, 이론을 생산하는 것이 아니라 선진국의 이론을 수입하여 한국 사회에 적용해 온 이론 수입상이 지배해 온 주류 사회학의 전통과 맞닿아 있다는 것이다.

지금까지의 탈식민 담론이 대부분 주류 사회학의 반성적 담론이라면, 이 글은 진보를 표방한 사회학 분야의 내부적 반성으로서 탈식민 담론의 범주에 묶일 수 있는 몇 안 되는 글 가운데 하나로 볼 수 있을 것이다.

■ 담론 개관

한국 사회복지학에서 탈식민성 담론이 본격화된 것은 비교적 최근의 일이다. 1995년 4월에 개최된 한국사회복지학회 춘계 학술대회에서 '한국 사회복지학을 진단한다'라는 주제로 한국 사회복지학의 정체성 문제를 공식적으로 논의한 것을 본격적인 탈식민성 담론 형성의 시점으로 볼 수 있기 때문이다. 우리나라에 사회사업학이라는 명칭으로 사회복지학이 대학 과정에 처음 설치된 것이 1947년이라는 사실을 감안하면 탈식민성 담론의 본격적인 형성은 때늦은 감이 없지 않다. 또한 학문의 도입과 확대 발전 과정에서 서구 선진국의 영향력에 크게 의존한 학문 분야로서 학문 토착화에 대한 논의와 모색이 상대적으로 뒤졌다고 할 수 있다.

그러나 한국 사회복지학에서 이와 같은 담론이 형성되기까지의 과정을 자세히 들여다보면 이 담론의 깊이와 수준을 결코 가벼이 치부할 수 없다는 사실을 인정하게 된다. 한국 사회복지학의 탈식민성 담론의 형성은 한국 사회복지학의 정체성에 대한 지속적이며 뿌리 깊은 문제제기와 논의에 기초하고 있기 때문이다. 요컨대 사회복지학에서 탈식민성 담론은 어느 날 갑자기 돌출된 사건이 아니라 학문이 도입된 초창기부터 지속된 다양한 형태의 학문 정체성 논의에 그 기초를 두고 있다는 것이다. 간략하게 그 과정을 살펴보자.

해방과 6·25를 거치며 재민구호사업의 수요가 증가하는 상황에서 이화여대, 서울대를 필두로 하여 대구대, 중앙대, 성심여대, 숭실대 등에서 사회사업학과가 설치된다. 이것은 미국에서 전문대학원 형태로 설치된 사회사업대학원 과정을 이식한 것이었기 때문에 당시 이미 학문과 현장 (사회사업기관) 사이의 괴리가 있을 수밖에 없었다. 대학에서 사회사업 교육을 받은 학생들이 졸업 후 사회사업기관에서 구호사업, 양연사업, 시설보호사업에 종사하면서 이론과 실제 사이의 괴리현상을 보이기 시작한 것이다.[1]

1961년 군사혁명 이후 사회사업과 관련된 많은 법령이 제정되어 외국원조에 의존하는 사회사업의 경향을 탈피하고 우리나라의 자주적 사회복지사업을 전개하는 기초를 마련하게 된다. 그 후 1970년대 중반 이후에는 사회복지의 개념이 치료적 사회복지사업에서 예방적 사회보장으로 확대, 발전되고 1988년 이후에는 사회복지사업의 개념이 시설보호 중심에서 가정보호 중심으로 전환된다.

이런 와중에 한국의 사회복지학도 많은 변화를 겪게 된다. 1970년대까지 미국에서 수입된 사회사업 중심으로 진행되던 학문이 1980년대 이후 영국의 영향을 받아 사회정책 중심으로 전환되었다. 이 과정에서 대부분의 학과 명칭이 사회복지학과로 변경되고 학문의 정체성 논의가 활발해지는 계기가 되기도 했다.

김영모에 의하면 1977년 여름 부산시 피젼의 집에서 개최된 한국사회사업대학협회 총회에서 사회사업학과의 개념과 위상에 관한 열띤 논쟁이 벌어지고, 그 결과 사회사업학과를 사회복지학과로 변경할 것을 결의하여 대부분의 대학에서 1978년부터 학과명을 변경하였다고 한다.[2] 당시 학과명 변경을 할 때 가장 중요했던 논리는 사회사업의 이미지가

---

1) 중앙대학교 사회복지학과, 《한국 사회복지학의 평가》(한국사회복지정책연구소 출판부, 1992), 3쪽.
2) 위의 책, 1쪽.

구호사업 또는 자선사업으로 인식되고 있다는 점, 우리나라의 사회문제
및 사회적 욕구를 사회사업의 개념으로는 해결할 수 없다는 점, 사회사
업의 이론(대학교육)과 실제(현실)가 괴리되어 있었다는 점 등이었다.
이런 점으로 미루어 볼 때 당시 이미 학문 정체성에 대한 탐구가 폭넓
게 진행되어 있었으며, 외국에서 수입된 학문의 현실 부적합성에 대해
어느 정도 공감대가 마련되어 있었다는 것을 알 수 있다. 요컨대 사회
복지학 분야에서는 학문 도입의 초창기부터 학문의 정체성에 대한 문제
의식이 잠재된 상태로 또는 표면화되기도 하면서 지속되어 왔으며, 이
와 같은 문제의식이 확대되고 심화되어 결국 한국 사회복지학의 탈식민
성 담론으로 구체화, 공식화되었다는 것이다. 학문 초창기부터 제기된
다양한 논의들이 탈식민성 담론의 시원과 맞닿아 있다는 사실을 인정하
면 사회복지학의 탈식민성 담론은 풍부한 토대 위에 형성된 것이라는
사실을 인정하지 않을 수 없다.

하지만 이처럼 탈식민성 담론의 전사(前史)에 해당하는 담론이 비교
적 풍부함에도 불구하고 한국 사회복지학에서 본격적인 탈식민성 담론
의 범주에 포함시킬 수 있는 연구물은 사실 그다지 많지 않다. 사회복
지학의 서구 종속성을 비판적으로 검토하고 한국적 수용과 토착화에 대
한 진지한 고민과 전망을 제시하거나 한국 사회복지학의 독자적 연구
방법론을 탐구하는 담론이 다른 사회과학 분야에 비해 양적으로는 그다
지 풍부하지 않다는 것이다. 그러나 소수의 담론들이 보여주는 깊이와
논의의 폭을 확인하면 한국 사회복지학 탈식민성 담론의 수준과 위치가
결코 만만치 않음을 알 수 있다.

1995년 한국사회복지학회의 춘계 학술대회를 기점으로 할 때 그 이
전에 나타나는 탈식민성 담론의 형성자는 전남진과 임종대를 들 수 있
다. 전남진은 자신의 저서 《사회정책론 강론》에서 사회정책 분야를 중
심으로 사회복지학 연구방법의 한국적 수용에 관해 탐구한다.[3] 그는 영

___

3) 전남진, 〈사회복지에 있어서 사회과학 방법의 한국적 수용의 모색 ─ 사회정책

미의 사회정책 연구방법은 기능주의와 실용주의를 위주로 하는 실증주의적 접근에 주로 근거하고 있다고 보고 이러한 실증주의적 접근을 그대로 한국에 수용하는 데에는 근본적인 문제점이 있다고 지적한다. 왜냐하면 그 방법론들을 그대로 적용시킬 만한 사회적 현상이 한국에는 존재하지 않기 때문이라는 것이다. 따라서 서구의 사회정책연구의 방법론에 연연할 필요 없이 우리는 우리 나름대로 사회정책, 사회복지연구를 사회과학으로 정립해야 한다고 주장한다. 나아가 그는 사회정책연구의 방법론은 한국이라는 역사적 현장에서 한국인이 자유롭게 공동체적 이상을 창조하는 것을 중심 문제로 삼는 방법을 정립해야 하며, 이런 실천을 통해서만 사회정책 연구가 한국 사회의 실체에 대한 한국인의 경험을 통하여 개념화될 수 있다고 한다.

전남진의 담론은 외국 학자들의 사회과학 이론에 주로 기대고 있는데, 탈식민성 담론으로서 인식의 깊이가 다소 미흡하다 할 수 있다. 그에 비해 뒤를 이어 나타나는 임종대의 담론[4]은 한국 사회과학계의 진보적 학술 연구 활동의 경향을 하나의 담론적 계기로 삼고 있어 다소 진보한 일면을 보여준다.

가령 그는 한국 사회과학계 일반의 진보적 학술 연구 활동에 비해 사회복지학은 아직까지 보수적이며 외국 이론에 종속적인 패러다임 속에 안주하고 있다고 지적한다. 그는 이런 현실 안주의 배경을 한국 현실에 대한 주체적 인식기반의 부재와 진보적 학문공동체로부터의 유리에서 찾고 있어 한국 사회의 현실과 한국 사회복지학의 관계 설정을 좀더 적극적으로 하고 있음을 알 수 있다. 그는 미국 사회복지 이론의 무비판적 수용과 추종이 한국 사회복지학에 족쇄로 작용해 왔을 뿐만 아니라 결국 한국 사회복지학을 미국 사회사업의 아류로 전락하게 했으며, 연구대상, 실천방법과 연구영역에서 심각한 현실 부적합성의 문제를 일으

___

을 중심으로〉, 《사회정책론강론》(서울대출판부, 1988), 397~418쪽.
4) 임종대, 〈한국 사회복지학의 반성〉, 《이론》 4호(1993 봄), 196~218쪽.

켰다고 지적한다. 이러한 비판에 근거하여 그는 정치경제학적 패러다임을 인접 사회과학 분야와 공유한 후, 사회복지학의 새로운 이론체계, 학술적 개념, 연구절차 등을 발전시키고, 한국 사회 현실을 적실성 있게 분석하고 대안을 제시하는 공동연구 전략을 모색해야 한다고 주장한다. 덧붙여 그는 한국 사회복지학이 적실성 있는 학문으로 서기 위해서 이론체계와 연구방법 및 전략에서 사회과학적 원리와 방법을 확립해야 한다고 강조하기도 한다.

사회복지학 탈식민성 담론이 하나의 분수령을 맞은 것은 서두에서 언급한 바와 같이 1995년 춘계 학술대회에서 한국 사회복지학의 정체성 문제를 본격적으로 다루기 시작하면서부터다. 이 대회에서 발표된 네 가지 주제 가운데 세 가지가 탈식민성 담론으로 분류될 수 있는 것으로서 사회복지학에서 탈식민성 담론이 공식적인 공간에서 집중적으로 논의되는 수준에 이르렀음을 보여 주는 사건이라 할 수 있다. 여타 사회과학 분야에서 — 사회복지학보다 더 풍부한 탈식민성 담론을 생산한 분야까지도 — 학계의 대표 학회에서 학문 정체성(또는 토착성) 문제가 중심 테마로 상정되어 논의된 경우를 찾기란 쉽지 않다는 점을 감안하면, 이 사건은 사회복지학계의 탈식민성 담론이 도달한 수준을 여실히 반영하는 하나의 지표임에 분명하다. 사회복지학이 도입된 이래 끊이지 않았던 다양한 학문 정체성 논의가 축적되어 탈식민성 담론의 자양분이 되었다고도 볼 수 있는 것이다.

이 대회에서 제1주제 발표자로 나선 최균은 사회복지학 연구가 지난 50여 년간 어떤 전개과정을 거쳐왔으며, 현재의 모습은 어떠한지 살펴보기 위해 학위논문과 학회지 논문을 분석하여 사회복지학 연구주제와 연구내용, 그리고 연구방법의 변화양상을 밝힌다. 그리고 관련 분야 교수들에게 설문조사를 하여 앞으로 사회복지학에서 강조되어야 할 연구주제, 학회지 수준, 연구 분위기, 학문의 난이도 등에 대한 의견을 수집하여 분석 보고한다.[5] 분석을 토대로 그는 한국 사회복지학의 과제를 한국적 사회복지학의 정립, 적극적이고 실천적으로 학문을 연구하는 노력의 요구, 사회복지 문제와 관련된 한국 사회의 구조적 분석을 강화하는 거시적 관점의 요구, 사회복지학의 학문적 과학성 확립 등으로 요약한다.

최균에 이어 제2주제 발표자로 나온 최원규는 국내에서 활용되고 있는 사회복지학 분야 개론서 8종을 선택하여 분석한 후 한국 사회복지학 교육의 문제와 대안을 제시한다.[6] 그가 지적하는 한국 사회복지학의 문제는 학문의 정체성이 혼란스러우며 한국의 현실과 동떨어진 내용이 많이 다루어지고 있다는 것으로 요약할 수 있다.

이와 같은 문제를 극복하고 '한국 사회복지학 개론'을 정립하기 위해 그는 다음과 같은 세 가지 대안을 제시한다. 첫째, 개론서들은 '학문 개론'의 성격을 분명히 하여 학문의 정체성을 밝히고 학사와 학설사를 정리하며 연구 방법론과 연구 분야, 연구 경향 등 이론적 측면에서 사회복지 현상을 체계화하는 내용으로 채워져야 한다. 둘째, 외국의 이론과 역사를 무비판적으로 소개하면서 한국 사회의 주요한 문제들을 외면함으로써 전공 학생들과 다른 분야 학자들에게 '낯설고 이국적인' 또는 '강단과 현실이 분리된' 학문 분야라는 인상을 심어 온 사실을 반성하고 한국 사회복지학의 정체성을 확립해야 한다. 이를 위해서는 외국 이론과 모델을 소개하고 도입하는 데 더욱 신중을 기하고 현장의 경험이 강단에 반영될 수 있는 장치를 강구해야 하며, 한국사회복지사에 대한 관심이 더 확대되어야 한다. 셋째, 학계에 더욱 많은 비판과 토론의 장이 만들어져서 모든 지적 작업에 대한 검증작업이 이루어져야 한다.

최균과 최원규가 각각 사회복지학 연구와 교육이라는 일부분을 다루고 있는 반면 제4주제 발표자로 나선 이혜경은 '사회복지학의 정체성'

---

5) 최균, 〈한국 사회복지학 연구의 분석과 과제〉, 《한국 사회복지학을 진단한다》 (1995년 한국사회복지학회 춘계학술대회자료집, 한국사회복지학회, 1995), 1~14쪽.

6) 최원규, 〈사회복지 교육 반세기의 회고 : 개론 교과서를 중심으로〉, 《한국 사회복지학을 진단한다》(1995년 한국사회복지학회 춘계학술대회 자료집, 한국사회복지학회, 1995), 21~41쪽.

이라는 주제를 내걸고 한국 사회복지학의 탈식민성 문제에 정면으로 맞선다.[7] 그녀는 한국의 사회복지학은 미국식 사회사업학이 이식된 것이며 산업자본주의의 심화와 사회과학의 풍토 변화, 그리고 미국 사회사업학의 변용이 지속적으로 상호작용하면서 다른 나라에서는 유래를 찾기 어려운 방대한 영역을 포함하는 학문으로 변화하게 되었다고 문제를 제기한다. 이러한 도입과 변화 발전 과정의 특수성은 한편으로 한국 사회복지학의 정체성 문제가 단순하지 않은 중층적 함의에 의해서 모색될 수밖에 없다는 사실을 의미한다고도 할 수 있다.

이러한 상황에서 이혜경은 한국 사회복지학의 정체성 문제를 사회복지학의 외연과 관련하여 종합 과학성과 독립 학문성 문제, 사회복지학의 내적 체계로서 임상론과 정책론의 문제, 응용학문으로서 사회복지학의 과학성과 실천성의 문제, 사회복지학의 보편성과 토착화 문제 등으로 나누어 정리한다. 특히 사회복지학이 실천학문으로서의 정체성을 확립하기 위해서는 실천방법론의 개발뿐만 아니라 연구방법론의 개발에도 주력해야 한다고 주장하며, 이런 노력을 바탕으로 외국 이론을 신중하게 체계적으로 소화하고 이해하면서 한국의 현실을 정확히 진단하여 한국 현실에 맞게 수용하고 적용할 때 사회복지학의 토착화가 달성된다고 강조한다. 나아가 한국 사회복지 이론과 실천 모형의 고유성이 지적으로 정리되고 선·후진 각국 사회복지학의 특수성을 바르게 이해할 때에 비로소 세계에 보편적인 사회복지학의 기반이 구축되며, 사회복지학의 토착화 작업이야말로 한국 사회복지학의 정체성 확립에 결정적 요인이라고 말한다.

앞서 살펴본 전남진과 임종대의 담론에 비하면 최균, 최원규, 이혜경의 담론은 한국의 사회복지 현실과 사회복지학 현실에 좀더 밀착해 있다는 것을 알 수 있다. 전자의 담론이 외국의 사회과학 이론에 많이 기

---

7) 이혜경, 〈사회복지학의 정체성〉,《한국 사회복지학을 진단한다》(1995년 한국사회복지학회 춘계학술대회자료집, 한국사회복지학회, 1995), 63~74쪽.

224

대고 있다면 후자의 담론은 우리 현실을 다각도로 조명하고 분석하여 주장하는 방법을 취한다. 이는 탈식민성 담론의 전개과정에서 볼 때 한 단계 진척된 수준을 반영하는 것이라고 할 수 있으며, 우리의 현실을 근거로 한 탈식민성 담론들은 당연히 구체적이며 힘있는 대안을 이끌어 내고 있다는 것을 확인할 수 있다.

사회복지학계에서 탈식민성 담론은 이후에도 학계의 중심 논제로 지속적으로 논의된다. 1996년 한국사회복지학회 춘계 학술대회에서도 1995년의 연장선에서 학문의 정체성 문제를 집중적으로 다루고 있다. '한국 사회복지학의 통합적 접근'이라는 큰 주제 아래 사회복지학, 사회복지교육, 사회복지 실천 현장의 세 영역으로 나누어 통합적 접근이라는 과제를 가지고 논의를 전개한다.

그런데 여기서 발표된 주제들은 그 이전의 것들과는 다소 다른 양상을 나타낸다. 이 논의들은 이론적이고 관념적인 경향을 띠고 있어 1년 전의 풍성한 탈식민성 담론의 성과를 무색케 하는 면이 있다. 이런 경향은 사회복지학 분야 탈식민성 담론이 아직은 구체적인 실천 패러다임으로 정착되지 못하고 있다는 한계를 나타내는 것이라 할 수도 있을 것이다. 사회복지학의 통합적 접근을 모색하는 이 논의들은 주장과 전망의 근거를 우리 사회복지(학) 현실보다는 사회복지(학)의 보편적 성격과 원리에 근거하여 이론적으로 고찰하고 있기 때문이다. 그럼에도 불구하고 제1주제로 발표된 오정수의 논문은 나머지 두 논문과 달리 풍부한 이론적 논의 속에서도 탈식민성 담론으로서의 성격을 강하게 드러내고 있다.[8]

《상황과 복지》 2호에 수정 보완되어 게재된 글에서 오정수는 사회복

---

8) 동일한 주제에 입각해 발표된 논문임에도 불구하고 탈식민성 담론을 담고 있지 않은 두 편의 논문은 다음과 같다. 정무성, 〈사회복지교육의 통합적 접근〉,《한국 사회복지학의 통합적 접근》(1996년 한국사회복지학회 춘계학술대회자료집, 한국 사회복지학회, 1996), 31~48쪽 ; 나경희, 〈사회복지 실천현장의 통합적 접근〉, 위의 책, 51~69쪽.

지학의 진단과 정체성 논의의 연장선에서 학문체계와 접근방법이라는 본질적인 문제를 다룬다.[9] 그는 한국 사회복지학에서 제기되는 거시적 접근과 미시적 접근의 통합 또는 분리라는 학문 접근방법의 이중구조 문제는 지역적 토착성의 문제이며, 영미 학문과 유럽대륙 학문이란 지역 학문의 특수성이 혼합되어 초래되는 문제임을 논증한다.[10] 결국 그가 제시하는 해결 방안은 한국적 사회복지학의 토착성 정립이라는 과제로 요약되는데, 접근방법의 구조와 체계에 대한 문제는 각 국가의 고유한 문제이므로 한국 사회복지학의 과제는 접근방법의 정합구조를 한국적인 형태로 토착화시키는 것이라고 한다. 즉 한국 사회복지학의 정체성은 일자석으로 접근방법의 토착적 정립에 의하여 형성되어야 한다는 것이다. 그리고 나아가 사회복지학의 통합적 접근방법이 어떤 형태의 정합구조를 지향하든 학문의 이중구조에 내재하는 본질적 문제를 말끔히 해결할 수는 없으며, 그럼에도 불구하고 한국의 사회복지 학문 공동체가 공통적으로 인정하고 받아들일 수 있는 새로운 정합구조를 합의하는 일은 한국 사회복지학을 토착화하는 작업이며, 이것이야말로 한국 사회복지학의 정체성 확립에 가장 핵심적인 요소라고 강조한다.

이와 같은 사회복지학계의 노력은 1998년의 추계 학술대회에서도 지속된다. '한국 사회복지의 패러다임 전환'이라는 대주제로 개최된 이 학술대회의 제2 기획 주제로 발표된 '한국 사회복지학 연구방법의 과제'에서 홍경준은 한국의 사회복지 현실에 적합한 연구방법을 모색하기 위하여 나름의 진단과 대안을 제시한다.[11] 학문 정체성 논의에서 출발한 탈식민성 담론이 실천적인 방법론 모색이라는 단계로 성숙하고 있음을 보

---

9) 오정수, 〈사회복지학 접근방법의 이중구조와 정합적 접근 전망〉, 《상황과 복지》 2호(1997), 131~158쪽.

10) 상황과 복지 기획위원회, 〈사회과학의 개방과 한국 사회복지학의 정체성〉, 《상황과 복지》 2호(1997), 128쪽.

11) 홍경준, 〈한국 사회복지학 연구방법의 과제〉, 《한국사회복지의 패러다임 전환》(1998년 한국사회복지학회 추계학술대회자료집, 한국사회복지학회, 1998), 31~53쪽.

여주는 증거라 할 수 있다. 한국 사회복지 현장의 저발전성과 중층성을 고려하면 한국 사회복지학의 연구방법이 더욱 다양하고 깊이 있게 개발, 적용되어야 한다는 원리에서 연구방법에 대한 탐구와 논의는 더욱 더 풍성해져야 할 것이다. 또한 연구방법론에 대한 실험과 실천은 탈식민성 담론이 실천적 패러다임으로 보편화되는 과정의 주요한 전략이 될 수 있기 때문에 지속적인 모색이 요구되는 측면이라 할 수 있다.

그럼 사회복지학 분야에서 탈식민성 담론을 주도하는 세력은 어떤 그룹인가? 앞에서 언급된 담론 형성자들이 담론 주도세력에 포함되는 것은 물론이다. 요컨대 사회복지학계에서 탈식민 담론을 주도하는 그룹은 40대 전후의 소장학자 그룹으로 분류된다. 구체적으로 사회복지학계의 탈식민성 담론 생산 그룹은 '한국사회복지학연구회'라고 단정해도 지나치지 않다. 이 연구회는 1987년 6월 시민사회의 민주항쟁기에 잉태되어 1988년 3월에 우리나라 사회복지학의 학문적 자주성, 진보성, 실천성, 수월성을 목표로 창립되었다. 결과적으로 볼 때 이 연구회의 탄생은 한국 사회복지학의 탈식민성 담론 형성의 결정적인 배경이 되었다고 할 수 있을 것이다. 이 연구회의 창립 취지를 살펴보면 1980년대 말부터 표출되는 사회복지학계의 탈식민성 담론이 결코 우연한 일이 아니며 준비된 담론이었음을 확인할 수 있다. 한국사회복지학연구회는 그들의 작업을 공개하고 공유하기 위하여 1996년부터 《상황과 복지》라는 연속간행물을 펴내게 되는데, 이 책의 창간호에서 회장 백종만은 연구회의 활동 취지와 내용에 대해 다음과 같이 밝히고 있다.

> 본 연구회는 한국 사회복지학계에서 소홀히 다루어지나 우리나라의 상황에서 필요한 연구주제를 발견하고 이를 정리하고 체계화하여 이론화하는 작업을 지속적으로 추구하고 있다. 또한 한국의 '상황'에 주목하여 우리 사회의 사회복지 관련 쟁점들에 대한 즉각적이고 비판적인 분석과 평가작업을 수행하고 있으며, 사회복지학의 학문적인 지향을 점검하고 연구주제와 연구방법의 방향성을 설정하기 위한 기초 작업으로서 한국 사회복지학의 정체성과 연구주제 및 방법론에 관한 review를 진행하고 있다.[12]

약 10여 년간 지속해 온 작업을 구체화하고 성과를 확대하기 위하여 하나의 제도적인 담론 공간을 만들게 된 것이다. 말하자면 '한국사회복지학연구회'의 지향과 정신을 《상황과 복지》라는 매체를 통해 더욱더 효과적으로 전달하고 공유하게 된 것이다. 책의 편집을 주도하는 오정수의 글에서도 한국 사회복지학의 토착화를 향한 이들의 문제의식과 결의를 찾아볼 수 있다.

《상황과 복지》는 학문과 실천의 차원에서 한국 사회복지학의 수월성, 토착성, 진보성을 향한 열정을 지닌 소장 학자들에 의하여 창간되었다. 해방 이후 한국에 사회복지학이 도입된 이후 수십 년이 세월이 지났지만 사회복지학이 정체성이나 실천 방향에 대한 체계적인 검토가 이루어지지 못한 상황에서 학문의 연구자와 실천가를 양산시켜 왔다. 이러한 양적 확대라는 근년의 사회변화는 동시에 새로운 질적 변화의 가능성을 구체화하는 계기를 제공했다. 특히 1980년대 중반 이후 대학의 소장학자들과 연구자들을 중심으로 확산되고 있었던 구미 중심 학문의 무비판적 수입과 일본 식민지배의 영향을 받은 실천에 대한 반성의 토대 위에서, 사회과학의 한 분과학문으로서 학문적 정체성을 확립하고 한국 사회의 토착적인 사회문제를 주체적으로 해결해 나가는 실천적 역량을 충분히 성숙시키기 위해서는 새로운 학문 세대의 결집된 노력과 연구의 장이 필요하다는 문제의식이 형성되어 왔다.[13]

이와 같은 지향을 담은 《상황과 복지》는 사회복지학의 정체성 문제를 포함하여 한국의 사회복지 현실에 대한 실천적이며 진보적인 담론들을 풍성하게 담고 있어서 사회복지학의 정체성 확립과 토착화에 대한 전망을 밝게 한다.

담론 주도세력과 구체적 담론 형성의 장이 확립된 사회복지학 탈식민성 담론은 처음에는 학문의 정체성에 대한 초보적인 탐구와 논의를 시발로 하였으나 결국에는 학문의 토착화라는 큰 지향으로 귀결되고 있

---

12) 백종만, 〈책을 펴내면서〉, 《상황과 복지》 창간호(1996), 5쪽.
13) 오정수, 〈편집자의 글 — 창간에 부쳐〉, 《상황과 복지》 창간호(1996), 7쪽.

음을 알 수 있다. 그 과정에서 사회과학 전반의 일반적 이론을 주요한 준거로 활용한다든지 외국의 학문 경향 변화에 민감하게 귀기울인다든지 하는 성향은 사회복지학 탈식민성 담론의 특성이면서 때로는 한계로 나타나기도 한다.

이와 같은 학문의 특성을 살리면서 한계를 극복하기 위해서 한국 사회복지학은 한국 사회복지 현장의 현실을 더욱더 밀착된 시선과 날카로운 시각으로 관찰하고 그 성과를 축적하는 노력을 기울여야 할 것이다. 이런 노력이 지속될 때 '한국사회복지학'은 확립될 것이며 동시에 한국 사회복지 현실을 개선하는 데 영향력을 키울 수 있을 것이다.

■ 초 록

전 남 진

사회복지에 있어서 사회과학 방법의 한국적 수용의 모색
— 사회정책을 중심으로

[《사회정책론강론》(서울대출판부, 1988), 397〜418쪽]

　사회과학의 한 분과학문으로서 사회복지학이 지금까지 활용해 온 방법론을 고찰하고 그것의 한국적 수용 가능성을 모색하기 위하여 글쓴이는 먼저 사회과학이란 사회현상에 근거하여 사회문제를 해결하는 역동적인 학문 영역이어야 한다는 서구 학자들의 입장을 글의 출발점으로 삼는다. 그러나 사회복지라는 사회 제도의 본질과 중심 기능에 대한 보편적 합의가 없어 아직까지 사회복지학을 구성하는 고유의 패러다임이 불완전하다고 판단하고 이 글에서는 사회정책 연구 영역의 방법론에 한정해서 고찰하고 있으며 그것을 기초로 사회복지학 연구 방법론의 한국적 수용에 대한 논의를 시도한다.

　글쓴이는 영국과 미국의 사회정책 분야 연구방법을 중심으로 하여 이론 구축보다는 사회 문제 해결에 우선적으로 관심을 집중하는 '전통적 접근'과 그에 대한 비판과 의문으로 1970년대 초부터 제기되는 '사회과학적 접근'에 대해 고찰한다. 그리고 이러한 영미의 접근방법은 실증주의적 접근방법으로서 한국에 그대로 수용하는 데에는 근본적인 문제점이 있다고 지적한다. 왜냐하면 한국에는 선진 서구의 사회정책 연구 방법론을 그대로 적용시킬 만한 사회현상이 없기 때문이다. 즉, 한국의 국가복지, 사회정책, 사회복지는 그것이 모델로 삼고 있는 선진 국가와

는 너무 괴리되어 있다는 것이다. 따라서 서구의 이론을 소개하는 정도
에서 그칠 우려가 있는 국면을 극복하기 위해 우리 스스로의 방법론을
모색하는 작업이 필요하다고 주장한다.

나아가 글쓴이는 복지국가라고 하는 것은 일정한 모델이 있는 것이
아니며 그 이론 체계도 범세계적으로 보편화, 일반화되어 있는 것도 아
니기 때문에 막연히 그것을 추구한다는 것은 과학적 태도가 아니므로
주의해야 한다고 경고한다. 요컨대 한국의 사회보장 내지는 사회정책
전문가들이 한국의 사회복지를 논할 때 서구의 모델을 무비판적으로 도
입하려 하고 그에 따른 이론적 논리에 함몰되는 것은 큰 오류이며 그
논의의 중심을 한국의 사회적 실체에서 끌어 올려야 한다는 것이다.

이 글은 글쓴이의 단행본 저서를 구성하는 한 부분이다. 그 때문인지
문제의식은 비교적 선명하게 드러나 있으나 논의의 깊이와 폭은 본격적
이지 못하다.

임 종 대

한국 사회복지학의 반성

[《이론》 4호(1993 봄), 196~218쪽]

이 글은 1980년대 이후 한국 사회과학계의 진보적 학술 연구활동의
경향에 기대어 사회복지학의 접근방법과 연구방법론을 비판하고 반성
하여 한국 사회복지학의 정체성 확립을 위한 과제를 제시한다.

글쓴이는 먼저 한국 사회과학계 일반의 진보적 학술연구 활동에 비
해 사회복지학은 아직까지 보수적이며 종속적인 패러다임 속에 안주하
고 있다고 지적하고 이런 현실 안주의 배경을 한국 현실에 대한 진보적
인식을 배태할 수 있는 주체적 기반의 부재와 진보적 학문공동체로부터
의 유리에서 찾는다. 그리고 이러한 인식에 기반하여 사회복지학의 이

론적 경향을 기술론적 접근방법과 정책론적 접근방법으로 분리하여 비판적으로 검토한다. 첫 번째로 한국 사회복지학 실천 모델의 지배적 중심축을 형성해 온 미시적 기술론적 접근방법을 비롯한 미국 사회사업학이 어떤 역사적 사회적 학문적 토양 속에서 배양되었는지 소개하고, 그것이 1950년대를 전후하여 본격적으로 한국 사회복지학계에 이식된 경로를 검토한다. 요컨대 미국 사회복지 이론의 무비판적 수용과 추종이 한국 사회복지학에 족쇄로 작용해 왔을 뿐만 아니라 결국 한국 사회복지학이 미국 사회사업의 아류로 전락하게 되며 연구대상, 실천방법과 영역의 측면에서 심각한 현실 부적합성 문제를 일으켰다는 것이다. 두 번째로는 한국 사회복지학의 정책론적 접근방법을 정책분석 연구의 실증주의적 경향과 사회정책 발달론으로 대별하여 비판적으로 검토한다.

이와 관련하여 실증주의적 정책분석 연구는 지금까지 한국 사회의 여러 가지 사회복지정책과 프로그램을 그 자체로서만 연구대상으로 취급하고, 그것이 기반한 자본주의 사회 체제에 대한 문제 인식은 연구영역 밖으로 돌려 학문의 지형을 축소시켜 왔으며 영국을 중심으로 한 사회정책론의 무분별한 수용은 서양 자본주의 사회의 사회복지 변천 과정과 사회 현실을 결과적으로 미화하고 합리화시켜 줄 뿐이라고 지적한다. 결론에 대신하여 글쓴이는 한국 사회복지학의 사회과학화를 위해 다음과 같이 세 가지 과제를 제시한다. 첫째, 사회복지학의 새로운 학문 토대로서 정치경제학적 패러다임을 인접 사회과학 분야와 공유하고 동시에 독립된 분과학문으로서 독자적인 연구방법과 연구주제를 확보한다. 둘째, 정치경제학적 패러다임을 기초로 하여 사회복지학의 새로운 이론적 체계, 학술적 개념, 연구절차 등을 발전시킨다. 셋째, 한국 사회 현실을 적실성 있게 분석하고 대안을 제시할 수 있는 공동연구 전략을 모색한다.

이 글은 한국 사회복지학의 이론과 실천을 서구 종속성의 측면에서 그 문제를 깊이 성찰하고 있어 높이 평가할 만하다. 한편 글쓴이의 논지가 이론적이며 원론적인 수준에서 크게 나아가지 못하고 있는 점은

232

아쉬움을 남긴다.

최　균

한국 사회복지학 연구의 분석과 과제

[《한국 사회복지학을 진단한다》(1995년 한국사회복지학회
춘계학술대회자료집), 1~14쪽]

한국에 사회복지학이 도입된 지 50년이 지나고 연구와 교육에서 많은 발전을 이룩하였음에도 불구하고 사회복지학의 정체성 확립과 이론과 현실 사이의 괴리 문제가 여전히 풀리지 않고 있으며 한국적 복지모형의 정립 또한 과제로 남아 있다. 뿐만 아니라 독자적 사회과학으로서 사회복지학이 갖추어야 할 연구 주제와 연구 방법, 그리고 이론체계에 관한 논의도 미진한 상태이다. 글쓴이는 이와 같은 진단과 반성 위에서 지난 50여 년간 사회복지학 연구가 어떤 전개과정을 거쳐왔으며 현재의 모습은 어떠한지, 그리고 앞으로 발전 방향은 어떠해야 하는지 살펴보고 있다.

이를 위해 먼저 학위논문과 학회지 논문을 분석하여 사회복지학 연구 주제와 연구 내용, 그리고 연구 방법의 변화 양상을 밝힌 후 관련 분야 교수들에게 설문 조사하여 향후 사회복지학에서 강조되어야 할 연구 주제, 학회지 수준, 연구 분위기, 학문의 난이도 등에 대한 의견을 수집하여 분석 보고한다. 논문의 분석과 전문 연구자들의 의견을 종합하여 글쓴이는 한국 사회복지학의 긴급한 해결 과제를 네 가지로 제시한다.

가장 시급하게 해결되어야 할 첫째 과제는 한국적 사회복지학의 정립으로 사회문화적 토대가 서로 다른 학문의 이입과 이로 인한 학문의 현실적합성과 정체감 혼란이 극복되어야 한다는 것이다. 둘째로는 적극적이고 실천적인 학문 연구 노력으로 기술과 제도 중심의 연구 경향을 극복하고 사회적 이슈에 대한 관심 영역을 확대하고 즉각적으로 대응하는 적극적인 실천성이 요구된다는 것이다. 셋째로는 사회복지 문제와 관련된 한국 사회의 구조적 분석을 강화하는 것으로 기능주의적 접근과 실용주의적 입장을 지양하면서 거시적 관점에서 사회복지 문제를 논의해야 한다는 것이다. 이러한 입장은 사회복지학이 여타 사회과학으로부터 소외되지 않기 위해서도 필수 불가결한 과제라고 한다. 넷째로는 사회복지학이 내포하고 있는 규범적 성격과 국가에 대한 맹신, 사회적 합의의 가정, 실용주의적 입장 등에 의해서 학문의 이론적 체계화 노력이 미흡해지는 현상을 지양하고 극복하여 학문의 과학성을 확립해야 한다는 것이다.

이 글은 우리나라 사회복지학 분야의 기존 연구 논문과 연구자들의 의견에 대한 체계적이고 정량적인 분석에 근거하여 한국 사회복지학의 정립을 위한 과제를 제시한다는 점에서 큰 의미를 가진다고 할 수 있다. 그러나 한국 사회복지학을 위한 방향 제시가 우리 사회의 복지 현실의 문제에 근거하여 좀더 논증적으로 깊이 있게 주장되지 못하고 선언적인 수준에 머무는 것 같아 아쉬움을 남기고 있다.

최 원 규

사회복지 교육 반세기의 회고
— 개론 교과서를 중심으로

[《한국 사회복지학을 진단한다》(1995년 한국사회복지학회
춘계학술대회자료집), 21~41쪽]

이 논문은 우리나라 사회복지 교육의 외형이 전반적으로 크게 확대되었으나 그 내용에서는 충실한 발전을 성취하지 못하고 있다는 관점에서 교육용 교재의 내용 분석을 토대로 하여 한국 사회복지학을 진단한다.

글쓴이는 국내에서 활용되고 있는 사회복지학 분야 개론서 20여 종 가운데서 8종을 선택하여 분석한 후 한국 사회복지학 교육에 대하여 다음과 같이 여섯 가지 문제를 지적한다. 첫째, 학문의 정체성이 아직도 확립되지 않아 사회복지학을 응용사회과학이라고 하기도 하고 전문 분야라고 하기도 한다. 둘째, 개론서들이 사회복지'학 개론'의 성격보다는 사회복지 현실을 알려주는 사회복지'개론'의 수준에 머물고 있다. 셋째, 아직도 한국 현실과 동떨어진 내용들을 다루고 있으며 아울러 한국 사회의 주요 사회 문제들을 외면하고 있어 학문의 현실 적합성이 부족한 실정이다. 넷째, 주요한 기본 개념에 대해 학자들의 개념 정의가 불일치하고 용어 사용의 혼란이 계속되고 있다. 다섯째, 학문 방법론 분류가 다양화되고 방법론으로서의 케이스 워크(case work)에 비해 상대적으로 사회복지정책의 위상이 높아졌다. 그리고 방법론에 대해 학자들 간의 분류체계 불일치 현상이 나타나고 있다. 여섯째, 한국의 역사와 사회 현실이 소홀하게 다루어지고 있으며 구미의 문헌과 일본 문헌을 주로 참고하는 것으로 나타난다. 그리고 외국 사회복지사에서 구미 선진제국의 사회복지사에 치중하고 있으며 제3세계적 관점은 전혀 나타나지 않고 있다.

이와 같은 분석 결과를 토대로 글쓴이는 '한국사회복지학 개론'을 정립하기 위해 나름대로 세 가지 견해를 피력한다. 첫째로 개론서들은 '학문 개론'의 성격을 분명히 하여 학문의 정체성을 밝히고 학사와 학설사를 정리하며 연구 방법론과 연구 분야, 연구 경향 등 이론적 측면에서 사회복지 현상을 체계화하는 내용으로 채워져야 한다는 것이다. 둘째로 외국의 이론과 역사를 무비판적으로 소개하면서 한국 사회의 주요한 문제들을 외면함으로써 전공 학생들과 타 분야 학자들에게 '낯설고 이국적인' 또는 '강단과 현실이 분리된' 학문 분야라는 인상을 심어 온 사실을 반성하고 한국 사회복지학으로서의 정체성을 확립해야 한다는 것이다. 이를 위해서는 외국 이론과 모델을 소개하고 도입하는 데 더욱더 신중을 기하고 현장의 경험이 강단에 환류될 수 있는 장치를 강구해야 하며 한국 사회복지사에 대한 관심이 더 확대되어야 한다고 주장한다. 셋째로 학계에 더욱 많은 비판과 토론의 장이 만들어져서 모든 지적 작업에 대한 검증작업이 이루어져야 한다고 지적한다.

비록 개론서 분석에 한정된 내용이지만 우리나라 사회복지학의 문제를 날카롭게 지적하고 있다고 할 수 있다. 그러나 개론서의 내용이 교육과 학문 전체의 내용을 어느 정도 대표할 수 있는가 하는 의문이 제기될 수 있으며, 따라서 교과과정이나 교수들의 전공 분야 분포 등 좀 더 폭넓은 조사와 분석에 근거하여 공감의 폭을 넓힐 수 있는 지적과 주장이 요망된다고 할 수 있다.

이 혜 경

사회복지학의 정체성

[《한국 사회복지학을 진단한다》(1995년 한국사회복지학회
춘계학술대회자료집, 한국사회복지학회, 1995), 63~74쪽]

글쓴이는 서두에서 이 글의 목적을 해방 후 고등교육기관에 학과가 개설된 이래 나름대로 한국 사회과학의 한 분야로서 뿌리를 내려온 사회복지학의 정체성 확립에 토대가 되는 몇 가지 쟁점을 정리함으로써 한국 사회복지학의 본질과 전망을 탐색하는 것이라고 밝힌다.

이를 위하여 우선 한국 사회복지학의 역사적 특수성을 세 가지로 요약한다. 첫째로는 한국의 사회복지학은 그 연구대상인 사회복지 제도나 사회복지 실천의 현장이 형성되기 전에 학문으로 먼저 소개되었다는 것이다. 둘째로는 한국의 사회복지학은 사회정책이나 사회행정으로서가 아니라 미국의 전문 사회사업의 형태로 처음 소개되었다는 것이다. 셋째로는 한국 사회에서 학문의 본산이라 할 수 있는 서울대학교에서 일찍이 사회사업학을 미래지향적이고 실용주의적인 학문 영역으로 인정

하여 학과를 설치했다는 점이다. 그 뒤 한국 사회복지학은 산업자본주의의 심화와 사회과학의 풍토 변화, 그리고 미국 사회사업학과의 지속적 상호 작용을 통하여 다른 나라에서는 유례를 찾기 어려운 방대한 영역을 포함하는 학문으로 변화하게 되었다는 것이다. 이러한 도입과 변화 발전 과정의 특수성은 한편으로 한국 사회복지학의 정체성 문제가 단순하지 않은 중층적 함의에 의해서 모색될 수밖에 없다는 사실을 의미한다고도 할 수 있다. 이러한 상황에서 글쓴이는 한국 사회복지학의 정체성을 첫째, 사회복지학의 외연과 관련하여 종합과학성과 독립 학문성 문제, 둘째, 사회복지학의 내적 체계로서 임상론과 정책론의 문제, 셋째, 응용학문으로서 사회복지학의 과학성과 실천성의 문제, 넷째, 사회복지학의 보편성과 토착화 문제 등으로 나누어 정리한다. 특히 사회복지학이 실천학문으로서의 정체성을 확립하기 위해서는 실천방법론의 개발뿐만 아니라 연구 방법론의 개발에도 진력해야 한다고 이야기하며, 이런 노력을 바탕으로 외국 이론을 신중하게 체계적으로 소화하고 이해하면서 한국의 현실을 정확히 진단하여 한국 현실에 맞게 수용하고 적용할 때 사회복지학의 토착화가 달성된다고 강조한다. 나아가 한국 사회복지 이론과 실천 모형의 고유성이 지적으로 정리되고 선·후진 각국 사회복지학의 특수성이 바르게 이해될 때 비로소 세계에 보편적인 사회복지학의 기반이 구축되며, 사회복지학의 토착화 작업이야말로 한국 사회복지학의 정체성 확립에 결정적 요인이 된다고 말한다.

이 글에서 글쓴이는 한국 사회복지학의 정체성을 위해 실천성과 토착화의 필요성을 제기하고 있지만 전반적인 논의의 중심이 한국 사회복지학의 수입과 발전의 측면에 치중하고 있으며 우리 사회복지의 현실 문제와 학문의 상관관계에 관한 논의를 소홀히 하고 있다는 사실은 인식의 미진함을 나타내는 부분이라고 할 수 있다. 다시 말해 우리 사회복지 현실과 현장에 근거한 실천방법이나 토착화의 방안 등에까지는 논의가 전개되지 못하는 것이 아쉬움으로 지적될 수 있다는 것이다.

오 정 수

사회복지학 접근방법의 이중구조와 정합적 접근 전망

[《상황과 복지》 2호(1997), 131~158쪽]

  이 논문은 사회복지학의 학문 접근 방법론으로서 거시적 접근과 미시적 접근 간의 대립구조를 분석하고 이들의 유기적 관계를 강화하여 학문의 내적 일치성을 높이려는 의도에 따른 것이다. 이는 한국 사회복지학이 학문의 정체성을 갖기 위하여 어떠한 형태로 학문 접근방법을 정립해야 하는가 하는 논의의 일단이라고 할 수 있다.

  글쓴이는 먼저 사회복지학 접근방법의 이중구조가 형성된 역사적 배경과 이중구조의 반영 요인을 밝히고, 이러한 이중구조에 대한 논의가 학문 자체의 성격에 의한 일반적 현상인지 아니면 국가나 지역 또는 학문공동체에 의한 지역적 특수성의 문제인지를 논증한다. 여기서 사회복지학 접근방법의 이중구조 현상은 한국의 고유한 학문 풍토와 결합하여 초래된 혼란이라고 정리된다. 그리고 거시-미시 접근방법의 쟁점들을 내적 일관성과 외연 문제, 학술성 대 문제해결의 실용성 문제, 학문방법의 분업 대 협업 문제, 사회과학의 상호의존성 대 분과학문성 문제로 나누어 고찰한 후 사회복지 학문체계와 접근방법의 문제를 삼분법과 분리 독립방법을 중심으로 논의한다. 끝으로 정합적 접근의 연구방법과 이론체계가 갖는 함의를 이야기한 후 논의의 결론을 도출한다.

  이 논의의 결론으로 글쓴이가 제시하는 것은 한국적 사회복지학의 토착성 정립이라는 과제로 요약되고 있다. 접근방법의 구조와 체계에 대한 문제는 각 국가의 고유한 문제이므로 한국 사회복지학의 과제는 접근방법의 정합구조를 한국적인 형태로 토착화시키는 것이라고 한다. 즉 한국 사회복지학의 정체성은 일차적으로 접근방법의 토착적 정립에 의하여 형성되어야 한다는 것이다. 그리고 나아가 사회복지학의 통합적 접근방법이 어떤 형태의 정합구조를 지향하든 학문의 이중구조에 내재하는 본질적 문제를 말끔히 해결할 수 없으며, 그럼에도 불구하고 한국의 사회복지 학문 공동체가 공통적으로 인정하고 받아들일 수 있는 새로운 정합구조의 합의는 학문의 토착성이며, 이것이야말로 한국 사회복지학의 정체성 확립에 가장 핵심적인 요소라고 강조한다.

이 논문이 학문 접근방법이라는 본질적 사안에 대한 논의이기 때문인지 비교적 난해한 분석과 문장으로 구성되어 있다. 따라서 글쓴이가 인식의 기저에 깔고 있는 한국 사회복지학의 토착성 강화와 이를 통한 학문 정체성 정립이라는 중심 논의가 좀더 선명하고 강하게 부각되지 못하는 듯한 느낌을 갖게 한다.

홍 경 준

한국 사회복지학 연구방법의 과제

[《한국 사회복지학의 패러다임 전환》(1998년 한국사회복지학회
추계학술대회자료집, 한국사회복지학회, 1998), 31~53쪽]

이 글은 한국 사회복지학의 모습을 연구방법의 측면에서 탐구하고 그 특성과 문제점을 검토한 후 몇 가지 과제를 소개한다. 이 과정에서 글쓴이는 줄곧 한국의 사회복지학 연구가 옳은 정체성을 확보하기 위해서는 한국의 사회복지 현실에 맞게 연구방법을 채택하고 활용해야 한다는 입장을 밑바닥에 깔고 있다.

먼저 글쓴이는 1980년대 초반부터 미국에서 시작된 사회복지학 연구방법론 논쟁이 실증주의에 기반한 사회사업의 주류 연구방법에 대한 재검토와 성찰 기회를 제공하고, 다양한 방법론적 입장을 수용할 수 있는 통합적 다원적 방법론 체계를 모색하는 계기를 제공했으며, 사회사업

영역 내에서 질적 방법의 중요성을 부각하고 필요성을 제기하여 궁극적으로 질적 방법 사용에 대한 유리한 환경을 조성한 의미를 가진다고 소개한다.

이런 논의를 바탕으로 글쓴이는 1979년부터 1998년까지 한국사회복지학회의 논문집《한국사회복지학》에 실린 298편의 논문을 대상으로 연구방법론의 변화 양상을 시대별로 분석한다. 그 결과 한국 사회복지학 연구에서 나타나는 연구방법의 특성으로 양적 방법에 입각한 연구 비중이 빠르게 증가한 것과 이론적 개념적 논의의 연구가 그 뒤를 이어 지속적으로 많은 비중을 차지한 것, 그리고 질적 방법의 회소성 등을 들고 있다.

또한 연구영역별 연구방법 이용 양상에서 제도와 정책영역에서는 질적 방법이 선호되고, 사회사업 실천영역에서는 양적 방법이 선호되어 연구영역과 연구방법의 선택적 친화 현상이 존재함을 밝히고 있다. 이와 같이 연구영역과 연구방법의 선택적 친화성이 존재하는 원인을 글쓴이는 세 가지로 분석한다. 첫째는 도입경로의 차이에서 유래하는 것으로서 제도와 정책영역은 유럽의 전통을 거쳐 도입되었으며, 사회사업 실천영역은 미국의 영향 속에서 유입되었기 때문이다. 둘째는 연구의 성격상 객관적 타당성을 입증해야 할 현실적 필요성이 제도와 정책영역보다는 사회사업 실천영역이 더 컸기 때문이다. 셋째는 양적 자료의 획득 가능성이 두 연구영역에 차이가 있기 때문이다.

이와 같은 분석 결과를 토대로 글쓴이는 우선 한국 사회복지학 연구자들이 연구주제나 이론적 모델에 기반하여 연구방법을 택하기보다는 익숙함, 또는 시대적 유행에 편승하여 연구방법을 택하게 될 위험성이 다분히 있을 정도로 연구방법에 대해 무관심하다고 지적한다. 그리고 연구방법의 선택적 편향성과 외국 이론을 소개하는 차원에 머무는 연구 풍토도 큰 문제로 지적한다.

글쓴이는 이와 같은 문제를 해결하기 위해서는 연구방법에 대한 진전된 관심, 더욱더 다양한 연구방법을 통해 연구물을 생산하려는 노력, 이론과 실천 모델의 개발을 위한 재검증과 반증작업에 참여 등이 필수적이라고 한다. 그리고 연구방법은 연구대상과 이론체계와의 밀접한 연계 속에서 선택되고 논의되어야 한다는 상식의 중요성을 덧붙여 강조한다.

이 글은 전반적으로 외국의 동향과 국내의 연구 경향을 토대로 한 실태 소개가 지배적이기 때문에 한국 사회복지학의 정체성 확립에 대한 글쓴이의 각성과 주장은 깊지 않다는 한계를 지닌다. 이런 한계와 관련하여 글쓴이가 말미에서 제안하는 현실기반이론(grounded theory), 연줄망분석(network analysis), 위계선형분석(hierarchial linear analysis) 등의 연구방법이 왜 한국 사회복지학의 대안적 연구방법으로서 강조되어야 하는지 충분하게 전달되지 못하는 면이 있다.

언론학 분야

김정근 · 김영기

■ 담론 개관

　현재 우리나라의 언론학은 대학에서는 ‘인기학과’로 평가받고 있으며, ‘언론학 인구’ 역시 폭증하고 있다. 그렇지만 우리나라 언론학의 정체성이라는 문제로 돌아오면 심각한 혼돈상태에 빠져 있다는 평가를 받는다. 그것은 언론학 관계 학과와 학회의 무원칙하고 다양한 명칭과, 광범위하고 다양하게 실시되고 있는 언론학 연구와 교육에서 극명하게 드러난다.

　이 문제에 대한 학계 차원의 해답을 유보한 채, 언론학의 명칭 문제라든가 학적 체계 문제, 교육 프로그램 문제, 산학협동 문제, 언론학의 토착화 문제 등을 논의하기는 어려워 보인다. 한국언론학회가 우리나라 언론학의 첫 번째 쟁점과 과제로 언론학의 정체성 확립을 들고 있는 것[1]도 같은 맥락이라고 볼 수 있다.

　우리나라 언론학의 탈식민 담론 분석에 앞서 우선 그 전개과정부터

---

1) 서정우, 〈우리나라 언론학의 어제와 오늘〉, 《언론학의 장래와 언론학 교육의 방향》(한국언론학회, 1997), 1~6쪽. 한편 우리나라 언론학의 전개과정에 관련된 부분은 주로 서정우의 위의 글과 추광영의 〈한국에 있어서의 커뮤니케이션 연구 ― 그 역사와 현재의 위치〉[《신문연구소학보》(서울대) 제20집(1983), 93~103쪽]에서 옮겨왔다.

살펴보면 다음과 같다. 우리나라에서 언론학 연구는 저널리즘 관련 연구로부터 시작해서 매스커뮤니케이션 관련 연구로 확장되었으며, 최근에 와서는 커뮤니케이션 현상 전반으로 연구 관심을 확대하는 경향을 나타내고 있다. 그리고 1970년대까지는 우리나라 언론학 연구의 주된 관심이 선진국의 언론현상과 이론을 소개하는 데 있었으나 최근에 와서는 우리나라의 언론현상을 다양한 방법론으로 연구하는 경향을 나타내고 있다.

한국에서 신문학을 학술적으로 연구하고 외국의 신문학 이론을 도입 및 체계화하기 시작된 것은 1945년 해방 이후의 일이지만, 이와 같은 노력의 발단은 훨씬 전인 1928년 독일에서 신문학 박사학위를 취득하고 귀국하였던 김현준에 의하여 시작되었다. 이후 한국인으로서 해방 전에 대학에서 신문학을 전공하였던 사람들로는 곽복산, 박유봉, 이해창 교수 등이 있다.

우리나라의 언론학 교육은 일본 최초의 신문학과인 소피아대학(上智大學)[2]을 졸업한 곽복산이 1947년에 우리나라 최초의 직업적 훈련기관인 조선신문학원(서울신문학원)을 설립한 데서 비롯된다. 조선신문학원은 전문 언론인 양성을 위한 실무 중심의 교육을 시행했으며, 15기에 걸쳐 여기서 배출된 약 천여 명의 졸업생들은 한국 언론계의 중진으로 성장했다. 그 이후 1954년 정부로부터 인가를 얻어 독립된 신문학과가 홍익대학교에 최초로 개설되었지만 1961년 대학 정비령에 의해 없어졌으며, 1957년의 중앙대학교가 두 번째다. 이러한 학과의 창설자들은 주로 일본의 소피아대학과 독일에서 공부한 사람들이었다. 따라서 초기의 한국 신문학자들은 독일식의 일본 교육이나 독일 교육의 영향을 직접 받았다고 볼 수 있을 것이다.

1960년대 들어, 독일의 신문학이나 공시학과는 학문적 관심에서 구별

---

2) 소피아대학은 독일에서 신문학을 전공한 일본 신문학의 개척자 고노 히데오의 강력한 영향 밑에 1932년에 창립되었다.

되는, 미국의 커뮤니케이션학을 전공한 교수들이 귀국하여 교단에 자리 잡기 시작했다. 또한 학과와 연구소들이 대학에 창설되기 시작하면서, 한국의 언론학은 외면적 폭을 확대하고 질적 변화를 보이기 시작한다. 특히 1963년 서울대학교의 신문연구소 창립과 더불어 일대 전환기를 맞이하는데, 이때부터 일본 및 독일 편향적이던 한국의 언론학은 미국 중심의 커뮤니케이션학과 접목되고, 커뮤니케이션 현상을 사회과학적 패러다임 속에서 실증적으로 연구하려는 노력들이 나타나게 된다. 이어서 1967년 서울대학교에 신문대학원이 설립되면서, 김규환을 중심으로 한국 신문학을 사회과학의 하나로 격상시키고자 하는 노력이 가속화되었다.

하지만 실무교육으로 시작된 우리나라의 언론학 교육은 이때까지만 해도 독일의 공시학 전통과 미국의 매스커뮤니케이션 전통에 의해서 크게 영향을 받았다고 평가된다. 여기서 독일의 공시학은 일본을 통해서 우리나라에 전래된 학문 전통으로서 주로 '제1세대' 학자들에게 영향을 준 것으로 평가되고 있으며, 그 이후 세대는 거의 대부분 미국의 매스커뮤니케이션 전통에 의해 영향을 받았다고 말할 수 있다. 그것은 국내 언론학 교수들이 박사 학위를 취득한 나라별 분포에서 미국이 절반 이상을 차지하고 있다는 사실만으로도 충분히 입증되지만, 최근 국내 박사의 증가는 언젠가 독특한 한국적인 연구방법을 형성할 것이고, 외국의 영향에서 벗어날 것을 기대하게 한다.

1970년대에 들어오면서 미국에서 커뮤니케이션학을 전공한 소장학자들이 대거 귀국하기 시작하였는데, 이들은 사회과학적 방법에 의한 커뮤니케이션 연구의 필요성을 주장했으며, 매스 커뮤니케이션, 저널리즘, 방송론, 국제 커뮤니케이션론, PR론, 인간 커뮤니케이션론, 대중문화론 등의 폭넓은 분야를 각각의 학문적 관심에 따라 한국의 커뮤니케이션 연구영역에 수용함으로써 연구대상의 폭을 넓히는 데 결정적으로 기여했다.

그러나 그와 같은 연구도 구미 학계에서 개발한 모델을 한국의 상황에 그대로 적용해 본다거나 흉내내는 모방적 연구단계를 벗어나는 것은 아니었으며, 독자적인 이론 정립을 위한 것도 아니었다. 따라서 한국의 사회구조 속에서 지배적인 커뮤니케이션 현상을 발견해 내고, 이를 설명할 수 있는 독자적 이론을 개발하여 이론적 토착화를 의도한 단계까지 발전한 것이라고는 보기 어렵다.

한편 1980년대에 접어들어 한국 사회의 사회, 정치적 상황은 한국의 인문·사회과학계로 하여금 비판이론을 도입하게 만들었으며, 언론학에서 실천적 지향을 대변해 온 한국의 비판언론학 역시 이러한 진보학계의 전반적인 동향과 밀접한 관련을 맺으면서 성장하게 된다. 비판이론의 등장과 확산은 미국의 이론에 치우쳤던 언론학의 식민성에 하나의 신선한 충격으로 다가왔으며, 동시에 많은 신진 연구자들이 미국 유학 대신 국내를 선택, 우리 언론의 문제와 씨름하게 되는데, 이들이 중심이 된 한국사회언론연구회가 1988년 2월에 결성된다.

이들을 통해 현실분석이라는 '구체로의 상승'을 놓고 학문적 타당성을 겨루어 볼 수 있는 생산적인 논쟁의 장이 열리기 시작한다. 이러한 논쟁은 방법론 논쟁의 재연으로 출발하여 이론의 내적 적합성을 검토하는 단계까지 나아가게 된다. 즉 한국의 특수한 사회구조를 설명하는 우리 나름의 이론틀이 필요함을 절감하게 되었던 것이다.

그렇지만 비판이론이 주류 언론학에 비해 상대적으로 한국 언론의 문제에 더욱 심도 있게 비판적으로 접근하며 연구의 영역을 넓혀 간 것은 사실이지만, 다른 한편으로 보면 그 점에서도 유럽의 이론들을 무비판적으로 수용하여 소개하고 적용하려 했던 경향이 있었음은 부인하기 어렵다. 이러한 언론학 분야 비판이론 연구의 식민성은 1980년대 이후 정치학, 경제학, 사회학 등 인접 사회과학 연구자들에 의해 유행처럼 소개된 외국의 이론들을 맹목적으로 추종했던 것과 맥을 같이하는 것이다.

언론학에서 탈식민성 담론은 매우 산발적이긴 하지만 이러한 비판이론가들을 중심으로 나타난다. 하지만 탈식민성 담론이 하나의 흐름을 형성했다고는 보기 어려울 것이다. 초록자가 발견한 가장 이른 시기의 것은《신문학보》6집(1973)에 실린 김일철의 〈한국커뮤니케이션 연구방법론의 회고〉로, 이 글은 한국 커뮤니케이션 연구방법론의 관행에 대해 글쓴이가 갖고 있는 인상을 피력한 것이지만, 한국 언론학계 초기의 탈식민 담론으로서 몇 가지 중요한 메시지를 담고 있다.

1980년대에 접어들면서 한국의 커뮤니케이션 학계에서는 커뮤니케이션학에 대한 방법론 접근방식 등을 둘러싸고 활발하게 문제를 제기하기 시작했으며, 또한 한국 사회가 가진 보편성 속의 특수성 문제와 관련하여 현실 유관성 혹은 토착화의 문제를 제기하기에 이르렀다.

그 예로 추광영은 한국 커뮤니케이션 학계의 자성적 목소리가 나타나는 부분[3]으로 '한국 커뮤니케이션학의 연구가 미국 신문학의 아류에 불과한 상태이다',[4] '외국에서 공부한 교수진에 의해 외국 용어와 기술이 여과과정이나 한국 현실에의 적응과정 없이 수입되고 있으며, 한국의 미래를 위한 우리 자신의 언론가적 실천과 교육체계가 탐구되어야 한다',[5] '이러한 현상은 미국식 경험 실증주의와 구조기능주의적 방법의 절대시 경향에 의해 야기된 결과이다'[6] 등을 언급한다.

언론학 분야의 탈식민성 담론자로는 추광영, 김학수, 정대수, 오진환, 박홍수, 김재홍, 강상현, 이효성, 방정배, 김동민 등의 이름을 거론할 수 있겠다. 이들은《현상과 인식》,《사회비평》등의 대중매체나, 한국언론학회의《신문학보》, 한국사회언론연구회의《한국사회와 언론》, 서울대학교의 신문연구소에서 나오는《신문연구소학보》등과 같은 대학 내 연구논문집 등을 통해 개별적으로 한국 언론학의 문제점을 다루고 있는데, 그 속에 탈식민성의 관점이 부분적 또는 전면적으로 용해되어 나타

---

3) 추광영, 〈커뮤니케이션학의 접근방법과 쟁점〉,《서울대 사회과학과 정책연구》 8권 1호(1986. 8), 264~265쪽.
4) 이상회,《권력과 언론》(정우사, 1983).
5) Oh Jin Hwan, "Foreign Influence on Korean Journalism Education",《신문학보》 20(1985).
6) 방정배,《자주적 말길 言論 : 言論構造變動의 辨證法》(나남, 1985).

난다.

우리나라 언론학 연구의 패러다임적 경향은 김학수의 글[7]에서 발견할 수 있다. 그에 따르면 한국의 언론학은 세 가지 흐름으로 요약할 수 있는데, 첫째는 한국 언론학 연구가 서구 언론학의 관점들을 소개하는 데 바쳐지고 있다는 점이다. 둘째는 우리나라 언론학자들이 커뮤니케이션과 관련된 미국식 개념들을 아무런 의심도 없이 미국 언론학자들이 실제 연구에서 다루는 것과 똑같은 방식으로 한국의 상황에 받아들이고 사용한다는 점이다. 셋째는 한국 언론학 연구가 역사적 연구뿐만 아니라 내용분석이나 조사방법을 사용하는 경험적 연구에서도 주로 서술적인 데에 그치고 설명적이지 못하다는 점이다.

한국의 언론학이 미국과 독일식 교육을 받은 많은 학자들에 의해 영향을 받았기 때문에, 창조성과 이론 건설이라는 두 가지 중요한 점에 대한 결여로 이어진다. 즉, 한국 상황에 좀더 적합한 개념들을 발전시키거나 창조하는 것은 한국 사회를 더욱 잘 설명할 수 있는 이론으로 발전할 수 있음에도 불구하고, 개념의 차원에서부터 언론학자들이 한국 상황에 중요하거나 독특한 자신들의 개념을 발전시키고자 노력하지 않았다는 것이다.

1980년대 초부터 한국언론학회 차원에서 공식적으로 진행해 온 이러한 패러다임 논쟁은 1990년대에 들어 '불완전 해소'를 경험하게 된다. 이와 관련하여 강상현은 1980년대 국내 언론학계의 패러다임 논쟁이 외래이론의 토착화 및 언론 현상의 보편성과 한국 언론 현실의 특수성을 접맥시키는 창발적 이론화를 이루기보다는 공세적 비판 진영과 수세적 전통진영 간에 타방 비난을 통한 자기정당화에 매몰된 시기로 규정하면서, 이러한 상황 의존적이고 외국 모방적이었던 국내 언론학계의 패러다임 논쟁은 변화의 길을 재촉할 수밖에 없다고 강조한다.[8]

---

7) 김학수, 〈언론학 연구의 역사적 구조와 상황〉,《현상과 인식》9권 1호(1985), 29~42쪽.
8) 강상현, 〈한국 언론학 연구동향에 대한 비판적 평가 — 최근의 패러다임 논쟁과

이러한 글들에 나타나는 공통적인 대안은 이런 식이다. 우리의 언론 현실에 대한 분석과 연구가 선행되어야 하며, 이와 함께 구미의 이론을 우리의 언론 현실에 맞게 검증하면서 변용하고 개선하는 작업이 필요하다는 것이다.

그렇지만 강준만을 빠뜨리고는 언론학의 탈식민 담론을 다 이야기했다고는 할 수 없을 것이다. 그는 언론운동에 대해 오랫동안 고민하고 연구해 온 사람으로서 언론운동에 관한 서양의 문헌들을 나름대로 꽤 섭렵해 왔지만, 서양과 한국은 너무 다르다는 결론에 도달하게 되었다고 밝힌다. 그리고 스스로 실천하고 스스로 이론을 만들어야겠다는 생각을 하게 된다. 이어서 그는 "서양의 지식을 수입하는 건 '재충전'이고 우리의 현실을 바탕으로 고민하면서 스스로 이론을 만들어 내고자 하는 시도는 '소모'란 말인가? 아니면 엄격한 학술논문의 형식을 갖추지 않은 형식으로 고민하고 연구하는 건 무조건 소모란 말인가?"라고 반문한다.

이런 방식으로 그는 이론적 뿌리를 외국에 두면서 우리 현실을 무조건 규정하려는 시도를 '기지촌 지식인'의 행태로 보는 것이다. 《인물과 사상》 시리즈는, 앞에서 살펴본 다분히 반성문의 성격이 짙은 지금까지의 탈식민성 담론의 한계를 뛰어넘어 구체적인 실천의 단계까지 나갔다고 말할 수 있다. 그것이 초록자가 언론학의 대표적인 탈식민 담론자로 그를 주저 없이 꼽는 이유이다. 다만 여기에서는 그의 여러 저작 가운데에서 대표작이라고 할 수 있는 단행본 시리즈 《인물과 사상 1~10》만을 초록의 대상으로 삼기로 했다.

전체적으로 보아 우리나라 언론학의 탈식민 담론은 지금까지 살펴본 대로 사회과학의 다른 학문 분야에 비해 폭넓은 논의를 전개시키지는 못했으며 양도 많지 않다. 따라서 이에 대한 패러다임 논쟁은 불완전 해소의 상태에 머문 채 오늘에 이르렀다고 볼 수 있을 것이다.

그 불완전 해소를 중심으로〉, 《사회비평》 10호(1993), 122~153쪽.

■ 초 록

김 일 철

한국커뮤니케이션 연구방법론의 회고

[《신문학보》(한국언론학회) 6집(1973), 62~68쪽]

이 글은 한국 커뮤니케이션 연구방법론의 관행에 대해 글쓴이가 갖고 있는 인상을 피력한 것이지만, 한국 언론학계 초기의 탈식민 담론으로서 몇 가지 중요한 메시지를 담고 있는 글이다.

우선 글쓴이는 우리나라의 커뮤니케이션학도 다른 사회과학과 마찬가지로 외국으로부터 도입된 학문이라는 점에 주목한다. 이로 인해 역사가 짧은 한국에서 이 분야의 연구는 외국에 더욱 크게 의존할 수밖에 없었다는 전제에서 글을 출발한다. 다행히 커뮤니케이션학의 경우 인접과학인 사회학이나 심리학에 비하여 역사적 연구를 일찍부터 착수했으며, 그것이 이 분야 학문 발달의 방향과 토착성을 유지시켜 주는 기초가 되었다고 한다.

그렇다 하더라도 한국 커뮤니케이션 연구는 아직도 외국 이론을 도입, 소개하는 데에 너무 집착한다고 말한다. 글쓴이는 그 원인으로, 현실에 바탕을 둔 문제의식이 역사적 안목과 과학적 이론의 무장에서 출발해야 하는데 이 양자가 모두 부진한 것을 든다. 적어도 한국 사회의 현실과 발전을 진단하고 분석하는 각도에서 이론 연구를 진행해야 하지만, 소수의 이론 논문마저 외국 이론을 일방적으로 도입하고 소개하는 데 지나치게 매몰되어 있다는 것이다.

이 글에서 글쓴이는 한국의 커뮤니케이션 학문이 더욱 토착적인 지향을 강력히 해야 한다는 입장을 견지하면서. 외국의 대학원 과정에서 커뮤니케이션학을 연구하고 돌아온 경우가 대부분인 교수들의 교육적 배경이 학문적 관심의 일관성과 토착성을 저해하는 주된 요인이라고 지적한다.

마지막으로 연구대상의 확장과 함께 외국의 이론을 좀더 비판적으로 받아들여서 한국 사회의 독특한 현실을 과학적으로 설명하는 데 기여할 수 있는 기초를 잡을 것과, 방법론 자체에 대한 훈련 및 연구를 활발히 진행할 것을 제안한다.

추 광 영

한국에 있어서의 커뮤니케이션 연구
─그 역사와 현재의 위치

[《신문연구소학보》(서울대) 20집(1983), 93~103쪽]

이 글은 1983년에 씌어진 것으로, 당시 한국 신문학이 있기까지 지나온 역사를 편년식으로 개관하고, 그 시점에서 한국 신문학계의 연구동향을 간략히 분석한 것이다. 제1장에서는 커뮤니케이션 연구의 역사적 발전을 1945~1962년을 형성기로, 1963~1970년을 경험주의의 도입기로, 그리고 1970년 이후를 학문적 도약기로 나누어 고찰하고 있으며, 제2장은 한국 신문학 연구의 현황을 매스컴 이론, 저널리즘 연구, 역사연구, 국제 커뮤니케이션 연구, interpersonal communication 또는 human communication 연구, Publizistik학 연구 등과 같은 7개의 부분으로 나누어 살펴본 다음 제3장에서 결론을 맺고 있다.

이 글에서 언론학의 탈식민 담론과 관련하여 관심을 끄는 대목은 한국 언론학에 대한 글쓴이의 다음과 같은 인식이다. 글쓴이는 1970년대

들어 한국 신문학의 연구 추세가 좀더 균형이 잡히고 다채로워졌지만 그와 같은 연구도 구미 학계에서 개발한 모델을 한국의 상황에 그대로 적용해 본다거나 흉내내는 모방적 연구단계를 벗어나지는 못했으며, 독자적인 이론 정립을 위한 것도 아니라고 말한다. 따라서 한국의 사회구조 속에서 지배적인 커뮤니케이션 현상을 발견해 내고 이를 다시 설명하려는 이론적 토착화를 위한 독자적 이론 개발을 의도한 단계까지 발전한 것으로는 보기 어렵다고 진술한다.

전체적으로 보아 이 글은 한국 언론학의 시기별 분야별 연구현황을 분석한 것이지만, 이와 같은 반성의 기운이 부분적으로나마 엿보인다는 점에서, 그리고 이러한 기운이 본격적인 탈식민 담론의 기제로 작용하고 있다는 점에서 이 글도 탈식민 담론의 한 범주에 포함된다.

김 학 수

언론학 연구의 역사적 구조와 상황

[《현상과 인식》 9권 1호(1985), 29~42쪽]

이 글에서 글쓴이는 한국 언론학 연구의 역사와 현재 상황을 점검하기 위해 우리나라 언론학 연구의 역사를 개괄적으로 살피고 그 연구 경향과 대표적인 연구논문들을 소개한다. 그리고 우리나라 언론학 연구 패러다임을 비판적으로 검토한다.

먼저 글쓴이는 우리나라의 근대 언론과 언론학이 외국의 직접적인 영향하에 형성된 사실에 주목한다. 1984년 현재 박사학위를 소지한 국내 언론학 교수의 75퍼센트 이상이 외국에서 학위를 받은 사실을 예로 들어 우리나라 언론학 연구가 외국(특히 미국, 독일)의 영향을 크게 받았음을 강조한다. 그리고 1980년 이후에 생산된 언론학 연구논문들의 경향에서도 한국 언론학이 미국, 독일 중심의 대중 커뮤니케이션 연구

전통에 크게 영향받았음을 밝힌다.

그리고 1980년부터 1984년까지 언론학의 13개 연구 분야에서 행해진 주요 연구들을 소개하고, 한국의 언론학이 가지는 문제를 세 가지로 정리한다. 첫째는 한국 언론학 연구가 서구 언론학의 관점들을 소개하는 데 봉사하고 있다는 점이다. 둘째는 우리나라 언론학자들이 사회화, 비행, 대치, 대중문화, 이미지, 명예훼손 등과 같이 커뮤니케이션과 관련된 미국식 개념들을 아무런 의심도 하지 않고 미국 언론학자들이 실제 연구에서 다루는 것과 동일한 방법으로 한국의 현실에 적용한다는 점이다. 셋째는 한국 언론학 연구가 역사적 연구뿐만 아니라 내용 분석이나 조사방법을 사용하는 경험적 연구에서도 주로 서술적인 데 그치고 설명적이지 못하다는 것이다. 따라서 한국의 언론학은 창조성과 이론 건설이라는 두 가지 중요한 점을 결여하고 있으며, 개념적 차원에서부터 언론학자들은 한국 상황에 중요하거나 독특한 자신들의 개념을 발전시키고자 노력하지 않았다고 한다.

이 글을 통해 글쓴이는 우리의 언론학 연구는 우리 현실에 맞는 나름대로의 개념과 이론을 발전시켜야 하고 그렇게 하기 위해서 언론학자들이 더욱더 창조적인 노력을 기울여야 한다고 말한다. 그것이 우리 자신과 우리 사회를 잘 이해하고 나아가 세계 언론학 연구에도 이바지할 수 있는 길이라고 설명한다.

정 대 수

매스커뮤니케이션 연구방법의 반성과 새로운 접근의 모색

[《신문학보》(한국언론학회) 19호(1985. 5), 87~107쪽]

이 글은 우리나라에서 비판적 연구가 이루어지게 된 배경과 비판적 연구자의 문제의식을 검토한 다음, 비판적 연구의 바탕을 이루는 문제의식에 비추어 한국적 매스커뮤니케이션 현상에 대한 연구에서 어떠한 문제의식이 필요하며, 앞으로 연구방향을 어떻게 정립해 나가야 할 것인가를 고찰한 것이다.

글쓴이는 한국 매스커뮤니케이션 연구방향의 재정립이 필요한 이유로 1970년대에 이르러 기능주의적 경험적 연구방법에 의한 연구가 이루어지게 되었지만 미국식 접근방법을 독창적으로 수용하였거나 연구영역을 확대하지 않고 그대로 모방하는 경향이 지배적이었던 점을 들고 있다. 즉 방법론과 개념의 틀뿐만 아니라 연구대상과 방향을 결정하는 문제의식 자체를 배워왔기 때문에, 한국에서 매스커뮤니케이션 연구는 기본적으로 미국적인 기능주의적 시각에서 이루어져 왔다고 보는 것이다.

이 글에 따르면, 한국 사회의 변화과정과 관련한 매스커뮤니케이션 연구가 제대로 이루어질 수 없었던 이유는, 특유한 전통과 정치 사회적 구조를 가지고 변화과정을 겪어 온 우리 사회에 미국에서 발전된 커뮤니케이션 모델이 적합하지 않음에도 불구하고 이러한 기능주의적 접근이 주류를 이루었기 때문이다.

마지막으로 글쓴이는 한국적 특수성과 관련된 이론적 연구를 위해서 변화과정과 연관해서 매스미디어의 역할 문제를 연구과제로 설정해 볼 것을 제안한다.

Oh Jin Hwan

Foreign Influence on Korean Journalism Education

[《신문학보》(한국언론학회) 20호(1985. 9), 19~33쪽]

이 글은 언론학의 보편성과 특수성에 대한 이해를 바탕으로 한국 언론학 교육에 작용한 외국의 영향을 짚어 본 것이다.

글쓴이는 미국에서 교육받은 저널리스트가 미국의 언론직에 종사하는 것이 최적이듯이, 한국에서 저널리즘을 공부한 사람이 한국 언론에 가장 적격이라는 전제에서 글을 시작한다. 바꾸어 말하면 미국에서 미국 언론을 위해 교육받은 저널리스트들이 한국의 언론에는 그렇게 적합하다고는 볼 수 없을 것이다. 왜냐하면 그 나라의 문화적 유산과 환경에 대한 기본적인 이해의 결여가 더 큰 문제가 되기 때문이며, 각 나라에는 고유한 철학과 전통이 있기 때문이다. 다시 말해서 어떤 나라든지 방법론이나 기술은 자유롭게 받아들일 수 있겠지만, 그러한 이론의 적용에는 상당한 주의가 요청된다는 것이다.

이러한 문제인식에 따라 이 글에서는 우선 한국 언론학 교육의 역사를 살펴본 다음, 언론학 교육에서 외국의 영향을 교수와 교육자료, 언론 현실 등의 측면에서 분석한다.

지난 100년 간 한국 언론학은 열성적으로 외국의 사상과 기술을 신중한 여과과정 없이 그대로 흡수해 왔는데, 그 이유는 미국 이론이 모든 나라에 보편적으로 적용될 수 있다는 사고와 언론학의 개념과 용어들을 자유롭게 빌려 와 현실에 적용할 수 있다는 믿음이 존재하기 때문이다. 이런 현상이 한국의 언론학과 언론학 교육에 일반적으로 나타났던 것이다.

한편 한국 언론학 교육은 미국, 일본, 독일로부터 분별 없는 도입은 지양하면서 특수한 한국 상황과 현상에 기초한 진지한 탐구가 이루어져야 하는 데도 불구하고, 외국에서 공부하고 학위를 받은 한국의 교수들이 지배해 왔으며, 언론 현실 역시 외국에서 훈련받은 언론인들에 의해 움직이고 있다고 지적한다.

이 글은 모든 커뮤니케이션 이론과 실제는 한국 사람과 한국 사회, 그리고 한국 그 자체의 요구에 기초해야만 할 것이라는 말로 결론 짓는다.

추 광 영

커뮤니케이션학의 접근방법과 쟁점

[《서울대 사회과학과 정책연구》8권 1호(1986. 8), 243~272쪽]

1980년대 들어 한국의 커뮤니케이션 학계에서는 커뮤니케이션학에 대한 방법론 접근방식 등을 둘러싸고 활발히 문제를 제기하기 시작했으며, 또한 한국 사회가 가진 보편성 속의 특수성 문제와 관련하여 현실 유관성 혹은 토착화 문제가 제기되었다. 글쓴이는 이러한 움직임을 커뮤니케이션학의 연구대상 분야와 그 가능성을 넓히려는 시도로 판단한다. 이 글은 이러한 문제들을 정리한 것으로, 전통적 커뮤니케이션학의 발전과정과 연구대상 그리고 방법론 등을 간략히 살펴보고, 이에 대한 비판들과 함께 대안적 접근방식들을 개관함으로써 커뮤니케이션학의 현 위치를 조명한다. 아울러 한국에서 커뮤니케이션 연구의 진로와 방향 설정을 위한 방안을 모색해 본 것이다.

이 글은 크게 ① 신문학의 형성과정, ② 전통적 커뮤니케이션학의 연구대상과 그 방법론, ③ 전통적 연구의 비판과 대안적 접근방법, 그리고 ④ 한국 커뮤니케이션학의 쟁점과 과제 등의 네 부분으로 이루어져 있는데, 이 중에서 탈식민성 담론과 관련하여 특히 주목을 끄는 부분은 네 번째 부분이다.

글쓴이는 한국 커뮤니케이션 학계의 쟁점을 총체적 접근의 필요성에 대한 논의와 학문 또는 방법론의 토착화에 관한 논의 두 가지로 집약한다. 이에 관련된 한국 커뮤니케이션 학계의 자성론으로 '한국 커뮤니케이션학의 연구가 미국 신문학의 아류에 불과한 상태이다'(이상회), '외국에서 공부한 교수진에 의해 외국 용어와 기술이 여과과정이나 한국 현실에의 적응과정 없이 수입되고 있으며, 한국의 미래를 위한 우리 자신의 언론가적 실천과 교육체계가 탐구되어야 한다'(오진환), '이러한 현상은 미국식 경험 실증주의와 구조기능주의적 방법의 절대시 경향에 의해 야기된 결과이다'(방정배) 등의 발언을 예로 들고 있다.

마지막으로 한국 커뮤니케이션 학계의 시급한 과제 가운데 하나로, 가설 연역적인 미국식 경험 실증주의가 지배적 패러다임으로 오랫동안 군림해 온 이론적 편중증을 생산적으로 극복하여, 이론적 또는 방법적 복수주의를 구현할 것을 든다. 이를 위해서는 우리의 문화, 우리의 커뮤니케이션 제도 및 구조 등에 대해 포괄적이고 심층적인 연구를 활성화하는 것이 선행되어야 한다고 말한다.

박 홍 수

한국의 매스미디어에 대한 미국의 영향

[《한국과 미국 3 — 사회·문화관계》(경남대
극동문제연구소, 1988), 189~222쪽]

글쓴이는 이 글에서 한국 방송에 미친 외국의 영향에 관한 기존의 논의들이 대체로 이론적 추상적 수준에 머물렀음을 지적하고, 나름대로 창의적인 두 가지 접근법을 통해 한국 방송에 미친 미국의 영향을 고찰한다. 그 중 한가지는 우리나라의 방송 기술 체계가 미국의 지배적 영향하에 있다는 사실이 분명 역사적 연원을 지닌 누적적 결과라는 생각에서 한국 방송의 발전과정을 통시적으로 살펴보는 것이고, 다른 한 가지는 KBS 방송국의 방송장비 현황 분석을 통해 수량적으로 미국에 대한 기술 의존도가 어느 정도인지 살펴보는 것이다.

먼저 글쓴이는 국가간 매스미디어 영향 관계를 발전론적 시각과 종속론적 시각으로 나누어 이론적 배경을 소개한다. 그리고 한국 방송의 발전과정에 미친 미국의 영향을 라디오 방송체계와 텔레비전 방송체계로 나누어 분석한다. 여기서 우리나라 방송체계에 미국식 편성 경향, 미국식 제도와 조직, 미국식 기술과 시설이 들어오는 과정과 그 영향을 통시적으로 고찰한다. 마지막으로 최근 10년 동안 한국 방송장비에 대한 실증적인 현황 분석을 통해 미국의 영향을 구체적으로 규명하기 위한 경험적 자료를 마련한다.

여기서는 촬영장비, 편집 및 녹화장비, 중계기, 송신장비, 음향장비의 연도별 국가별 도입 실태를 통계적 방법으로 분석한다. 분석 결과에 대한 논의에서 글쓴이는 외화의 편성문제 등 부분적으로 문화종속론적 시각에 입각해서 미국의 영향을 부정적으로 인식하지만, 전체적으로는 한국 방송에 미친 미국의 영향을 긍정적으로 본다. 발전론적 시각에 입각해서 그 영향이 불가피한 것이었다는 점을 강조하는 것이다.

이 글에서 글쓴이는 실증적인 자료와 데이터를 통해서 한국 방송에 미친 미국의 영향을 잘 분석하고 있지만 문화 유입이라는 관점에서 깊은 인식이 결여된 듯하며 국가간 문화 종속에 관한 논의를 소홀히 하는 점이 아쉽다고 할 수 있다.

김 재 홍

신문학연구의 회고와 전망

[《사회과학연구》(경북대) 4(1988. 12), 89~98쪽]

이 글은 미국을 중심으로 한 초기 커뮤니케이션 연구의 흐름과 방향을 먼저 짚어본 다음, 1960년대 이후 연구 분야의 확산과정을 살피며, 이어서 한국 신문학 연구의 회고와 전망을 밝힌 글이다. 물론 이 중에서 초록자의 관심을 끄는 부분은 마지막 장이다.

이 글에 따르면, 한국에서 커뮤니케이션 연구가 본격적으로 소개되기 시작한 것은 1950년대 후반부터이며, 1963년 서울대학교에 신문연구소가 설립되면서 실증적이고 경험적인 연구 분위기가 조성되기 시작하여 사회과학의 성격을 띠게 되었다. 또한 1970년대 들어 미국에서 돌아온 연구자들에 의해 새로운 커뮤니케이션 이론과 모델 그리고 더욱 세련된 연구방법이 도입되어 학계에 새로운 바람을 불어넣었으며, 아울러 대상의 폭도 확대되어 갔다.

그러나 글쓴이는 이러한 현상이 미국 학계에서 개발한 이론이나 방법론을 도입하고 소개하는 단계에 머물렀으며, 그러한 모델을 한국의 상황에 그대로 적용함으로써 어떻게 보면 모방의 단계를 벗어나지 못했다고 진단한다. 또한 한국이라는 사회구조 속에서 보편적인 커뮤니케이션 현상을 발견해 내고 이를 다시 설명하기 위한 독자적인 이론을 개발하는 단계까지 나아가지 못했다는 평가를 내린다. 즉 미국의 역사적 사회적 숙명을 등에 업고 그들 나름대로 필요에 따라 출발한 미국 커뮤니케이션 연구의 성과를 그대로 우리나라에 도입 소개함으로써 한국의 커뮤니케이션 연구가 시작되었기 때문에, 이것의 한계성을 극복하기 위해서는 이제부터라도 우리나라의 커뮤니케이션 상황과 관련되는 문제들로 연구 관심을 돌려야 할 필요가 있다는 것이다.

마지막으로 이 글은, 한국 및 한국인의 생활, 문화 현황과 장래에 대해서 매스컴이나 저널리즘을 어떻게 연관시켜 나가야 할 것인가처럼, 시대적 사회적 요구에 부응할 수 있는 실천적이고 실증적인 사회과학적 노력을 한층 강화해 나갈 것을 지적하고 있다.

한국언론학회

한국 언론학연구 30년 — 성찰과 전망

[나남, 1990]

한국언론학회는 1989년 10월에 '한국 언론학 연구의 성찰'이라는 주제로 학회 창립 30주년을 기념하는 학술대회를 개최했다. 이 학술회의에서 한국언론학회에 소속된 10개 연구회가 해당 분야의 연구성과를 성찰하는 논문을 발표했는데, 이 책은 이때 논의되었던 내용을 수정 보완한 10편의 논문과 토론내용을 묶은 것이다.

이 책에서 탈식민성 담론과 관련하여 관심을 끄는 부분은 오두범의 〈한국커뮤니케이션 이론 및 방법론 연구의 성찰〉과 이상희의 〈비판커뮤니케이션 연구의 현황과 과제〉, 그리고 김동진의 〈한국 방송연구 30년의 시대적 경향과 그 성찰〉 등으로, 이 중에서 오두범의 글을 중심으로 살펴보기로 한다.

오두범은 한국 커뮤니케이션 이론 및 방법론 연구의 전개과정을 개관한 다음 그 전개과정에서 발견되는 문제점과 앞으로의 진행방향 등을 평가한 것이다. 이 글에서 오두범은 한국에서 커뮤니케이션 연구방법의 주류가 미국식의 경험주의적 방법으로, 주로 실증적 방법(특히 서베이 조사)을 사용하여 자료를 수집하고 이를 통계적으로 분석하는 것으로 지금까지도 가장 많이 쓰이고 있다고 한다.

이 글이 제시하는 한국 커뮤니케이션 이론 및 방법론 연구의 문제점은 크게 다섯 가지로 요약할 수 있다. 첫째는 많은 논문들이 매스커뮤니케이션 이론에 집중되어 있다는 점이다. 둘째는 문헌연구는 많은데 실증적 연구는 너무 적다는 점이다. 셋째는 이론연구에 편중하고 방법론 연구에 소홀했다는 점이다. 넷째는 대부분의 논문들이 외국 이론의 소개에 그치고 그 이론에 대하여 문제점이나 의문을 제기하기보다 그것을 맹신하거나 앞다투어 새 이론을 좇아가려는 경향이 강하다는 점이다. 그리고 다섯째는 대부분의 연구들이 일회적이고 일과적이라는 것이다.

또한 이 분야의 당면과제는 한국적인 이론을 구축하는 것이며, 이를 위해서 이론적인 발상의 단계부터 한국적이고 독자적이어야 하며 외국 이론이라도 깊이 연구하여 토착화를 시도해야 한다고 지적한다.

여기에 실린 논문들은 지난 30년간 언론학의 각 영역에서 이루어진 연구성과들을 정리하고 비판적으로 평가한 내용들로, 한 세대에 걸친 연구성과를 성찰했다는 점에서 그 의의를 찾을 수 있다.

한국사회언론연구회

'포스트' 시대의 비판언론학

[《한국사회와 언론》 1집, 한울, 1992]

이 책은 비판언론학을 지향해 온 한국사회언론연구회가 발간하는 반년간 학술지 《한국사회와 언론》 창간호로, '포스트' 모던 시대의 비판언론학을 특집으로 다루고 있다. 여기서 특히 주목을 끄는 부분은 이효성의 〈비판언론학의 새로운 성찰을 위하여〉와 임영호의 〈수정주의적 전통과 한국의 비판커뮤니케이션 연구〉이다.

1980년대를 전후한 한국 사회의 사회 정치적 상황은 누구도 부정할 수 없는 세계사적 진행을 한국의 인문 사회과학계에 도입하게 만들었으며, 언론학에서 실천적 지향을 대변해 온 비판언론학 역시 이러한 진보 학계의 전반적인 동향과 밀접한 관련을 맺으면서 성장해 왔다. 이러한 비판이론의 등장과 확산은 미국의 이론에 치우쳐 있던 언론학의 식민성에 하나의 신선한 충격으로 다가왔다. 동시에 많은 신진 연구자들이 미국 유학 대신 국내를 선택하여 우리 언론의 문제와 씨름하게 되는데, 이들을 중심으로 1988년 2월에 결성된 것이 한국사회언론연구회다.

그러나 1990년대 초, 존재 그 자체만으로도 힘이 되었던 소련과 동구의 붕괴로 진보 사회과학계는 혼란의 징후를 감지하게 되지만, 일정 정도 시일이 흐른 후 현실분석이라는 '구체로의 상승'을 놓고 학문적 타당성을 겨뤄 볼 수 있는 생산적인 논쟁의 장이 열리기 시작한다. 이러한 논쟁은 방법론 논쟁의 재연으로 출발하여 이론의 내적 적합성을 검토하는 단계까지 나아가게 된다. 즉 한국의 특수한 사회구조를 설명하는 우리 나름의 이론틀이 필요하다는 사실을 절감하게 된 것이다.

그렇지만 이 책은 서구 이론의 한계를 발견한 후에야 비로소 서구 이론과 일정한 거리를 두게 되었지만, 그 공백을 메울 수 있는 이론 개발에는 아직 역량이 턱없이 모자랐다고 지적한다. 또한 한국적 특수성을 규명하고자 하는 현실 연구에서는 여전히 아마추어 수준을 벗어나지 못하고 있다고 진단한다.

강 상 현

한국 언론학 연구동향에 대한 비판적 평가
— 최근의 패러다임 논쟁과 그 불완전 해소를 중심으로

[《사회비평》 10호(1993), 122~153쪽]

이 글은 1990년대 들어 국내 언론학회에서 공식적으로 이루어졌던 패러다임 논쟁 사례를 중심으로 1980년대 초부터 시작해서 구체적인 배경과 논쟁 과정, 그리고 그러한 논쟁이 안고 있는 특징과 문제점 등에 대해 그간 학계에서 제기되었던 주장들을 선별적으로 제시하면서 정리한 것이다.

글쓴이는 제2장과 제3장에서 '자유 다원주의적 연구'와 '마르크스주의적 연구'를 언론학 연구의 초기 양극화 모델로 설정한 다음, 언론학 연구의 새로운 조류로 '신수정주의적 연구'와 '신다원주의적 연구'를 설정하여 비교 분석한다. 그리고 제4장에서 국내 언론학계 패러다임 논쟁의 한계와 문제점을 지적한다.

이 글을 통해서 미국을 주된 수입원으로 하던 기존의 구조기능주의적 경험실증주의적 정책지향적인 특성이 강한 전통적 언론학 연구가 한국 사회의 특수한 사회적 역사적 맥락을 고려하지 않은 채, 미국을 위주로 한 외래이론을 무비판적으로 수용 적용함으로써 권력과 자본의 지적 수요에 순응하는 등의 문제점을 안게 되었다는 점을 알 수 있다. 또한 그러한 문제인식 속에서 반발적 대안으로 제시된 비판적 관점의 연구들 역시 결과적으로는 유럽 중심의 마르크스주의적 외래이론을 한국 사회의 특수한 상황에 대한 적합성을 검토하지 않고 무비판적으로 소개하거나 적용하는 경우가 적지 않았다는 사실을 발견하게 된다.

결국 글쓴이는 1980년대 국내 언론학계의 패러다임 논쟁이 외래이론의 토착화 및 언론 현상의 보편성과 한국 언론 현실의 특수성을 접목시키는 창발적 이론화를 이루기보다는, 공세적 비판 진영과 수세적 전통 진영이 상대방을 비난하여 자기정당화에 매몰된 시기로 규정하면서, 이러한 상황 의존적이고 외국 모방적이던 국내 언론학계의 패러다임 논쟁은 변화의 길을 재촉할 수밖에 없음을 강조한다.

이 효 성

언론학의 한국화를 위한 시론

[《한국적 커뮤니케이션 모델의 탐구 Ⅰ : 커뮤니케이션이론
토착화》(한국언론학회, 1993), 198~214쪽]

이 글은 우리 언론학이 지나치게 서양 이론에 의존했던 관행을 반성하면서, 언론학이 한국화할 필요성과 이를 위한 연구자의 작업, 자세 등을 살핀다.

우선 글쓴이는 우리 언론학계가 안고 있는 두 가지 큰 문제로 언론사와 같은 특수한 분야를 제외하고는 한국적 언론 현상에 대한 연구가 별로 없다는 점과, 한국적 이론의 개발이나 발전을 볼 수 없었다는 점을 든다. 글쓴이가 말하는 언론학의 한국화 또는 한국적 언론학의 정립은, 한국적 언론 현상을 그 주된 연구대상으로 삼고 한국적 언론 현실에 더욱 적합한 이론을 발전시키려는 노력이며, 그것은 궁극적으로 한국의 언론 현상이나 현실을 더 잘 설명하고 이해함으로써 그것을 개선하는 데 기여하기 위한 것이다.

언론학의 한국화가 제기되지 못한 이유로, 미국에서 교육을 받은 대부분의 우리 언론학자들이 미국적인 것이 위세를 떨치는 풍토에서 자연스럽게 미국의 이론을 직수입했으며, 비판적 언론학 역시 우리 현실의 특수성을 무시한 채 비판적 이론을 무비판적으로 수용하는 문제점을 안고 있었다는 점 등을 제시한다. 이어서 한국적 이론의 개발을 위해서는 우리의 언론현실에 대한 분석과 연구가 선행되어야 하며, 이와 함께 구미의 이론을 우리의 언론현실에 맞게 검증하면서 변용시키고 개선하는 작업이 필요하다고 지적한다. 이를 위한 구체적인 과제로서 글쓴이는 한국석 언론 현실에 대한 기술적 연구와 구미 이론의 검증과 변용 및 개선, 그리고 한국적 언론학 개념의 발전 등을 말한다.

김 동 민

비판 커뮤니케이션 연구의 평가와 새로운 과제

[《 '98 한국언론정보학회 창립기념학술대회 발표논문집》
(한국언론정보학회, 1998. 6. 20), 87~96쪽]

이 글은 그간 국내에서 행해진 미디어 정치경제학 연구를 중심으로 언론학의 식민성에 관련된 문제점을 지적하고 바람직한 방향을 제시한 것이다. 왜냐하면, 그 동안 소개된 비판이론들 가운데 정치경제학적 연구가 문제를 가장 많이 노출했다고 보기 때문이다.

글쓴이는 학문의 식민성을 굳이 거론하는 이유가 외국의 이론을 배척하자는 데 있는 것이 아니라는 점을 서두에서 명확히 밝힌다. 글쓴이는 선진 이론에 대한 맹목적 추종과 인용하기, 베끼기, 짜깁기, 기계적 적용, 그리고 열등의식 등을 학문의 '식민성'이라고 부르는데, 한국 언론학은 다른 어느 분야보다도 식민성 정도가 심각하다고 판단한다. 이 글에 따르면 원래 실용적, 정책적 응용학문으로 시작한 미국의 커뮤니케이션 이론을 수입해서 전수하기에 바빴던 언론학자들은 그 정신을 이어받아 이론 만들기보다는 정책연구에 몰두하였는데, 그러한 정책연구들에 식민성이 녹녹히 스며들어 있다고 한다. 즉 한국 언론에 대해 진지하게 고민하고 그것을 설명할 수 있는 고유한 이론을 개발하기보다는 미국의 이론을 전수하고 적용하기에 바빴으며, 토양이 다른 곳에서 형성된 이론들을 전혀 다른 토양에 이식하는 데 여념이 없었다는 것이다.

한편 바로 이러한 상황에서 등장한 것이 비판 커뮤니케이션 이론인데, 1980년대 비판이론의 등장과 확산은 미국 이론에 치우치던 언론학의 식민성에 신선한 충격을 주었다. 또한 많은 연구자들이 미국 유학 대신에 국내를 선택, 우리 언론의 문제와 씨름함으로써, 적어도 주류 언론학의 식민성을 극복할 수 있는 전진기지가 마련된 셈이었다. 그렇지만 글쓴이는 비판이론 역시 학문적 성향이 미국에서 유럽으로 이동했다는 것 이상의 의미는 부여하기 어려운 것으로 여긴다. 물론 주류 언론학에 비해 상대적으로 한국 언론 문제에 좀더 심도 있게 비판적으로 접근하며 연구의 영역을 넓힌 것은 사실이지만, 다른 한편으로 보면 유럽의 이론들을 무비판적으로 수용하여 소개하고 적용하려던 경향이 있었다는 사실을 부인하기 어렵기 때문이다.

이러한 언론학 분야 비판이론 연구의 식민성은 1980년대 이후 정치학, 경제학, 사회학 등 인접 사회과학 연구자들에 의해 유행처럼 소개된 외국의 이론들을 맹목적으로 추종했던 것과 맥을 같이 하는 것으로, 중심을 잡지 못하고 이리저리 기웃거리는 학문적 식민성에 다름 아니라는 것이다.

그렇지만 글쓴이는 전체적으로 비판이론 진영에서 식민성 문제는 그다지 심각하지 않으며, 있다 해도 새로운 선진 이론을 소개하는 초기에 있을 수밖에 없는 시행착오의 과정으로 본다. 그리고 그러한 시행착오는 새로운 출발과 모색을 위한 중요한 자산이 되었으며, 이제 우리의 이론을 만들어야 하는 과제가 남았다고 강조한다.

강 준 만

인물과 사상 1~10

[개마고원, 1997. 1~1999. 4]

　'우리 사회에 언론의 자유는 존재하지 않는다. 대안은 출판의 언론화이다.' 강준만이 '인스턴트 저널리즘'의 한계를 보완해 주고 저널리즘의 품위를 살리는 최상의 방법으로 책을 언론매체로 적극 활용하는 저널룩(journalook : journalism+book), 즉 잡지 방식의 책인 《인물과 사상》 시리즈를 시작하면서 그 첫머리에 한 말이다. 단행본 《인물과 사상》은 1977년 1월에 제1권이 나온 이후 평균 3개월에 한 번 꼴로 시리즈 형식으로 나오고 있다.

　이 시리즈는 '성역과 금기에 도전한다'는 표제 아래 사회적으로 중요한 의미를 갖는 인물에 대한 기록과 평가를 남기고, 토론과 논쟁이 없는 우리 사회에 토론과 논쟁을 불러일으키며, 철저한 보상과 문책을 지향한다. 우리 사회가 기록과 평가에 인색한 이유로 그는 우리 스스로를 경멸하는 경향을 꼽는다. 이러한 경향은 특히 지식인 사회에 만연해 있는데, 한국의 지식인들이 늘 외국의 지식인 이름만 주워 섬길 뿐 국내 지식인들의 업적은 아예 거들떠보지도 않기 때문에 '기지촌 지식인'이라는 말까지 나온다는 것이다.

　강준만 글의 원동력은 분노다. 그는 대부분의 지식인들이 어떤 이유에서건 성역과 금기로 간주하거나, 건드려도 직설을 피하고자 하는 사안들에 대해 정면으로 비판을 하는 '악역'을 자처한다. 또한 우리 사회의 진보를 방해하는 암적 요소에 대해 비판을 하고 독설을 퍼붓는 것은 비지성적이요 비생산적인 것으로 여기면서, 추상적인 학술사조나 이론을 소개하고 해설하는 것을 품질이 높은 것으로 인식하고, 그것을 대안으로 생각하는 '대안 중독증'에 대해서도 개탄을 금치 못한다. 강준만은 사과와 반성을 전혀 모르는 한국의 지식인 문화에도 극도의 혐오감을 갖고 있다.

강준만은 지금 우리의 언론·문화 분야를 관철하고 있는 주된 원리는 '시장의 원리'가 아니라 '묵계의 카르텔'과 '검은 로비'와 '패거리주의'라고 단정한다. 그리고 이를 깨기 위해서는 '공정한 시장'을 만드는 것이 절대적으로 필요하다고 역설한다.

이제 강준만의 글을 탈식민성의 관점에서 살펴보자. 강준만의 논의는 그 자신이 '유학파'임에도 불구하고 철저히 탈식민성을 지향한다. 물론 그는 이러한 지향을 의식하지 않았을 수도 있다. 그렇지만 그의 글을 조금만 관심 깊게 읽은 독자들이라면 글 곳곳에 배여 있는 탈식민의 관점을 충분히 발견하게 될 것이다. 이런 관점이 가장 직접적으로 나타나는 부분의 하나로 지식인들 사이에서 자주 쓰이는 이른바 '재충전'의 개념을 예로 들 수 있다. 그는 재충전의 방법이 너무나 천편일률적인 데 놀란다. 즉 선진국에 다녀오는 것이다. 그것은 우리나라의 학문이 '수입'의 개념이며, 얼마만큼 선진국의 새로운 것을 빨리 수입해서 알리느냐가 '학구적'이란 말을 들을 수 있는 지름길이 되었다는 것을 의미한다.

그는 언론운동에 대해 오랫동안 고민하고 연구해 온 사람으로서 언론운동에 관한 서양의 문헌들을 나름대로 꽤 섭렵했지만, 서양과 한국은 너무 다르다는 결론에 도달하게 되었다고 밝힌다. 그리고 스스로 실천하고 스스로 이론을 만들어야겠다는 생각을 하게 된다. 이어서 그는 "서양의 지식을 수입하는 건 '재충전'이고 우리의 현실을 바탕으로 고민하면서 스스로 이론을 만들어 내고자 하는 시도는 '소모'란 말인가? 아니면 엄격한 학술논문의 형식을 갖추지 않은 형식으로 고민하고 연구하는 건 무조건 소모란 말인가?"라고 반문한다.

그는 이런 식으로 이론적 뿌리를 외국에 두면서, 그걸로 우리 현실을 무조건 규정하려는 시도를 '기지촌 지식인'의 행태로 보는 것이다. 《인물과 사상》 시리즈는 앞에서 살펴본 다분히 반성문의 성격이 짙은 지금까지의 탈식민성 담론의 한계를 뛰어넘어 구체적인 실천의 단계까지 진전했다고 말할 수 있다. 여기서는 그의 수많은 역작 가운데 언론학 분야 탈식민 담론의 중심에 서 있는 것으로 판단되는 《인물과 사상》 제1권에서 제10권까지의 목차를 옮기는 것으로 하나 하나의 초록을 대신한다.

제1권 '출판의 언론화'를 위하여 : '정권교체'가 세상을 바꾼다, '이건희 신드롬'의 허와 실, 마광수와 장정일과 이문열, 정태춘의 외로운 투쟁, '한국 여성운동의 어머니' 이효재의 의로운 용기, '서울대 들어가는 비결'과 '서울대 망국론', 스티븐 스필버그와 '할리우드 정신', 베네통의 광고철학, 캘빈 클라인의 패션 및 광고선략, 나니엘 부어스턴의 '의사사건'론, 피에르 부르디외의 '문화적 자본', 수잔 손탁과 '감수성의 문화'.

제2권 '기록과 평가의 문화'를 위하여 : 이인화의 '인간의 길'은 '파시스트의 길', 《월간조선》 조갑제를 해부한다, 김우중의 '일 중독' 이데올로기, 문화전사 유홍준의 미덕과 해악, 자유와 도전 그리고 서태지의 문화전략, '우리 것'의 '프로화'와 한창기의 조용한 투쟁, 손호철 교수님께 드리는 글, '김대중 당선불가론'의 허와 실, 정치를 위한 변명, 토드 기들린의 미디어 이데올로기론.

제3권 지식인이여, 가면을 벗자! : 우리들의 일그러진 이문열, '위선적 언어'에 도전하는 김용옥의 화려한 투쟁, 민족의 미래를 사겠다는 '장사꾼' 최명재, 조순의 대선 출마를 어떻게 볼 것인가?, 김중배와 손석춘의 '죽은 언론 살리기', '자전거 혁명'을 위하여, '이지메'의 원조는 한국인가?, TV의 자존심을 살려주는 〈PD 수첩〉, 사무엘 헌팅턴의 '문명충돌론' 비판, '기지촌 지식인'을 질타하는 김영민의 글쓰기 혁명.

제4권 '97 대선과 '위선의 종언' : 《조선일보》 김대중 주필을 해부한다, 《한국논단》의 정신상태를 검증한다, 성역파괴자 강준만의 미덕과 해악, 유시민의 반론에 답한다, 《창작과 비평》이라는 정부를 세운 백낙청, 이종환 최유라의 〈지금은 라디오 시대〉, 한국인의 '정신장애'를 질타하는 이성재, 왜 한국 정치는 김대중을 중심으로 도는가?, 푸코를 어

270

떻게 읽을 것인가?

제5권 이제 지식권력도 교체하자! :《조선일보》류근일을 해부한다, '97 대선과《중앙일보》의 '위험한 장난', 자유기업센터 공병호의 위험한 선동, '일상의 미'를 자랑하는 최진실, '일상'을 껴안은 조혜정의 '또 하나의 문화', 눈물 흘린 경실련 그리고 시민운동, 한국언론의 '국가안보 상업주의', '현대언어학'의 창시자 노암 촘스키의 고독한 투쟁, PD 주철환의 'TV와의 전쟁', 에드워드 사이드 '테러리스트'와 '피아니스트', '시설 장애인'의 딜레마.

제6권 '자기 성찰'에 철저한 사회를 위하여 :《조선일보》와 방우영 회장의 미덕과 해악, 정주영 이건희 김우중의 사람들, 10년 후의 삶을 사는 김지하, '혁명이 아니라 선거였다'?, 호남차별 또는 지역감정에 간한 몇 가지 이야기,《한겨레》김종철을 해부한다, 발본색원주의와는 타협할 수 없다, 죽은 독재자의 사회, 여성차별과 장애인 차별에 도전하는 오숙희, '사람을 거울로 삼는 구도자' 신영복, 근대화의 마지막 파수꾼 하버마스, 창간 10주년을 맞는《한겨레》에 주는 고언.

제7권 입장주의를 청산하자 : 김대중 대통령에게 보내는 고언, 한국 국민은《조선일보》에 속고 있다,《한겨레》창간 10년 무엇이 문제인가?, 김홍신 의원에 관한 강준만의 우스갯소리, 한국 정치학의 희망 최장집 교수, 유시민의 이데올로기는 '감성적 톨레랑스'?, 석굴암을 위한 변명, 파시스트 미학과 이문열의《선택》, 인문학의 위기와 사기꾼 교수론, 'DJ 죽이기'와 'DJ 살리기', 토니 블레어와 공동체주의, 크리스챤 디오르와 입생 로랑.

제8권 한국의 지식인들은 왜 반성을 모르는가? : 김대중 정권을 어떻게 지지하고 비판할 것인가?, 재벌 상대로 '6월 항쟁' 벌이는 장하성과 참여연대, '신뢰의 정치'를 추구하는 노무현,《한겨레》의 '정운영 에세이', 진짜 진보적 지식인 김동춘의 지식인 비판, 한국 역사학의 희망 강만길, '생명공동체'를 추구하는 김종철의《녹색평론》, 우리는 모두 그리스인이다, 김일성과 박정희 황장엽과 조갑제, 롤랑 바르뜨 신화론자인가 도착적 쾌락주의자인가.

　제9권 '학언유착'과 지식인의 '홀로서기' : 《조선일보》는 무엇으로 사
는가?, 《조선일보》와 《네 무덤에 침을 뱉으마》, 연세대 교수 송복이 말
하는 방법, 부친 함병춘의 유업 이어받은 함재봉, 이광요의 편집광적 엘
리트주의와 국제적 언론플레이, 김대중 정부의 금융개혁정책을 해부한
다, '노동자시인' 박노해를 위한 변명, 세상과 호흡하는 진짜 배우 문성
근의 꿈과 희망', 더 이상 지적하고 싶지 않은 유홍준의 권위주의, 방송
의 자존과 언론 민주화를 위해 헌신하는 정길화, 신춘문예 제도의 '문언
유착', 국회 529호 사건의 진실.

　제10권 개혁은 '언론플레이'가 아닙니다 : 김대중 정권 구태의연한 감
각부터 바꿔야 한다, 국민회의 부총재 김근태의 딜레마, 《조선일보》는
신문사인가 정당인가?, 언론학자 정진석과 《조선일보》, 《딴지일보》 총
수 김어준, 강준만의 〈박노해를 위한 변명〉에 반대한다, '희귀한 문학
인' 복거일을 해부한다, 키취 그 이해와 극복, 〈여성시대〉의 어머니 손
숙, 21세기 사회학의 비전을 제시한 앤서니 기든스.

교 육 학 분야

김정근 · 김종성

■ 담론 개관

한국 교육학의 탈식민성 담론 서지를 분석하면, 담론 형성자들은 한국 교육학의 식민성과 관련하여 공통적으로 근대적 교육제도의 도입기에 주목한다는 사실이 드러난다. 한국에 근대적인 교육제도가 도입되기 시작한 것이 19세기말 일본과 서구 열강의 제국주의 정책에 의한 것이었다는 사실에 비추어 보면 이러한 경향은 당연한 것이라고 할 수 있다. 그리고 그들은 현단계 한국 교육학의 판도 및 성격과 관련하여 일제 식민지 기간의 교육적 영향보다 미국을 중심으로 한 구한말의 선교교육과 해방 이후 우리 교육계에 전면적으로 영향력을 행사한 미국의 교육에서 탈식민성 담론의 서두를 끌어내고 있음을 알 수 있다.

해방 이후 한국에 대한 미국의 교육 이식과정은 김인회[1]와 한준상·김성학[2]의 글에 잘 정리되어 있다. 해방과 더불어 우리나라에 진주한 미군은 미국식 민주주의 교육을 실시하기 위해서는 무엇보다도 교사들을 재훈련시키지 않으면 안 된다는 생각을 가지고 미군정 기간 3년 동안 약 3만 명의 교사를 재교육하게 된다.[3] 이처럼 19세기말 선교사들에

---

1) 김인회, 〈문화적 식민지의 교육경향과 그 탈피의 몸부림 — 한국교육학의 학풍·학맥〉, 《교육과 민중문화》(한길사, 1986), 87~131쪽.
2) 한준상·김성학, 《현대 한국 교육의 인식》(청아출판사, 1990).

의해 시작된 미국식 교육은 해방 직후 군정시대에 적극적 일방적으로 급속히 침투하기 시작하여 미국 교육사절단의 파견활동으로 조직화 장기화된다. 그 이후 중앙교육연구소를 거점으로 10년 동안 미국 교육사절단은 한국 교육에 미국식 교육학의 영향을 본격적으로 이식한다. 이 시기에 이들의 도움으로 한국에서, 또는 미국으로 건너가 교육학을 공부한 사람들이 지금까지 한국 교육계와 교육학계에 지대한 영향력을 행사해 왔음은 두말할 나위도 없으며, 이러한 사실이 한국 교육학의 탈식민성 담론 형성에 하나의 중요한 화두를 제공한다고 지적하기도 한다.

이와 같은 역사적 과정을 거쳐 무비판적으로 수입되던 외래이론에 대한 비판과 함께 우리 식의 교육학에 대해 반성하는 움직임이 일기 시작한 것은 1960년대부터이다. 1960년대 중반부터 학회를 통해서 제기되기 시작한 교육학 성격 논쟁이 그 시발이라고 할 수 있다. 그 논쟁은 다음의 두 가지 흐름과 관련 있는 움직임이라고 할 수 있다. 하나는 한국 교육학계의 주류가 교육과학 연구 일변도로 발전하는 데 대한 반론으로 교육의 철학적 역사적 반성과 방향정립을 모색하려는 노력이며, 다른 하나는 듀이 일변도의 교육철학에 대한 반성에 의해 다양한 교육철학 서적들이 번역 소개되고 논의되는 경향이다.

이와 같은 1960년대 교육학계의 변화를 이야기하기 위해서는 '목요회'라는 모임을 언급하지 않을 수 없다. 각 대학에서 교육학을 전공한 20~30대 소장학자들을 중심으로 1966년에 시작된 목요회는 미국식 교육과학에 대한 비판과 그 비판에 대한 반론을 공개적으로 편 최초의 본격 학술토론 모임이었다.[4] 1971년부터는 더 이상 모이지 않게 되었지만 이 모임을 통한 토론과 비판의 움직임이 한국 교육학의 정체성(identity)에 대한 논의를 가동시킨 것만은 사실이다. 목요회 모임이 중단된 이후 우리나라 교육학계에서는 미국식 교육과 한국식 교육, 교육과학과 교육철학 간에

---

3) 김인회, 앞의 글.
4) 위의 글, 123쪽 ; 이종각, 《한국 교육학의 논리와 운동》(문음사, 1990), 78쪽.

논쟁적인 관계가 형성되면서 서울사대 출신 중심의 교육학자들과 기타 사립대 출신 중심의 교육학자들 사이에 논쟁이 격화되었는데, 그 논쟁의 주역은 거의가 목요회 회원들이었다고 김인회는 말한다.[5] 이 시기의 대표적인 논쟁으로 이상주와 정순목, 이홍우와 김인회의 논쟁을 들 수 있다.

그러나 이 시기의 글들을 분석해 보면 1960년대 한국 교육학의 정체성에 관한 담론은 다분히 서구에 대한 정서적인 거부감과 반성에 근거하는 듯하며 출신학교와 인맥에 따른 분파적 논쟁의 성격을 강하게 띠고 있음을 알 수 있다. 또한 이 시기의 논쟁은 사회과학적인 논의를 내용으로 하는 본격적인 탈식민성 담론으로는 발전하지 못한 상태라고 교육학계 내에서도 입을 모으고 있다.

정치권이 주도한 사회 전반의 한국적인 상황에 대한 특수성 인식을 강조하는 분위기와 미국의 지원으로 발족된 한국교육개발원이 그 활동의 정당성을 '한국적인' 것에서 찾으려는 노력에 힘입어 1970년대 교육학계에서는 외래이론 도입에 관한 반성적 논의가 이전보다 더 활발해지기 시작한다. 그리고 1970년대 중반부터 신진학자들의 전공 분야가 다양화됨에 따라 비교적 출신학교와 인맥에 상관없이 한국적 교육학에 대한 의견을 제시하는 경향을 보이기 시작한다. 《새교육》지가 이러한 논쟁을 형성하는 데 중요한 매체가 되었다. 《새교육》은 월간지로서 순발력을 요하는 논쟁의 매개 역할을 하기에 적절한 잡지였으며, 따라서 심화된 논리를 개진하기보다는 즉각적이고 간결한 글이 많이 실렸다. 《새교육》을 통해 형성된 한국 교육학에 대한 논쟁과 논의를 소개하면 다음과 같은 글들을 들 수 있다.

> 1972년 6월호, 김은우, 〈권두언 — 교육개혁에 대한 반론〉
> 이상주, 〈교육혁신에 대한 저항 심리〉

---

5) 김인회, 위의 글.

　　　　　7월호, 정순목, 〈교육혁신에 대한 "합리적 저항자"의 변〉
1974년　9월호, 이상주·정순목, 〈대담 ― 한국교육학 이상없나〉
1976년　9월호, 특 집 : 우리 것과 남의 것
　　　　　김호권, 〈우리 것과 남의 것을 보는 눈〉
　　　　　박봉목, 〈외래문화의 수용과 토착화〉
　　　　　이홍우, 〈가르치기 전에 먼저 이해하자〉
　　　　　김옥기, 〈교육방법의 수용과 그 문제〉
　　　　　손인수, 〈남녀 평등사상의 올바른 수용〉
　　　　　정재철, 〈일본식 민주주의의 교육이 남긴 것〉
　　　　　이돈희, 〈미국 교육의 영향, 그 부정과 긍정〉
1978년　7월호, 김종철, 〈우리 것, 남의 것〉
　　　　　이규호, 〈교육에서의 우리 것 : 교육이념의 문제〉

　　1970년대의 논의는 사회과학 전반의 새로운 학문적 움직임에 영향을 받기도 하였지만 교육학의 '보편성과 특수성'이라는 개념틀에 입각한 논쟁이었으며, 이러한 논의는 대립적인 관계에 있는 견해를 제시했다기보다는 상호보완적인 관계의 의견을 다분히 선언적인 선에서 제시하는 데 머물렀다.

　　1970년대 논의의 성격을 이상주는 다음과 같이 파악한다. "최근에 한국의 사회과학자들 사이에 학문에 있어서 보편성과 특수성의 문제에 관한 논의가 상당히 빈번히 일어나고 있다. 그러한 논의는 주로 외국의 사회·문화적 배경 속에서 형성된 모형, 개념, 분류, 연구방법 등을 한국의 특수한 사회문화적 조건을 연구하고 개선하는 데 적용하는 것이 타당한가라는 문제에 초점을 두고 있다. 한국의 교육학계도 그 예외는 아니다."[6]

---

6) 이상주, 〈교육의 보편성과 특수성의 문제 ― 보편성의 측면을 중심으로〉, 《교육연구》 84권 9호(1975), 12~16쪽.

그리고 1970년대 한국 교육학 논쟁의 중심에 서 있었던 김인회는 한국 교육학의 가능성을 다음과 같이 파악한다. "한국교육학이 가능할 수 있다면 그것은 오직 남의 문화나 역사와 꼭 같지 않은 한국의 문화와 역사가 있고, 남의 나라와 꼭 같지 않은 한국의 풍토와 자연 환경이 있으며, 남의 민족, 남의 국민이 아닌 한국인이 살고 있기 때문이다. 이 모두는 한국교육학의 한계성이면서 동시에 가능성이 된다."[7]

그런데 이종각은 이런 논쟁을 "서울사대와 비서울사대간의 논쟁, 교육개발원의 참여파와 비참여파간의 논쟁으로 일컬어질 만큼 다양한 사회적 비학문적 요소가 깔려 있다"고 지적하면서, 이와 같이 계속된 논쟁에도 불구하고 '외국이론 노입의 비판석 방법'이나 '한국 교육학의 토착화'에 관한 획기적인 논문이나 저서 없이 화려한 수사로 일관했다는 것을 비판한다.[8] 따라서 탈식민성 담론의 흐름에서 보면 1970년대 논의는 외화내빈이었다고 할 수 있으나, 이러한 풍성한 논의 없이 1980년대의 탈식민성 담론이 가능했을지 상상해 본다면 그 나름대로 큰 의미를 가진다고 할 수 있다.

1980년대는 교육학의 토착화 논의가 확대되고 본격화된 시기였다고 할 수 있다. 이 시기 논의의 특징은 개별적인 관심에 따라 논의를 전개하기 시작했다는 점이며 주로 한국교육학회와 그 학회지인 《교육학연구》를 통하여 한국 교육의 토착화에 관한 논문이 발표되기 시작했다는 사실을 들 수 있다. 이 시기에 발표된 글 가운데서 대표적인 토착화 논의를 몇 가지 살펴봄으로써 담론의 지형을 알아보자.

먼저 이돈희는 〈한국의 교육철학은 얼마나 미국적인가?〉(1982)[9]라는 글에서 우리나라 교육학이 미국의 무제한적인 영향 아래 놓인 원인으로 한국 사회가 교육의 전통이 짧고 미국의 이념을 이론화하고 체계화하는

---

7) 김인회, 《한국인의 교육학》(이성사, 1980), 315쪽.
8) 이종각, 앞의 책, 85쪽.
9) 이돈희, 〈한국의 교육철학은 얼마나 미국적인가?〉, 《전북대학교 부설 국제문화
   연구소 논문집》 1집(1982), 73~81쪽.

능력이 성숙하지 않았다는 점을 든다. 또한 미국과의 외교적 문화적 교류가 활발해지면서 교육계의 지도적 인물들이 미국에서 훈련과 교육을 받았다는 사실 또한 원인으로 들고 있다. 특히 후자의 요인과 관련하여 교육학계와 교육현장, 즉, 이론과 실천의 괴리 현상이 심화되고 있는 현실을 날카롭게 비판한다.

그리고 그 이듬해 발표한 〈교육학의 새로운 패러다임 탐색〉(1983)[10]에서는 현실사회의 맥락을 고려하지 않은 채 서양의 문헌을 받아들이는 학계의 보편적인 관행을 지적한다. 그리고 미국의 교육현실과 우리의 교육현실이 다르기 때문에 연구의 대상이 다를 수밖에 없으며, 우리의 경우는 아직 교육현실이 많은 문제를 가지고 있기 때문에 경험적 연구(empirical study)의 여지가 충분하다고 말한다. 또한 이돈희는 교육현실을 역사적 사회적 맥락에서 연구하는 과학적 패러다임의 중요성을 강조하기도 한다.

김인회는 〈문화적 식민지의 교육경향과 그 탈피의 몸부림 ― 한국 교육학의 학풍·학맥〉(1986)[11]에서 한국의 교육학이 문화적 식민지의 경향을 지니고 있다고 지적한다. 그리고 미국의 교육학이 우리 교육학에 여과 없이 영향을 미치게 되는 과정을 섬세하게 분석하며, 우리 교육학계 내에서 학문의 식민성을 극복하기 위해 취해진 노력을 폭넓은 자료와 기억을 활용하여 소개한다.

신철순은 〈한국교육과 미국교육 ― 교육제도적 측면에서〉(1982)[12]라는 글을 통해 비교교육학의 연구방법에 입각하여 한국의 교육제도가 어떤 과정을 거쳐 어떤 점에서 미국의 영향을 받아왔는지 밝혀내고 있다.

황정규는 〈한국교육과 미국교육과의 관계 ― 교육내용 방법 측면에서

---

10) 이돈희, 〈교육학의 새로운 파라다임 탐색〉, 《한국교육문제연구》 1집(1983), 15~23쪽.
11) 김인회, 앞의 글(1986).
12) 신철순, 〈한국교육과 미국교육 ― 교육제도적 측면에서〉, 《전북대학교 부설 국제문화연구소 논문집》 1집(1982), 91~103쪽.

의 소고〉(1982)[13]에서 한국 교육학이 가지는 식민성을 크게 다섯 가지로 나누어 신랄하게 비판한다.

첫째로 미국의 교육을 무비판적이며 맹목적으로 수용했다는 것이다. 미국의 교육문화를 받아들일 때 적절한 원리와 갈등을 유지하면서 자기 문화구조와 독특성에 그것을 동화시키는 이성적 과정 없이 무비판적으로 수용했다는 것이다.

둘째로 선진적이고 과학적이라는 미명 아래 미국의 교육내용을 무턱대고 번역 수입함으로써 한국의 교육문제를 해결하는 일과는 무관한 '번역교육' 및 '번역교육학'이라는 이상한 현상을 낳았다는 것이다. 한국의 교육학자들이 한국의 교육문제에는 무관심하고 미국의 교육학설이나 이론을 번역, 소개하기에 급급했으며, 한국 교육자 및 한국 교육현실에 대해 계몽자 또는 설교자나 되는 듯한 의식적 도착에 빠졌다는 것이다.

셋째로는 한국 교육학의 추상성, 관념성을 지적한다. 이는 한국 교육학이 우리 교육현실에 대해서는 무관심하고 고답적 위치에 있었다는 사실과, 미국의 현실에 적합한 이론이라 하더라도 한국 현실에 적용할 수 있는 근거를 반드시 갖지는 않는다는 것을 말하는 것이다.

넷째로 한국의 교육학자들이 교육학의 토착화를 위해 지속적으로 노력하기보다는 일시적 유행에 따르는 연구를 선호하는 오류를 지적한다. 그리고 이러한 유행적 내용은 결국 이론과 현장 사이의 격차만 심화시켰다고 부언하고 있다.

다섯째로는 미국교육의 수용을 한국의 역사적 맥락에서 고려하는 슬기가 필요하다고 주장한다. 지금까지 미국의 교육내용을 수용할 때 그 이론이 갖는 역사적 사회적 인간적 함축성에 대한 진지한 학문적 고민이 결여되었다는 점을 지적한다.

---

13) 황정규, 〈한국교육과 미국교육과의 관계 — 교육내용 방법 측면에서의 소고〉, 《전북대학교 부설 국제문화연구소 논문집》 1집(1982), 83~89쪽.

문선재는 〈한국교육사회 비판〉(1985)[14]에서 우리 교육학계의 미국 편중 현상과 그에 따른 교육학의 왜곡현상을 지적하여 아직 우리 교육학은 그 식민성을 극복하지 못했다고 문제를 제기한다. 그리고 한국 교육학이 자생성 없이 왜곡된 원인으로 개념, 방법, 이론적 시각이 미국 이론의 모방에서 탈피하지 못한 점, 교육사회학의 몰역사성, 학교교육의 연구에만 집착하여 교육사회연구의 공간을 좁혀 온 점, 객관적 실증주의라는 방법론에 지나치게 의존하여 다양한 이론과 접근방법 수용에 나태한 점 등을 들고 있다. 그리고 이를 극복하고 광복 40년에 걸맞은 한국 교육사회학을 이루기 위한 과제로 미국 교육사회학에 대한 본질적 이해, 미국 교육사회학을 넘어서는 주체적인 노력, 학문의 다변화를 통한 비교기능 강화, 교육사회학과 역사학의 접촉 등을 제시한다.

위에 소개한 탈식민성 담론들은 공통적으로 무분별한 외국이론 도입에 비판적이며 주체적인 입장을 견지한다는 사실을 알 수 있다. 무비판적으로 외국의 교육학 이론을 도입하여 적용하던 학문행위를 지적하고 수입학문의 본질을 올바르게 이해한 후 주체적으로 우리 교육 현장에 적용해야 한다는 주장을 담고 있는 것이다. 또한 우리 교육학은 우리의 교육현실, 즉, 우리의 정치, 경제, 사회, 문화의 맥락에서 정립되어야 하며, 그에 적합한 연구방법을 개발하고 발전시켜 나가는 것이 한국 교육학자의 사명이라는 것이다.

그런데 이 시기 토착화 논의에서 가장 주목할 부분은 이종각의 등장이라고 해야 할 것이다. 이종각은 1970년대 초반 대학원 석사과정에 재학할 때부터 김종철, 이상주, 김영찬 등의 영향을 받아 '문화적 시각에서 교육학을 이해하고, 맥락 속에서 교육현상을 파악하려는 입장'을 키웠으며, 서울대 대학원생 중심으로 조직되어 1980년대 진보적 교육학의 담론 형성을 주도했던 '한국교육문제연구회'의 회장을 역임하기도 했다. 그리고 그는 1980년대에만 〈문화형식으로서의 지식과 교육이론의 토착화〉

---

14) 문선재, 〈한국교육사회 비판〉, 《현상과 인식》 9권 1호(1985), 43~64쪽.

(1982), 〈국제지식체계와 한국사회과학 연구의 문제점〉(1982), 〈교육행정 이론의 토착화를 위하여〉(1983), 〈교육이론의 토착화와 인류학적 탐구〉(1983), 〈외국이론의 도입과 교육이론의 토착화〉(1983), 〈한국교육사회학의 과제와 방법〉(1987), 〈교육학 학문공동체와 토착화의 과제 — 한국교육학의 주변성과 역기능성〉(1988), 〈한국 교육의 역사적 현재구조 파악을 위한 상상력〉(1988), 〈학교 수업방법의 사회문화적 맥락〉(1988) 등의 글과 《문화와 교육》(1983)이라는 단행본을 발표하면서 집중적으로 교육학의 토착화에 관한 논의를 전개한다. 그리고 1990년대에 와서는 1970년대와 1980년대 교육학의 토착화 논의, 한국 교육학에 대한 논의, 교육학의 대외 의존성에 대한 논의를 비판적으로 검토하는 《한국교육학의 논리와 운동》(1990), 논쟁문화가 발달하지 못하고 학문론에 대한 논의가 부족한 교육학계에 대한 반성과 실천의 차원에서 저술했다고 하는 《교육학 논쟁》(1994), 그리고 《문화와 교육》(1983)의 연장선에서 교육학 연구에서의 문화적 관점과 연구방법 및 그 사례를 폭넓게 제시하는 《교육인류학의 탐색》(1995) 등 비중 있는 저서를 내놓아 탈식민성 담론 형성에 집중적이며 열성적인 노력을 보여주고 있다.

대표적인 탈식민성 담론 저서인 《한국교육학의 논리와 운동》(1990)[15] 에서 이종각은 한국의 교육학은 민족의 생활과 괴리된 논의를 중심으로 이루어져 왔다고 문제를 제기한 후 한국에서 한국인이 전개하는 교육에 관한 논쟁은 궁극적으로 '한국교육현실로 돌아가서 한국교육을 반추하는 것'이 되어야 한다는 학문적 신념을 피력한다. 또한 나아가 한국의 교육학은 서양에서 이미 규정한 방식을 그대로 모방하고 있으며 한국의 역사적 사회적 맥락에서 상황규정을 내리지 못했다는 점에서 주체성이 없다고 지적한다. 따라서 한국의 교육학은 '발상의 토착화'를 이루어야 하며 무의미한 추상성을 극복해야 한다고 주장한다.

여기서 1960~1970년대의 다양한 논쟁, 그리고 그 이후 계속되는 교

---

15) 이종각, 앞의 책.

육학의 토착화 담론 형성자들과는 사뭇 다른 차원에서 이종각을 한국 교육학의 주도적 탈식민성 담론 형성자라고 평가하는 데는 나름의 이유가 있다.

첫째, 사용하는 용어의 포괄성과 본격성을 들 수 있다. 이종각은 다른 연구자에 비해 다양한 용어를 가지고 한국 교육학의 외국 의존성을 이야기하며, 토착화와 관련하여 문화적 식민주의(cultural colonialism), 토착화(indigenization), 한국화(Koreanization), 학문적 식민주의(academic colonialism), 한국적 교육학 등의 용어를 혼동하지 않으면서 집중적으로 사용한다. 그 가운데서도 가장 일관성 있게 사용하는 언어는 '토착화'라는 용어다.

둘째, 교육학의 토착화 논의를 사회과학적으로 전개하고 심화시켰다는 점을 들 수 있다. 그는 국가간 지식전이(transnational knowledge transfer)에 관련된 이론을 깊이 탐구하여 박사학위 논문으로 제출하기도 하는 등 서양의 다양한 사회과학 이론을 깊이 분석하고 연구하여 외래이론을 수용하는 과정에서 발생하는 여러 왜곡 현상을 규명하여 우리 교육학의 문제 진단에 적용하기도 한다. 이러한 노력은 이전의 한국 교육학의 토착화 논의들이 다분히 선언적 감정적 분파적 즉흥적이었던 한계를 극복하고, 하나의 이론적 토대를 갖춘 패러다임으로 발전하게 하는 역할을 했다고 할 수 있다.

셋째, 교육학의 토착화에서 연구내용에 대한 고민뿐만 아니라 연구방법에 대한 탐구까지도 심화시켰다는 점을 들 수 있다. 그 대표적인 작업으로 교육인류학적 연구방법의 소개와 탐색을 들 수 있다. 이러한 노력은 객관적 실증주의 연구방법에 치우쳐 있는 우리나라 교육학계를 비판하며, 우리의 교육현장을 적절하게 분석하고 조망할 수 있는 효과적인 연구방법을 모색한다는 점에서 중요한 의미를 가진다고 할 수 있다.

1980년대 이후 교육학의 토착화 논의는 한국 사회의 현실 변화와 여타 사회과학의 영향으로 그 내용이 심화되었으며 전반적으로 사회과학의 일반이론을 원용하는 경향을 보이기도 한다. 한 예로 제3세계 시각에서 한국 교육문제를 규명하려는 이규환을 들 수 있다. 그는 한국 교육의 여타 문제를 한국의 역사적 정치경제적 현실에 기초하여 세계체제의 맥락에서 비판적으로 검토한다.

1980년대 이후 교육학의 토착화에 관한 논의는 이종각, 김인회, 한준상 등 교육사회학과 교육철학 분야 연구자들을 중심으로 전개되었으며, 학교별로는 서울대 출신 교육사회학 연구자들이 가장 많은 수를 차지하고, 다음으로 연세대 출신 연구자들이 많은 수를 차지한다. 이러한 논의를 구체화시키려는 과정에서 1980년대 후반 이후부터 우리 교육현장을 사실적으로 들여다보고 규명하려는 구체적인 노력들이 나타나기 시작했으며, 이러한 노력은 실적 연구방법으로 총칭되는 대안적 연구방법의 모색과 실험이라는 조류를 형성하기도 한다.

앞에서 살펴보았듯이 한국 교육학의 탈식민성 담론 형성자들은 한국의 교육학이 미국 교육사절단이라는 생래적인 외래요소를 가지고 있다는 것을 중시한다. 이것은 불행하게도 우리 교육학에 녹아 있는 미국 교육학의 요소가 의도적 전략적이라는 것을 뜻하며, 따라서 우리 교육학의 토착화는 그만큼 많은 노력과 인내를 요청한다고 할 수 있다.

이종각은 영국의 과학사가 바살라(Basalla)가 제시한 국가간 학문전이의 3단계 모형을 원용하여 한국 교육학계는 30여 년의 학문적 경험을 거치고 제2단계인 의존적 과학단계의 후기에 접어들었으며, 토착화를 위한 노력과 관련된 여러 진통은 그 말기의 현상으로 해석할 수 있을 것이라고 진단한다.[16] 그리고 그는 쿠마르(Kumar)의 이론을 빌려 교육학의 토착화를 다음과 같이 나누어 분석한다. 첫째, 사회과학 지식의 생산과 보급을 위한 제도적 조직적 능력인 구조적 토착화, 둘째, 한 나라 사회과학의 주요 내용은 그 나라의 정치·경제·사회·제도에 관한 것이어야 한다는 내용의 토착화, 셋째, 사회과학자들이 그들의 세계관, 사회문화적 경험, 지각된 목표를 반영하는 적절한 개념틀과 메타이론을 구

---

16) 이종각, 앞의 책, 69쪽.

성하는 상황을 일컫는 이론의 토착화가 그것이다. 그리고 아직도 우리 교육학계에는 외래지식 도입에 관한 감정적 반응, 비현실적 반응, 과격한 반응이 존재하고 있으며, 교육이론의 토착화를 위해서는 하루 빨리 이런 태도를 극복해야 한다고 주장한다.

교육학 분야 탈식민성 담론 서지를 통해서 우리 현실에 적실한 학문을 실현하기 위해 1990년대 교육학은 많은 과제를 해결해야 한다는 것을 알 수 있다. 우선 교육학의 토착화 논의를 심화시키면서 동시에 교육학의 전 분야로 그 영역을 확대해 나가야 한다. 교육사회학과 교육인류학 분야 중심으로 진행되는 논의를 교육사, 교육철학, 교육행정학, 교육심리학, 교육평가, 교육방법 등의 분야로 확대해야 한다. 그리하여 교육학의 전 분야에서 우리 현장에 맞는 교육학을 확립해 나가야 한다. 그리고 한국의 교육현장에서 제기되는 문제를 주제로 하는 연구를 수행해야 하며, 그러한 연구주제에 적합한 연구방법을 개발하고 발전시켜 나가야 한다. 우리 교육현장에서 나오는 문제를 연구하고 그에 맞는 연구방법을 고민하는 것이 교육현장과 교육학의 괴리를 막아주는 길이 될 것이기 때문이다.

■ 초 록

황 정 규

우리의 교육에 대한 모색
— 교육내용·방법적 측면에서

[《새교육》 28권 1호(1976), 35~39쪽]

이 글은 교육의 정도(正道) 문제를 중심으로 교육내용과 방법 면에서 무엇이 잘못되었으며, 어떻게 그것을 바로잡을 것인가 하는 문제에 초점을 맞추고 있다.

먼저 글쓴이는 우리 교육이 우리의 상황과 철학에 맞지 않게 공허하거나 모호한 상태에서 출발한다고 하면서 상황과 역사의 부재를 지적한다. 가령 우리의 교육에서는 우리 사회의 상황과 역사에 관련된 내용 즉, 남북분단 문제와 사회복지 및 사회정의 실현에 관한 내용을 중심으로 분석, 해결, 대처하는 것이 주축이 되어야 한다는 것이다.

두 번째로, 한국의 교육은 이제 한국 교육현실을 연구대상으로 하고 중심 테마로 삼아야 한다고 주장한다. 외국의 교육내용과 교육방법에 관한 이론이나 실제는 어디까지나 참고는 될지언정 규범적 역할은 할 수 없기 때문에, 그것을 번역하고 소개하는 일이 우리의 것을 고찰하기 위한 수단의 하나로 이용되어야 한다는 것이다. 외국의 이론과 실제가 규범적 모형이 되어 한국 교육의 내용이나 방법을 이끌어 갈 때, 그리고 그것이 장기간에 걸쳐 심도 있게 영향을 미칠수록 우리의 문제에 대한 독자적, 주체적 해결은 어려워진다고 경고한다.

세 번째로, 교육내용과 방법의 획일성 문제를 지적한다. 획일적인 교육내용과 방법을 적용하도록 강요하는 것은 곧 교육의 동맥경화밖에 초래하지 않는다고 하며, 그것을 다양하게 개발하고 적소적기에 이용해야 개방적이며 창의적인 교육을 실천할 수 있다고 한다.

네 번째로는 연구와 현장의 괴리 문제를 지적한다. 연구자들이 우리 교육현실에 적실하지 않은 이론을 번역 소개하기에 주력하고, 현장에서 그것을 활용하지 못하는 상황에서는 아무리 좋은 이론과 주장도 한낱 '관념의 유희'에 지나지 못한다고 한다. 이 문제를 해결하기 위해서 연구자는 이론을 개발하고 연구하는 과정에서 그것을 현장에 어떻게 적용할 수 있고 현장에 어떤 의미와 관련을 가지는지 깊이 고려해야 하며, 현장에서는 연구자들이 제공하는 이론을 적용하는 방법을 개발해야 한다고 권고한다.

마지막으로 글쓴이는 교육내용과 방법의 불협화에 대하여 지적한다. 교육내용과 방법 사이에는 상당한 괴리와 불협화가 존재한다는 사실은 교육의 발전을 위해서뿐만 아니라 학생을 위해서도 불행한 일이다. 따라서 교육내용에 적절히 부합하는 교수방법, 학습지도법, 교육평가의 방법들이 어떠한 것이어야 하는지 명백한 지향이 있어야 한다고 제안한다.

신 철 순

한국교육과 미국교육
— 교육제도적 측면에서

[《전북대학교 부설 국제문화연구소 논문집》 1집(1982), 91~103쪽]

글쓴이는 비교교육학의 연구방법에 입각하여 한국의 교육제도가 어떤 과정을 거쳐 어떤 점에서 미국의 영향을 받아왔는지 밝힌다.

미국이 한국 교육제도에 영향을 준 중요한 배경으로 첫째는 미국 선교사들에 의한 학교설립과 운영을 들고 있으며, 이것이 우리나라에서 근대적인 학교제도가 태동하게 되는 계기라고 이야기한다. 그리고 두 번째는 미군정의 교육행정에 의한 교육제도의 형성을 들고 있으며, 이 시기가 미국식 학교 교육제도가 본격적으로 자리잡기 시작한 시기라고 이야기한다. 세 번째로는 미국 교육사절단의 영향을 든다.

그리고 이와 같은 영향을 받아 형성된 우리나라 교육제도의 특징을 크게 중앙교육 행정조직, 교육자치제도, 그리고 학교제도로 나누어 비교교육학적 입장에서 살펴본다. 여기서 글쓴이는 우리나라의 교육제도가 미국의 영향을 외형적으로 많이 받았지만 내용 면에서는 많은 차이가 있다고 이야기한다. 그리고 한국의 교육제도가 미국으로부터 일방적으로 영향을 받았으며 그런 과정에서 미국의 교육제도를 무비판적으로 수용하여 많은 시행착오를 거쳤다고 지적한다.

미국과 한국의 교육제도를 비교하는 방법으로 두 나라의 교육제도에서 상호 영향관계를 밝혀내려는 이 글은, 미국에 의해 교육제도가 우리나라에 유입된 경로와 형성과정을 자세하게 살핀다. 그러나 제도적인 측면을 중심으로 고찰함으로써 우리나라 교육의 전반적인 미국 예속현상을 밝히지는 못하고 있으며, 오히려 한편으로는 미국을 우리나라 근대 교육제도 형성의 시혜자로만 인식하게 한다. 가령 한국의 교육이 지속적으로 미국의 영향을 받는 계기가 되는 한국 교육계 지도자들의 미국 교육 수용과정과 이를 거쳐 미국 중심의 교육연구, 교육행정을 펴게 되는 점 등은 간과하는 듯하다.

이 돈 희

한국의 교육철학은 얼마나 미국적인가?

[《전북대학교 부설 국제문화연구소 논문집》 1집(1982), 73~81쪽]

글쓴이는 교육학계에서 논의되는 '미국적'이라는 말의 진정한 의미가 무엇인지 논의해 보려는 의도로 시작하여 우리의 교육, 특히 교육철학이 얼마나 미국적인지 평가해 보려고 한다. 미국과 접촉함으로 인해 우리나라 교육에 스며들어 있는 미국의 영향을 통속적인 교육관의 변화, 제도적 교육의 방향과 원리의 변화, 교육철학의 이론과 방법 변화 등으로 나누어 고찰한다.

글쓴이에 따르면 1882년 한미수교 이후에 미국인 선교사들이 세운 선교계 학교를 통하여 미국인들의 사고방식과 교육관이 비로소 전해지기 시작했으며, 본격적으로 미국의 영향을 받게 된 것은 해방 이후 정부수립에 따르는 민주주의 제도가 확립되면서 내세운 교육이념과, 미국과 문화적 교류를 통해 교육사상 원리에 관한 이론의 수용에 의한 변화라고 한다. 이와 같은 영향의 결과로 나타나는 변화로 경제적 수준을 훨씬 능가하는 높은 교육열, 전통적 생활방식과 전혀 다른 교육내용에 대한 순응, 현실적 실천 여부에 상관없는 민주적 교육원리들을 수용하는 태도 등을 들고 있다.

제도적 교육에서 나타나는 미국의 이념적 영향은 훨씬 분명하게 제시된다. 홍익인간의 이념과 국민교육헌장의 이념이 모두 이론화되지 못한 상황에서 20세기 미국 사회에서 전개된 진보주의 교육사조가 그 자리를 대신하게 되었다는 것이다. 이와 같은 왜곡의 원인으로 글쓴이는 먼저 한국 사회가 교육의 전통이 짧고, 미국의 이념을 이론화하고 체계화하는 능력이 성숙하지 않았다는 점을 든다. 그리고 다른 한가지 중요한 원인으로 미국과 외교적 문화적 교류가 활발해지면서 교육계의 지도적 인물들이 미국에서 훈련과 교육을 받았다는 사실을 들고 있다. 특히 후자의 요인과 관련하여 교육학계와 교육현장 즉, 이론과 실천의 괴리현상이 심화되고 있는 현실을 날카롭게 지적한다.

마지막으로 글쓴이는 우리나라 교육철학 연구에서 미국에 대한 의존도가 매우 높다고 분석한다. 그 원인으로는 첫째, 미국 대학에서 수학한 학자들의 지도적 영향으로 한국 교육학 전반이 미국식으로 방향 지워져 간다는 것이며, 둘째, 반일적인 풍조와 함께 유럽(특히 독일)의 교육철

학이 퇴조하고 있으며, 셋째, 중등교육에서 영어가 제일의 외국어로 교
육되어 자연히 영어로 쓰인 문헌을 쉽게 접한다는 것이다.

　이 글을 통해서 우리 교육에 스며 있는 미국의 영향과 그 원인에 대
한 글쓴이의 통찰력을 느낄 수 있으나 좀더 철저한 논증에 의한 분석이
결여된 듯하며, 한국 교육의 식민성에 대한 해결 방안이나 전망에 대한
제시가 부족한 감이 있다.

황 정 규

한국교육과 미국교육과의 관계
─ 교육내용 방법 측면에서의 소고

[《전북대학교 부설 국제문화연구소 논문집》 1집(1982), 83～89쪽]

　이 글에서 글쓴이는 한국의 교육이 국내 및 국제 정치, 경제, 사회, 문
화의 변화에 영향을 받으며, 미국 교육은 19세기 말부터 우리나라와 미
국과의 관계에 따라 우리나라 교육의 전 분야에서 거의 절대적인 규범
으로 영향을 미쳐 왔다는 전제를 가지고 논의를 전개한다. 이와 같은 기
초 위에서 글쓴이는 한 가지 문화에 다른 문화가 절대적인 영향을 미칠
때 발생할 수 있는 문제와 도전이 무엇이냐고 묻는다. 또한 올바른 실존
을 위한 행위와 변신이 무엇이어야 하는가에 초점을 맞추어 주로 교육
이 이루어지는 교육과정에 관련된 내적 문제에 국한해서 다루고 있다.

　글쓴이는 한국 교육학이 가지는 식민성을 다음과 같이 크게 다섯 가
지로 나누어 지적한다.

　첫째, 미국의 교육을 무비판적이며 맹목적으로 수용했다는 것이다.
미국 교육문화를 받아들일 때 적절한 원리와 갈등을 유지하면서 자기
문화구조와 독특성에 그것을 동화시키는 이성적 과정 없이 무비판적으
로 수용했다는 것이다.

둘째, 선진적이고 과학적이라는 미명 아래 미국의 교육내용을 무턱대고 번역 수입함으로써 한국 문제의 해결이 아닌 '번역교육' 또는 '번역교육학'이라는 이상한 현상을 낳았다는 것이다. 한국 교육학자들은 한국의 교육문제에는 무관심하고 미국의 교육학설이나 이론을 번역, 소개하기에 급급했으며, 한국 교육자와 한국 교육현실에 대해 계몽자이듯, 설교자이듯 하는 의식적 도착에 빠졌다는 것이다.

셋째, 한국 교육학의 추상성, 관념성을 지적한다. 이는 한국 교육학이 우리 교육현실에 대해서는 무관심하고 고답적 위치에 있었으며, 미국의 현실에 적합한 이론이라 하더라도 한국 현실에 적용할 수 있는 근거를 갖지는 않는다고 이야기한다.

넷째, 한국의 교육학자들은 교육학의 토착화를 위한 지속적 노력보다 일시적 유행을 따르는 연구를 선호하는 오류를 지적한다. 이렇게 일시적으로 유행하는 연구는 결국 이론과 현장 사이의 격차만 심화시켰다고 부언하고 있다. 마지막으로 미국식 교육의 수용을 한국의 역사적 맥락에서 고려하는 슬기가 필요하다고 주장하면서 지금까지 미국의 교육내용을 수용할 때 그 이론이 갖는 역사적 사회적 인간적 함축성에 대한 진지한 학문적 고민을 결여했다는 점을 지적한다.

결론에서 글쓴이는 연구자에게 한국의 교육현장을 변화시킬 토착적이며 적실한 연구를 하고 있는지 질문하며, 현장교사들에게 우리 현장에 적합한 교육을 실행하기 위해 노력하는지 질문한다.

김 인 회

식민지 교육학은 극복되었나

[《한국사회연구》 1집(1983), 132~155쪽]

글쓴이는 이 글에서 모든 학문의 연구방법은 연구하는 대상의 성격에 따라 달라지며, 그것이 사실이라면, 대상의 성격이 다양할 때에는 그만큼 연구방법도 다양해질 수밖에 없을 것이라고 전제한다. 이러한 전제를 바탕으로 그는 교육현상을 연구하는 교육학은 어떤 성격의 학문인가, 그리고 우리 한국의 교육학에서는 주로 어떤 방법론들을 사용해 왔으며 그 결과가 우리나라 교육에 미친 영향은 어떠했는가, 한국 교육학 연구에서 앞으로 해결해야 할 과제는 무엇인가 등의 논의를 시도하여 우리 교육학의 방법적 편향성과 경직성에 대한 문제를 제기한다.

글쓴이는 먼저 교육학의 성격을 규정하기 위해 교육학의 대상, 교육의 의미, 교육의 기능, 교육의 범위, 교육의 구조, 교육의 한계, 교육학의 연구과제 등에 대해 일반직인 내용을 중심으로 검토한 후 한국 교육학을 되돌아본다. 20세기 초 서양(미국) 선교사들에 의해 도입된 근대교육은 많은 긍정적인 면을 갖고 있지만, 현재적 관점으로 볼 때 문화식민지적 교육의 출발이었다고 지적한다. 그리고 해방 전·후기에는 정치예속적 기능을 일관되게 충실히 수행하는 것을 교육의 당연 사명인 것처럼 받아들였고, 따라서 우리나라 정치에 영향력을 미치는 다른 나라로부터 문화적 교육적 영향들을 가감 없이 받아들이는 것을 자연스러운 현상으로 알게 되었다. 그리하여 1950년대 이후 우리 교육학은 미국의 실증주의 교육학으로부터 결정적인 영향을 받게 되었다.

이러한 문화식민지적인 교육학의 영향을 글쓴이는 다음의 네 가지 문제로 요약한다.

첫째, 객관적 실증주의 방법이 역사적 연구방법이나 현상학적 연구방법, 구조적 기능적 접근방법, 해석학적 분석방법 등 다양한 방법론들과 상호보완 관계를 갖지 못한 결과, 교육에서 정말로 객관적 실증적 조사와 연구를 해야 할 기초적인 문제들보다는 지엽말단적 문제들에 대한 연구에만 열을 올렸다.

둘째, 객관적 사실에만 의지하는 한 가지 방법론에 지나치게 의존한 결과, 교육의 성과를 등차적 또는 흑백론적으로 평가하는 교육학 연구가 보편화되었고, 따라서 교육현장에서도 그런 식의 사고방식을 훈련하게 되었다.

셋째, 교실교육 위주 교육학의 발달로 인해 우리나라에서는 교실 밖의 교육현장에 대한 연구가 거의 없었고, 따라서 사회문화적 현상을 교육학적으로 연구하는 방법들도 발달할 수 없었다.

넷째, 교육학 연구의 절대적 비중이 교육내용과 방법 연구 쪽에 치우쳐 있었고 그나마도 신속한 효과를 객관적으로 추구하려는 성격의 연구여서 교육학이 도구학문적 성격을 벗어나지 못했다. 이러한 과정을 통해 한국 교육학은 교육의 주요 대상인 인간, 교육 내용의 주체성, 교육의 방법, 교육의 공간과 시간에 대한 폭넓은 이해, 그리고 민족과 역사를 상실했다고 지적한다.

이 돈 희

교육학의 새로운 패러다임 탐색

[《한국교육문제연구》 1집(1983), 15~23쪽]

이 글에서 글쓴이는 우리나라에서 교육학의 토착화가 어려웠던 원인을 살피고 이와 관련하여 교육학의 새로운 패러다임이 요청되는 배경과 그 성격을 제시하고자 한다.

글쓴이는 먼저 교육학의 토착화라는 말이 많이 사용되고 있긴 하지만 실제로 우리의 교육학이 토착화되었다고 말하기는 어렵다고 진단한다. 그리고 로크나 루소, 그리고 듀이 등 위대한 교육학자들의 교육이론에 대해 그것이 형성된 사회적 맥락을 무시한 채 읽어내는 행위를 공부하는 것으로 인식하는 학계의 보편화된 행태를 지적한다. 또한 왜 우리나라 교육학 연구가 토착화되지 못하고 있는지를 살핀다.

그 이유로 먼저 규범적 연구의 경우 규범적 원리(normative principle)와 교육 실천과정이 밀착되어 있지 않다는 것을 지적한다. 교육문제를 해결하기 위한 새로운 규범적 이론이 수립되었을 때, 그것이 곧 그 사회의 교육정책, 교육제도 등의 교육 실천과정에 적용되어 비판받는 과정에서 수정되고 정리되는 것이 바람직하다고 한다. 그럼에도 불구하고 이론가들이 미국이나 독일 등의 외국 책을 보고 생산한, 우리 현실과는 다소 거리가 있는 연구들은 교육실천가, 정책입안자, 제도운영자들에게 실제적인 도움을 주지 못한다는 것이다.

사실적 연구(factual study)의 경우에는 연구주제가 우리 교육현실에 적합하지 않다는 것을 지적한다. 미국의 교육현실과 우리의 교육현실이 다르기 때문에 사실적 연구의 대상이 다를 수밖에 없으며, 우리의 경우는 아직 교육현실이 잘 되어 있지 않기 때문에 경험적 연구(empirical study)의 여지가 충분하다고 한다.

이어 글쓴이는 교육학 연구의 두 패러다임을 기술공학적 패러다임과 과학적 패러다임으로 나누고, 우리의 교육학 연구가 외국이론에 의존하게 된 중요한 이유 가운데 하나로 우리 교육학이 전자에 치우쳤기 때문이라고 지적한다. 그리고 이를 극복하기 위해 과학적 패러다임의 유용성을 강조하는데, 과학적 패러다임은 사회제도로서의 교육이 어떤 역사적 사회적 배경에서 성립되었으며, 그것이 경제, 군사, 종교, 예술 등 사회의 다른 제도에 어떤 영향을 주고 있으며, 인간생활에 어떤 의미를 주고 있는가 하는 차원에서 연구하는 것이다. 과학적 패러다임은 기술공학적 패러다임에 의한 교육원리 또는 교육기술의 발전을 위해 필요하며 일상인의 교육에 대한 이해를 고양하기 위해서 필요한 패러다임이라고 한다.

우리 교육학이 무분별한 서구이론에 치우쳐 있으며 현실에 적합하지 않은 이론을 양산해 낸다는 반성, 그리고 그것의 극복을 위해 과학적 패러다임을 강조함으로써 자생성 있는 우리의 교육학을 주창하는 점은 높이 살 만하다. 한편, 과학적 패러다임과 기술공학적 패러다임에 입각한 연구의 실례와 그에 따른 유용성 등에 대한 구체적인 논의가 미진한 점이 아쉬운 감을 갖게 한다.

이 종 각

문화와 교육

[배영사, 1983]

자신의 첫 저서라고 밝힌 이 책에서 글쓴이는 교육이 문화와 갖는 관계를 탐구하는 교육인류학의 관점을 부각시키고, 교육학 연구에서의 문화적 관점과 연구방법 및 그 사례를 제시한다. 글쓴이는 우리 교육을 바라보는 시각으로 우리의 교육이 위치한 바로 그 상황에서 일어나는 문화적 문제를 규명할 수 있는 문화기술적(文化記述的) 연구방법의 안목과 방법을 제시하는 것이다.

이 책에서 글쓴이는 문화에 대한 기본적인 개념을 폭넓게 고찰하고 (2장), 교육인류학의 관점, 철학적 기초 그리고 양적 방법론과 질적 방법론의 대비를 통해 문화기술의 이해를 넓힌 후(3장), 문화기술의 방법과 절차를 자세히 설명한다(4장). 그리고 나아가 교육인류학의 접근법을 구조기능주의적 접근, 문화생태학적 접근, 사회심리학적 접근, 의사전달적 접근으로 나누어 각각의 특징과 상호 연관성을 살피고(5장), 교육인류학 연구의 실제 사례를 교육학 주제별로 나누어 외국의 선행 연구를 중심으로 소개한 후(6장), 문화와 인성의 관계에 관해서도 탐구한다(7장). 이와 같은 폭넓은 논의와 탐구를 거쳐 마침내 글쓴이는 '한국 문화 속의 한국교육' 즉, 한국 교육학의 토착화에 관한 논의에 다다르게 된다(8장). 여기서 글쓴이는 여러 학자들의 연구를 종합 정리하여 외래 이론 도입에 관한 이론적 고찰, 한국 교육학의 토착화에 관한 논쟁과 움직임을 요약하고 토착화의 개념과 과제를 다양하게 제시한다.

이 책은 기존의 원론적 초보단계의 교육인류학 저작에서 진일보하여 연구사례와 여러 가지 모형을 제시한다는 측면에서 의의를 찾을 수 있을 뿐만 아니라, 많은 부분을 포괄하면서도 심도 있는 이론적 탐구와 풍부한 참고문헌은 여타 사회과학 분야에도 유용성이 클 것으로 생각 된다.

이 종 각

외국이론의 도입과 교육이론의 토착화

[《교육학연구》 21권 1호(1983), 68~82쪽]

이 글에서 글쓴이는 우리나라 교육학은 해방 이후에 서구, 특히 미국 으로부터 이식된 것이며 미국의 교육학 동향이 한국의 교육학 동향에 커다란 영향을 미치고 있다는 사실을 전제로 국내외의 토착화 논의를 살펴보고, 외국이론의 도입과 토착화 관계를 분석하는 데 문화적 관점 을 적용하려고 시도한다.

먼저 글쓴이는 국가간 지식이동과 그 이해 방식에 관하여 이론적으로 탐구한다. 역사적으로 국가간 지식이동 양상은 해당 국가 간의 관계설정 양상과 밀접히 관련된 것으로 보고, 식민지시대에는 '침투이론'(filteration theory)이, 제2차 세계대전 이후 개발연대에는 '모방전략'(immitation strategy)이 국제 문화교류의 기본적 접근방법이라고 소개한다. 또한 문 화적 종속이론(식민지이론)에 힘입어 국제 지식체계의 구조적 종속 때문 에 후진국의 사회과학자는 해외지향적이며 탐구 행위의 종속성을 면치 못한다고 지적한다.

그리고 글쓴이는 국내외의 토착화 동향을 살피고 토착화의 개념을 정리한다. 현실적으로 개발도상국들은 지난 30여 년간 지식도입 경험이 성공적이지 못했다고 평가하고, 토착화로 향한 움직임은 전세계적인 추 세라고 한다. 또한 한국 교육학계의 토착화 논의는 1970년대 이후에 많 이 나왔으며, 그 논의의 양상을 크게 비판적 집단과 반성적 집단으로 나누어 파악하고 있다. 그러나 한국 교육학의 토착화 노력은 아직 소수 집단의 노력에 불과하다고 평가한다. 이에 덧붙여 글쓴이는 토착화의 개념을 구조적 토착화, 내용의 토착화, 이론의 토착화 등 3가지 유형으로 분석하여 설명한다.

마지막으로 글쓴이는 지식의 문화의존적 성격에 근거하여 사회과학 지식을 문화의 한 형식으로 파악하는 것이 외국이론의 토착화 논의를 효과적으로 진행하는 데 도움을 줄 수 있다고 주장하며, 문화 형식으로서의 지식(외국이론) 도입에 관하여 주목한다. 그리고 전세계적인 토착화 논의의 경향과 우리나라 교육학계의 산만한 토착화 개념을 정리하고 나아가 한국 교육이론의 토착화를 위한 교육학자들의 노력을 요청한다.

문 선 재

한국 교육 사회 비판

[《현상과 인식》 9권 1호(1985), 43~64쪽]

광복 40주년을 맞으며 글쓴이는 몇 사람의 논문을 인용하면서 우리 교육학계의 미국 편중현상과 그에 따른 교육학의 왜곡현상을 지적하여 아직 우리 교육학은 그 식민성을 극복하지 못했다고 문제를 제기한다. 이러한 인식을 가지고 글쓴이는 해방 이후부터 1970년대까지 교육사회학 분야에서 이루어진 강의, 학회 활동, 저서, 논문 등을 대상으로 그간의 연구 동향을 살펴보고 한국 교육사회학의 문제와 과제에 대하여 자신의 생각을 피력한다.

먼저 글쓴이는 유럽에서와는 달리 미국에서는 20세기 초에 교육사회학이 전성기를 구가하였기 때문에 교육사회학이 우리나라에 도입되는 과정에서 일방적으로 미국에 편중될 수밖에 없었다고 지적하고, 우리나라에서 교육사회학 강좌가 시작되는 과정을 설명한다. 그리고 교육사회학회에서 발족 당시부터 1978년까지 개최한 월례 발표회의 내용을 분석한다. 분석 결과 연구경향의 특징이 첫째, 한국 사회에 관한 연구보다 외국에 대한 연구가 대부분이며, 특히 외국 교육사회학의 일반이론을 소개하거나 연구하는 데 치중해 왔다는 점, 둘째, 국내의 연구대상에 관한 연구는 역사적 사회철학적 안목으로 조망하지 못하고 지엽적인 문제에 집착한다는 점이라고 지적한다.

학술논문이나 저서의 간행에서도 마찬가지라고 분석하여 설명하는데, 미국의 교육사회학에서 주로 사용하는 개념들을 우리나라에서도 거의 동일하게 다루는 것은 근본적으로 한국 교육사회의 필요와 과제가 외국의 것과 동일하다는 가정 하에서 개념을 설정하고 있기 때문이며, 대부분의 우리나라 교육사회학 저서들이 현재 중심의 단편적 문제에 집착하고 있다고 한다.

마지막으로 글쓴이는 학위논문을 분석하여 한국 교육사회학은 석·박사 학위과정에서도 극히 단층적인 실천학에 치우쳐 왔다고 지적한다. 글쓴이는 이처럼 한국 교육사회학이 자생성 없이 왜곡된 원인으로 ① 개념, 방법, 이론적 시각에서 미국 이론의 모방에서 탈피하지 못한 점, ② 교육사회학의 몰역사성, ③ 학교교육의 연구에만 집착하여 교육사회 연구의 공간을 좁혀 온 점, ④ 객관적 실증주의라는 방법론에 지나치게 의존하여 다양한 이론과 접근방법 수용에 나태한 점 등을 들고 있다. 또한 이를 극복하고 광복 40년에 걸맞은 한국 교육사회학을 이루기 위한 과제로 ① 미국 교육사회학에 대한 본질적 이해, ② 미국 교육사회학을 넘어서는 주체적인 노력, ③ 학문의 다변화를 통한 비교 기능 강화, ④ 교육사회학과 역사학의 접촉 등을 제시한다.

한국 교육사회학의 미국 편향을 지적하고 그 문제를 극복하기 위한 과제를 제시하기 위해 한국 교육사회학계의 실제 강좌, 학회활동, 저서, 논문 등을 구체적이며 망라하여 분석함으로써 구체적인 데이터를 들어 논증하는 것이 이 글의 특징이라고 할 수 있다.

김 인 회

문화적 식민지의 교육경향
— 한국 교육학의 학풍·학맥

[《교육과 민중문화》(한길사, 1986), 87~131쪽]

이 글에서 글쓴이는 한국의 교육학이 문화적 식민지의 교육경향을 유지해 왔다는 인식을 가지고 교육학계의 역사를 회고하면서 그 탈피의 움직임을 부각시키려 한다.

오늘날 한국 교육학계의 판도와 학문적 성격을 형성하는 데 결정적인 역할을 한 두 가지 요인으로 일제의 식민지 교육과 미국 선교계 학교의 교육 및 해방 이후 미국의 교육적 영향을 제시한 글쓴이는, 일본과 미국의 영향이 우리나라 교육학계에 어떻게 침투해 왔는지 자세하게 설명한다.

먼저, 일본의 식민지 교육 정책은 한국인들에 의한 사립 교육기관을 폐쇄하여 민족교육을 금하고, 초등 교육기관을 확대하여 일제 식민지 교육의 전개를 용이하게 하며, 한국의 지식인들을 회유하여 교육 엘리트로 양성한 뒤 식민 통치의 앞잡이로 이용하는 것이었다. 이와 같은 정책이 해방 이후 한국 교육의 성격과 교육학자의 체질 및 학문 연구방향에 크게 영향을 끼쳤다는 것이다.

그리고 한국 교육에 끼친 미국의 영향은 19세기 말 선교교육에서 시작하지만, 미국의 지배적 영향이 적극적 일방적으로 급속하게 미치기 시작한 것은 해방 직후 군정시대부터다. 그러나 좀더 조직적으로 장기적인 전략 밑에서 미국의 한국 교육에 대한 지배가 시작된 것은 미국 교육사절단이 파견되어 활동하기 시작한 1952년부터라고 한다. 9차에 걸쳐 내한한 이 교육사절단의 영향하에 활동하던 소장학자들이 1950년대 중반 이후 우리 교육학계를 이끌어 왔음은 두말할 필요도 없다. 따라서 자연스럽게 우리 교육학계에 미국 교육의 요소가 스며들게 되었고, 이 과정에서 미국의 교육철학과 교육방법을 무비판적으로 수용하게 된 것이다.

이 글에서 글쓴이는 우리 교육학의 식민성과 그 극복을 위한 몸부림에 대한 논의를 하기 위하여 우리나라 교육의 역사와 교육학계의 역사를 세밀하게 설명한다. 특히 폭넓은 자료는 물론이거니와 글쓴이 자신의 생생한 경험과 기억까지 동원하여 교육학계의 야사를 소개하고 그 속에서 형성된 논쟁과 변화의 움직임들을 소개한다. 그리고 1950년대 교육학의 형성 과정에서부터 1960, 1970년대 교육학의 철학적 역사적 반성과 방향 정립을 위한 논쟁과정을 학자와 그늘의 저서를 자세하게 예로 들어가며 설명하고 있다.

이 종 각

교육사회학 연구과제와 방법

[《교육학연구》 25권 2호(1987), 53~65쪽]

이 글에서 글쓴이는 교육사회학을 중심으로 한국에서 교육학은 무엇이며 어떠해야 하는가라는 의문을 가지고 한국 교육학의 정체를 밝히고 있다.

이를 위해 먼저 교육사회학의 역사를 대학강좌로서의 교육사회학, 연구성과로서의 교육사회학, 학문공동체로서의 교육사회학, 교육사회학에 대한 개인사적 회고, 학문 후발성 이익과 부작용 등으로 나누어 기술한다. 여기서 글쓴이는 국내의 교육학 연구가 외국의 연구를 그대로 전달하는 데 그치고 경험과학으로서의 교육학 연구를 하지 못해 추상적 논의는 풍성하면서도 기초자료를 축적하지 못했다고 지적한다.

한 젊은 교육사회학도의 개인사적 회고에서는 교육사회학도로서 가졌던 세 가지 학문적 공허감을 진솔하게 고백한다. 그것은 첫째, 우리의 일상경험과는 괴리된 풍요로운 이론과 잘 포장된 개념 속에서 오는 공허감이고, 둘째, 누구를 위한 교육사회학이며 무엇을 위한 교육사회학인가라는 의문에서 연유하는 정체의식의 모호함에서 오는 공허감이다. 그리고 셋째로는 자기의 인식과 실천이 일치되지 못하는 데서 기인하는 자기모순의 공허감이다.

이와 같은 회고와 반성의 과정을 거쳐 글쓴이는 한국의 교육사회학은 한국이라는 사회의 맥락에서 논의되고 발전되어야 하는 데에도 불구하고, 기존의 논의와 연구는 허구적인 맥락구조에서 결정되어 왔다고 반성하면서 한국적 교육학의 타당성을 주장한다. 그리고 학계에서 다양하게 논의되는 '한국화'의 의미를 살펴보고 글쓴이 나름대로 그 개념을 구조적 한국화, 내용의 한국화, 이론의 한국화로 나누어 제시한다. 또한 한국화의 논리적 가능성을 맥락적 특수성과 인식론적 보편성에서 찾고 있으며, 한국화의 실현을 위하여 교육사회학자들의 학문공동체적 노력을 요구한다.

이 글에서 글쓴이는 후발성 학문으로서의 한국 교육사회학이 가지는 이론과 현실간의 괴리를 극복하고 '한국화'시켜야 한다고 주장한다. 비록 교육사회학 분야를 중심으로 논의를 전개하고 있지만 그의 진정한 의도는 한국 교육학 전반에 걸친 토착화의 필요성을 강조하고자 한 것이라고 여겨진다.

김신일 외

한국교육의 현단계

[교육과학사, 1990]

이 책은 12명의 교육사회학 연구자들이 현재 한국 사회에서 교육을 어떻게 보아야 하며 문제의 핵심을 어떻게 찾아 해결해야 할 것인가를 모색하고자 하는 의도로 공동 집필한 저서다. 그리고 나아가 그 동안 괴리되었던 교육현장의 상황과 교육사회학 이론이 일치될 수 있는 계기를 모색하려고 시도하는 실천적인 저작이라고 할 수 있다.

이 책은 한국 교육에 대한 사회과학적 탐구의 현단계를 조명하는 서문(김신일) 외에 3부로 구성되어 있다. 제1부에서는 한국 교육의 사회경제적 조건을 규명하기 위하여 〈사회구성체론과 한국 교육의 위상〉(고형일), 〈우리나라 근대교육의 사회적 조건〉(강순원), 〈1950년대의 국가권력과 학교교육〉(이해성) 등에 관해서 깊이 있게 논의한다. 한국 교육을 둘러싸고 있는 역사적 사회적 환경들을 분석하고 조명하여 교육사회학적 논의의 기초로 삼고 있는 것이다.

제2부에서는 한국 교육의 특성과 기능에 관하여 여러 각도에서 탐구하고 있다. 중등교육 인구의 규모와 그 팽창과정을 연구하는 〈유상 중등교육의 팽창〉(김기석), 교육의 사회이동 효과를 사회 경제적인 측면에서 고려하는 〈사회선발, 사회이동과 교육〉(이미나), 노동시장에서의 남녀 불평등과 그것을 초래하는 교육적 요인을 탐구하는 〈교육과 노동시장에서의 남녀 불평등〉(김영화), 획일적 교육과 교사의 업무부담에 관해 탐구하는 〈국민학교 교육의 불평등과 비효율성〉(이용숙), 사회적 체제로서 학교를 분석하는 〈학교의 사회적 체제와 교육효과〉(김병성) 등의 연구가 여기에 포함된다.

제3부에서는 1, 2부의 연장선에서 교육학의 지향을 모색해 보는 탐구의 과제를 제시한다. 교육을 계급적 시각과 변혁운동의 차원에서 조망하는 〈한국 민중교육론의 교육사회학적 위상〉(이은숙), 한국 교육학과 교육학자의 자세를 돌아보는 〈교육학 학문공동체와 토착화의 과제〉(이종각), 한국 교육사회학의 이론과 실천의 방향을 모색하는 〈한국 교육사회학 이론의 전망과 과제〉(한준상) 등의 내용으로 책을 마무리한다.

이 책은 1970년대 이후 우리 교육학의 토착화 문제에 많은 관심을 가지고 있던 젊은 학자들이 자신들의 인식을 자연스럽게 한국의 교육문제에 적용했다는 데서 의미를 찾을 수 있을 것이다. 토착화 논의의 실천과 인식지평의 확장뿐만 아니라, 이런 관점으로 연구의 초점이 집중되었다는 사실도 의미가 큰 일이라고 할 수 있다.

이 종 각

한국교육학의 논리와 운동

[문음사, 1990]

이 책에서 글쓴이는 1970년대와 1980년대 교육학의 토착화에 대한 논의, 한국 교육학에 대한 논의, 교육학의 식민성 또는 대외의존성에 대한 논의를 비판적으로 검토하고, 1990년대 교육학의 방향을 설정하려 한다.

글쓴이는 한국의 교육학은 민족의 생활과 괴리된 논의를 중심으로 이루어져 왔다고 문제를 제기한 후, 한국에서 한국인이 전개하는 교육에 관한 논쟁은 궁극적으로 '한국 교육현실로 돌아가서 한국 교육을 반추하는 것'이 되어야 한다는 학문적 신념을 피력한다. 또한 나아가 한국의 교육학은 서양에서 이미 규정한 방식을 그대로 모방하고 있으며 한국의 역사적, 사회적 맥락에서 상황규정을 내리지 못했다는 점에서 주체성이 없다고 한다. 따라서 한국의 교육학은 '발상의 토착화'를 이루어야 하며 무의미한 추상성을 극복해야 한다고 주장한다.

이 책은 두 부분으로 구성되어 있다. 1부에서는 한국 교육학의 논리와 운동이라는 주제로 한국 교육학 토착화의 이론적 배경, 필요성, 가능성, 논쟁(사) 및 과제 등을 자세하게 다룬다. 2부에서는 사회과학의 토착화에 관한 외국문헌을 비판적으로 고찰하여 국가간 지식전이의 과정과 유형에 대하여 탐구한다.

한국 교육학의 서구지향성, 식민성, 비주체성을 극복하고 한국의 역사·사회·문화를 반영하는 한국적 교육학에 천착하는 글쓴이의 통찰력뿐만 아니라, 이를 위한 폭넓은 자료의 섭렵과 정치한 논리적 전개 또한 이 책이 가지는 장점이라고 할 수 있다.

한준상·김성학

현대한국교육의 인식

[청아출판사, 1990]

이 책은 해방 이후부터 1950년대까지의 한국 현대교육사에 나타났던 여러 가지 교육활동을 사회과학적으로 조명해 봄으로써 현단계 한국 교육이 갖는 왜곡 현상의 원인들을 밝힌다.

글쓴이는 한국 교육이 안고 있는 여러 가지 모순이 오로지 미국을 비롯한 외세의 억압과 일방적인 문화침투에 의한 것이라고 단정하는 데서 그치지 않고, 더 나아가 외세의 영향과 우리 내부의 정치 경제 사회 문화적인 영향이 복합적이며 변증법적으로 통합 발전되어 왔다는 역동적인 해석방법을 지향한다. 말하자면 외적 원인과 내적 원인의 이중적 결합방식에 대한 철저한 이해가 있어야 비로소 한국 교육이 갖는 독특한 발전과 퇴행의 양상을 파악해 낼 수 있고, 그런 연후에야 비로소 한국 교육의 발전 방향과 미래에 대한 창조적인 전망을 가질 수 있다는 것이다.

이런 인식에 기초하여 글쓴이는 외국의 문화제국주의적 교육침투 경향을 분석하면서 동시에 그에 부응하는 내부의 논리와 집단의 움직임을 면밀하게 밝히고 있다. 먼저 우리나라에서 성립된 미군정이라는 특수한 국가권력의 테두리 안에서 활동한 한국 교육 패권세력들의 정치적 이해관계와 그에 따른 집단적 결속과 갈등, 그리고 그들의 교육정치적 역할을 분석한다. 그리고 그 후 1950년대의 교육원조를 통한 미국의 교육문화 침투와 그에 맞물려 형성된 교육 패권세력들의 성격을 규명하고 그러한 결합이 한국 교육계에 어떠한 영향을 주었는지 분석한다.

이 책은 해방 이후 한국 교육의 형성과 발전에 이바지하고 지금도 교육계에서 적지 않은 영향력을 행사하고 있는 교육 주도세력들의 이해관계를 어떻게 연구하고 정리해야 할 것인가에 대한 좋은 길잡이가 될 수 있을 것이다. 특히 다양한 부록과 풍부한 참고문헌은 교육사회학 및 교육사 연구서 교육사료 활용의 훌륭한 모델이 되기에 충분하다고 여겨진다.

이 규 환

한국교육의 비판적 이해

[한울, 1993]

이 책은 글쓴이가 1990년대를 전후하여 발표한 논문들을 모아 주제에 따라 3부로 나누어 간행한 것이다. 책 제목에서 느낄 수 있듯이 글쓴이는 주류 교육학과는 다른 입장에서 교육학을 바라본다. 그것은 제3세계의 시각에서 한국의 교육문제를 규명하려는 시각이다. 이 시각을 글쓴이는 '한국 교육의 제문제를 한국의 역사적 정치경제적 현실에 기초하여 세계체제의 맥락에서 비판적으로 검토·논의하는 연구의 패러다임'이라고 설명한다.

1부에서 글쓴이는 제3세계의 학교교육을 종속적 사회관계를 재생산하는 제도로 인식하고 그것을 극복하기 위해서는 저항적인 교육과 신식민주의의 극복을 지향하는 평화교육을 시행해야 한다고 주장한다. 그리고 마르크스-레닌주의의 제3세계적 토착화의 한 구상으로 북한의 교육정책을 연구한다. 2부에서는 제3세계의 시각에서 한국의 교육문제를 본격적으로 다룬다. 한국 교육발전에 영향을 끼친 외세의 요인들을 다양한 영역에서 분석하고, 박정희 정권의 고등교육 정책의 역사적 함의를 다각적으로 고찰하며, 한국 교원단체 형성의 역사와 존립의 정당성을 연구한다. 3부에서는 비교교육학적 연구를 통하여 교육개혁의 전망을 모색하는 노력을 한다. EC, 미국, 영국, 독일, 동유럽, 러시아 및 제3세계의 교육개혁과 사회교육 및 성인교육에 관한 연구를 통하여 공동체 사회 건설에서 교육문제를 살펴보고 있다.

개별적으로 발표된 논문을 모아 편집한 책이기 때문에 시종일관된 논리에 의해 유기적으로 구성되지는 못한 면이 있지만, 다양한 자료와 진보적인 시각으로 한국의 교육을 깊이 있게 탐구한다.

김 인 회

한국교육의 역사와 문제

[문음사, 1994]

이 책에서 글쓴이는 한국의 교육을 역사적 관점에서 살피고 있으며 역사적 관점이라는 용어에 나름대로의 독특한 함의를 부여한다. 이와 같은 글쓴이의 의도는 과거의 교육을 현재의 눈으로 새롭게 이해하여 현재 교육의 위치, 의미, 가능성 및 모순을 발견해서 개선할 수 있다는 주장과 복합적이며 다양한 사회적 문화적 상황 속에서 교육을 분석해야 한다는 주장으로 요약할 수 있다.

이와 같은 인식에 근거하여 글쓴이는 기존의 교육학 연구자들이 가지는 연구관점의 구태의연함과 연구방법의 경직성에 문제를 제기한다. 실증주의적이며 객관적인 연구방법을 선호하는 편향되고 경직된 경향이 교육의 성격을 문화식민지적 방향으로 결정지었다고 비판한다. 또한 연구대상인 교육의 성격이 다양하게 표출되기 때문에 연구방법 또한 다양해야 하며, 그 대상에 맞게 연구방법이 결정되어야 한다고 주장한다.

이에 덧붙여 글쓴이는 편년체적, 진화론적, 제도 중심적, 엘리트 내지는 지배계층 중심적, 표층문화 중심적인 역사 서술의 경향을 극복하고 새로운 교육사 서술방법을 지향할 것을 제시한다.

글쓴이는 우리나라 근대교육의 태동기인 구한말과 일제시대부터 시작된 교육의 이중구조 문제를 규명하고, 미군정기를 포함한 군사문화적 교육 정책의 역사와 문제를 집요하게 분석한다. 그리고 한국 교육개혁을 위한 교육학의 학문적 자주성과 교육학자의 자주성을 강조하고 향후 교육개혁의 전망을 제시한다.

이 책은 단순한 사실(史實)의 나열이 아닌 일관된 사관(史觀)에 입각하여 우리나라 교육의 문제들을 제시한다.

이 종 각

교 육 학 논 쟁

[도서출판 하우, 1994]

논쟁문화가 발달하지 못하고 학문론에 대한 논의가 부족한 학계에 대한 반성과 실천의 차원에서 이 책을 펴내게 되었다고 글쓴이는 말한다. 교육학을 하는 사람이면 누구나 한번쯤은 생각해 보아야 할 이슈들을 포괄적으로 다루는 이 책은 1장부터 5장까지에서 교육학 전반에 관련된 논쟁을 선택적으로 분석 정리하며, 6장부터 11장까지는 글쓴이가 발표한 글 가운데 논쟁적인 것들을 선택하여 정리한다.

글쓴이는 이 책의 전반부(2장~5장)에서 한국의 교육논쟁사를 개괄적으로 다루어 교육계의 논쟁풍토를 점검하여 건전한 논쟁을 장려하며, 나아가 한국 교육 논쟁의 특징, 단점, 허구성 등을 살펴본다. 교육학의 성격 논쟁, 교육 개념과 교육학의 패러다임 논쟁, 교육학의 분류와 체계성 논쟁, 한국 교육학 논쟁과 같은 것들이 이에 속하는 내용이다.

이 책의 후반부에서는 미국 교육이 한국 교육에 미친 영향을 체계적으로 분석하는 교육학의 한·미 관계 논쟁(6장), 한국 교육에 대한 총체적 성격 규정을 위한 최근의 노력의 특징과 성격 규정의 논리를 살펴보고 의문점을 제시하는 한국 교육의 중층성 논쟁과 역사적 현재구조(7장), 민족문제의 시대적 상황적 역동성과 인식방법과 방향의 차이 및 그에 따른 민족교육의 여러 유형을 살펴보는 민족교육 논쟁(8장), 교육에서의 분단극복 방안을 모색하는 남북한 교육동질성 회복 논쟁(9장), 교육현장을 대상으로 하는 교육개혁의 허실(虛實)과 공과(功過)를 다각적으로 분석하는 학교교육의 실상과 교육개혁 논쟁(10장), 교육학 교육의 역사직 흐름을 조망해 보는 교육학 교육의 역사와 도전(11장) 등을 다룬다. 그리고 마지막 장에서는 총론적 차원에서 한국 교육학의 정체성 위기를 진단하고 주체적인 교육학의 정립을 위한 올곧은 교육학자의 자세를 제시한다.

이 책에서 글쓴이는 교육학계의 전 영역에 걸친 논쟁들을 주제와 시기에 따라 일목요연하게 정리하는 간단하지 않은 작업을 통해서 한국 교육학의 과거와 현재의 모습을 살핀 후 미래를 조망한다. 여기서 그가 일관되게 견지하는 입장은 한국적 교육학의 정체성 확립에 있다는 사실을 알 수 있다.

이 종 각

교육인류학의 탐색

[도서출판 하우, 1995]

이 책은 글쓴이가 1983년에 펴낸 《문화와 교육》을 확대 개작한 것이라 할 수 있지만 실제 내용은 아주 다른 모습임에 틀림없다. 이러한 차이는 글쓴이가 밝히듯이 이 책은 인류학적 연구방법을 이론과 실제의 측면에서 자세하게 소개하며 한국의 교육문화에 대한 관심과 분석을 깊이 있게 조망하고 있다는 점이다.

이 책은 모두 3부로 구성되어 있다. 제1부는 이론적 관심에 해당하는 것으로, 교육인류학의 문제의식과 발달, 문화의 개념과 이론, 교육인류학의 이론적 제접근법에 관해 살펴본다. 제2부에서는 교육인류학의 연구법을 살펴보고 있다. 연구방법을 3단계로 나누어 제시하는데, 우선 인류학적 또는 질적 연구법에 관한 철학적 관점을 제시한 다음, 인류학적 연구의 종류·절차·기법 등을 비교적 상세히 다루며, 마지막으로 사례연구법을 별도의 장으로 다루어 그 중요성을 부각시킨다. 제3부에서는 한국의 교육문화에 대한 접근과 분석을 시도한다. '교육문화'와 '한국교육문화'에 대한 개념화를 시도하고, 한국인의 교육관, 한국의 교육열 현상, 학교 수업방법의 사회 문화체제, 학생 생활의 사회 문화체제 등을 집중적으로 분석한다.

이상과 같은 내용을 통하여 글쓴이는 자신이 강조하고자 하는 메시지를 크게 두 가지로 제시한다.

하나는 교육인류학이 현장 연구나 참여관찰법을 적용한 연구 이상의 것이라는 사실이다. 이는 교육인류학의 특징이 방법론적인 측면뿐만 아니라 개념적인 측면에도 있음을 강조하는 것으로, 교육인류학의 기본개념을 교육문화로 인식하고 문화적 시각에서 교육을 보려는 입장을 표명한다. 이를 토대로 글쓴이는 교육인류학의 요건에서 질적 연구방법보다 문화적 시각으로 교육을 이해하려는 자세가 앞선다고 주장한다.

다른 하나는 한국의 교육인류학이 연구과정에서 지향해야 할 개념은 '한국교육문화'라는 주장이다. 따라서 한국의 교육학자가 해야 할 일은 한국 교육을 제대로 이해하고 개선하는 일이며, 교육인류학은 그런 일에 봉사하기 위하여 독특한 관점과 방법론을 적용해야 한다는 것이다.

이 책을 통해 글쓴이가 견지하는 입장은 문화적 시각에서 교육을 이해하고, 사회적 맥락 속에서 교육현상을 파악하려는 것이다. 다시 말해 한국 교육의 보편성과 특수성을 보는 연구와 분석으로 교육인류학이 발전되어야 하며, 이는 비교문화적인 관점에서 유사성과 공통성 그리고 차이성과 개별성을 찾아 논리를 세우는 실천으로 가능하다고 주장한다. 그리고 이를 위한 적절한 도구로 교육인류학을 제시하는 것이다.

김 영 천

네 학교 이야기
—한국초등학교의 교실생활과 수업
[문음사, 1997]

이 책의 서두에서 글쓴이는 서구의 교육이론과 연구문헌 일변도인 우리 교육학의 연구경향을 지양하고, 우리 학교교육을 설명할 수 있는 교육이론을 생산하려는 집필동기를 피력한다. 미국 유학생활을 통해 미국 교육학 이론이 우리나라의 그것과는 달리 미국의 학교교육이 처한 사회조건에 대한 설명과 밀접한 관련하에 씌었음을 몸소 깨우친 경험에 근거하여, 우리의 교육을 설명해 줄 수 있는 타당한 교육이론을 개발하기 위해서는 우선 우리 학교현장을 정확하게 기술해야 한다는 입장을 견고히 한다. 사실 이와 같은 인식과 주장은 그다지 새로운 것이 아니다. 그럼에도 불구하고 이 책이 그간의 탈식민성 담론을 포함하는 여러 문헌들에 비해 빼어나다고 할 수 있는 이유는, 이러한 반성과 성찰에 근거하여 부단히 고민하고 실천한 결과를 담고 있기 때문이다. 글쓴이는 우리 교육학의 구조적인 문제를 해결하는 주요한 돌파구로 방법론적 반성과 대안 모색에 초점을 맞춘다. 그리고 철저한 준비와 노력을 기울여 풍부한 이론적 실제적 결과들을 제시하는 질적 연구의 모든 것을 보여준다.

이 책은 한국의 네 초등학교 교실을 장기간 동안 반복적으로 관찰하여 한국 초등학교의 교실생활과 교실관리, 그리고 수업에 관한 체계적이며 다양한 분석의 제시를 중심 내용으로 삼고 있다. 그런데 사실 이 중심 과제를 더욱 의미 있게 하는 것은 질적 연구작업과 관련된 사회과학적 전통과 흐름, 그리고 질적 연구작업에서 고려되는 다양한 논점들과 글쓴이의 수용과정 등을 일목요연하게 제시한다는 점이다. 거기에 덧붙여 제3세계의 연구자로서 겪은 학문적인 고뇌와 연구과정에서 부딪힌 여러 가지 방법적인 문제들에 대한 사실적인 기술은 이 책의 가치를 더욱 높인다.

이 책에서 논의를 전개하기 위해 글쓴이가 사용하는 용어들이 주류 사회과학 문헌에 나타나는 것들과는 다소 다르다는 사실도 주목할 수 있다. 가령, 반성, 고백, 기억, 상처, 희망, 열정 등과 같은 주관적인 용어들에서 글쓴이의 방법론적 성찰과 실험성을 엿볼 수 있다. 방법론적 반성과 실험을 마친 글쓴이는 기존 교육과정 연구자들이 미국이론을 중심으로 연구하여 지식의 근원과 교육과정 토론의 주요 대상을 미국의 교육과정 이론에 둠으로써, 우리의 몸을 중요한 교육이론과 지식의 생산처로서 인식하지 못하거나 부차적인 탐구의 공간으로 간주해 버리는 연구문화의 집단심리학을 생성하였다고 강조한다. 결론적으로 이 책은, 서양이론 중심의 경직된 시각과 연구방법에 매몰되어 있는 상황에서 대안적인 연구방법으로서 질적 연구의 필요성과 가치를 인정하고 실천한다는 것은 결코 쉬운 일이 아니며, 그럼에도 불구하고 열정적인 질적 연구자의 실천에 의해 우리 현장을 규명하고 거기에 적용할 수 있는 우리 교육학 이론을 만들 수 있다는 희망을 보여준다.

여성학 분야

김정근 · 김영기

■ 담론 개관

　여성학 분야의 탈식민성 담론은 사회과학의 다른 분야에 비해 훨씬
열악한 편이다. 담론의 편수가 적을 뿐더러 담론자 또한 극히 제한되어
있다. 그것은 한국 사회 여성운동의 특수성과 우리나라 여성학의 역사
가 매우 짧다는 데 기인한다.

　한국 사회의 여성운동은 20세기 초반, 소수의 선각자들에 의해 '여성
도 인간이다'라는 이념적 차원의 절규로 시작되었다.[1] 그렇지만 이러한
외침은 '나라를 건져야 된다'는 긴박한 과제 때문에 뒷전으로 밀려난다.
이른바 '선해방 후여권'(先解放後女權)의 가목표(假目標)가 설정된 것이
다. 식민지 시대에 전국을 포괄하는 대중단체였던 근우회의 활동이 닫
혀 버린 다음, 해방 직후 좌우합작의 건국부녀동맹이 잠시 등장했으나,
1970년대에 여성운동에 대한 논의가 새롭게 이루어질 때까지 거의 30년
동안 사실상의 공백기가 지속되었다.

　더구나 대부분의 경우 일제 말기에 친일적 행각을 자행했던 일부 상
층 여성들이 다시 이들 단체를 주도함으로써 여성운동의 발전을 크게

---

1) 한국 사회의 여성해방운동의 흐름을 개괄한 부분은 다음 두 글에 크게 의존했다.
조혜정, 《한국의 여성과 남성》(문학과지성사, 1988) ; 한국여성사연구회 편집부,
〈한국 여성해방이론의 전개에 대한 비판적 검토〉, 《여성》 2호(1988), 174~200쪽.

가로막는 요소로 작용했으며, 개량주의적 여가선용적 활동에 머무르는 한세를 드러내게 되었다. 한편 이 땅의 여성들은 수입된 '현대적' 헌법 제정으로 자동적으로 참정권을 얻게 되었으나, 곧바로 이어진 전란, 전후의 복구작업과 '빈곤으로부터의 해방' 등과 같은 요인이 복합적으로 작용하여 여성문제를 여전히 뒷전에 머물게 하였던 것이다.

한편 1970년대를 지나면서 노동운동과 학생운동 내부에서 일기 시작한 여성해방 논의와, 서구 여성운동과 여성학의 이론을 접하면서 대학 내에서 일기 시작한 움직임 등을 통해 여성문제가 하나의 문제로 인식되기 시작했다. 이어서 1970년대 후반부터 여성문제에 관한 외국 이론들이 활발히 번역 소개되기 시작했지만, 비판적 시각을 결여한 채 논의가 활성화되지는 못했다.

이 시기 한국 여성운동 이론의 전개과정을 살펴보면 다음과 같다. 1970년대에는 급속한 산업화의 영향으로 사회질서가 동요하여 가정과 사회에서 여성들의 지위가 갈등을 겪게 되었다. 1970년대 이후 세계적으로 확산된 여성운동의 영향을 받아 여성문제가 본격적으로 제기되었다. 이때 여성문제를 제기한 주요 계층은 서구의 여성운동에 공감을 한 교육받은 중산층 여성들이었으며, 이들에 의해 서구의 여성운동 및 이론에 대한 소개가 본격적으로 이루어지기 시작했다. 그러나 서구사회에서 제기된 여성문제가 마치 보편성을 가지는 것인 양 여겨졌으며, 따라서 이를 해결하기 위해 시도되었던 이론틀들을 약간만 변형시키면 한국 여성문제의 분석 해결에도 그대로 적용할 수 있다고 생각하는 경향이 암암리에 형성되기도 했다. 즉 1970년대에는 비록 한국 여성의 현실에 대한 문제를 다양하게 제기했지만 이론적 작업은 서구이론을 그대로 수용하는 단계에 머물렀다고 볼 수 있을 것이다.

한편 1980년대 이후 여성문제 전문가들이 한국 여성의 구체적 현실 연구를 바탕으로 더욱 심화된 이론 작업을 해냈으며, 대학의 여성학과 설치, 여성문제를 다루는 전문 학회의 설립, 전문 간행물의 출현 등과 같은 괄목할 성장이 이루어졌다. 그렇지만 이 시기 역시 비판적 시각에서 새롭게 제기되는 논의들도 서구이론의 영향을 완전히 극복하지 못한 채 서구이론이 갖는 한계를 그대로 답습했다는 평가를 받고 있다.

여성학 분야의 본격적인 탈식민성 담론은 1980년대 후반에 가서야 하나씩 나타나기 시작한다. 1988년 6월, 학술단체연합 심포지엄에 여성사연구회와 여성한국사연구회를 중심으로 여성학이 경제학, 역사학, 정치학, 사회학 등의 다른 인문사회과학과 동등한 위치에서 참여하게 된다. 이때 발표된 지은희·강이수의 〈한국 여성연구의 자성적 평가〉[2]는 한국 여성연구의 현실을 검토하고, 그 성과가 여성학 본래의 목표인 여성해방을 이루는 데 얼마만큼 기여했는가에 대한 자성적인 평가이다. 이 글은 구체적으로 1970년 이전의 여성운동과 인권론, 1970년대 여성운동의 활성화와 서구 여성해방론의 도입과정, 제3세계 여성해방론 소개와 민족문제의 인식, 1980년대 이후 민중적 여성운동의 대두와 발전, 여성학과의 설립과 학계의 연구동향, 여성운동권 내부의 운동론 정립을 위한 논쟁 등을 주로 다루고 있다. 비슷한 내용의 글로 같은 해에 나온 한국여성사연구회의 〈한국 여성해방이론의 전개에 대한 비판적 검토〉가 있다.

또한 단행본으로 조혜정의 《한국의 여성과 남성》이 같은 해에 출간되었다. 글쓴이의 표현을 빌리면 이 책은, '여성해방론'의 보편적 문제인식은 무엇이며 한국이라는 특수한 사회적 상황에서 일고 있는, 또 일어야 할 논의는 어떤 것인가에 대한 대답을 찾는 과정에서 씌어진 논문들을 모은 것이다. 서구의 개념을 주요 분석도구로 활용하기는 했지만 비교적 '우리의 언어'가 많이 들어 있는 글이라고 할 수 있을 것이다.

조혜정과 함께 그가 주도적으로 참여하고 있는 '또하나의 문화' 동인을 잠시 짚고 넘어가야 하겠다. '인간적 삶의 양식을 담은 대안적 문화를 만들고 이를 실천해 가는 동인들의 모임'이자 출판사 이름이기도 한 또하나의 문화는 같은 이름을 가진 시리즈도 펴내고 있다. 제1호 《평등

---

2) 지은희·강이수, 〈한국여성연구의 자성적 평가〉, 《80년대 한국인문사회과학의 현단계와 전망》(역사비평사, 1988), 136~169쪽.

318

한 부모, 자유로운 아이》(1985), 제2호 《열린사회 자율적 여성》(1986), 제3호 《여성해방의 문학》(1987), 제4호 《지배문화 남성문화》(1988), 제5호 《누르는 교육, 자라는 아이들》(1989), 제6호 《주부, 그 막힘과 트임》(1990), 제7~8호 《새로 쓰는 사랑이야기》(1991~1991), 제9호 《여자로 말하기, 몸으로 글쓰기》(1991), 제10호 《내가 살고 싶은 세상》(1994), 제11~12호 《새로 쓰는 결혼 이야기 1~2》(1996~1996) 등이 그것이다. 그렇지만 이러한 저술들은 탈식민을 지향하면서도 본격적으로 이를 언급하지 않아 초록의 대상에서는 제외되었다는 점을 밝혀 둔다.

이와 함께 한국여성연구회와 각 대학에서 여성문제를 연구하는 교수들이 공동 집필한 여성학 강의 교재인 한국여성연구회의 《여성학 강의》도 탈식민 담론의 반열에 올려 놓을 수 있을 것이다. 여성문제에 대한 인식은 근대학문의 시작과 함께 오랜 역사를 지니고 있지만 아직 체계화된 과학적 틀을 갖지 못하며, 여성학이 각 대학의 교양강의로 크게 확산되고 있지만 참고할 만한 기본적인 교과서조차 없는 현실이 이 책을 낳게 했다.

한편 여성학 연구방법론과 관련하여 이정옥의 〈여성학 연구방법에 있어 질적 연구방법의 의의와 한계〉[3]를 포함시키기로 했다. 이 글은 사회과학에서 주도적으로 사용하는 계량적 연구방법이 여성학 연구에서 그대로 통용되기 어려운 구조적 이유를 설명하고 질적 연구방법에 의존할 수밖에 없는 현실을 지적한 것이다. 이 글에서 글쓴이는 여성학 연구방법으로 관찰법과 구술법, 그리고 자전적 글쓰기법 등을 소개 설명한다.

마지막으로 강숙자의 《한국여성학연구서설》 역시 주목해야 할 책으로 꼽힌다. 강숙자는 1990년대 들어 구미의 여성학 이론이라면 무조건 압도당하는 작금의 학문적 풍토를 반성하면서 이 땅의 여성학은 서양 여성의 경험이 아닌 한국 여성의 경험으로 시작해야 한다는 일관된 주제를 견지하고 있다.

---

3) 이정옥, 〈여성학 연구방법에 있어 질적 연구방법의 의의와 한계〉, 《사회과학연구》(대구 효성가톨릭대) 4집(1995. 5), 39~50쪽.

■ 초 록

지은희·강이수

한국여성연구의 자성적 평가

[《80년대 한국인문사회과학의 현단계와 전망》
(역사비평사, 1988), 136～169쪽]

　이 글은 한국 여성연구의 현실을 검토하고, 그 성과가 여성학 본래의
목표인 여성해방을 이루는 데 얼마나 기여했는가에 대한 자성적인 평가
다. 1970년 이전의 여성운동과 인권론, 1970년대 여성운동의 활성화와
서구 여성해방론의 도입과정, 제3세계 여성해방론의 소개와 민족문제의
인식, 1980년대 이후 민중적 여성운동의 대두와 발전, 여성학과의 설립
과 학계의 연구동향, 여성운동권 내부의 운동론 정립을 위한 논쟁 등을
주로 다루고 있다. 여기에 한국 여성연구의 흐름과 여성운동단체 기관
지 현황이 부록으로, 그리고 사회학자 장하진, 역사학자 정현백, 여성학
자 김정희의 토론이 함께 실려 있다.
　이 글에서는 우리나라에도 여성해방이론의 맹아가 이미 존재해 왔음
에도 불구하고, 서구 여성이론의 무비판적 수용과 확산이 이루어져 왔
으며, 한국 여성의 구체적 현실에 대한 고민이 결여된 채로, 서구적인 여
성해방이념의 시각에서 여성의 법적 정치적 경제적 차별 현실을 모두
학문적으로만 접근할 뿐, 여성문제 해결을 위한 적극적인 대안 모색 노
력이 부진했음을 지적한다. 그러나 1980년대 이후, 기존 서구 여성해방
이론의 비판 극복을 통한 한국적 여성해방이론, 실천적 여성운동론이
모색되고 있다는 사실을 놓치지 않는다. 그리고 올바른 여성이론을 확

립하기 위해 사회 전체와 관련해서 생각하기보다는 여성이라는 특수성에 대한 지나친 이론화 노력, 사회과학 지식의 부족으로 여타 사회과학 논의와 유리된 점, 한국 현실을 철저하게 인식하지 못한 점, 실천보다는 사변적인 논쟁에 안주한 점, 그리고 변혁적 시각의 불철저함 등을 극복 과제로 제시한다.

이 글은 여성해방론 도입을 전후한 여성연구의 현황과 문제점을 최근에 이르기까지 검토하고 있지만, 글쓴이 자신의 말처럼 전체적으로 일관된 내용과 논리, 흐름의 비교보다는 소수 여성연구자들의 관심과 강조점의 차이가 무엇인가를 단편적으로 짚어보는 데 그쳤다는 아쉬움이 있다.

한국여성사연구회 편집부

한국 여성해방이론의 전개에 대한 비판적 검토

[《여성》 2호(1988), 174~200쪽]

이 글은 한국 여성운동의 방향을 설정하기 위해 1970년대 이후 현재까지 진행되어 온 이론적 작업들을 비판적으로 검토한 것으로, 1970년대 한국에서 여성해방이론이 전개된 과정에 관한 부분과 1980년 이후의 이론적 작업들에 관한 부분으로 나누어져 있다.

우선 1970년대 한국에서 여성해방이론이 전개된 과정을 살펴보면 다음과 같다. 1970년대는 급속한 산업화의 영향으로 사회질서가 동요하여 가정과 사회 속에서 여성들의 지위가 갈등을 겪게 되었으며, 1970년대 이후 세계적으로 확산된 여성해방운동의 영향을 받아 여성문제가 본격적으로 제기되었다. 이 시기에 여성문제를 제기한 주요 계층은 서구의 여성해방운동에 공감한 교육받은 중산층 여성들이었으며, 이들에 의해 서구의 여성운동 및 이론에 대한 소개가 본격적으로 이루어지기 시작했다.

그러나 이들은 서구사회에서 제기된 여성문제가 마치 보편성을 가지는 듯 여겼으며, 따라서 이를 해결하기 위해 시도되었던 이론틀들을 약간만 변형하면 한국 여성문제의 분석과 해결에도 그대로 적용될 수 있는 듯이 생각하는 경향이 암암리에 형성되기도 했다. 즉 1970년대에는 한국 여성의 현실에 대한 문제제기는 다양하게 이루어졌지만 이론적 작업이 서구이론을 그대로 수용하는 단계에 머물렀으며, 1980년 이후 비판적 시각에서 새롭게 제기되고 있는 논의들도 서구이론의 영향을 완전히 극복하지 못한 채 서구이론의 한계를 그대로 답습하고 있다는 것이다.

한편 1980년 이후의 이론적 작업들은 여성억압의 기원 및 본질에 관한 논의, 자본주의희에서 여성억압에 관한 논의, 여성억압의 극복론이라는 주제들에 초점을 맞추어 고찰하는데, 이 가운데서 특히 심정인, 박정열, 조옥라 등의 글들이 여성문제에 관한 기존의 논의들을 비판적인 관점에서 살피고 있다.

이러한 논의를 토대로 글쓴이가 추출해 낸 과제는 다음과 같다. ① 각 시대의 생산양식, 경제구조와 그 시대의 여성들이 처한 특수한 현실 간의 내적 관련성을 구체적으로 밝혀내야 한다. ② 한국 여성해방이론의 수립을 위한 연구는 한국 여성의 현실에 기반하여 이루어져야 한다. 세계사적인 보편성만을 보고 보편적인 원칙들을 나열하는 것으로 머리 속에서 처방을 끝내는 태도는 문제해결의 출발점인 한국여성이 처한 특수한 현실을 해명하는 복잡하고 어려운 작업을 외면한다는 점에서 안이한 태도라 할 수 있다. ③ 논의나 논쟁의 대부분이 현장에서 실제로 전개되고 있는 실천운동과 긴밀한 연관을 맺지 못한 채 이루어졌던 점에 대한 반성이 있어야 한다. 그러기 위해서는 좀더 구체적인 문제의 연구가 필요하다.

조 혜 정

한국의 여성과 남성

[문학과지성사, 1988]

글쓴이 자신의 표현을 빌리면 이 책은, '여성해방론'의 보편적 문제인 식은 무엇이며 한국이라는 특수한 사회적 상황에서 일고 있는, 또 일어야 할 논의는 과연 어떤 것인가라는 질문에 대한 대답을 찾는 과정에서 씌어진 논문들을 모은 것이다.

서론에서 글쓴이는 논리실증주의적 주류 사회과학이 해석학 및 현상학적 사회과학자들과 비판사회과학자들의 공격에 의해 상당히 힘을 잃고 있다고 전제한다. 따라서 서구의 사회과학 이론이 우리 현실에 맞지 않는 것처럼 여성 해방주의적 연구에서 논리실증적이고 구조기능적인 논의는 애초부터 적합성이 결여된 것이라고 말한다. 그것은 기존의 사회과학이 여성의 삶과 관련된 영역을 다룰 적절한 개념과 도구를 갖고 있지 않았다는 것이다.

이어서 글쓴이는 세계의 헤게모니를 잡아온 서구 문화나 남성문화가 현재 정체성의 위기에 빠져들기 시작했다는 점에 주목한다. 최근 여성학 관계 연구자들은 기존의 사회과학에 도전하여 좀더 적절한 언어와 방법을 개발하여 여성 억압적 현실을 조명하고자 노력해 왔다고 지적한다. 다시 말해 이들이 이론의 체계화 못지않게 연구의 방식, 즉 무엇을 어떻게 알아낼 것이며 어떻게 그 결과를 제시하고 공공적 토론으로 이어갈 것인지에 대한 관심을 기울여 왔다는 것이다.

글쓴이는 이 책이 갖고 있는 명백한 한계 두 가지를 스스로 밝히는데, 하나는 연구가 주로 중산층을 대상으로 이루어졌다는 점이며, 다른 하나는 기본적으로 서구의 개념을 주요 분석도구로 사용했다는 점이다. 그러나 이 책에 실린 글들은 묘사와 해석을 중시하는 관계로 사회과학적 연구 중에서는 '우리의 언어'가 많이 활용된 글이라고 할 수 있겠다.

참고로 7개의 장으로 구성되어 있는 이 책의 각 장 제목을 보면 다음과 같다. 제1장 서론 : 여성해방, 사회과학, 그리고 한국 사회, 제2장 한국의 가부장제에 관한 해석적 분석 : 생활세계를 중심으로, 제3장 여성과 직업 : 전문직 활동을 중심으로, 제4장 가족관계 : 여성의 취업여부와 계층에 따른 비교적 고찰, 제5장 '남성다움'의 구성과 재구성 : 사회적 기능과 존속 기제를 중심으로, 제6장 '발전'과 '저발전' : 제주 해녀 사회의 성 체계와 근대화, 제7장 가부장 체제를 넘어서 : 생명 존중의 사회를 향한 여성해방운동.

한국여성연구회 편

여성학 강의

[동녘, 1994]

이 책은 한국여성연구회와 각 대학에서 여성문제를 연구하고 있는 교수들이 공동으로 집필한 여성학 강의 교과서다. 여성문제에 대한 인식은 근대학문의 시작과 함께 오랜 역사를 지니고 있지만 아직 체계화된 과학적 틀을 갖지 못했다. 최근에 여성학이 각 대학의 교양강의로 크게 확산되고 있으나 그 내용은 천차만별이며, 이러한 상황에서 참고할 만한 기본적인 교과서조차 없는 현실이 이 책을 낳게 했다.

이 책은 모두 13개의 장으로 이루어져 있는데, 여성문제의 기원과 본질, 성 문제, 가족문제 등의 개론과, 여성과 정치, 법, 노동, 여성농민, 여성문학, 여성운동 등의 각론을 포함하고 있다. 연구의 소재가 여성이라는 사실만으로 여성학이 되는 것이 아니라 각 영역에서 기존의 학문적 틀을 뛰어넘어 여성해방의 문제의식을 공유해야 하며, 여성학은 여성운동과 밀접한 관련을 갖는 실천적 학문이 되어야 한다는 것이 글쓴이들의 여성학에 대한 인식이다.

이 책이 중점을 두는 것은 우리 사회의 여성문제에 대한 이해이다. 그렇지만 지금까지 진행되어 온 여성연구의 구체적 성과들을 종합해서 정리하는 수준을 크게 벗어나는 것은 아니라는 자평을 하고 있다. 우리의 전반적 학문풍토가 주로 서구이론 중심이라는 비난도 적지 않은 상황에서 여성학 역시 서구 여성해방론의 모방이라는 오해도 있다. 여성학이 이론적 체계를 세워 가는 데는 그 기초를 우리 현실에 두어야 한다는 관점에서 이 책은 한국 사회의 여성문제 분석에 치중하고 있다.

이 정 옥

여성학 연구방법에 있어 질적 연구방법의 의의와 한계

[《사회과학연구》(효성가톨릭대) 4집(1995. 5), 39~50쪽]

이 글은 사회과학에서 주도적으로 사용하는 계량적 연구방법이 여성학 연구에서 그대로 통용되기 어려운 구조적 이유를 설명하고, 질적 연구방법에 의존할 수밖에 없는 현실을 지적한 것이다.

우선 글쓴이는 한국 사회 여성학 연구에서 계량적 연구방법을 쉽게 도입하기 어려운 현실적 이유로서, 이미 수집된 통계자료에서 여성을 찾아보기 힘들다는 점과, 여성의 현실이 아직 제대로 드러나지 않은 상태라는 점을 든다. 즉 여성은 자신의 경험을 성찰적으로 표현할 언어를 마련하지 않은 상태이기 때문에 연구자의 의도대로 재단된 설문지에 응답자가 응답한 결과를 계량화하여 사용하는 양적 조사 연구법은 여성의 현실을 드러내는 데 한계를 갖게 마련이라는 것이다.

이 글에서 글쓴이는 여성학 연구방법으로 관찰법과 구술법, 그리고 자전적 글쓰기법 등을 기존 연구의 예를 통해 소개 설명한다. 먼저 관찰법의 경우 빈민촌 연구 예로써 문제를 제기하고, 대상을 설정하고 개념화하는 과정은 사례들을 비교하여 일반화하는 것이 아니라 사례들 속으로 들어가 일반화하는 과정을 말한다. 구술법은 연구자가 개입하지 않고 구술의 과정을 통해 구술자의 문화적 맥락을 드러낼 수 있다고 한다. 또한 여성의 자전적 글쓰기는 여성적 자아의 해설과정으로 설명하고 있다.

  그렇지만 질적 방법을 활용한 지금까지의 여성학 연구가 숨어 있는 여성의 경험적 현실을 짙게 묘사하기는 했지만, 그 경험적 현실에 대한 해석을 연구대상자의 몫으로 그대로 남겨둠으로써 여성주의적 방법의 적극적 실천의 통로를 구체화하지 못했다고 지적한다. 그것은 현재 한국의 여성이 처해 있는 문화적 맥락 그 자체가 지배문화의 답습이라는 점에서, 여성의 문제를 드러내는 것만으로는 여성을 주체로 부각시킬 수 있다는 논의는 논리적 비약을 가져오게 마련이라는 것이다. 따라서 글쓴이는 여성의 체험을 드러내는 것과 그것을 여성주의적 시각에서 객관화하는 작업이 상호 작용해야 함을 사례를 들어가며 강조한다.

강 숙 자

한국여성학연구서설

[지식산업사, 1998]

  이 책은 10여 년 동안 여성학을 강의하고 있는 글쓴이가 각기 다른 시간대에 독립된 원고로 발표했던 여섯 편의 글을 모은 것이다.

  이 중에서 탈식민성 담론과 관련하여 특히 관심을 끄는 글은 〈한국 여성 근대화의 보편성과 특수성〉, 〈한국 여성운동의 이념정립을 위한 시론〉이다.

  먼저 〈한국 여성 근대화의 보편성과 특수성〉은 한국 여성의 근대화

과정을 서양 특히 영국 여성들의 경험에 대비하여 재조명한 것으로서, 여성문제의 세계사적인 보편성과 동·서양의 문화와 역사적 조건의 차이에서 오는 한국 여성 근대화의 특수성을 점검해 본 것이다. 이 글에서 글쓴이는 근대화과정에서 드러난 참정권 운동, 여성교육의 확대, 여성의 직업 참여, 재산권 요구와 결혼제도를 대비하여 그 보편성과 특수성을 가늠하고 있다.

한편 서양의 급진적 여성해방론이 왜 한국의 여성해방론으로는 적합하지 않는가를 연역적으로 검증하여, 새로운 한국 여성운동의 이념을 제시한 것이 〈한국 여성운동의 이념정립을 위한 시론〉이다. 이 글은 한국 여성운동은 한국사회 속에서 의미 있는 운동으로 전개되어야 한다는 견해에 바탕하여, 서양의 급진주의적 여성해방론은 한국사회라는 특수 공간에서는 역사적 상황이 매우 다르기 때문에 무조건적인 적용은 불가능하다는 점을 전제로 깔고 있다. 이 글에서 글쓴이는 학문의 보편성이라는 명제 아래 서양의 특수성이 묻어 들어와서 한국의 특수성이 말살된다면 이는 문화적 제국주의의 폐해이며 철저히 경계해야 할 것이라고 강조하고 있다.

글쓴이는 구미의 여성학 이론이라면 무조건 압도당하는 작금의 학문적 풍토를 반성하는 의미에서 이 땅의 여성학은 '서양 여성'의 경험이 아닌 '한국 여성'의 경험으로 시작해야 한다는 뚜렷하고 일관된 주제를 견지하고 있다.

인류학 분야

김정근·김영기

■ 담론 개관

　인류학이라는 서구의 새로운 학문이 우리나라에 처음 소개된 것은 1950년대였다. 그렇지만 한국에서의 인류학, 그리고 한국에 관한 인류학적 연구의 역사는 보는 눈에 따라 상당히 달라질 수 있다.[1] 우선 인류학이 인간에 관한 학문이라든가, 인간의 사회적 측면에 관한 연구라든가, 문화적 요소로서 풍습, 관습적인 제도 등에 관한 연구로 규정지으면 인류학의 역사는 시대적으로 상당히 거슬러 올라가게 될 것이다.

　한국에서 인류학이 본격적인 발전을 시작한 것은 1960년을 전후한 시기로 보는 것이 타당할 것이다. 1958년에 인류학의 여러 과목이 대학에서 강의되기 시작하였고, 같은 해 11월에 한국문화인류학회가 창립되었으며,[2] 1961년 우리나라에서는 처음으로 고고인류학과가 서울대학교

---

1) 김광억, 〈한국 인류학의 평가와 전망〉,《현상과 인식》 11권 1호(통권 38호, 1987 봄), 55쪽. 이 외에도 담론개관 부분은 초록대상이 된 글들에 전적으로 의존했다.

2) 한국에 처음으로 인류학회가 창립된 것은 한국문화인류학회가 창립되기 12년 전인 1946년 5월 8일이었으며, 학회명칭은 조선인류학회(그 이후 바로 대한인류학회로 개칭됨)였다. 그렇지만 대부분의 회원이 인류학의 전문가라기보다 중학교 교장과 사회 각계의 저명인사들로 구성되어 있었다(한상복, 〈한국 문화인류학의 반성과 지향 : 사회인류학분야〉,《문화인류학》 6집(1974), 215쪽).

에 설립[3]되었기 때문이다. 또한 1960년대는 한상복, 강신표 등이 구미에서 인류학을 정식으로 공부하고 귀국한 시기이기도 하다.

따라서 우리나라의 인류학은 다른 학문에 비해 상대적으로 짧은 역사를 지니고 있으며, 연구자의 수도 적은 편에 해당한다. 이들을 통해 오랜 전통을 지닌 서구의 학문을 단시일 내에 수입하는 동시에 우리의 학문으로 만들기 위한 수정과 개발의 작업이 진행되어 온 것이다.

우리나라의 인류학은 그 주제와 연구방법, 해석의 시각 등에 따라 크게 민속학적 전통과 민족학 전통, 그리고 사회학적 성향 및 내적 성찰의 움직임 등의 네 가지로 나누어진다. 먼저 1970년대까지 한국 인류학의 주류인 것처럼 인식되어 온 민속학 전통은 전통문화의 민속적인 부문에 대한 발굴과 세밀한 고증 및 지역적, 역사적, 계급적 다양성에 대한 조사로 규정되는데, 이 분야의 연구는 분석이나 해석보다는 민속 자체에 대한 자세한 서술에 치중된 것이 특색이다.

다음으로 1960년대 후반 이래 두드러지게 나타나는 연구경향인 민족학적 전통은 문화에 대한 인류학적 개념에 입각해 사회적 제도들 간의 관련성 속에서 해석을 시도하고 있는데, 이 범주에는 한국 문화의 본질, 전통적 제도의 내용과 그 기능의 연구 등이 포함된다. 이 분야의 연구는 문헌자료와 현지조사, 그리고 민족지적 기술(ethnographic description)을 방법으로 채택하는 특징을 보인다.

한편 1980년대 중반 이후 나타나는 사회학적 전통은 사회변동 및 발전에 관한 문제를 다루는 연구경향을 말하는 것이지만, 한국 사회의 특성에 대한 개념은 상대적으로 강하게 적용되지 않으며, 사회적 이슈들에 인류학적인 방법과 이론을 적용하는 것과 발전정책의 수행에 인류학적 모델을 응용하는 것으로 성격 지울 수 있다.

마지막으로 1980년대에 들어와 인류학계 내부에 일고 있는 내적 성

---

3) 1948년 서울대학교 문리과대학에 인류학과가 설치되었으나 1950년에 폐과되기까지 전임교수도 없었으며 등록된 학생도 없었던 것으로 알려져 있다(한상복, 앞의 글, 214쪽).

찰의 움직임은 주로 젊은 신진 인류학도들에 의해서 시도되고 있는데, 역사적 자료의 활용에 대한 기술의 개발보다는 기존의 인류학적 시각이 한국 사회의 특수성에 어떤 타당성으로 적용될 수 있는지에 대한 철학적 인식론적 차원에서의 논의를 말한다.

한국 사회의 성격상 소위 서구에서 개발된 전통적인 인류학의 방법과 모델이 한국 사회에 그대로 적용될 수 없다는 데 대한 이와 같은 지적은 간헐적으로 있었다. 그러나 이들 지적은 대체로 문헌자료의 효율적 사용방법을 언급하거나 변동의 측면을 고려할 것을 촉구하는 수준의 것이며, 본격적으로 방법론의 차원에서는 논의가 별로 이루어지지 않았다.

초록지기 발견한 우리나라 인류학 분야 최초의 탈식민성 담론은 1974년 한국문화인류학회가 주관한 '한국문화인류학의 반성과 지향'이라는 주제의 심포지엄에서 발표된 한상복의 〈한국문화인류학의 반성과 지향 : 사회인류학분야〉이다. 이 글은 다른 학문 분야에서 제각기 자기 분야의 과거를 반성하고 미래를 전망하면서 서구이론의 토착화와 한국화를 부르짖고 있지만 인류학의 경우는 연구대상과 이론, 방법에서 거의 아무런 진전도 가져오지 못한 혼돈의 답보상태에 있음을 지적한다.[4]

그 이후 1980년대 후반에 접어든 후 한국 인류학 분야의 본격적인 탈식민 담론은 김광억과 한상복을 통해 접할 수 있다. 여기서 김광억은 서구의 이론을 하나의 이론으로 위치시켜야 하며, 서구 인류학의 틀로 한국 사회를 해석하는 방법에서 벗어나야 할 것을 요구하고 있으며,[5] 한상복은 한국 문화인류학 30년을 되돌아보면서 학회활동의 면에서나 교육과 훈련의 면에서나 상당한 발전이 이룩된 것은 틀림없지만, 한국인과 한국 사회 및 한국 문화의 과학적 연구를 위한 인식론과 방법론에 대한 논의는 1980년대 들어와서야 제기되기 시작했으며, 아직도 적실성 있는 한국 문화인류학 이론과 방법론을 발전시켰다고는 볼 수 없다고

---

4) 앞의 글, 213쪽.
5) 김광억, 〈한국 인류학의 평가와 전망〉, 《현상과 인식》 11권 1호(통권 38호, 1987 봄), 70쪽.

지적하고 있다.[6]

1990년대에 들어서도 1980년대와 비슷한 수준의 담론이 반복되어 간헐적으로 나타나는데 김성례의 글[7]과 한상복의 글[8]이 그것이다.

그렇지만 이러한 논의가 조혜정에 이르면 완숙의 경지를 보여주게 된다. 조혜정은 인류학, 여성학 분야는 물론 한국 인문사회과학계의 핵심적인 탈식민 담론자로서 선두그룹을 형성하고 있는데, 그의 책《탈식민지 시대 지식인의 글읽기와 삶읽기》 제1권～제3권은 탈식민 담론의 백미라고 볼 수 있을 것이다. '지식과 식민지성'의 문제를 본격적으로 다루는 이 책은 지난 1세기에 걸친 근대적 지식 생산과정에서 나타난 지식인에 대한 자아성찰의 기록으로서, '자신의 문제를 풀어 갈 언어를 가지지 못한 사회, 자신의 사회를 보는 이론을 자생적으로 만들어 가지 못하는 사회'를 식민지적이라고 규정한다.

또한 '우리의 지식인 사회는 식민지성에 찌들어 있다. 우리는 자신의 문제를 토론할 언어를 가지고 있지 못하다'라는 명제에서 출발하여, '보편적 이론에 대한 집착, 외부의 권위에 기댐, 일상성으로부터 유리된 지식 생산'을 식민지성 지식인 담론의 특성으로 추출해 내고 있기도 하다.

전반적으로 보아 인류학 분야의 탈식민성 담론은 몇몇의 선도적인 인류학도에 의해 단편적으로 나타나고 있으며, 하나의 주된 흐름으로 자리잡았다고 보기는 어려울 것이다.

---

6) 한상복, 〈한국 문화인류학 30년〉,《한국문화인류학》 20집(1988), 72쪽.
7) 김성례, 〈탈식민 담론과 대중문화〉,《아세아문화》(한림대 아세아문화연구소) 10호(1994), 393～399쪽.
8) 한상복, 〈한국 문화인류학의 적실성〉,《한국문화인류학》 28집(1995), 29～53쪽.

■ 초 록

한 상 복

한국 문화인류학의 반성과 지향 : 사회인류학분야

[《문화인류학》6집(1974), 213~217쪽]

　이 글은 한국문화인류학회가 주관한 '한국문화인류학의 반성과 지향'이라는 주제의 심포지엄에서 발표된 것이다. 이 심포지엄은 학회활동 분야, 민간신앙 분야, 민간연희 분야, 구비전승 분야, 사회인류학 분야의 다섯 분야로 나누어 진행되었는데, 이 가운데서 탈식민 담론과 관련하여 관심을 끄는 분야는 다섯 번째인 사회인류학 분야이다.

　이 글은 1945년 이전에 문화인류학이 어떻게 우리나라에 소개되었으며 연구되어 왔는가를 살핀 다음, 1945년 이후 문화인류학의 교육과 후진양성, 연구활동 및 현지조사, 학회활동 및 인접과학과의 연계, 그리고 인류학자의 윤리문제를 중심으로 지난날을 돌이켜보고 앞날의 방향을 타진한다.

　우선 글쓴이는 최근 여러 학문 분야에서 제각기 자기분야의 과거를 반성하고 미래를 전망하기 위한 노력들을 진행해 왔으며, 그 초점은 구미의 이론들이 무비판적으로 도입되어 모방과 소화에 급급한 나머지 우리의 독자적 연구 분야와 이론을 개척하지 못한 데 대한 반성으로, 학문의 토착화 내지 한국화를 추구하려는 노력이 최근에 고조되었다는 사실을 지적한다.

　그렇지만 인류학의 경우는 아직도 서구이론의 토착화, 한국화를 논할 단계에 이르지도 못했으며, 특히 구태의연한 민속학의 테두리를 벗어나지 못한 채 연구대상과 이론, 방법에서 거의 아무런 진전도 가져오지 못한 혼돈의 답보상태에 있음을 밝히고 있다. 이러한 이유로 이 글은 이 분야의 본격적인 탈식민 담론이라기보다는 '반성'의 성격이 짙은 글이라고 볼 수 있을 것이다.

김 광 억

한국 인류학의 평가와 전망

[《현상과 인식》 11권 1호(1987 봄), 53~89쪽]

이 글은 글쓴이 자신의 말처럼 젊은 세대에 속하는 한 인류학도에게 오늘날의 한국 인류학이 어떤 모습으로 보이는지를 서술한 것으로, 한국 인류학자들의 논저에서 나타나는 연구경향과 주제들을 살피고 그것을 방법론의 차원에서 고찰하는 데 치중한다. 체질인류학, 고고학(또는 선사인류학), 그리고 사회(문화)인류학으로 크게 나누어 볼 수 있는 인류학 분야 가운데 이 글은 사회인류학 분야에 국한되어 있다. 한국 인류학의 역사적 배경 및 흐름, 현재의 문제점과 앞으로의 전망 등을 다루고 있으며, 한국 인류학자와 학회의 주요 연구활동, 한국 관계 인류학 박사학위 논문목록, 서울대학교 및 영남대학교 인류학과 석사학위 논문목록 등이 부록으로 실려있다.

이 글에 따르면 우리나라의 인류학은 1960년대에 들어 본격적인 발전을 시작했는데, 그 주제와 방법, 해석의 시각 등에 의하여 민속학적 전통과 민족학 전통, 그리고 사회학 성향 및 내적 성찰의 움직임 등의 네 갈래 흐름으로 나눌 수 있다고 한다. 그 가운데서 민속학 전통의 특징은 분석이나 해석보다는 민속 자체에 대한 자세한 기술에 치중되어 있다는 점이다. 한국 문화의 본질과 전통적 제도의 내용 및 그 기능을 주된 연구주제로 삼는 민족학적 전통은, 문화에 대한 인류학적 개념에 입각하여 사회적 제도들 간의 관련성 속에서 해석을 시도하고 있으며, 인류학적 현지조사와 민족지적 기술을 방법으로 채택하는 특징을 보인다.

현재의 문제점으로 전체 문화와 부분 문화를 구분하는 문제, 분석단위의 문제, 유물론적 문화연구의 극복, 민족학과 사회학 전통의 결합 등의 네 가지를 들고 있는데, 그 가운데서 민족학 전통과 사회학적 성향의 결합을 위해서는 방법론의 문제와 인간에 대한 관심의 문제가 해결되어야 한다고 보고 있다. 여기서 말하는 방법론의 문제라는 것은, 한국 인류학에서 도입한 서구이론의 근거가 되는 특정사회와 우리 사회와의 관계에 대한 분석과정을 의미하는 것으로, 그것은 역사에 대한 인식을 전제로 하는 것이다.

이 글에서 글쓴이가 주장하는 것은 한국의 인류학자가 우리나라에서 훈련을 받아야 한다는 것이 아니라, 우리 사회를 보는 우리의 눈을 키워나가야 한다는 것이다. 다시 말해서 서구의 이론을 하나의 이론으로 위치시켜야 하며, 서구 인류학의 틀로 한국 사회를 해석하는 방법에서 벗어나야 한다는 요구를 하고 있는 것이다.

한 상 복

한국 문화인류학 30년

[《한국문화인류학》 20집(1988), 57~76쪽]

이 글은 한국 문화인류학 30년을 10년 간격으로 잠정적인 시대구분을 하여 각 시대별로 한국 문화인류학 발달의 의미를 학회 및 연구회 활동, 교육 및 훈련, 조사연구의 측면에서 탐색해 본 다음, 같은 맥락에서 미래의 과제와 전망을 조망해 본 것이다.

글쓴이는 한국 문화인류학이 30년이라는 짧은 시기에 구미의 100여

년에 걸친 인류학의 전통을 한꺼번에 받아들여서 우리의 시대적 사회문화적 상황에 맞추어 수정 보완하고 새로운 우리 학문의 전통으로 정착시키려고 노력해 왔지만, 대부분의 연구주제가 민속학 쪽에 치우쳐 있다는 평가를 내린다. 한국 문화인류학 30년을 되돌아볼 때 학회활동의 면에서나, 교육과 훈련의 면에서 상당한 발전을 이룬 것은 틀림없지만, 한국인과 한국 사회 및 한국 문화의 과학적 연구를 위한 인식론과 방법론에 대한 논의는 1980년대 들어와서야 제기되기 시작했으며, 아직도 적실성 있는 한국 문화인류학 이론과 방법론을 발전시켰다고는 볼 수 없다는 것이다.

이상과 같은 논의를 바탕으로 한국 문화인류학의 이론화와 방법론의 세련화 작업을 그 과제로 설정하여 제시하는데, 구체적으로 한국인, 한국 사회, 한국 문화를 객관적으로 파악하는 동시에 실제적인 문제를 해결하고 개선 발전시키는 데에 적절한 현실성 있는 이론을 개발하려는 노력이 필요함을 지적한다.

김 성 례

탈식민담론과 대중문화

[《아세아문화》(한림대 아세아문화연구소) 10호(1994), 393~399쪽]

대체로 문화의 개념은 일정한 공간과 동일한 것으로 정의되고, 문화는 인간행동의 공간적 차원에서 인식되어 왔는데, 이는 세계는 중심과 주변이라는 이분법적 공간구분을 기본구도로 하는 세계체제의 개념에 근거한다. 따라서 서구의 중심문화가 세계적 보편성을 가지는 것으로, 그리고 주변의 문화는 지역적 특수성의 소재지로 연구되어 왔다. 존 레논의 노래에 과거 제국주의 국가의 전유물로 당연시되던 인류의 보편적 이상이 별다른 자기반성 없이 담겨 있음에도 불구하고, 그의 노래를 즐기는 제3세계 주민인 우리들은 그가 설파하는 제1세계의 이상향을 우리의 이상향으로 뒤바꾸어 믿기에 이르렀다는 것이 글쓴이의 문화인식이다.

이 글에서 글쓴이는 경계의 개념을 제시하는데, 제1세계와 제3세계, 중심과 주변, 자아와 타자가 만나는 시점, 즉 경계를 제3의 공간으로 정의한다. 경계에서 생성되는 제3의 문화는 두 가지 방향성을 갖는데, 하나는 문화적 동질화와 세계주의적 통합성의 지향이며, 이 과정에서 파급되는 풍요와 평등의 신화에 저항하여 지역문화의 토착적인 것을 차별화시키는 반사적인 흐름이 다른 하나이다. 이러한 개념에 입각하여 최근 4년간의 텔레비전 다큐멘터리에 대한 분석을 통해, 우리의 경우 서구 중심 세계문화의 맥락에서 '우리'를 부활시키는 일종의 본질주의적 성격을 띠면서도 '우리'의 문화적 정체성을 서구의 관점에서, 우리 영토 밖에서 모색하는 자기분열적 양상을 가지는 것으로 진단한다. 즉 일상적 세계의 겉모습은 포스트모던하지만 그 세계를 살고 있는 사람들의 자아정체성이나 행동규범은 아직도 봉건적인 현상을 발견하게 되는 것이다.

그러나 이 글은 한국 사회의 일상에서 탈식민화를 위한 시작의 방법으로 대중문화와 일상의 성찰을 제기하고는 있지만, 더 이상의 논의를 진전하지는 못한다.

한 상 복

한국 문화인류학의 적실성

[《한국문화인류학》 28집(1995), 29~53쪽]

이 글은 글쓴이의 회갑기념 특별강연 원고로서 적실성의 관점에서 한국 인류학의 과거를 조명해 본 다음, 현재의 상황을 기초로 다른 나라들의 인류학 발달과정과 비교하여 한국 인류학의 미래 과제와 방향을 제시한 것이다.

우선 글쓴이는 세계 각국의 인간집단 구성과 역사적 배경, 사회 문화 정치 경제적 상황과 이데올로기, 그리고 현실적으로 당면한 주요 문제점들이 각기 다르기 때문에, 인류학은 불가피하게 그 나라의 상황과 현실에 맞도록 연구대상과 방법 및 이론 면에서 적실성을 가져야 한다고 전제한 다음, 우리나라의 인류학 이론과 방법론들이 얼마나 현실적으로 적합한가라는 적실성에 관해 의문을 제기하면서 글을 시작한다.

이러한 인류학의 적실성에 대해서는 외국의 여러 사례에 대한 논의를 통해 이들 나라의 인류학이 어떻게 적실성을 가지고 서로 다르게 발전해 왔는가를 살펴본다. 그리고 외국의 경향과 비교해 볼 때 한국 인류학이 적실성을 가지고 추구해야 할 미래의 과제와 방향을 한국 인류학의 하부구조 개선, 실효성 강화, 이론과 방법론의 타당화, 인류학도의 실천, 현지조사 연구의 논리와 윤리의 정당화 측면에서 찾아보고 있다.

한국의 현실에 맞는 적실성 있는 인류학적 연구의 추구를 주장하는 이 글은 글쓴이가 추구해 왔던 인류학의 과거와 미래에 획을 긋는 중요한 계기가 되는 동시에 새로운 시작의 전조가 될 것을 스스로 기대하고 있다.

조 혜 정

탈식민지 시대 지식인의 글읽기와 삶읽기

[제1권. 바로 여기 교실에서(1992) ; 제2권. 각자 선 자리에서(1994) ;
제3권. 하노이에서 신촌까지(1994), 또하나의 문화]

연세대학교 사회학과 교수인 조혜정은 인류학, 여성학 분야는 물론 한국 인문사회과학계의 핵심적인 탈식민 담론자로서 선두그룹을 형성하고 있는 사람이다. 그는 '역사와 생활세계가 만나는 지점에서 문화분석적인 탐구를' 줄곧 해 왔는데, 그의 여러 저작 가운데서도 세 권의 연작으로 나온 이 책은 가히 탈식민 담론의 백미라 할 만하다.

'인문사회과학 계통의 책을 읽으면서 텍스트를 자신의 삶과 연결지어 적극적이고 창조적으로 읽어내지 못한다는 것이 무엇을 의미하는가'라는 질문으로 시작하는 이 책은 '지식과 식민지성'의 문제를 다루고 있으며, 지난 1세기에 걸친 근대적 지식 생산과정에 나타난 지식인에 대한 자아성찰의 기록이다. 이 책에서 글쓴이는 '자신의 문제를 풀어갈 언어를 가지지 못한 사회, 자신의 사회를 보는 이론을 자생적으로 만들어 가지 못하는 사회'를 식민지적이라고 부른다.

'바로 여기 교실에서'라는 부제가 붙은 제1권은 교실 상황에서 실제 있었던 자아성찰적 토론을 토대로 우리가 어떻게 책을 읽고 또 삶을 읽어야 하는지를 보여준다. '우리의 지식인 사회는 식민지성에 찌들어 있다. 우리는 자신의 문제를 토론할 언어를 가지고 있지 못하다'라는 명제에서 출발하여, '보편적 이론에 대한 집착, 외부의 권위에 기댐, 일상성으로부터 유리된 지식 생산'을 식민지성 지식인 담론의 특성으로 추출해 내고 있다. 작은 교실 상황에서 내뱉어지고 되받아지고 또 모아지는 말을 살펴보고 있지만, 실은 여성이 최초의 식민지가 된 이래의 장구한 인류역사에서부터 지난 한 세기에 걸친 한국의 구체적 식민지 역사, 그리고 종말론적 위기상황이라고 말해지는 후기자본주의적 상황에 이르기까지 광범위한 영역을 다루고 있다.

제1권은 1장 겉도는 말, 헛도는 삶, 2장 저자란 무엇인가, 3장 텍스트의 역사성과 당파성, 4장 문화 읽기는 왜 어려운가, 5장 예비지식인의 책읽기 반성, 6장 삶을 이야기하는 교실 등과 같은 여섯 개의 장과 함께 '박완서 문학에서 비평은 무엇인가'라는 '따로 읽기'로 구성되어 있다.

'각자 선 자리에서'라는 부제가 붙은 제2권은 교실을 벗어나 광범위한 삶의 장으로 돌아와서 쓰는 책으로 글쓴이는 이 책에서 지식/권력/경험의 개념을 중심으로 한국 사회 전반에 드러나는 식민지성을 풀어

본다. 제2권의 화두는 '식민지 지식인의 옷을 벗는다는 것은 무엇을 의미하여, 도대체 지식인 사회라는 것이 있어야 하는가'이다. 이런 질문은 '그 동안 우리 모두가 유일하고 보편적인 인류 발전의 틀이라고 믿어 온 거대한 담론의 그늘에서 벗어난다는 것은 어떤 상태를 말하며 어떤 방법을 통해 가능할까'라는 방법론적 탐구로 이어진다. 글쓴이는 이 책에서 탈식민화의 방법론으로 지난 4~5세기 동안 '보편성'의 자리에 군림해 온 서구를 상대화시켜 볼 것을 제안한다. 즉, 세계주의의 목표 아래 만들어진 서구의 역사와 언설을 해체하고, 심하게 타자화된 우리 자신을 다시 타자화시킴으로써 재구성해 나갈 것을 말하고 있는 것이다. 이때 상대주의적 시각에서 '다름'을 포용해 가는 훈련을 해야 하며, 자기가 선 '주변'의 자리에서 역사를 기억해 내고, 자신의 일상을 이론화해 낼 수 있어야 한다고 지적한다. 제2권은 1장 겉도는 말, 헛도는 삶, 2장 식민지사, 그 타자의 얼굴, 2′장 지식/권력에 대한 성찰, 3장 보편성의 그늘에서 벗어나기, 3′장 서구의 자기 성찰, 4장 식민지 지식인의 옷 벗기, 5장 개인 속의 역사, 기억으로서의 역사, 6장 문화적 자생력 기르기 등과 함께 독립된 장으로 서편제의 문화사적 의미라는 '함께 읽기'로 구성되어 있다.

한편 '하노이에서 신촌까지'라는 부제가 붙어 있는 제3권은 글쓴이가 1991년부터 1993년 10월까지 2년 정도에 걸쳐 쓴 것으로서 앞의 두 책과 함께 서로 보완하는 글로 이루어져 있다. 이 책에서는 각자 삶에서 이야기를 만들어 내고 자체 내 담론을 형성해 가는 마땅한 장이 마련되어 있지 않은 상황에서 탈식민 담론을 열심히 읽어 봐야 그것은 여전히 식민 담론을 낳을 뿐이기 때문에, 상황을 설명해 주는 적절한 이론을 가지기 위해서 잠시 동안이나마 기존의 이론적 틀과 단절을 하는 것, 이론에 집착하는 성향을 버리는 것이 더 필요할 때가 있다는 구체적 상황에서의 전략을 이야기한다. 대신 자신의 체험을 신뢰하는 것, 자신의 경험세계를 들여다보는 훈련이 좀더 비중을 갖게 되었으면 하는 바람에서 이 책이 씌어진 것이다. 제3권은 1장 탈식민지시대 지식인의 자기

성찰, 2장 자본주의 사회의 성과 사랑, 3장 입시문화의 정치경제학, 4장 문화적 자생력 기르기, 5장 공간 읽기와 문화 만들기와 함께 '일본 기행, 하노이 기행'이라는 독립된 '함께 읽기'의 장으로 구성되어 있다.

　마지막으로 글쓴이는 무엇을 쓸 것인지에 관한 생각 못지않게 어떻게 쓸 것인지에 대한 문제를 놓고 많은 시간을 보냈다고 하는데, 책상 앞에 붙어 앉아 독서를 한 결산물이 아니라 삐거덕거리는 삶의 소리를 들으며 수시로 쓴 메모들을 주된 자료로 사용하고 있다는 점, 그리고 서술하는 방식과 '말투'를 놓고 씨름을 한 흔적들이 이 책에 읽을 거리를 더하고 있다.

문헌정보학 분야

김정근 · 김종성

한국 문헌정보학 분야 탈식민성 담론의 가장 큰 특징은 서울이 아닌 지방의 한 대학이 중심이 되어 집중적으로 제기되어 왔으며, 여타 사회과학 분야가 해방 후 미국을 통한 학문 도입과정을 문제제기의 출발점으로 삼고 있지만 문헌정보학 분야는 학문의 실천성과 현실적합성에 대한 고민에서 출발하고 있다는 점이다. 가령 교육학 분야의 탈식민성 담론에서는 초기 학문 도입기의 미국 종속성을 사료와 증언에 근거하여 면밀하게 분석하고 정리한 연구가 많았다는 사실에 비추어 보면 다소 특이한 점이라 할 수 있다. 한편 이 사실은 문헌정보학 분야의 탈식민성 담론이 어떤 과정을 거쳐 어디에 와 있는지를 보여주는 하나의 지표가 될 수도 있을 것이다.

우리나라에 문헌정보학 교육이 실시된 것은 일제시대부터이지만 대학에 정식 학과가 설치되어 본격적으로 교육을 실시한 것은 1957년 연세대학 도서관학과가 시발이었다. 이와 관련하여 이수상은 도서관학과가 연세대학에 만들어진 것이 미국의 대한(對韓) 교육원조의 일환이었으며, 미국인 교수와 미국에 건너가 교육받은 많은 도서관인들에 의해 한국의 문헌정보학이 성립되었다는 사실을 밝혀낸다. 또한 이와 같은 태생적 성격 때문에 한국 문헌정보학이 미국 지향의 이론과 방법에 익숙해질 수밖에 없었다고 분석한다.[1)

문헌정보학의 본격적인 탈식민성 담론이 1990년대에 와서야 나타나는 것을 보면 아마 한국 문헌정보학의 태생적 미국 종속성은 오랫동안 막강한 영향력을 행사해 왔다고 추측할 수 있을 것이다. 물론 본격적인 탈식민성 담론이 나타나기 이전에도 한국적 문헌정보학과 관련된 논의는 간혹 있었다고 할 수 있다. 그것들은 대체로 한국 문헌정보학 교육이나 문헌정보학의 학문 성격과 관련된 것으로 한국 문헌정보학의 토착성에 대한 깊은 인식이나 구체적인 비판에 의한 것이라기보다는 한국적인 것을 강조하는 1970년대 이후의 사회 조류에 영향을 받은 단속적인 언급 수준에 지나지 않는다. 그리고 논의의 지표가 대체로 미국 문헌정보학 교육제도나 미국의 문헌정보학 연구경향에 고정되어 있어 단순한 비교를 통해 한국 학문의 분발을 촉구하는 단계에 그치고 있으며, 어떤 면에서는 미국의 문헌정보학을 빨리 모방하자는 암묵적 합의의 다른 표현이라고 볼 수도 있다.

1980년대 문헌정보학계에서는 1970년대의 초보적이며 미숙한 학문 성격에 관한 논의를 계승하지도 못할 뿐만 아니라 어떤 면에서는 미국식 문헌정보학이 성찰과정 없이 더욱 강화되는 경향을 보여준다. 그것의 대표적인 현상이 정보학의 강세와 그와 관련 있는 학명 변경 움직임이다. 이런 현상은 1980년대 한국의 전반적 교육상황과 맞물려 문헌정보학의 양적 팽창을 가져왔으며,[2] 어쩌면 이와 같은 미국 종속성의 가속화와 양적 성장의 당연한 귀결로 1990년대의 탈식민성 담론이 형성되었을지도 모르는 일이다.

한국 문헌정보학의 탈식민성 담론이 무성하게 전개되는 1990년대의 문을 연 것은 김정근이 글이다.[3] 대학도서관운동에서 사람의 문제를 정

---

1) 이수상, 《한국 문헌정보학의 현단계》(한울, 1998), 93쪽.
2) 1999년 현재 4년제 대학 문헌정보학과 32개 중 18개가 1980년대 전반기에 설치되었다.
3) 김정근, 〈대학도서관운동에 있어서 주체의 문제 — 부산대학교 도서관을 중심으로〉, 《문헌정보학보》(전남대 문헌정보학과 문헌정보학연구회) 4집(1990. 1), 1~32쪽.

면으로 다루는 이 글은 도서관 현장의 고질적인 허위구조가 기본적으로 문헌정보학 강단의 서양 숭배 구조와 밀접하게 연관되어 있음을 부각시킨다. 일상성과 피상성의 허위로 덮여 있던 우리나라 도서관의 현장문제와 학문문제를 동일한 틀 위에서 통찰력 있게 끌어올려 강력한 언어로 제시한 것이다. 이 글에서 제기되거나 저변에 깔려 있는 문제의식은 곧 1990년대 한국 문헌정보학 분야 탈식민성 담론의 이념적 토대가 된다고 할 수 있다. 그 문제의식은 다음과 같은 글로 표현되고 있다.

우리나라에 있어서 도서관운동과 이를 뒷받침하는 이론 작업을 함에 있어서 '저실성'(relevancy)의 문제는 매우 중요하다. 우리나라의 도서관학(library, information and archival studies), 적어도 강단 도서관학은 외국의 도서관학, 주로 아메리카 도서관학의 압도적인 영향 밑에서 발전해왔다는 것은 다 아는 사실이다. 그런데, 도서관학 연구는 시간과 공간의 제약을 많이 받는 영역에 속한다. 그래서 시공을 달리하는 아메리카 사회의 도서관 문제해결을 시도하는 과정에서 배태된 이론과 연구방법을 그대로 우리 사회의 도서관문제 해결을 위해 도입하는 데에는 많은 어려운 점이 따른다. 바람직하기로는 한국의 도서관학은 한국의 도서관 현장과 그 환경에 대한 관찰에서 일반적 법칙을 도출해 내는 귀납적 방법을 원칙으로 해야 한다. 그런데, 불행하게도 우리나라의 도서관학은 이 원칙을 그다지 잘 따르지 못해왔다. 아메리카 도서관학의 이론과 접근방법을 한국의 도서관 현실에 그대로 적용시키려고 하는 경우가 많았다. 우리에게는 매우 후진적인 현실이 있는데도 불구하고 그것과는 완전히 유리된 매우 선진적인 이야기가 학회의 모임 같은 데서 오가는 일이 많았다. 이때 통상 이야기의 내용이 되는 아메리카의 이론과 방법은 아메리카의 도서관 현실에 대한 관찰에서 나왔을 가능성이 높지만 한국에서는 귀납적 결론이 아닌 연역적 원리가 되어 있는 것이다.[4]

김정근의 뒤를 이어 이순재는 문헌정보학의 사회과학적 성격을 중심으로 학문 정체성 문제에 대한 글을 발표한다.[5] 이 글은 양적 팽창의 경

---

4) 위의 글, 29~30쪽.
5) 이순재, 〈한국 도서관학·정보학 연구의 확대를 위한 소고 — 사회과학적 함의와

향 속에서 서양의 첨단 이론만을 수입하기에 여념이 없던 문헌정보학의 학문 지평을 넓히고 정체성을 확립하려는 논의를 인문사회과학의 맥락에서 시도하고 있어 평가할 만하다. 그러나 이러한 문제제기가 글쓴이에 의해 지속되지 못하고 실제적인 대안을 제시하지 못하는 것은 풍성한 탈식민성 담론을 기대하는 측면에서는 아쉬움이라 아니할 수 없다.

한국 문헌정보학의 본격적인 탈식민성 담론은 부산대학교 문헌정보학과 교수진과 대학원 학생들의 모임인 '공동작업실'에 의해 주도되었으며, 이는 한국 문헌정보학 탈식민성 담론의 핵심이며 전부라 해도 과언이 아닐 것이다. 그렇지만 공동작업실에서 생산된 문헌들에 나타나는 탈식민성 담론들은 처음부터 의도되거나 기획된 것이라기보다는 오히려 문헌정보학이라는 학문의 현실적합성과 실천성에 대한 고민과 탐구의 과정에서 자연스럽게 나타난 부산물이라고 보아야 할 것이다. 이들의 글에서 초록자의 눈에 가장 빈번하게 발견되는 의문은 왜 현실과 언어의 괴리 현상이 존재하며, 왜 한국의 문헌정보학이 도서관적 현실상황에 대한 응전력이 부족한가 하는 것이다. 또한 이들의 학술적 글쓰기가 한결같이 '일'과 '현장'을 무엇보다 우선시한다는 점을 대안으로 삼을 수 있을 것이다. 이러한 현실적합성과 실천성에 대한 고민은 대학원 학생들의 수업의 결과물인 학기논고 수준에서 시작되어, 그것이 학술지에 게재되거나 학위논문으로 발전하기도 했으며, 독립된 형태의 단행본으로 출판되기도 했다. 그 과정을 하나씩 더듬어 보면 다음과 같다.

부산대학교 문헌정보학과 그룹의 초기 탈식민성 담론은 《학기논고집》에 생생히 기록되어 있어 그 논의가 무르익어 가는 과정을 잘 보여준다. 이 가운데 가장 먼저 꼽을 수 있는 글은 《학기논고집》 1집(1991)에 실린 이수상, 윤현옥의 논문으로 우리나라 문헌정보학 연구에 나타나는 정체성 문제를 지적하고 바람직한 대안을 제시하는 내용의 글이다.[6] 그 뒤를 이어 《학기논고집》 2집(1992. 8)에는 한국적 문헌정보학의

관련하여〉, 《도서관문화》 31권 6호(1990. 11·12), 281~292쪽.

문제를 사회과학계의 탈식민성 담론과 연계하여 다각도로 탐색하는 논문이 김영기,[7] 김종성,[8] 배지숙,[9] 이용재[10]에 의해서 씌어지고 《학기논고집》 3집(1993. 8)에는 인문학 분야의 탈식민성 담론과 연계한 논문이 오영아,[11] 이연옥,[12] 이영빈,[13] 최경희,[14] 김수경[15]에 의해서 나타난다.

《학기논고집》을 통해 집중적으로 전개된 초기의 탈식민성 담론들은 다양한 관점과 방법으로 한국 문헌정보학의 문제를 비판하고 대안을 제시하지만 몇 가지 핵심적인 내용에서 공통점을 가지고 있다.

첫째는 1980년대 이후 우리나라 인문사회과학계에서 활발하게 제기된 학문의 서구종속성 비판과 반성의 맥락을 함께 하면서 문헌정보학의 정체성 문제를 탐색하고 있다는 점이다. 이와 관련하여 문헌정보학이 지나치게 기능주의 패러다임에 매몰되어 왔으며, 정당한 인문사회과학의 한 영역으로 확립될 수 있는 학문적 성격을 확보해야 한다는 주장을 펼치는데, 이는 한국 문헌정보학의 지평을 복원하고 확대하여 당당한 사회과학으로 세워야 한다는 주장에 다름 아니다.

---

6) 이수상·윤현옥, 〈한국 문헌정보학 연구방법론에 대한 한 고찰〉, 《학기논고집》 1집(1991), 1~19쪽.

7) 김영기, 〈한국 인문사회과학의 새로운 흐름에서 본 문헌정보학의 과제 ─ 공공도서관 이용자 지평의 확대와 관련하여〉, 《학기논고집》 2집(1992. 8), 1~27쪽.

8) 김종성, 〈한국 문헌정보학 어떻게 할 것인가?〉, 《학기논고집》 2집(1992. 8), 28~51쪽.

9) 배지숙, 〈문헌정보학 연구 방법론에 관한 한 고찰 ─ 의학도서관 연구와 관련하여〉, 《학기논고집》 2집(1992. 8), 52~74쪽.

10) 이용재, 〈한국 문헌정보학 방법론에 관한 일 고찰〉, 《학기논고집》 2집(1992. 8), 75~102쪽.

11) 오영아, 〈제3세계적 도서관 방법론에 관하여〉, 《학기논고집》 3집(1993. 8), 1~17쪽.

12) 이연옥, 〈한국적 문헌정보학 연구방법론에 대한 일 고찰〉, 《학기논고집》 3집(1993. 8), 18~32쪽.

13) 이영빈, 〈'한국적' 문헌정보학 연구방법론에 대한 한 고찰〉, 《학기논고집》 3집(1993. 8), 33~45쪽.

14) 최경희, 〈한국 문헌정보학의 이론적 과제와 실천적 과제〉, 《학기논고집》 3집(1993. 8), 46~60쪽.

15) 김수경, 〈현단계 한국 문헌정보학의 과제와 전망 ─ 한국 문헌정보학의 새로운 정립을 위하여〉, 《학기논고집》 3집(1993. 8), 61~81쪽.

둘째, 한국 문헌정보학의 문제를 규명하고 대안을 제시하는 핵심적인 원리를 학문과 현장의 상보관계에 두고 있다는 점이다. 말하자면 도서관과 관련 기관의 현실이 피폐함에도 불구하고 첨단의 서구이론만 추수하기에 여념이 없는 강단의 유희적 연구자세와 그 결과로 양산되는 연구물의 현장 부적합성에 주목하여 문제를 제기하는 것이다.

셋째로 한국 문헌정보학이 본래의 기능을 회복하여 현장개혁에 이바지하기 위해서는 학술연구의 실천성을 확보해야 한다는 점이다. 즉 우리 현장의 현실을 심도 있게 관찰하여 문제를 해결할 수 있는 이론을 개발하고, 나아가 주체적이며 토착적인 입장에서 학문을 하자는 것이다.

이와 같은 담론들은 대학원 학생들의 학기논고에 의해 형성된 것들이기 때문에 명확한 개념정의나 과학적인 논증이 다소 떨어지는 면이 있고, 각각의 논의들이 큰 틀 안에서 중복되는 것도 사실이다. 그리고 다분히 선언적이라는 점, 논리적인 설득보다는 비판과 주장이 지배적이라는 점, 타 인문사회과학의 논의에 많이 기대는 점 등은 초기 담론들의 성격을 한계 지운다고 할 수 있다. 그러나 이런 한계와 미숙함에도 불구하고 《학기논고집》을 중심으로 전개된 부산대 문헌정보학과의 초기의 탈식민성 담론에서 몇 가지 중요한 의미를 발견할 수 있다.

첫째는 우리나라에 문헌정보학이 미국으로부터 수입되어 대학과정에 설치된 지 30여 년 만에 이들에 의해 집중적이며 지속적으로 학문의 토착화 문제에 대한 논의가 전개되었으며, 이는 이전의 산발적이며 표피적인 학문성 논의와는 격이 다른 차원에서 본격적으로 형성되었다는 것이다.

둘째는 이러한 문제제기와 대안 모색의 과정이 학술운동의 양상을 띠면서 공동작업의 틀 안에서 대안과 실천 전략을 모색해 왔다는 것이다.[16] '공동작업실'이라는 이름의 학술공동체를 통하여 학문의 정체성 문

---

16) 부산대 문헌정보학과에서 학문의 정체성 문제를 학술공동체운동의 방법에 입각

제에 관한 논의를 집중시키며 대안과 실천 방안을 탐색하는 사례는 탈식민성 논의가 풍성하게 진행된 여타 사회과학 분야에서도 찾아보기 어렵다는 점에서 높이 평가할 만하다.

셋째는 학문의 맹목적 서구추수성과 현실 부적합 문제를 탈피하고 실천적인 연구를 강조함과 동시에 다양한 실험과 실천사례를 지속적으로 제시한다는 점이다. 연구주제의 확장과 연구방법의 다양성을 강조하면서 이런 주장에 근거한 실제 연구의 예를 제시하기도 하며, 또한 직접 실천적인 연구를 학위논문 등으로 생산한 것이다.

넷째는 이러한 학문 토착화 노력을 통해 다른 인문사회과학으로부터 한 발짝 물러서 있던 한국 문헌정보학을 본격적인 사회과학의 반석 위에 올려 놓음으로써 사회과학의 다른 영역들과 서로 의사소통하고 교류할 수 있는 초석을 마련했다는 점이다.

《학기논고집》을 통해 강한 실험정신과 도전의식을 담아 내던 부산대 문헌정보학과의 초기의 탈식민성 담론은 1990년대 중반에 접어들면서 연이은 학술논문과 단행본들을 통해 더욱 체계화되고 폭넓어진다.

그 첫 번째 성과는 김정근의 《한국의 대학도서관 무엇이 문제인가》(한울, 1995)이다. 이 책은 글쓴이가 한 대학도서관의 관리자로 참여한 경험을 토대로 하여 우리나라 대학도서관이 안고 있는 주요하고 고질적인 문제를 통렬한 문장으로 규명하고 있다. 책의 주 내용으로 도서관 현장의 문제를 다루고 있지만 머리말에서 언급하듯이 도서관 현장문제에 접근하고 그것을 부각시켜 공론화하는 관점과 방법이 바로 한국식 문헌정보학 연구의 당위와 전략에 근거하고 있기 때문에, 부산대학교 문헌정보학과 그룹의 탈식민성 담론이 성숙의 단계로 접어들었음을 보여주는 이정

해서 제기하고 전개한 사실은 《학기논고집》을 통해서 어렵지 않게 파악할 수 있다. 가령 토론마당이라는 방학중 세미나 프로그램을 통해 한국 문헌정보학의 탈식민성 담론을 제기한 〈주제토론 : 한국 문헌정보학 어떻게 할 것인가? — 실천적 학문으로서의 자리매김을 위하여〉(《학기논고집》 2집(1992. 8), 139~164쪽)와 학술논문 쓰기의 문제를 제기하고 대안을 모색하는 〈토론마당 : 학위논문 어떻게 쓸 것인가?〉(《학기논고집》 3집(1993. 8), 142~160쪽) 등은 그 대표적인 사례이다.

표가 되고 있다. 이 책에서 글쓴이는 엄연한 한국의 현실을 두고 외국의 이론과 방법으로 연구를 하는 강단의 허위의식과 유희적 관행을 신랄하게 꼬집으며 그 대안적 연구의 모델로 이 책을 제시한다. 이전의 《학기논고집》에 나타난 담론들에 비하면 훨씬 정제되고 적확한 문장과 언어로 한국 문헌정보학의 새 지평을 보여주는 성과라 하겠다.

이와 함께 한국 문헌정보학의 탈식민성 담론을 정리하는 또 하나의 성과는 김정근, 김영기, 장덕현, 김종성에 의해 공동 집필된 《학술연구에서 글쓰기의 혁신은 가능한가》(한울, 1996)이다. 이 책에는 그간 논의되었던 한국 문헌정보학의 탈식민성 담론이 '글쓰기 혁신'이라는 큰 틀 안에서 새롭게 정리되고 탐색된다. 〈문헌정보학 연구에서 글쓰기의 혁신은 가능한가〉라는 제목의 권두 논문에서 글쓴이들은 형식주의와 요식적 관행이 지배하고 서양 문헌에 대한 절대적 숭배로 일관해 온 문헌정보학계의 문제를 비판하면서, 우리 식, 한국 식, 주체적, 자아준거적, 실사구시적이라는 개념을 아우르는 실천적 학문 자세를 주창한다.

그리고 이러한 지향은 학술논문 쓰기의 혁신을 통해서 실현할 수 있으며, 그것은 다음과 같은 세 가지 방안으로 나누어 체계화시킬 수 있다고 한다. 첫째는 우리 현장의 기본적인 이야기를 주제화하는 주제의 혁신이며, 둘째는 문제의 맥락에 근거해서 연구방법을 유연하고 다양하게 적용하는 연구방법의 혁신, 그리고 셋째는 과제와 연구방법에 걸맞는 제시기술을 채용하는 문체의 혁신 등이 그것이다. 또한 이 책에는 이러한 인식과 방법을 적용하여 생산한 세 편의 글이 글쓰기 사례의 형태로 실려 있어 실천적 학술논문 쓰기의 주장이 공론(空論)으로 끝나지 않았음을 보여준다. 이와 같은 글쓰기의 혁신을 통한 한국 문헌정보학의 확립은 《열린지성》 3호(1997년 겨울)에 실린 김정근의 논문 〈문헌정보학 연구에서 '실천적' 글쓰기란 무엇인가〉를 통해 한번 더 공론화(公論化)된다.

그리고 동일한 문제의식과 지향 속에서 구체적인 연구방법의 가능성을 탐색하고 실험한 성과로서 김정근, 박인웅, 최정태, 이용재, 김순화,

이연옥에 의해 공동으로 집필된 《학술연구에서 문화기술법이란 무엇인가》(한울, 1998)가 있다. 이 책에서 글쓴이들은 우리 현실을 잘 반영하여 현장의 문제를 사실적으로 드러내고 그 해결 방안을 도출할 수 있는 효과적인 연구방법으로서 문화기술법이라는 전통적인 사회과학 연구방법을 소개하고 그에 입각한 연구의 결과물들을 보여준다. 이 책이 실천적이며 현실적합성 있는 문헌정보학을 실험하고 있으며 그 대안으로 제시하는 내용이 크게 다르지 않다는 점에서 위에서 언급한 《학술연구에서 글쓰기의 혁신은 가능한가》와 짝을 이룰 수 있으면서, 한편으로 문화기술법이라는 하나의 구체적인 연구방법을 부각시켰다는 점에서는 구별된다고 할 수 있다. 첨언하면 이 책은 부산대 문헌정보학과의 탈식민성 담론이 축적되고 다양화되는 것을 증거하는 한 예로 간주할 수 있을 것이다.

부산대 문헌정보학과의 탈식민성 담론을 종합적으로 정리하는 성격을 가진 연구는 이수상의 《한국 문헌정보학의 현단계》(한울, 1998)라고 할 수 있다. 이 책은 그간의 논의를 모으고 체계화하여 새로운 전망을 제시하고 있으며, 무엇보다 이러한 논의가 한국 문헌정보학이 성립되고 성장하는 과정에 대한 역사적 해석에 터하고 있어 문헌정보학 분야의 탈식민성 담론을 한결 풍성하게 한다. 오랫동안 여러 사람에 의해 제기된 한국 문헌정보학의 문제와 그에 따른 대안을 역사적인 구도 속에서 해석하고 모색한 종합적 성과라 할 수 있다.

부산대학교 문헌정보학과에서 형성한 탈식민성 담론의 전선과 어느 정도 관련을 맺으며 나타나는 담론은 최성진의 글이다.[17] 최성진은 문헌정보학계의 대표적인 학회지인 《도서관학》과 《정보관리학회지》에 실린 논문을 분석한 후 우리나라 문헌정보학계의 연구가 한국의 도서관 현실과 크게 관련이 없는 연구를 주로 하고 있다고 밝힌다. 그리고 외

---

17) 최성진, 〈한국문헌정보학에 대하여〉, 《창사이춘희교수 정년기념논집》, 1993, 81~
112쪽.

354

국이론을 그대로 한국 상황에 적용할 수 있는 경우는 극히 드물기 때문
에 한국의 문헌정보학자들이 연구과제를 결정하기 전에 먼저 그 과제의
유용성과 현실적합성을 따져보아야 한다는 말한다. 최성진이 탈식민성
담론에 참여했다는 것은 그의 학계 내 영향력과 위치를 고려하면 크게
의미 있는 일이라 할 수 있다. 한편 한국 문헌정보학의 문제를 보는 시
각과 비판의 강도가 얕은 수준에 머물고 있으며 무엇보다 자신이 이러
한 인식에 근거한 가시적인 성과를 내어놓지 못하여 탈식민성 담론의
진전에 큰 역할은 하지 못한다고 할 수 있다.

　이와 같은 수준에서 문헌정보학의 문제를 이야기하는 논의는 1995년
과 1996년의 '전국도서관대회'에서 최성진과 이용남에 의해 한 차례씩
제시된다.[18] 연구논문으로서가 아니라 전국도서관대회의 기조연설에서
가볍게 제시했기 때문에 본격적인 탈식민성 담론으로 보기는 어려운 점
이 있으나 전국의 현장 사서들과 문헌정보학자들이 모인 자리에서 개진
되었다는 점에서 부산대학을 중심으로 한 문헌정보학 분야의 탈식민성
담론의 지평이 어느 정도 확장되고 있음을 보여준다. 이러한 징후로 볼
수 있는 다른 하나는 1996년 '한국문헌정보학교수협의회'의 '정기총회
및 하계세미나'와 관련하여 나온 김태승 협의회 회장의 인사말과 김정
근의 기조연설이다. 한국 문헌정보학계 교수들을 망라하는 유일한 공식
기구의 회장이 실천적이며 토착화된 문헌정보학의 필요성을 이야기하
고 그 첫 세미나에서 한국 문헌정보학계의 탈식민성 담론 형성의 핵심
연구자가 기조연설을 했다는 사실은 큰 진전이라 아니할 수 없다.[19]

　한국 문헌정보학의 탈식민성 담론은 앞에서 살펴본 바와 같이 한편

---

18) 최성진, 〈기조연설 : 광복 50년과 도서관의 세계화〉,《제33회 전국도서관대회
　　주제발표논문집》(한국도서관협회, 1995), 7~14쪽 ; 이용남, 〈우리 도서관문화의
　　현주소〉,《제34회 전국도서관대회 주제발표논문집》(한국도서관협회, 1996), 5~
　　13쪽.
19) 김정근, 〈기조연설 : 한국문헌정보학의 위상정립과 교수협의회의 역할─우리
　　학문의 실천성 문제와 관련하여〉,《한국문헌정보학교수협의회 하계세미나발표논
　　문집》(1996), 5~18쪽.

으로 여타 인문사회과학과 대화하면서, 다른 한편으로 문헌정보학의 학문 특성을 강하게 반영하면서 전개되었다고 할 수 있다. 요컨대 문헌정보학의 탈식민성 담론은 학문의 사회과학성에 대한 논의와 강조를 주요한 출발점의 하나로 삼을 수밖에 없어 다른 사회과학 분야와 비교가 된다. 그리고 문헌정보학이 도서관과 관련기관이라는 뚜렷한 현장을 대상으로 하는 학문이기 때문에 강단과 현장 간의 상보적 관계에 대한 문제인식과 극복방안이 명확하게 부각되는 면도 있다. 하지만 한편으로는 우리 사회에 형성된 도서관이라는 사회적 시스템이 근대 서구사회의 산물로서 유입된 것이기 때문에 그 시스템과 관련한 이론도 당연히 서구의 것을 착실히 받아들여야 한다는 인식이 팽배해서 문헌정보학의 토착화라는 과제가 좀더 일찍 다양한 학자 집단에 의해 부각되지 못했다고 할 수 있다. 그리고 무엇보다 문헌정보학 탈식민성 담론의 가장 큰 특징은 특정 그룹의 연구자들에 의해 주도되었다는 사실이다. 이 사실은 그 자체로서 문헌정보학 탈식민성 담론의 실상을 가감 없이 보여주는 한 단면이라고 할 수 있으며 앞으로 풀어야 할 과제라고 할 수도 있을 것이다.

■ 초 록

김 정 근

대학도서관 운동에 있어서 주체의 문제
—부산대학교 도서관을 중심으로

[《문헌정보학보》(전남대 문헌정보학과) 4집(1990. 1), 1~32쪽]

이 글은 우리나라 대학도서관운동에서 주체의 문제를 심층적으로 파헤치고 그 해결 방안을 모색한다. 대학도서관의 발전을 이끌어 갈 주체 세력이 없는 모순구조의 심연을 현장의 저개발 상황과 거기에 기생하는 사람의 이중구조를 통해 통찰력 있게 들여다보는 것이다.

글쓴이는 현 단계 우리나라 대학도서관 인력문제의 모순구조를 극명하게 설명할 수 있는 개념으로 '주체의 부재 현상'을 들고 있다. 말하자면 이 나라 대학도서관 안에는 대학도서관운동을 높은 직업윤리성과 기술수준을 바탕으로 추진해 갈 주체 세력(central forces)이 부재하다는 것이다. 1987년 7월부터 1989년 2월까지 부산대 학생들에 의해 진행된 도서관개혁운동의 자료를 토대로 분석한 주체문제는 크게 관리자 문제와 중간관리자, 평직원 문제로 나뉘어 다루어진다.

대학도서관운동의 주체문제 해결을 위해 글쓴이는 '적실한'(relevant) 윤리성과 기술성으로 무장한 전문직 그룹의 필요성을 역설한다. 이 지점에서 이 글이 가지는 탈식민성 담론의 기조를 확인할 수 있다. 글쓴이는 우리나라 도서관 운동과 이를 뒷받침하는 이론작업에서 '적실성'(relevancy)의 문제는 매우 중요하다고 전제한다. 그런데 우리나라 문헌정보학은 외국, 특히 미국 문헌정보학의 압도적인 영향 밑에서 발전해 왔기 때문에 현장과 강단 모두에게 적실성이 결여되어 있다는 것이다. 우리 강단은 우리에게 매우 후진적인 현실이 있는 데도 불구하고 그것과는 완전히 유리된 매우 선진적인 이야기를 주로 해 왔으며, 우리 현실의 관찰에서 나온 귀납적인 결론이 아닌 연역적 원리에 의존해 왔다는 것이다. 시공이 다른 미국 사회가 도서관 문제를 해결하는 과정에서 배태한 이론과 연구방법을 그대로 우리 사회의 도서관 문제 해결을 위해 도입하는 것은 많은 무리가 따르기 때문에 우리의 시간과 공간에 밀접한 관찰을 통해 이론을 모색해야 한다고 주장한다. 그것이 적실성 있는 사회과학으로서 문헌정보학을 확립하는 길이라는 것이다.

이와 같은 성찰과 주장은 문헌정보학 분야 탈식민성 담론의 불을 지피는 계기가 되며 그 뒤를 잇는 담론들의 내용적 모체가 된다.

이 순 재

한국·도서관학 정보학 연구의 확대를 위한 소고
— 사회과학적 함의와 관련하여

[《도서관문화》 31권 6호(1990. 11·12), 281~292쪽]

이 글은 한국 문헌정보학의 정체성을 사회과학적 측면에서 조명하고 현단계 문헌정보학이 바로서기 위해서 견지해야 하는 입장을 제안한다. 그러므로 글쓴이의 문제의식은 우리나라 인문사회과학이 우리 현실에 바탕하여 그 모순을 개혁하는 역할을 하지 못하고 오히려 '수입된' 학문으로 현실의 모순을 '은폐하는' 부적실성의 문제를 일으키며 학문의 사명을 방기하는 데에 있다.

이런 인식을 토대로 글쓴이는 문헌정보학이 첫째, 기술이나 기법 위주의 학문이 아니라 다양한 문제들을 포괄하는 종합적인 학문이어야 하며, 둘째, 현장과 현실에 근거하여 연구 내용과 방법을 끌어내는 현실적 합성 있는 학문이어야 하며, 셋째, 사회과학으로서의 과학성을 확보하도록 노력해야 한다고 주장한다. 그리고 이러한 과제를 실현하기 위하여 문헌정보학 교육의 교과과정을 시대상황이나 사회구조 변화에 적실하게 대응시켜 나가야 하며 다양한 연구방법과 연구테마를 개발하여 학문의 지평을 넓혀야 한다고 말한다. 나아가 문헌정보학의 연구와 관련해서는 학문이 대상으로 하는 문제들을 전체와 연관하여 파악하는 총체적인 인식태도와 경험적 과학적 연구태도, 실천적 태도를 갖추어야 한다고 주장한다. 특히 그 가운데 실천적 연구태도는 오늘날 한국 문헌정보학이 가장 중요하게 추구해야 하는 자세라고 강조한다.

이 글은 문헌정보학의 정체성 문제와 그 극복 방향을 인문사회과학의 맥락에서 탐색하여 학계에 학문의 정체성 문제에 대한 주의를 환기시켰다는 점에서 의미가 있다고 할 수 있다. 그러나 문헌정보학의 정체성 확립과 현실적 과제를 우리나라의 학문과 현장의 상호관계에서 끌어올리기보다 주로 사회과학의 이론에 의지하여 제시하고 있어 도서관 현장과 문헌정보학계로부터 실천적인 공감을 끌어내기에는 역부족인 면이 있다.

이수상 · 윤현옥

한국 문헌정보학 연구방법론에 대한 한 고찰

[《학기논고집》 1집(1991), 1~19쪽]

이 글은 우리나라 문헌정보학 연구에서 나타나는 정체성 부재 문제를 지적하고 몇 개의 연구 논문을 대상으로 직접 비판적인 분석을 하여 바람직한 개선 방안을 제시한다.

글쓴이들은 외국에서 도입된 문헌정보학 이론과 우리 문헌정보 현상

간의 상호관계 속에서 학문의 주체성 문제와 적실성 문제를 중점적으로 비판한다. 우리나라의 문헌정보학이 한국의 현실과 깊은 관련을 맺지 못하고 유리되는 것은 문헌정보학 이론이 도입되는 과정에서 우리 사회의 특수한 성격을 깊이 고려하지 않았기 때문이라고 지적한다. 그리고 외국의 이론을 도입하는 유형을 첨단이론의 환상에 사로잡혀 맹목적으로 소개하고 전달하는 무비판적 도입자, 자국의 상황에 대한 주체적 판단에 근거하여 도입하는 비판적 도입자, 외국이론 적용의 배경과 결과를 깊이 고려하고 성찰하는 자성적 도입자로 나누기도 한다.

적실성의 문제에서는 학문이 현장의 문제해결에 도움이 되는 실천성을 견지해야 하며 이를 통해 이론과 실천의 변증법적 조화 발전을 꾀해야 한다고 주장한다. 이러한 문제제기에 근거하여 글쓴이들은 장서 개발과 도서관의 인적 요소에 관한 논문 네 편을 대상으로 연구방법, 외국이론에 대한 입장, 문제 해결 방안 제시의 타당성, 논문의 실천성 등의 측면에서 분석하고 비판한다. 이론적 논증과 실제적 탐색을 거쳐 글쓴이는 한국 문헌정보학의 정체성 확립을 위해 세 가지 과제를 제안한다. 첫째, 강단과 현장이 부단한 대화를 통해 이론과 실천의 결합을 모색한다. 둘째, 문헌정보학이 사회과학적 보편성을 획득하고 사회현실 속의 문제를 수용할 수 있도록 연구주제와 방법을 확장하고 다양화한다. 셋째, 문헌정보학 내부에서 또한 전체 인문사회과학과 연대하여 공동의 학술운동을 전개할 수 있는 연구자 집단의 조직적 실천방안을 모색한다.

이 글은 한국 문헌정보학의 정체성 문제를 논증적으로만 탐색하지 않고 실제로 논문을 분석 비판한 후 그 극복방안을 나름대로 제시하고 있어 유용성을 가진다. 그러나 문장과 언어의 정련이 부족하고 주체성, 적실성, 실천성 등의 개념과 관련된 논의들이 다소 혼란하며 미숙한 느낌을 준다.

김 영 기

한국 인문사회과학의 새로운 흐름에서 본 문헌정보학의 과제
― 공공도서관 이용자 지평의 확대와 관련하여

[《학기논고집》 2집(1992. 8), 1~27쪽]

이 글은 한국 인문사회과학계에서 제기되는 학문의 정체성 논의와 관련하여 문헌정보학의 현실과 과세를 탐색하고 실천적인 연구테마의 한 예를 제시한다.

글쓴이는 한국의 인문사회과학이 이 땅의 현실에 적실한 연구를 하고 있는지, 그렇지 않으면 그 원인과 대안은 무엇인지, 이런 맥락에서 문헌정보학의 실정은 어떠한지 의문을 던지면서 논의를 시작한다. 이러한 문제의식을 가지고 최근 한국 사회과학계에서 제기되는 학문 정체성에 대한 반성적 논의를 소개한 후 한국 문헌정보학이 갖추어야 하는 학문 성격을 탐구한다. 글쓴이는 한국 문헌정보학 연구자가 견지해야 할 자세로 총체적 인식태도, 적실성 있는 연구, 과학성과 가치의 조화, 실천적 학문연구 등을 제시한다. 그리고 한국 문헌정보학은 도입과정부터 서구에 종속되어 현장과 괴리되는 경향이 강하며, 실제 연구동향에서도 그 문제가 드러나고 있음을 보여준다. 이러한 진단을 근거로 글쓴이가 제시하는 한국 문헌정보학의 과제는 기본 개념의 실천으로 집약된다. 우리나라의 도서관 현장 문제를 해결하기 위해서는 서양의 첨단이론을 그대로 들여와 적용하는 것보다는 우리 현실의 총체적이며 특수한 상황을 인식한 후 기본적인 영역들을 확립하는 것이 급선무라는 것이다. 그리고 기본 개념을 적용한 연구테마의 한 예로 우리나라 공공도서관 이용자에 대한 인식 문제와 관련한 시론을 덧붙인다.

이 글은 한국 문헌정보학의 정체성을 인문사회과학계의 정체성 논의

362

와 관련하여 탐구함으로써 문헌정보학에 대한 인식지평을 확대한다고
할 수 있다. 그러나 글이 담고 있는 내용이 많은 데 비해 논의의 줄기가
선명하지 않고 주장이 강하지 않아 글쓴이의 인식이 쉽게 전달되지 못
하는 면이 있다.

김 종 성

한국 문헌정보학 어떻게 할 것인가?

[《학기논고집》 2집(1992. 8), 28~51쪽]

이 글은 한국 사회과학의 연구방법론에 대한 반성적 논의를 문헌정
보학에 적용하여 방법론적 혁신을 모색하려는 내용으로 구성된다.

글쓴이는 학문 특히 사회과학이 현실과 무관하게 존재하며 발전할
수 없는 데도 불구하고 한국의 문헌정보학은 그것의 현실적합성을 깊이
고려하지 않은 채 진행되어 왔으며, 역사발전 과정에서 요구되는 학문
의 임무를 방기해 왔다고 지적한다. 그 결과 문헌정보학이 현장의 문제
를 인식하지 못하고 현장과 괴리된 채 유희적으로 흘러왔다는 것이다.
그리고 구체적으로 우리나라 사회과학계에서 노출되는 연구방법상의
문제로 전통적인 우리 이념의 상실, 무비판적 서구추수적 이론 수입, 현
실도피적 학문 연구, 거시적 관점의 연구 소홀, 연구방법의 편협성 등을
들고 있다. 이러한 문제는 문헌정보학 분야에도 심각하게 내재해 있으
며 문헌정보학의 종합성, 현장성, 실천성의 맥락에서 문제를 극복하고
대안을 마련해야 한다고 주장한다. 결론적으로 글쓴이는 한국 문헌정보
학의 위상을 세우고 낙후된 현실을 변혁하기 위한 방안으로 기본으로
돌아갈 것을 주창하고 기본 문제와 관련 있는 테마들을 몇 가지 예시한
다. 그리고 이러한 입장을 견고히 하는 전략으로서 현장의 특수성과 보
편성에 대한 올바른 입장을 세우고 그에 입각한 학문 연구방법을 견지

할 것을 요청한다. 한국의 특수한 도서관 현장을 정확히 보고 이론을
적용하는 것이 문헌정보학의 발전과 현장 개선에 이롭다는 당연하면서
실천하기는 어려운 과제를 남겨 준다.

이 글은 한국 사회과학계의 방법론적 반성에 근거하여 한국 문헌정
보학의 방법론 정립에 대한 논의로서 가치를 평가할 수 있으나, 주장과
의욕이 넘쳐 오히려 관념적인 논의에 치우치는 한계를 드러내는 면도
있다.

배 지 숙

문헌정보학 연구 방법론에 관한 한 고찰
— 의학도서관 연구와 관련하여

[《학기논고집》 2집(1992. 8), 52~74쪽]

이 글은 사회학, 정치학, 법학 등 대표적인 사회과학 분야의 연구방법
론을 비판적으로 검토하여 문헌정보학의 연구방법론을 성찰하고 거기
에서 도출한 원리에 근거하여 적실성 있는 의학도서관 연구의 모델을
제시한다.

사회과학 분야의 연구방법에 대한 비판과 반성에서 드러나는 중심
내용은 지금까지 우리나라 사회과학이 우리 현실을 대상으로 관찰하며
분석하지 않고 서구이론을 맹목적으로 도입하고 비주체적으로 적용해
왔다는 것이다. 그리고 문헌정보학 분야에도 이런 경향은 마찬가지라고
한다. 이를 극복하기 위해서는 우리 현장이 위치한 발전단계에 맞는 이
론을 선별해서 신중하게 적용해야 하며 기본 요소의 강화에 주력해야
한다고 주장한다. 또한 문헌정보학의 대상을 총체적으로 인식하는 태도
와 현실에서 이론을 검증하는 경험적 과학적 태도, 현실 문제에 학문이
적극적으로 관심을 갖는 실천적인 자세를 대안적인 방법론으로 제시한

다. 이러한 주장에 근거하여 글쓴이는 우리나라 문헌정보학계의 의학도서관 연구경향을 비판적으로 분석한 후 적실성 있는 의학도서관 연구를 위한 방안으로 기본을 튼튼히 갖추는 현장과 현장 문제에 관심을 모으는 강단의 자세를 요청한다.

글쓴이가 주장하는 바가 글 전체에 분산되어 있어서 체계적인 구성력이 다소 떨어지며, 동어반복의 느낌을 갖게 하는 점은 아쉬움으로 남는다.

이 용 재

한국 문헌정보학 방법론에 관한 일 고찰

[《학기논고집》 2집(1992. 8), 75~102쪽]

이 글은 한국적 문헌정보학 정립이라는 과제를 수행하기 위하여 최근 한국 사회과학계에서 제기되는 방법론적 반성을 검토하고 한국의 도서관 현실과 문헌정보학의 문제를 학문 방법론적 측면에서 분석한다.

글쓴이는 우리나라 사회과학을 몰역사적 사회학, 미국 국적의 정치학, 반민중적 법학 등의 수사로 비판하면서 최근 이들 분야에서 제기된 준열한 자기반성과 비판의 목소리를 소개한다. 그리고 우리나라 도서관 현장이 낙후되는 요인을 파행적인 교육제도와 관련하여 부각시키고, 도서관 현장의 피폐상과 무관하게 서양의 화려한 첨단 담론만을 좇아 다닌 문헌정보학을 강하게 꾸짖는다. 한국 문헌정보학은 '아메리칸 드림'에 젖어 한국의 현실을 외면해 왔다는 것이다. 그러므로 이 문제를 극복하고 한국적 문헌정보학을 정립하기 위해서는 외국의 첨단이론과 그 이론이 만들어진 사회와의 관계를 이해하고, 한국 사회의 특수성과 한국 도서관 현장에 대한 주도면밀한 관찰에 주력하는 연구태도가 요구된다고 한다. 그리고 이러한 논의에 바탕하여 '기본'과 '현단계'라는 개념을 중심으로 한국적 문헌정보학 정립을 위한 시론 한 가지를 제시하고 있다.

이 글은 한국 문헌정보학이 한국 사회의 특수한 맥락에서 한국의 도서관 현실을 다루어야 한다는 입장을 풍성한 논의를 통해 전개하고 있어 의미가 있다고 할 수 있다. 그러나 한편 논의의 풍성함이 글 전체의 논리적 개연성을 다소 희석시키는 면이 있어서 주장하는 바가 희미하게 전달되는 아쉬움을 남긴다.

오 영 아

제3세계적 도서관 방법론에 관하여

[《학기논고집》 3집(1993. 8), 1～17쪽]

이 글은 제3세계적 관점에서 한국적 문헌정보학의 내용과 가능성을 탐색하고 주장하는 글이다.

글쓴이는 학문이란 현실을 바탕으로 할 때에 지속적인 생명력을 가질 수 있다는 원리에 근거하여 도서관 현장과 철저히 유리된 채 기형적으로 성장한 한국의 문헌정보학이 우리의 도서관 발전단계에 적실한 학문으로 탈바꿈하기 위해서는 시각의 전환이 필요하다고 한다. 그리고 그 한 가지 방법으로 제3세계적 관점을 제시한다. 제3세계적 관점이란 학문 종주국의 입장에 있는 서양의 시각이 아니라 우리 현실을 설명하고 개선할 수 있는 주체적인 시각을 이야기하며, 이러한 주체적인 시각은 먼저 우리의 자연과 문화를 바르게 보고 소중히 여기는 자아준거적인 자세에서 유래한다는 것이다. 그런데 지금까지 한국의 도서관계와 문헌정보학계는 서양의 첨단이론을 수입하기에 급급했으며, 그 결과 현장은 현장대로 후진성을 면치 못하고 강단은 강단대로 허위의 권위에 안주해 왔다는 것이다.

글쓴이는 이러한 문제를 극복하고 한국의 도서관 현장과 문헌정보학을 바로 세울 수 있는 방안으로 사서의 제자리 찾기, 언어의 실천성 회복하기, 자생적인 기술 개발하기 등을 제시한다. 요컨대 서구의 이론을 맹목적으로 추종하는 비주체적인 학문행위를 벗어 던지고 우리 현실을 넓고 깊게 관찰하여 거기에 적용할 만한 우리 이론을 만들어 내는 것이 중요하다는 것이다. 이것이 바로 실사구시의 정신이며 실천적인 학문행위인 것이다.

이 글의 의의는 제3세계적 방법론이라는 개념을 통하여 토착적인 이론 개발과 주체적인 이론 수용의 필요성과 중요성을 역설하는 것이다. 그러나 주체적 관점을 지나치게 강조하는 것은 자칫 폐쇄적이고 국수적인 학문 연구 행위에 정당성을 부여할 수도 있기 때문에 좀더 신중하고 논리적인 주장이 요청된다고 할 수 있다.

이 연 옥

한국적 문헌정보학 연구방법론에 대한 일고찰

[《학기논고집》 3집(1993. 8), 18~32쪽]

이 글은 한국 인문사회과학의 자기반성적 맥락에서 형성되었던 민족문학의 주체적, 민족적, 제3세계적 성격을 거울 삼아 한국 문헌정보학의 문제를 비판하고 과제를 제안하는 내용으로 이루어져 있다.

글쓴이가 주목하는 민족문학의 의의는 문학으로부터 소외된 우리 현실과 민중을 문학 속에 복귀시켜 민족 주체성 회복에 기여하는 문학을 정립하려는 것과 자주적이며 주체적인 외국문학 연구를 통하여 제3세계의 관점에서 비주체적 식민지 문학관을 극복하려는 것이다. 이러한 민족문학의 성격에 비추어 글쓴이는 한국의 도서관 현장과 문헌정보학이 도입된 과정부터 문제삼아 고찰하여 이론과 현장의 고질적인 괴리와 자생적 이론의 부재 등을 비판한다.

그리고 이 비판을 토대로 한국적 문헌정보학을 정립하기 위해 요구되는 세 가지 방안을 제시한다. 첫째, 한국의 도서관은 '한국적'인 방법으로 분석하고 해결해야 한다는 것이다. 둘째, 우리 도서관 현장을 개선하기 위해 주체적인 언어를 개발하고 자생적인 기술과 이론을 개발하자는 것이다. 셋째, 도서관 현장과 학계가 조직적이고 지속적인 운동의 형태로 문제를 해결하자는 것이다. 글쓴이는 결론적으로 우리 사회에서 1970~1980년대에 광범위하게 일어난 민족적, 민중적 학문을 정립하기 위한 노력을 참조하여 한국 문헌정보학의 정체성을 정립하자고 요약한다.

이 글은 한국적 문헌정보학 연구방법론에 관한 고찰이라는 제목을 내세우고 있으나 전반적인 논의가 연구방법에 구체적으로 집중되지 못하고 있으며 오히려 한국 문헌정보학의 전반적인 정체성 문제를 개괄적으로 비판하는 논의에 머물고 있다.

최 경 희

한국 문헌정보학의 이론적 과제와 실천적 과제

[《학기논고집》 3집(1993. 8), 46~60쪽]

이 글은 한국 인문학의 정체성 확립이라는 시대적 조류와 관련지어 한국 문헌정보학의 과제를 이론적 측면과 실천적 측면으로 나누어 자세히 탐색하는 글이다.

글쓴이는 인문학계에서 반성적으로 제기되는 서구 학문에 대한 주체적 입장의 문헌정보학적 적용 가능성을 제안하면서 문헌정보학계의 변화가 필요함을 조심스럽게 이야기한다. 그 동안 서구의 기능주의적 패러다임에 매몰되어 우리 현장의 적실한 이론을 정립하지 못한 문헌정보학의 이론적 과제를 제시하기 위해 문헌정보학의 성격과 기존의 연구 경향을 비판적으로 고찰한 후 교과과정 개정의 필요성과 한국 문헌정보학의 연구과제를 제시한다. 우리나라 문헌정보학 교육과정은 우리의 역사와 요구에 근거하지 않고 서양에서 수입된 것이며, 교수들은 그러한 교육과정을 수구적으로 지속시켜 왔다고 비판한다. 또한 한국 문헌정보학이 정립되기 위해서는 문헌정보학, 철학, 도서관사, 이론정보학, 문헌정보 사회학, 연구방법론 등의 연구과제들이 강화되어야 한다고 말하며 세부 연구과제들을 예시하기도 한다. 또한 이러한 이론적 과제와 함께 도서관 현장에서 견지해야 하는 세 가지의 실천적 과제를 제시하는데, 그것은 진정한 전문직 종사자임을 깨닫는 사서의 자기혁신, 현장의 자생적 언어생산, 그리고 현장의 발전단계에 맞는 기술개발로 요약된다.

　한국 문헌정보학의 정립을 지향하는 구체적인 문제제기나 대안모색의 노력이 돋보이는 이 글은, 한편 이론과 실천을 구분하는 기준이 다소 관념적이며 한국적 문헌정보학의 연구과제로 제시되는 주제들의 타당성이 부족한 듯하다.

김 수 경

현단계 한국 문헌정보학의 과제와 전망
— 한국 문헌정보학의 새로운 정립을 위하여

[《학기논고집》 3집(1993. 8), 61~81쪽]

　이 글은 제3세계 문학론의 관점을 참고로 하여 문헌정보학의 제3세계적 관점에 관해 논의하고 있으며, 이를 기초로 문헌정보학 발전의 양 주체인 현장의 사서와 강단 연구자의 과제에 대해 고찰한다.

　글쓴이는 우리나라에 도서관이라는 사회제도와 문헌정보학이 들어오는 과정을 개괄적으로 정리하면서 우리 학문의 태생적 식민성에 대하여 이야기한다. 서양의 제도, 학문, 세계관에 매몰되어 우리 현장은 외면한 채 선진이론과 첨단이론을 추종하기에 급급한 것이 바로 한국 문헌정보학의 현단계라는 것이다.

글쓴이는 이러한 모순을 극복하기 위해서 제3세계적인 관점의 문헌정보학을 주창하는데, 그 내용은 첫째, 역사적 안목을 가지고 그 시대의 요구에 민감해야 하며 둘째, 민중에게 혜택이 돌아가는 도서관 서비스를 지향해야 하며 셋째, 민주적 원리에 입각한 도서관 체제를 구축해야 하며 넷째, 민족분단의 모순을 지양하는 방향으로 나가야 한다는 것이다. 이러한 관점에 입각하여 연구자들은 현장 문제에 적실한 실천적인 연구를 지향하고 학술운동 자원의 연내를 강화하며 시대변화에 부응하는 교과과정 개발에 관심을 기울여야 한다고 주장한다. 또한 현장 사서들은 주체적인 언어와 실천을 강화하여 전문직 종사자로서 자부심과 윤리를 정립하고, 나아가 전문직 단체를 중심으로 사회에 이바지해야 한다고 주장한다.

이 글은 한국 문헌정보학의 정립을 위해 제3세계적 관점을 제시하고 있지만 논의의 흐름이 성글고 내용 또한 다소 방만하여 글쓴이의 주장이 힘있게 전달되지 못하는 단점이 있다.

최 성 진

한국문헌정보학에 대하여

[《창사이춘희교수 정년기념논집》(1993), 81~112쪽]

이 글의 서두에서 글쓴이는 한국 문헌정보학은 미국 문헌정보학과 다를 수밖에 없는 원리를 논의의 시발로 삼는다. 즉 각 전문직은 그것을 출현시킨 문화의 특수성 속에서 형성되고 발전되기 때문에 한국 문헌정보학이라는 독립적인 체제가 성립되어야 한다는 것이다. 그런데 우리나라의 많은 문헌정보학자들은 이 사실을 분명히 인식하지 못하고 서양 문헌정보학, 특히 미국 문헌정보학을 연구하는 데 많은 노력과 시간과 돈을 소비하는 현실이 큰 문제라는 것이다. 따라서 이제는 학문의 의존에서 자립으로, 수입에서 생산으로 방향을 바꿀 때가 되었으며, 한국 문헌정보학은 지금 이 시대에 필요한 우리 문헌정보학을 정립하여 학문의 주체성과 보편성을 동시에 확보하고 우리 도서관 문제를 해결하면서 세계의 도서관 문제를 해결하는 데까지 이르러야 한다고 주장한다.

이와 같은 문제의식을 가지고 연구자는 최근 2년간(1991~1992)《도서관학》과《정보관리학회지》에 발표한 64편의 논문을 대상으로 문헌정보학의 기본 주제를 다루고 있는가, 보편적 진실을 밝히고 있는가, 도서관 봉사 환경 변화에 대비한 연구인가, 한국 도서관 봉사의 발전에 기여하는 연구인가, 한국 문헌정보학의 정립에 기여하는 연구인가 등 다섯 가지 물음을 가지고 한국 문헌정보학의 실상을 진단하려고 한다. 양적 분석을 통한 글쓴이의 주장에서 가장 두드러지는 것은 한국 문헌정보학자가 한국의 도서관 현장과 관련된 연구를 해야 한다는 것이다. 이 나라의 문헌정보학자들이 한국의 도서관 현실을 외면하고 외국의 선진 이론들을 따라다니며 시간과 자원을 탕진한다면 이는 명백한 배임행위라는 것이다. 외국이론이 그대로 한국 상황에 적용될 수 있는 경우는 아주 드물기 때문이다. 그러므로 한국의 문헌정보학자들은 연구과제를 결정하기 전에 먼저 그 과제의 유용성과 현실적합성에 대해 자문해야 한다는 것이다. 현장에 대한 이해와 감각이 없는 연구는 무용할 뿐만 아니라 결과적으로는 허구와 공론에 지나지 않는다는 것이다.

이 글은 우리나라 문헌정보학계의 비중 있는 연구자에 의해 한국적 문헌정보학이 강조되었다는 점에서 의의를 찾을 수 있을 것이다. 그러나 분석대상 학회지 선정의 임의성과 일부 분석기준과 해석의 비논리성 등은 글쓴이의 주장이 크게 힘을 얻지 못하도록 하는 결점으로 작용하는 듯하다.

김 정 근

한국의 대학도서관 무엇이 문제인가

[한울, 1995]

이 책은 한국 대학도서관의 주요한 문제를 주로 글쓴이의 경험과 연성적인 자료들에 근거하여 깊이 있는 탐색을 통해 부각시킨다. 한 대학도서관의 사례를 중심으로 현장 문제를 이야기하기 때문에 학문의 정체성 문제를 표면적으로 다루고 있지는 않지만, 기저에 흐르는 문제의식과 입장은 한국 문헌정보학의 탈식민성 담론 그 자체와 다름 없다.

글쓴이는 엄연한 한국의 현실을 두고 외국의 이론과 방법으로 연구를 하는 강단의 깊은 허위의식과 한국의 도서관 현장을 향해 첨단의 수입처방을 무비판적으로 남용하는 관행에 대한 반성과 대안으로 실천적인 연구의 모델을 제시한다. 따라서 이 책은 우리나라 문헌정보학의 식민성에 대한 통렬한 꾸짖음과 반성에 따른 실천적 대안이라고 할 수 있다. 우리 문헌정보학의 서구 종속성과 문헌정보학자들의 유희적 연구행위, 그리고 그 결과로 초래되는 학문과 현장의 심각한 괴리에 대한 준렬한 비판정신이 이 책의 내용을 떠받치고 있음을 알 수 있다. 이러한 문제의식에 기반하여 대학도서관 문제를 운영주체의 문제, 장서개발의 문제, 장서개발 과정에서 사서 주도성의 문제, 조직발전에서 계기성의 문제로 나누어 철저하게 해부한다.

이 책은 독자로 하여금 한국적 현장연구의 좋은 모델을 제시한다는 점에서 큰 가치를 가진다고 할 수 있다. 문제에 접근하는 방법적 측면에서 토착적인 시각과 자료, 그리고 연구방법의 가능성을 유감없이 보여주고 있으며, 또한 현단계 우리 현장의 문제를 사실적으로 묘사하기 위하여 경직되고 획일적인 논문 문체를 과감히 버리고 있기 때문이다.

　요컨대 주체적인 문제의식과 현장을 관찰하고 분석하는 정밀한 시각, 그리고 그것을 담아내는 유연한 언어라는 세 측면에서 실천학문으로서 한국 문헌정보학의 새 단계를 여는 저작이라 할 수 있다. 하지만 한국 문헌정보학의 병폐와 그 대안에 대해 좀더 구체적이고 직접적인 논의를 기대하는 독자에게는 다소 실망을 안겨 줄 수 있을 것이다.

김정근 편

학술연구에서 글쓰기의 혁신은 가능한가

[한울, 1996]

　이 책은 부산대학교 문헌정보학과의 학술 공동체인 '공동작업실'에서 여러 해 동안 지속해 온 학문 방법론 논의와 실천의 결과물을 묶은 것으로 문헌정보학 연구에서 글쓰기의 혁신 문제를 본격적으로 탐색하는 권두논문과 세 편의 실천적 글쓰기 사례로 구성된다. 하지만 머리말에서 나타나듯이 결국 이 책이 지향하는 것은 우리 학계 전반에 고착되어 있는 학술연구 행위의 허위성과 형식주의를 비판하고 나름대로 대안적 방법을 모색하려는 데 있다.

　글쓴이들은 형식주의와 요식행위가 지배하고, 서양문헌에 대해 숭배에 가까운 무비판적 수용으로 일관해 온 문헌정보학계의 자기상실과 정신분열증적 상태에 대해 폭넓은 경험과 깊은 성찰로 적나라하게 지적한다. 그리고 이러한 왜곡 상황을 극복하기 위한 학술연구의 성격을 우리식, 한국적, 주체적, 자아준거적, 실사구시적이란 개념으로 담아 낸다. 글쓰기라는 큰 틀을 통해 모색되는 문헌정보학의 연구혁신은 적실성 있는 학문연구를 하자는 내용으로 요약된다. 이를 위해서 제시되는 방안은 먼저 주제의 혁신으로 우리 현장의 기본적인 이야기를 주제화하자는 것이다. 그리고 적실한 주제 선정과 함께 고려해야 하는 것은 적실한 연구방법으로, 그것은 문제를 풀어가는 방법과 자료를 문제의 맥락에 근거해서 유연하고 다양하게 적용해야 한다는 것이다. 이런 논리에 따라 현단계 질적 연구방법의 개발과 강화가 절실히 요청된다고 한다. 끝으로 주제와 연구방법의 적실성을 의미 있게 하고 학술연구에서 글쓰기의 혁신을 종결하는 요소로서 문체의 혁신을 주창한다. 과제와 연구방법에 걸맞은 제시 기술의 개발이야말로 학술연구의 비주체성과 유희성을 극복하고 흥미와 유용성 있는 연구를 가능하게 한다는 것이다. 그리고 이러한 실천적인 학술연구는 우리 사회의 지식인들이 식민성으로부터 탈피하려는 성찰과 지속적인 노력을 보여준다는 점에서 의미를 가지는 것이라고 한다.

이 책에서 제시되는 비판과 주장이 더욱더 힘을 얻는 이유는 세 편의 실천적이며 실험적인 연구사례가 있기 때문이다. 공공도서관의 이용자 문제와 발전단계, 그리고 대학도서관 장서 문제에 관한 테마를 질적 방법과 연성자료를 바탕으로 탐색하는 연구사례는 연구방법의 본격성과 세련미가 다소 미숙한 점이 있으나 질적 연구의 사례로서는 손색이 없다고 할 수 있다.

김 정 근

문헌정보학 연구에서 '실천적' 글쓰기란 무엇인가

[《열린지성》 3호(1997 겨울), 83~99쪽]

이 글은 문헌정보학 연구가 현장의 문제와 유리된 현실에 대해 문제 제기를 하고, 실천적 글쓰기라는 대안을 인문사회과학계의 관련 담론에 힘입어 주장한다.

글쓴이는 대학도서관의 최고 관리 영역에 참여한 경험과 현장 사서들과의 대화를 통해 문헌정보학계의 연구물들이 대체로 도서관 현장 업무에 그다지 적합하거나 유용하지 않다는 사실을 깨닫고, 그 원인과 극복 방안에 대해 깊이 성찰하게 되었다고 한다. 나아가 연구자들에게 학술적 글쓰기가 여유작작한 지적 놀이로 전락했으며, 형식과 통과의례의 성격에 매몰되어 버렸다고 통렬하게 지적한다. 그리고 이러한 상황을 혁신하기 위해서 문헌정보학 연구자는 자기가 서 있는 때와 터전의 의미를 깊이 생각하는 실천적 학술논문 쓰기를 해야 한다고 제시한다.

이 실천적 글쓰기는 세 가지 전술적 노력에 의해 실현되는데, 먼저 지나치게 분산되어 있으며 첨단과 서양의 담론이 판을 치는 연구주제를 현장의 기본 과제에서 건져 올리는 노력이 필요하다. 그리고 단일한 방법론에 치우친 연구방법을 다양화하여 현장이 품고 있는 다양한 드라마를 사실적으로 규명하려는 노력이 필요하다. 마지막으로 문체 또는 제시기술의 문제로서 쉬움과 임상성을 통하여 독자들의 흥미를 유발하고 자긍심을 보호하는 노력을 기울여야 한다는 것이다. 이와 같은 대안과 실천방안을 제시한 후 글쓴이는 자신이 속한 학과에서의 실천과정과 성과를 소개하면서 학술논문 쓰기가 원활한 의사소통을 촉발시키고 장려하는 개방적인 행위가 되어야 한다고 덧붙인다.

이 글은 문헌정보학에서 학술논문 쓰기의 병폐를 신랄하게 지적하며, 간결하고 고백적인 대안을 글쓴이의 체험과 성찰을 토대로 설득력 있게 제시하고 있어 문헌정보학계뿐만 아니라 인문사회과학계 전 영역의 학자들에게 학술논문 쓰기의 본질을 반추하게 한다.

이 수 상

한국 문헌정보학의 현단계

[한울, 1998]

이 책은 한국 문헌정보학의 모습을 학문 도입기와 성장과정을 통해 다각도로 분석하고, 한국의 현실개혁에 기여하는 토착적인 학문으로 재정립하기 위한 실천적인 대안을 모색하는 내용으로 이루어져 있다.

글쓴이는 먼저 《한국문헌정보학회지》와 《도서관학논집》에 실린 연구논문을 분석하여 한국 문헌정보학 지식체계 속에 들어 있는 기본적인 문제를 연구주제의 산발성, 성급한 정보학적 요소, 편향된 연구방법, 외국 지향적 연구태도로 지적하고 이에 대한 대안으로 학문 토착화 논의를 제시한다. 그리고 이러한 논의를 심화시키기 위해 초창기 한국 문헌정보학이 어떤 사회적 배경과 세력에 의해 성립되었는지를 다양한 사료를 근거로 체계적으로 규명한다.

문헌성보학의 성립배경을 대학 이전 시기와 대학 시기로 나누어 정리한 후 글쓴이는 한국 문헌정보학이 성장하는 과정에서 나타나는 여러 가지 논의를 밀도있게 분석한다. 즉 초창기 도서관학 체계 논의에서부터 1970, 1980년대의 정보학 도입 문제, 1980년대 후반부터 제기된 학명 변경 논의, 1990년대의 한국적 문헌정보학 관련 논의를 문헌과 증언을 토대로 비판적으로 검토하는 것이다. 이러한 분석을 근거로 글쓴이는 한국 문헌정보학의 학문성 대 기술성 논의, 사회과학으로서 인식론적 지평의 확대를 가능하게 하는 사회인식론과 지식사회학에 대한 검토를 거쳐 도서관 사회학이라는 새로운 패러다임을 강하게 부각시킨다. 이에 덧붙여 결론적으로 한국 문헌정보학이 토착적이고 주체적인 실천 학문으로 다시 서기 위한 방안을 여러 가지 변화하는 학문환경 속에서 모색하고 탈식민성 획득이라는 지향에 따른 여러 가지 실천 전략을 제안한다.

이 책은 한국 문헌정보학의 현단계를 학문 도입기의 역사적 배경과 성장과정의 다양한 논의를 중심으로 깊이 있게 분석하여 정리함과 동시에 나아갈 미래를 탐색하는 연구성과로서 큰 가치를 가진다고 할 수 있으며, 특히 부록으로 이춘희, 이봉순, 이재철 등 한국 문헌정보학계 원로학자 3인과의 대담자료가 포함되어 있어 문헌정보학사 연구에 귀한 사료를 제공한다. 그러나 학문 도입기 역사에 비해 성장기 역사를 다루는 부분에서 역사적 연구로서는 밀도가 떨어지는 듯하며, 한국 문헌정보학의 새로운 방향으로 제시되는 내용은 학계 전반의 심도 있는 검토를 필요로 하는 화두라고 생각된다.

김정근 편

학술연구에서 문화기술법이란 무엇인가

[한울, 1998]

이 책에서 글쓴이들은 서양의 눈으로 우리 사회를 들여다보는 버릇을 벗어나지 못하는 우리나라 학계의 풍토에 대해서 문제의식을 가지고 한국 사회, 그 가운데서도 도서관 현상에 대해서 연구의 초점을 맞추고 있다. 논문 중심주의나 원전 중심주의를 과감하게 벗어 던지고 문헌정보학 강단과 도서관 현장이 의사소통하는 글을 생산하고자 하는 바람으로 실질적 참여연구인 문화기술법의 연구방법을 시도한다. 글쓴이들은 학술적 글쓰기의 대상으로서 실천적 논제를 설정하고, 거기에 따른 연구방법의 모색, 제시기술(문체)의 혁신을 통해 독자의 흥미를 유발시키며, 문제의 본질을 가감 없이 드러내는 학술연구의 길을 탐구한다.

이 책은 한국 문헌정보학에서 문화기술법의 의의와 가능성을 탐색하는 총론격인 글과 세 편의 연구사례로 나뉘는데, 연구사례 부분은 연구자들이 문화기술적 접근을 활용함으로써 어떻게 실제 연구상황에서 '실천성'을 담보해 낼 수 있는지 여실히 보여준다. 그리고 글쓴이들은 우리 학계에 고착되어 있는 논문 형식의 파괴를 통해 연구자들과 독자 모두가 말과 글로써 원활하게 소통할 수 있는 새로운 담론공동체의 형성이라는 희망을 소중하게 제시해 준다.

이 책은 실험과 실천이라는 측면에서 문헌정보학계뿐만 아니라 여타 사회과학 분야에도 많은 시사를 제공할 수 있다는 점에서 좋은 평가를

받을 만하다. 그러나 문화기술법이란 연구방법의 이론적 깊이와 기법적
다양성의 기준에서 보면 연구방법 활용의 본격성과 완전성이 다소 미숙
하다고 지적할 수도 있을 것이다.

[붙임 1]

우리의 문제를 우리의 시각에서 바라보자

● 이 글은, 이 책에 이르는 중간과정이었던 〈한국 사회과학의 탈식민성 담론에 관한 서지연구, 1945~1995〉, 《한국민족문화》 10집(1997. 12)의 발표를 계기로 《교수신문》의 최익현 편집국장과 김정근 교수 사이에 이루어진 대담 내용이다. 이 대담의 축약된 형태가 '서양문헌 받들기 버려야'라는 제목 아래 《교수신문》 1997년 12월 22일자에 실려 있다.

최익현 근대 학문, 특히 사회과학 분야는 현실과 밀접한 학문 부문입니다. 이 점에서 사회과학이 자신의 목소리를 내지 못한다면, 이론-현실은 따로 놀게 될 것입니다. 선생님의 이번 작업은 결국 이론과 현실을 하나로 묶어보자는 큰 기획에서 나온 것 같은데, 이번 작업의 배경과 의미를 정리해 주십시오.

김정근 이번 작업의 계기는 거창한 것이 아니었습니다. 오히려 아주 작고 내면적인 동기에서 시작되었다고 할 수 있습니다. 그것은 제가 한국 도서관을 대상으로 문헌정보학 연구를 하면서 느끼게 된 '무력감 또는 자괴감'에서 비롯된 것입니다. 저는 서양 문헌정보학 이론을 오랫동안 연마하고 서양 도서관에 대한 견문을 적지 않게 쌓아 왔음도 불구하고, 이런 것들이 우리 도서관 현실의 개선에 별로 도움이 되지 않음에 내심 당황할 수밖에 없었습니다. 저는 아주 뒤늦게야 깨닫게 된 것이지요. 바로 나 자신이 식민자(colonizer)의 입장에서 학문을 하고 있다는 것을 말입니다. 말하자면 우리 현실을 바라보는 나 자신의 시각 자체가 잘못되었음을 알게 된 것입니다. 연구자의 논제(論題)는 자신이 처한 사회의 현실에서 길어 올려야 한다는 평범한 사실을 망각한 것입니다. 그 뒤로 저는 우리 문헌정보학 분야의 연구행태를 그러한 관점에서 살펴보기 시작했습니다. 예상대로 거의 모든 연구자가 서구추수적 연구를 하고 있었습니다. 그들은 아무런 거리낌없이 미국을 이야기하고 첨단을 소개하면서 자신들의 할 바를 다했다고 생각하는 것 같았습니다. 저는 답답했습니다. '이것이 아닌데'라고 생각하면서도 무어라고 말을 해야 할지 몰랐지요. 그래서 답답한 심정으로 다른 분야는 어떤가 하고 둘러보기로 하였습니다. 그러다가 저의 눈을 번쩍 뜨게 하는 글들을 만나게 되었습니다. 우리 학문을 제대로 하자는 목소리가 여러 학문 분야에서 때로는 전면에서 강렬하게 때로는 한 쪽에서 지속적으로 나오고 있음을 발견한 것이지요. 저는 그 글들을 접하면서 어떤 위안과 안도감을 느꼈습니다. 추운 겨울을 견디면서 새싹을 피울 봄을 기다리는 마음들을 읽어낼 수 있었습니다.

저는 이 글들을 저 혼자만 읽고 말 것이 아니라, 글쓴이들의 고민과 논의를 한데 묶어주는 작업을 하면 어떨까 하고 생각했습니다. 글쓴이들은 한국 사회에서 학문을 하면서 이론과 현실의 괴리에 제각각 고뇌하고 그 해결방안을 모색하고 있었습니다. 그런데 그들의 논의는 어떤 의미에서 한계를 가지고 있었습니다. 우선 그들 사이에 '지속적인 연대'가 이루어져 왔다고는 보기가 힘들었습니다. 그저 개개 학자가 실존적 고민과 반성을 하는 수준에 머무르는 경우가 많았습니다. 그래서 저는 이러한 논의를 '탈식민성 담론'이라고 부르고 이들 담론을 체계적으로 정리해 주는 것이 좋겠다는 생각에까지 이르게 되었지요. 이러한 작업이야말로 한국 문헌정보학이 다른 학문 분야를 위해 연대적인 도움을 줄 수 있는 일이라는 생각도 들었습니다. 저는 이러한 생각을 '부산대학교 대학원 문헌정보학과 공동작업실'의 구성원들과 의논하였고, 그들도 탈식민 담론류의 글들을 적지 않게 읽어 온 터라 흔쾌히 저의 제안에 동의하였습니다. 그리하여 우리는 문헌정보학의 서지·색인·초록 기법을 활용하여 인접 사회과학 분야의 탈식민성 담론을 살펴보고 초록하는 작업에 착수했으며, 이제 수년간의 작업 끝에 그 일차적 결실을 보게 된 것입니다.

이번 작업의 의미는 우선 해방 이후 반세기 동안의 한국 사회과학의 탈식민성 담론을 정리한 것에 있습니다. 이제 우리 학문도 지천명의 나이에 이르렀습니다. 그 동안의 시행착오를 거름 삼아 성숙한 단계로 들어가야 합니다. 지난 50여 년 동안 일부 뜻 있는 사회과학자들이 주체적이고 적실성 있는 학문을 하자고 외쳐 왔습니다. 그러나 안타깝게도 이들의 논의가 전체 학계로 확산되어 구체적인 작업으로 이어졌다고는 볼 수 없음을 이번 서지연구를 통해 알 수 있었습니다. 우리의 이번 작업으로 한국 사회과학의 탈식민 담론 생산자들의 논의가 더욱 체계적으로 조명될 것으로 보입니다. 우리는 독자들이 탈식민 담론의 흐름을 파악할 수 있기를 기대합니다. 나아가 탈식민 담론 생산자들이 앞으로 서로 '연대'를 굳건히 하기를 바랍니다.

최익현 이번 연구에서 눈에 띄는 것은 '우리의' 학문, 수입학이 아닌 스스로의 학문이 사회과학 분야에서 산발적으로 혹은 나름대로의 지형을 이루면서 나타나고 있다는 내용입니다. 수입학을 극복하기 위해서는 학문 공동체 내부의 치열한 노력이 필요하다고 봅니다. 그러나 이런 노력은 자칫 '보편학문'의 정신에서 조금 멀리 나가 '국수주의적' 경향으로 나타날 수 있다는 점에서 우려됩니다. '우리 학문'이란 개념과 범주를 어떻게 이해하면 되겠습니까?

김정근 '우리 학문'의 개념과 범주를 단정적으로 제시하는 것은 오히려 많은 시비를 불러일으킬 수 있으며 문제의 본질을 이야기하는 데 효과적이지 못할 수 있다고 생각합니다. 저는 우리가 가진 보편 학문에 대한 과신(過信)과 맹신(盲信)의 태도를 진지하게 반성하고 성찰하는 것에서부터 우리 학문이 정착될 수 있다고 생각합니다. 보편 학문은 말 그대로 보편적 현상을 설명하는 설득력을 주요한 임무로 삼는 것이죠. 따라서 보편 학문의 원리를 참조하면서 우리의 터와 때에 적실한 학문을 하는 것이 바로 우리 학문을 하는 것이라고 생각합니다. 가령 이런 예가 가능하겠죠. 최근 우리 경제가 파탄지경에 이르자 우리나라의 사회과학계 일각에서는 적지 않은 자성과 자탄의 목소리가 들려오고 있습니다. 수십 년간 서구의 첨단 학문을 열심히 좇아 왔으면서 정작 우리 사회의 문제는 곪아터지도록 방치해 두었다는 것이죠. 서구의 학문을 경쟁적으로 추종하고 모방한 뿌리 없는 학문은 우리 현실을 설명하고 우리 사회의 문제를 해결하는 데 아무런 기여를 하지 못한다는 것을 증명하는 겁니다. 우리나라의 경제학에서는 정경유착 문제라든지 가족주의적인 대기업 경영체제 등과 같은 것을 중요한 학문적 과제로 다루는 것이 우리 학문을 하는 것이 아닐까요. 그렇게 할 때에 그것을 국수주의라고 비난할 수는 없는 일이죠. 지금 우리에게 절실한 문제를 테마로 삼아 우리 시각과 언어로 하는 학문이 바로 우리 학문이며, 그것은 자연스럽게 보편 학문과 연결될 수 있다고 생각합니다.

최익현 《교수신문》도 지난 96년 창간 4주년 기념호에서 신진교수 100명을 대상으로 설문조사를 한 바 있습니다. 이때 교수들은 우리 학계의 학문행태가 지나치게 미국(서구)의존적임을 꼬집었습니다. 71%가 학문의 대외의존성을 비판한 것으로 나타났습니다. 이러한 경향을 본다면, 대외의존성을 극복하는 것이 곧 '우리 학문' 모색으로 이어진다는 것을 알 수 있습니다. 위의 질문과 관련, 과연 학문의 대외의존성 극복은 어떻게 가능할까요?

김정근 '우리 학문'의 모색과 건설은 발상의 전환으로 가능합니다. 많은 학자들이 연구를 시작할 때 서양 문헌을 먼저 보는 경향이 있습니다. 논제를 서양에서 빌려오고 논문도 서양 문헌을 짜깁기하는 식으로 구성하는 예가 많다고 봅니다. 이러한 연구행태에 대전환이 필요합니다. 연구의 발상단계에 우리 사회의 현실에 주목하고 그것을 깊이 들여다보는 것이 무엇보다도 필요합니다. 그래서 우리 현실의 병리를 진단하고 그것에 대한 적절한 처방을 내놓기 위해 고심해야 합니다. 그 처방은 연구자의 관찰과 창의적 관점 속에서 나올 수도 있고, 대상과의 교류(예컨대, 연구대상자와의 깊이 있고 지속적인 대화)를 통해 나올 수도 있고, 우리의 과거 경험과 다른 나라(선진국뿐만 아니라 제3세계)의 경험(현재 유행하는 이론보다는 오히려 과거의 시행착오 경험)을 들여다봄으로써 나올 수도 있습니다. 각 연구자가 우리 현실을 개선하려는 주체적 입장에 서서 논제를 설정하고 연구를 진행하면서 서양문헌도 참조하는 방식으로 우리의 연구행태가 바뀌어야 합니다.

부언하자면, 저는 지금 서양문헌을 도외시(또는 백안시)하자는 이야기를 하고 있는 것이 결코 아닙니다. 연구의 성격에 따라 우리 문헌을 많이 활용할 수도 있고, 서양 문헌에 많이 기댈 수도 있습니다. 그것은 각 연구자가 판단할 문제입니다. 다만 우리 학계에 만연된 '서양 문헌 떠받들기' 증세를 경계하자는 것입니다. 철학 분야의 김영민 교수는 이를 '원전중심주의'라고 표현한 바 있지요. 많은 교수들은 학위논문심사를 할 때나 세미나 장소에서 발표되는 논문이 얼마나 창의적이고 우리 현실에 도움이 되는가를 우선적으로 생각하지 않고, 서양 문헌을 얼마나 인용했으며 형식이 주어진 틀에 맞는가를 따지기 일쑤입니다. 이러한 심리적 강박증세를 치유하지 않고는 우리 학문을 제대로 하기 어렵다는 것을 이 자리를 빌려 분명히 밝히고 싶습니다.

최익현 이번 작업을 수행하시면서 얻은 경험이랄까요, 거듭 확인된 문제의식이 있다면 무엇입니까? 예컨대, 학자들의 맹목적인 서구추수성이라든지, 남의 것을 자기 것으로 만드는 주체적 노력의 결핍이라든지…… 우리 학계가 안고 있는 가장 큰 고질병을 재확인했을 것이란 생각이 듭니다.

김정근 우리 학자들은 학문(방법)론에 대한 고민과 성찰이 많이 부족하다는 생각을 합니다. 기술적인 연구기법으로서의 방법이 아니라 철학과 신념으로서의 방법론을 이야기하는 것입니다. 그것은 학자의 세계관이며 학문을 수행하는 근원적인 자세와 깊이 관련 있는 것이죠. 모든 학자는 서구의 연구방법을 무비판적으로 수입해서 반복적으로 결과물을 생산해 내기보다 지금 이 땅에서 학문하는 의미를 끊임없이 자문해 가야 한다고 생각합니다.

그리고 한 가지 더 안타까운 것은 우리 학계의 비연대성입니다. 학문은 모름지기 대화의 행위인데 우리 학계에는 대화하는 풍토보다는 독백의 풍토가 지배적이라고 할 수 있습니다. 그래서 소수의 담론 생산자들은 언제나 고립적으로 이야기하게 되고 담론은 분절되고 맙니다. 결국 학문은 점점 편향되고 폐쇄적으로 고착되어 버리는 것이죠. 학문이 생명력을 가지려면 무언의 추종과 모방보다는 비판과 토론을 통한 학문적 연대가 필수적이라고 할 수 있습니다. 한 분과학문 안에서의 대화를 통한 연대는 물론이고 학제간 연대 또한 절실하다고 생각합니다.

최익현 선생님은 탈식민 담론이 여러 학문 분야에서 상당수 발견된다고 하셨습니다. 각 학문의 내부, 나아가 학제간 연대 가능성에 특히 주목하고 계신데, 이와 관련 '우리 학계(학문)의 생산방식'과 '학문후속세대 육성'의 문제를 또한 제기할 수 있을 것 같습니다. 스스로가 학자를 키워내지 못한다면, '주체적 학문' '주체적 담론'도 불가능하지 않을까요?

김정근 '학문 후속세대'의 양성은 '우리 학문'의 건설만큼 중차대한 일입니다. 학문이란 단기간에 되는 일이 아니고 사회적 역사적 축적을 통해 지속되는 일이기 때문입니다. 또한 서구추수성이 강한 우리 학계에서 우리 학문을 제대로 건설하여 나가는 일은 학문 후속세대의 구체적 작업으로 이어지지 않고는 뿌리내리기 어렵습니다. '학문 후속세대'란 우리나라에서 석박사 과정을 밟는 젊은 연구자들을 가리키는 말인 줄 압니다. 《교수신문》에서 이 용어를 만든 것으로 아는데, 매우 적절한 말이다 싶습니다. 이 문제에 대해서는 아시다시피 조동일 교수(서울대 국문학), 조혜정 교수(연세대 문화인류학), 박홍규 교수(영남대 법학), 김영민 교수(전주 한일신학대 철학) 등을 비롯한 여러 뜻 있는 학자들이 이야기해 오고 있지요. 이 자리에서 학문 후속세대가 놓여 있는 사회적 경제적 상황이 열악한 문제를 논하지는 않겠습니다. 여기에서는 학문 후속세대에게 굴레가 되는 정신적 심리적 요소를 지적하고자 합니다.

첫째, 우리 학자들 스스로가 자신들의 학문작업에 자부심을 가지지 못하고 제자들이 외국학위를 취득하기를 바라는 심리를 가지고 있는 점입니다. 우리 역사와 사회현실에 기반한 연구를 수행하면서 필요한 자료는 세계 어디에서든 구할 수 있는 것입니다. 그런데 우리 학계에서는 서구제(특히 미국산) 학위가 만병통치약으로 간주되는 경향이 있습니다. 주객이 전도된 것입니다. 이웃나라 일본과 중국의 경우, 외국학위 취득이 자국의 연구에 대한 비교연구나 자료수집 차원에서 행하여지는 것에 비하여 우리 학계의 학문행태는 지나치게 식민적 종속성을 보이고 있습니다.

둘째, 국내 대학원 과정에서 연구를 하는 우리 학문 후속세대는 대학원에 진학하기 전에 가졌던 개인적 의식을 거세당하기 일쑤이고, 학문 후속인력 사이에 횡적인 연대를 하기가 거의 불가능한 상황에 놓이게 된다는 점입니다. 이 말은 여러 가지로 해석할 수 있습니다. 여기서는 한두 가지만 지적할까 합니다. 대학원에 진학하면, 논문은 어떻게 쓰며(논문작성법) 연구는 어떤 식으로 해야 하는가(연구방법론) 등을 배우게 됩니다. 이 과정이 대체로 기존의 틀에 학생들의 창의력을 재단하는 결과를 빚게 된다고 봅니다. 또한 지도교수와의 종적인 관계에서 논문을 쓰게 되는 학생들은 서로들 간에 토론하고 함께 연구를 해 나가는 일을 하기가 어렵다고 생각합니다. 이러한 면에서는 현재 부산대학교 대학원 문헌정보학과 공동작업실의 경우, 토론공동체로서 참조할 만한 사례가 된다고 할 수 있습니다.

셋째, 자료의 문제입니다. 현재 국내의 도서관 상황은 우리 학문만큼이나 열악합니다. 특히 학문지원의 바탕이 되는 장서가 빈약하기 짝이 없지요. 이렇게 된 데에는 여러 가지 한국적 병폐가 있는데 이 자리에서 그것을 구구절절이 거론하지는 않겠습니다. 다만 서구학문의 지식수입상 역할을 하면서 우리나라 도서관에 사료를 체계적으로 구축하는 작업은 도외시해 온 대다수 교수들이 이에 대해 근본적인 책임이 있음은 말해두고 싶습니다. 도서관 선진국의 경우처럼 우리도 수백만 권에 이르는 양질의 장서를 대학도서관이 가지고 있어야 학문 후속세대의 양성도 가능합니다. 한편, 연구를 위한 자료문제에 관한 한 발상과 착안점의 전환만으로 문제의 해결이 부분적으로나마 용이해질 수 있습니다. 국내에서 연구하는 학자들과 학문 후속세대가 필요로 하는 자료는 사실 상당 부분 우리 지역사회에 널려 있습니다. 예컨대 학생들이 대학가에 뿌리는 전단, 지역사회의 역사나 문화를 담고 있는 향토자료, 각급 기관이나 조직의 업무의 역사와 현황을 보여주는 각종 문서 등을 도서관이 수집하여 연구자들에게 제공한다면 '우리 학문' 건설작업을 지원하는 일이 될 것입니다. 이제 우리는 우리의 일상과 현실에서 다시 기초를 쌓아 올려야 합니다.

최익현 이번 서지연구는 학계에 적잖은 충격을 줄 것이라 생각합니다. 이번의 서지연구에 이어 계획하고 계신 작업은 무엇입니까? 물론 '탈식민성 담론'의 마무리가 되겠지만, 탈식민성 담론 이후의 작업이 더욱 궁금합니다. 개인적으로 혹은 공동연구로 구상하신 것은 없습니까?

김정근　이번의 공동연구는 자연스럽게 이루어진 면도 있고 한편으로는 의도적으로 개척한 면도 있습니다. 공동연구는 연구의 폭과 깊이를 심화하고 연구역량을 학문 후속세대에게 지속적으로 이어주는 의미가 있습니다. 그래서 앞으로도 기회가 있으면 공동연구를 많이 하려고 합니다. 물론 결코 쉬운 작업은 아니지만요.

이후의 작업은 문헌정보학 내부에서 탈식민적인 방법론에 입각한 연구를 실천하는 것이 되겠죠. 그것이 이번 연구의 계기이기도 합니다. 우리 학문 분야에서 탈식민성 담론의 인식 지평을 확대하여 연대를 모색하고 궁극적으로는 우리 학문을 성숙하게 만드는 것을 지향하고 있습니다. 구체적으로는 우리 도서관 현장의 현단계가 요구하는 적실한 테마를 발굴하여 그에 맞는 연구방법과 제시 기술을 실험하고 실천하는 작업에 힘을 쏟고 싶습니다. 그리고 여력이 있으면 인문학과 과학 분야의 탈식민성 담론에 관한 서지연구에 도전해 볼 수도 있겠죠. 이들 분야에도 많은 탈식민성 담론이 생산되고 있는 걸로 알고 있습니다. 이 작업은 저희가 아니라도 누군가가 시도하면 우리 학문에 많은 도움이 될 것이라 생각합니다.

주체적 사회과학을 일으켜 세우자

● 이 글은, 이 책의 탈고를 계기로 《교수신문》의 김윤정 기자와 김정근 교수 사이에 이루어진 대담 내용이다. 이 대담의 축약된 형태와 관련 기사가 《교수신문》 1999년 10월 4일자에 실려 있다.

김윤정 지난 97년 '한국 사회과학의 탈식민성 담론에 대한 서지연구' 1차분 발표는 우리 인문사회과학계에 적지 않은 충격을 주었습니다. 이제 2차분(최종분)을 완료하셨는데, 이번 작업의 의미와 한국 학계에 미치는 영향에 대해 말씀해 주십시오.

김정근 지난 97년의 1차 작업과 이번의 2차 작업을 통하여 우리나라 사회과학 11개 분야의 탈식민 담론을 정리하였습니다. 사회과학 전체 분야를 아우르지는 못하였으나, 중요한 탈식민 담론은 대체로 망라하였다고 봅니다. 이러한 작업은 한국 사회과학의 여러 학문 사이의 연대(連帶)를 공고히 하는 가교의 역할을 할 것으로 생각합니다. 이번 작업을 수행하면서 학술커뮤니케이션의 중요성을 또 한번 절감하였습니다. 우리 문헌정보학자들이 서지통정 기술을 발휘하여 이웃 학문들의 탈식민 담론을 발굴하고 정리하는 데 이바지하게 되어 기쁘게 생각합니다. 이번 작업을 통하여, 자생력 있는 '우리 학문'을 만들기 위한 여러 학자들의 노력들을 살펴보면서 이들의 지적 치열성과 성실함에 매번 놀랐습니다. 무엇보다도 남이 알아주든 그렇지 않든 간에 오랜 세월을 거쳐 지속적으로 이러한 고민과 작업을 하고 있는 학자들이 있다는 것을 발견하여 마음이 든든하였습니다.

김윤정 근년간 '우리 학문'의 주체성 문제와 자생성 문제는 유행 담론이 되다시피 학계를 휩쓸었습니다. 그러나 혹자는 이러한 문제의식에는 충분히 동감하지만, 이것 또한 자칫 하나의 도그마로 작용할 수 있다고 문제제기를 하기도 합니다. 다시 말해 '우리 것을 살리자'는 선언이 우리 학문의 생산으로 이어지지는 않는다는 말입니다. 수입담론의 공백을 메울 수 있는 이론의 개발이 여전히 부실한 상태에서 거시적인 이야기는 유효성이 떨어지는 것이 아닐까요? 이제 거시적 접근에서 벗어나 미시적 접근을 해야 할 시점인 것 같은데, '우리 학문'의 방법론 개발은 어떻게 가능하며 이의 정당성은 어떻게 입증될 수 있습니까?

김정근 동감입니다. 주체적이고 자생성 있는 '우리 학문'을 일구어 나가기 위한 논의와 작업은 뜻 있는 여러 학자들에 의해 수행되고 있으나, 쉽지 않은 일입니다. 해방 이후 반세기가 지난 지금, 우리나라의 학문도 이제 어느 정도 성숙한 단계에 이르렀다고 봅니다. 관점에 따라 다를 수 있겠지만, '우리 학문'을 만들어 나가기 위하여 여러 학자들이 '거시적' 접근만이 아니라 '미시적 접근' 또한 이미 수행하고 있는 것으로 압니다. 예컨대, 조동일 교수의 일련의 작업도 제3세계 문학으로서의 한국 문학을 재정립해 나가는 미시적 작업으로 볼 수 있습니다. 사회과학에서도 교육학, 인류학 등에서 문화기술적(ethnographic) 방법을 동원하여 우리 교육 및 사회 현실을 미세하게 그려내고 있습니다. 조혜정

교수가 전형적인 예입니다. 부산대학교 대학원 문헌정보학과 공동작업실도 이러한 맥락에서 '우리 문헌정보학'을 정립해 나가는 작업을 지속적으로 하고 있습니다. 최근에 나온 《학술연구에서 글쓰기의 혁신은 가능한가》, 《학술연구에서 문화기술법이란 무엇인가》 등의 저작들은 이러한 고민과 작업의 과정에서 이루어진 것입니다.

김윤정 보고서에는 탈식민 담론의 전단계라 할 수 있는 반성문의 성격이 짙은 글이나 문헌도 포함시킨 것 같은데, 이것이 가지는 의미에 대해 설명해 주십시오.

김정근 이번 작업에서는 실은 반성문의 성격이 짙은 글들을 주로 다루었습니다. 지금의 단계에서는 그 부분을 집중적으로 짚고 넘어가는 것이 중요하다고 생각하였습니다. 이러한 글들은 분명한 논리와 주장을 담고 있기 때문입니다. 여러 탈식민 담론 생산자들은 우선 자신과 자신이 속한 학문의 연구행태에 대해 자성적인 논의를 하면서 '탈식민'이라는 화두를 다루고 있습니다. 물론 반성문이라고 하여, 단발적인 수사에 불과한 것은 결코 아닙니다. 초록을 자세히 읽어보면 아시겠지만, 상당히 정교하고 다양한 형태로 여러 학자들이 이러한 탈식민 담론을 생산하고 있습니다. 이번 작업을 계기로 앞으로 좀더 구체적이고 본격적인 탈식민 작업과 성과를 정리하는 일이 우리 학계에서 이루어지기를 바랍니다.

김윤정 한국과 같은 제3세계에서는 '보편'과 '특수'의 변증법적 조화가 여전히 큰 화두입니다. 우리는 학문의 보편성과 특수성을 어떻게 껴안고 가야 합니까?

김정근 '보편'과 '특수'의 문제는 야누스의 얼굴처럼 우리 학자들을 괴롭힙니다. 사실 이 둘을 다 잡아야 하는 것이 우리 학자들의 과제입니다. 그 과정에서 각자는 자아분열을 경험합니다. 이 문제에 대해서는 저도 이렇다 할 묘안이 없습니다. 다만, 여기서 한 가지 짚고 싶은 것은 우리 학자들 중 어떤 이들은 너무 서구추수적인 연구행태를 보인다는 것입니다. 잘라 말해 이들은 서구를 '보편'의 얼굴인 양 바라봅니다. 서구사회는 그 나름의 발전과정이 있는 것인데, 그러한 역사적 맥락을 도외시하고 현재의 서구이론과 기술을 소개하기에 급급하다 보니, 우리 현실과 통풍하는 '우리 학문'을 정립하는 작업은 더딜 수밖에 없습니다. 저의 경우, 우리 현실에서 논제를 끌어올리고 우리 현실의 문제를 다루기 위해 그에 걸맞은 연구방법을 사용하고자 노력하는 편입니다. 때로는 그러한 작업을 글로 표현하는 문체까지도 고민합니다.

김윤정 보고서를 읽어보면, 공동작업실은 이 땅에 우리 학문이 정착되지 못한 원인을 학자들의 '역사의식 부재'에서 찾고 있는 것 같습니다. 이것은 연구자나 교육자의 자질 문제로 이어지지 않을 수 없는데, 작업을 하시면서 느낀 우리나라 학자들의 가장 큰 문제점은 무엇이었습니까?

김정근 이번 작업을 하면서 지면을 통해 혹은 직접 대면으로 많은 학자들을 만났는데 의외로 적지 않은 사람들이 이 작업의 의의를 이해하지 못하고 있다는 사실을 알았습니다. 그것은 외부의 권위에 맹목적으로 의지하는 우리 학문 풍토에 대해 학자 개개인이 문제의식을 갖지 못하고 있다는 것을 반영하는 현상이라고 생각합니다. 자기의 학문 활동을 선진 외국의 문헌이나 학자들에게 크게 의존하면서 우리 현실이나 역사와 무관한 고상한 담론을 생산해 내는 것이 학자의 길이라고 생각하는 뿌리 깊은 허위의식을 목격할 수 있는 것이지요. 어떤 분야의 학자이든 지금 이 땅에서 공부하는 사람으로서 자기역할의 사회적 의미를 성찰하고 반성하는 노력이 절실히 필요하다고 생각합니다.

김윤정   한국에는 사상사가 없다는 비판을 받아들인다면, 한국에 지식사회학이 일천한 것은 당연한 사실일 것입니다. 모든 지적 작업에 대한 검증작업으로 이번 서지연구를 이해한다면 이 프로젝트를 지식사회학의 맥락에서 이해해도 될는지요?

김정근   군이 우리의 작업을 지식사회학의 맥락과 연결 지으려고 한다면 탈식민 담론의 키워드가 학문의 현실적합성과 실천성이라는 점에서 그 접점을 찾을 수는 있을 것입니다. 우리가 이 작업을 지식사회학적인 입장을 줄곧 견지한 채 진행한 것은 아니지만, 우리 작업의 결과는 지적 작업에 대한 하나의 검증으로서의 의의를 내포하고 있다고 봅니다. 또한 한국 사회과학의 경우 거의 대부분이 서양의 이론을 도입함으로써 시작되었다고 볼 수 있는데, 짧게는 20년, 길게는 50년의 시간이 흐른 오늘날에도 서양에의 종속성을 탈피했다고 보기는 어려울 것입니다. 이런 상태에서 우리나라의 탈식민성 담론을 하나로 묶어 그 현단계를 밝히고 연대의 기틀을 마련했다는 점에서 이 작업은 지식사회학적으로도 중요한 의의를 내포하고 있다고 하겠습니다.

김윤정   이 작업이 소중한 것은 비주류 연구자들의 목소리를 경청하고 있다는 사실일 것입니다. 이들이 한국 학계의 새로운 희망으로 이야기될 수 있습니까? 이들에게 거는 희망과 아울러 한계에 대해 이야기해 주십시오.

김정근   탈식민성 담론 형성에 참여한 학자들이 수적인 면에서는 비주류라고 해도 문제는 없을 것입니다. 그러나 그 사람들이 가지는 학계 내에서의 비중, 연구 역량이나 의식의 면에서는 결코 비주류라고 할 수만은 없다고 봅니다. 군이 말하자면 그 학계의 소수 선구자 그룹 정도로 표현할 수 있을 겁니다. 그래서 저는 이들의 목소리가 아직은 주류로 자리잡지 못했다 할지라도 분명히 희망적인 전망을 할 수 있다고 봅니다.

그런데 그 전망을 현실화하는 것은 현재의 성찰과 반성을 구체적으로 실천하는 노력에 달려 있다고 생각합니다. 지금까지의 탈식민성 담론이 자기성찰과 반성의 성격이 강하기 때문에 다소 선언적이며 계몽적인 한계를 가지기도 하는데 이제는 이 수준을 넘어서 실천을 담보해 나가야 하는 단계라는 것입니다. 각 학문 분야에서 적용할 수 있는 연구방법과 다양한 연구주제를 개발하고 동시에 효과적인 보고 방식도 모색하다보면 토착적이며 독자적인 학문으로 내용을 풍성하게 만들어갈 수 있으리라 생각합니다. 부언하자면 이제는 개인적으로 또는 여러 사람이 연대해서 실천을 모색하는 것이 강조되어야 할 시점이라는 겁니다.

김윤정　인문학과 자연과학, 예술계 일반으로 이 작업을 확대할 계획은 없으십니까? 앞으로의 계획과 구체적인 일정 그리고 출간계획에 대해 말씀해 주십시오.

김정근　1차분 작업이 발표된 이후에 여기 저기서 많은 관심과 기대를 보내주셨는데 이제야 사회과학 분야를 마무리하게 되었습니다. 사회과학분야 탈식민성 담론 서지연구의 성과를 묶어 출판할 계획입니다. 이번 작업이 애초에 계획한 것보다 시간이 많이 걸렸는데, 여러 가지 다른 일을 하면서 작업을 했기 때문이기도 하지만 무엇보다도 이 작업 자체가 그리 만만한 일이 아니었기 때문입니다. 그래서 인문학, 자연과학 등 모든 학문 분야로 이 작업을 확대할 필요성은 크게 느끼고 있지만 구체적인 계획은 세우지 못하고 있습니다. 누군가에 의해서든 이런 작업은 지속되어야 한다고 생각하고 있으며, 언제든지 저희의 노하우를 공유할 생각을 갖고 있습니다. 그리고 사실 이런 작업은 학계 차원의 지원과 관심 속에서 수행되어야 하는 중요한 과제라고 생각합니다. 공신력 있는 학술단체나 연구기관에서 수행하는 것도 좋겠지요.

찾아보기

2. 문헌(논문, 저서) 색인

■ 필자소개

김정근
서울대학교 영문학과 졸업
미국 로저리대학 문헌정보대학원
(문헌정보학 석사)
캐나다 토론토대학 대학원
(교육학 석사, 박사)
미국 콜럼비아대학 문헌정보대학원
(문헌정보학 박사 수료)
캐나다 온테리오 주 소수민족연구소
연구원, 도서관장
부산대학교 도서관장, 대학원장,
사회교육원장
현재 부산대학교 문헌정보학과 교수
저서 《한국의 대학도서관 무엇이 문제
　인가》(한울, 1995)
편서 《학술연구에서 글쓰기의 혁신은
　가능한가》(한울, 1996) 《디지털 도서
　관 : 꿈인가, 광기인가, 현실인가》
　(민음사, 1997) 《학술연구에서 문화
　기술법이란 무엇인가》(한울, 1998)

이수상
부산대학교 계산통계학과 졸업
부산대학교 대학원 계산통계학과 졸업
(전산학 석사)
부산대학교 대학원 문헌정보학과 졸업
(도서관학 석사, 문학박사, 1급 정사서)
현재 한국도서관협회 교육연수부장
저서 《한국문헌정보학의 현단계》(한울,
　1998)

류준정
부산대학교 국어국문학과 졸업

성균관대학교 한국사서교육원 수료
부산대학교 대학원 문헌정보학과 졸업
(도서관학 석사, 1·2급 정사서)
부산대학교 대학원 문헌정보학과
박사과정 수료
현재 부산교육대학교 도서관 근무

김영기
부산대학교 문헌정보학과 졸업
부산대학교 대학원 문헌정보학과 졸업
(도서관학 석사, 문학박사, 1급 정사서)
부경대학교 도서관 근무(1991~1997)
현재 부산대, 경성대 문헌정보학과 강사
저서 《공공도서관 장서를 통해본 한국
　사회 지식의 흐름》(한울, 1999)

이용재
서울대학교 불어불문학과 졸업
국제신문 기자
부산대학교 대학원 문헌정보학과 졸업
(도서관학 석사)
부산대학교 대학원 문헌정보학과
박사과정 수료
현재 부산대학교 문헌정보학과 강사

김종성
부산대학교 문헌정보학과 졸업
부산대학교 대학원 문헌정보학과 졸업
(도서관학 석사, 문학박사, 1급 정사서)
부산대학교 도서관 근무(1993~1996)
현재 부산대학교 문헌정보학과 강사
저서 《한국학교도서관운동사》(한국도
　서관협회, 2000)